Légumes
SANTÉ
légumes
SAVEUR

Sélection
Reader's Digest

MONTRÉAL

Légumes
SANTÉ
légumes
SAVEUR

publié par Sélection du Reader's Digest,
est l'adaptation en langue française au Canada de
Vegetables for Vitality © 2004 The Reader's Digest Association (Canada) Ltd. et de
Légumes saveur, légumes santé © 2006 Sélection du Reader's Digest SA (France)

Adaptation et traduction
Geneviève Beullac

Conseillères de la rédaction
Marie-France Six, diététicienne-nutritionniste
  (valeurs et conseils nutritionnels)
Élisa Vergne (adaptation et création)

Équipe de Sélection du Reader's Digest

Vice-présidence, Livres
Robert Goyette

Rédaction
Agnès Saint-Laurent

Direction artistique
Andrée Payette

Graphisme
Cécile Germain

Lecture-correction
Gilles Humbert

Fabrication
Gordon Howlett

PREMIÈRE ÉDITION

© 2007, Sélection du Reader's Digest (Canada) Ltée,
1100, boulevard René-Lévesque Ouest, Montréal (Québec) H3B 5H5

Pour obtenir notre catalogue ou des renseignements sur d'autres produits de Sélection du Reader's Digest (24 heures sur 24),
composez le 1 800 465-0780.
Vous pouvez également nous rendre visite sur notre site Web : www.selection.ca

Sélection du Reader's Digest, Reader's Digest et le pégase sont des marques déposées de
The Reader's Digest Association, Inc.

ISBN 0-88850-887-5
EAN 9-780888-508874

Imprimé en Chine

07 08 09 10 / 5 4 3 2 1

table des matières

Introduction

« **Qu'est-ce qu'on mange ?** » La réponse à cette question porte presque toujours sur la viande. Et pour cause : dans notre culture, la viande passe pour l'élément nutritionnel de base, celui « qui donne des forces » et satisfait le mieux les appétits.

Et « qu'est-ce qu'on mange pour dessert ? ». Cette fois la réponse – tarte, gâteau ou crème glacée – montre bien que tout le monde raffole des aliments qui ont du goût.

Légumes santé, légumes saveur a pour objectif de mettre à la mode une nouvelle question : « **qu'est-ce qu'on mange comme légume ? ».** Et pourquoi donc ? Serait-ce parce que les légumes, si incroyablement bons pour la santé, fournissent de l'énergie, font perdre du poids et préviennent les maladies ? À vrai dire, et bien que tout cela soit vrai, c'est parce que les légumes sont incroyablement pleins de saveur. Les légumes ont du croquant, de la couleur, de la personnalité. Ils se marient bien ensemble autant qu'avec la viande, le poisson et les pâtes. Ils accueillent parfaitement les fines herbes, les épices, les sauces et autres assaisonnements. Ils sont relativement peu chers, faciles à préparer et décoratifs dans l'assiette. Et le plus beau, c'est qu'on peut en manger à satiété car ils renferment peu de calories, beaucoup de fibres et une abondance de nutriments.

Légumes santé, légumes saveur est le guide qu'il vous faut pour introduire les légumes dans votre quotidien. Vous y trouverez une foule de recettes pour apprêter les viandes, les produits de la mer et les pâtes de façon que les légumes leur donnent de la saveur. Il renferme une collection complète de plats, allant du petit déjeuner au repas principal, en passant par les hors-d'œuvre et les accompagnements, sans oublier les desserts ; tous ont la particularité de mettre au moins un légume en vedette. Certaines recettes sont des classiques, d'autres des versions modernes de vos plats préférés qui font appel à un élément surprise ou à une méthode de cuisson plus saine, sans rien perdre au plan de la saveur.

Il va sans dire que vous trouverez ici beaucoup de recettes intéressantes pour apprêter un légume seul. Mais il y a plus. Au fil des pages, vous glanerez des informations sur les bénéfices des légumes pour la santé, et sur les modes d'achat, de conservation et de préparation. Le guide des légumes à la fin du livre renferme des renseignements éminemment utiles.

Ce livre répond à tous les genres d'appétits, de diètes et d'aptitudes culinaires. Nous vous encourageons à l'utiliser autant pour la santé que pour le plaisir. Jusqu'à ce qu'on vous demande spontanément : « qu'est-ce qu'on mange comme légume ? »

— *La rédaction*

icônes DANS LES RECETTES

Les recettes peuvent en comporter une ou plusieurs :

RAPIDE
La recette peut être confectionnée en 30 min ou moins.

PEU GRAS
Moins de 30 % des calories proviennent des lipides.

À L'AVANCE
Ce plat se prépare à l'avance pour être simplement réchauffé. À la rigueur, il peut y avoir une brève intervention de dernière minute – ajout d'un ingrédient ou d'un décor.

Comment lire la fiche nutritionnelle *Comparez les données de chaque recette avec l'apport nutritionnel de référence publié par Santé Canada.*

APPORT NUTRITIONNEL QUOTIDIEN DE RÉFÉRENCE						
	Calories	Protéines	Lipides*	Cholestérol	Sodium	Fibres
FEMMES	2 000	50 g	66 g	300 mg	2 400 mg	20-35 mg
HOMMES	2 700	63 g	90 g	300 mg	2 400 mg	20-35 mg
Doivent représenter moins de 30 % des calories						

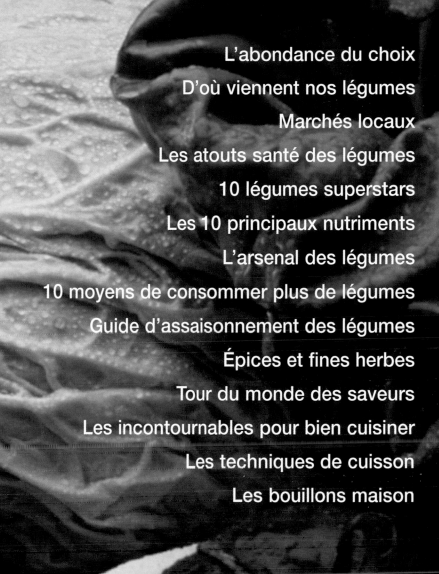

L'ATTRAIT DES
légumes

L'ABONDANCE DU
choix

Si vous faites le marché depuis plusieurs années, vous avez certainement remarqué la transformation radicale qui se produit dans le monde des légumes. On n'avait jamais connu autant de choix, autant de variétés ni autant d'abondance en toutes saisons. Il n'y a qu'à regarder du côté des tomates : toute la gamme des tomates des champs, de serre, italiennes, cerises, en grappe, vertes, jaunes, roses et rouges se partagent les étals. Ou bien du côté des champignons, où l'on retrouve sans cesse de nouveaux noms. La plus petite épicerie est capable aujourd'hui de vous offrir trois ou quatre variétés de choux, de pommes de terre et de salade.

Et nous ne sommes pas au bout de nos découvertes, en cette ère de mondialisation : pratiquement inconnus il y a quelques années, des mots comme pak-choï, pé-tsaï, gombo, rapini et brocolini font maintenant partie de notre vocabulaire courant. Les légumes traditionnels eux-mêmes se parent de couleurs et de formes inusitées qui n'ont pas fini de surprendre.

Pourquoi cette transformation ? D'abord parce que nous en apprenons de plus en plus sur les bienfaits des légumes. Comme nutriment de base, nous savons maintenant que rien ne vaut un légume. Il fournit du carburant, des fibres, des vitamines et des nutriments sous une forme peu calorique. Du côté de la recherche, c'est en phytochimie qu'on semble s'activer le plus en ce moment, pour tâcher d'identifier et d'attester les fonctions curatives des éléments divers chimiques que renferment les légumes. Au cours des récentes années, on a découvert que les nutriments des légumes sont capables d'assumer toutes sortes de tâches, comme renforcer l'immunité, combattre le cancer, éclaircir la peau, réduire le stress et bien d'autres choses encore. C'est ce dont il va être question dans les pages qui suivent.

Toutes ces nouvelles données ont amené les intervenants en santé – dont notamment la Société canadienne du cancer – à recommander aux Canadiens de manger au moins cinq différents fruits et légumes par jour.

Quant aux autres motifs qui ont entraîné la transformation du comptoir à légumes, on ne saurait passer sous silence l'aspect financier de la question. Les commerçants se sont rendu compte que les gens voulaient manger de tous les légumes en toutes saisons. Non contents d'importer des produits de Californie et de Floride, ils se rendent aujourd'hui jusque dans l'hémisphère Sud pour mettre l'été dans notre assiette à cœur d'année.

L'idée de manger un légume qui a voyagé sur des milliers de kilomètres ne vous dit rien qui vaille ? La consolidation des entreprises agricoles dans le but d'approvisionner les géants de l'alimentation et les grandes chaînes d'épiceries d'un bout à l'autre du continent a eu un effet secondaire imprévisible : celui de redonner vie aux petits marchés locaux. D'un bout à l'autre du pays, dans les petites comme dans les grandes villes, les agriculteurs viennent vendre leurs propres produits, mûris sur plant et frais cueillis. De ce phénomène est née toute une industrie artisanale de produits traités localement.

Comme chacun sait, le marché est toujours à l'affût de la nouveauté. Cela explique qu'on se retrouve aujourd'hui avec l'embarras du choix devant une abondance de nouveaux légumes et de nouvelles présentations.

Il ne se trouvera pas beaucoup de gens pour s'en plaindre !

CERTAINS AGRICULTEURS font confiance aux progrès de la science ; d'autres se tournent vers les méthodes éprouvées. Un débat à suivre…

D'OÙ VIENNENT NOS légumes

En Amérique du Nord, la plupart des légumes qui atterrissent dans notre assiette auront poussé sur de vastes terres agricoles généralement vouées à la culture d'un ou deux légumes. Contrairement aux légumes cultivés pour être traités industriellement (congélation, mise en conserve ou déshydratation), les variétés destinées aux chaînes d'alimentation devront endurer de longs voyages et des séjours plus ou moins prolongés en entrepôt et à l'étalage.

Les fermes où l'on fait pousser ces légumes sont des entreprises remarquablement efficientes, qui utilisent de la machinerie lourde, un système d'irrigation, des pesticides, des herbicides et des engrais chimiques pour maximiser les récoltes. Tout cela donne des légumes parfaits au plan esthétique, assez satisfaisants au plan de la nutrition, mais généralement décevants au plan de la saveur.

L'attrait du « bio »

Un nombre significatif d'acheteurs optent pour les légumes biologiques, c'est-à-dire des légumes qui échappent aux conditions en vigueur dans les grandes exploitations agricoles où l'on a toujours recours aux pesticides, herbicides et engrais chimiques.

Au Canada, le Québec est la seule province où l'agriculture biologique soit réglementée. L'appellation « biologique » correspond à un ensemble de conditions qui ont dû être respectées pour la culture du légume ainsi étiqueté. En Colombie-Britannique, la culture biologique est semi-réglementée, tandis que dans le reste du Canada, le respect des normes biologiques est laissé à la bonne volonté de l'agriculteur. Il semblerait que le ministère canadien de l'Agriculture attende de voir ce qui va se passer du côté des États-Unis afin d'harmoniser son système avec celui de ses partenaires d'affaires outre frontière.

Au Québec, beaucoup de petits fermiers respectent les normes biologiques mais trouvent les frais de la certification biologique trop onéreux pour leurs moyens. Ce qui fait que l'absence d'une étiquette de contrôle n'empêche pas nécessairement le légume d'être cultivé selon la méthode biologique.

Par ailleurs, il semblerait bien que l'utilisation à outrance d'engrais et autres produits chimiques soit en voie d'être supplantée dans l'agriculture de masse. On a pu en effet constater les conséquences néfastes : épuisement du sol, développement de formes résistantes de maladies ou de mauvaises herbes, résidus toxiques, important surcoût financier.

Les agriculteurs ont donc modifié leurs pratiques. Ils s'efforcent désormais d'utiliser rationnellement les engrais et de réduire au maximum les traitements phytosanitaires. À ce concept de « production raisonnée » sont venues s'adjoindre les méthodes de lutte biologique consistant à utiliser des organismes vivants (des coccinelles, par exemple) pour empêcher ou limiter les dommages causés par les ravageurs. La combinaison de ces procédures devrait permettre d'optimiser les rendements sans pénaliser l'environnement ni la santé des consommateurs. Mais beaucoup d'efforts restent encore à faire !

Biotechnologie et alimentation

Depuis quelques décennies, l'agriculture, comme tous les secteurs de l'économie, est entrée dans l'ère de la technologie. Biologie, biochimie, génie chimique, génétique et informatique se sont rencontrés pour former la biotechnologie alimentaire dont le but est de donner de nouvelles formes au règne végétal et animal et d'améliorer la qualité et la quantité des produits d'agriculture et d'élevage de masse.

Pour rendre une plante plus résistante aux maladies et aux prédateurs ou lui permettre d'avoir de meilleurs rendements, on peut sélectionner les variétés, soit par croisements successifs (comme on le fait depuis la nuit des temps), soit par hybridation (qui, grâce à une autofécondation, donne des lignées pures). On peut aussi transformer son capital génétique : c'est le processus de transgénèse, qui consiste à intégrer au végétal un ou plusieurs gènes qui lui sont étrangers. On obtient alors un organisme génétiquement modifié, ou OGM.

La recherche est très active dans ce domaine et, selon certains scientifiques, c'est une piste fort prometteuse. Mais faute de recul suffisant sur les conséquences à long terme pour la santé des consommateurs et les retombées sur l'environnement avec le risque de dissémination, Santé Canada applique le principe de précaution. À ce jour, une soixantaine de produits génétiquement modifiés (ou transgéniques) ont été approuvés pour la consommation au Canada. À moins qu'ils ne posent un risque pour la santé, ils n'ont pas à être identifiés comme tels. L'étiquetage transgénique demeure pour l'instant une mesure volontaire.

Bien qu'il y ait peu d'OGM sur le marché, un nombre important d'aliments en contiennent. C'est le cas notamment des huiles végétales et des céréales du matin à base de soja et de maïs. Dans le monde entier, les associations de consommateurs réclament l'étiquetage des OGM. Transférer un gène d'un organisme à un autre suscite plusieurs motifs de

paniers bio

L'Agriculture soutenue par la communauté (ASC) est un concept qui vous relie à des fermes biologiques locales.

Vous devenez «partenaire» d'une ferme en achetant une part de récolte à l'avance et ainsi en vous engageant pour toute la saison. Le principe implique que la ferme et le groupe de citoyens partagent les risques et les bénéfices liés à l'agriculture biologique.

Concrètement, les fermes maraîchères participantes livrent chaque semaine votre panier de légumes à un point de chute dans votre quartier. Les fermes d'élevage vous offrent également leurs différentes découpes moyennant un dépôt initial. Les produits de la ferme sont généralement livrés toutes les semaines (toutes les deux semaines en hiver pour les légumes de conservation). Les projets ont une importante dimension sociale, parce qu'ils vous permettent de tisser des liens avec les agriculteurs.

En 2006, 350 points de chute ont été établis afin de permettre la rencontre entre 8 000 familles et l'une des 82 fermes du réseau. Dans ce projet, Équiterre (http://www.equiterre.org/) a pour but de soutenir la production écologique et locale et la reprise en charge de leur alimentation par les citoyens participants.

La formule se répand actuellement un peu partout dans le reste du Canada.

préoccupation. Le premier, c'est qu'il peut se produire des réactions allergiques imprévisibles. Le second réside dans le fait qu'on joue avec l'équilibre environnemental. Certains opposants craignent ce qu'on a baptisé la pollution génétique, c'est-à-dire la dissémination des graines transgéniques dans la nature et la pollinisation croisée qui s'ensuivra. D'autres redoutent un éventuel monopole de la part des fabricants de semences transgéniques.

Irradiation des aliments

L'irradiation des aliments consiste à exposer les aliments à un niveau contrôlé d'énergie dite «ionisante» qui pénètre dans les aliments sans en élever la température et tue les micro-organismes. On irradie les aliments frais ou déshydratés – viande, volaille, fruits, légumes, épices et fines herbes – de façon à les rendre plus sécuritaires pour le consommateur. L'irradiation retarde le mûrissement des tomates et empêche la germination des oignons et des pommes de terre. Elle ne détruit que faiblement les vitamines B et une fraction plus ou moins importante de vitamine C.

Les aliments qui ont fait l'objet d'une irradiation portent le symbole international appelé le radura (une fleur verte au centre d'un cercle brisé) ainsi qu'une mention écrite. Le terme «irradiation» étant associé, dans l'esprit du public, aux dangers potentiels du nucléaire, les industriels de l'agro-alimentaire préfèrent parler d'ionisation.

Au Canada, les aliments irradiés – ou ionisés – peuvent être des assaisonnements déshydratés, des pommes de terre, des oignons, de la farine blanche et de la farine de blé complet. La pratique est assez courante, mais Santé Canada continue d'effectuer des tests de sécurité.

Culture hydroponique

L'hydroponie consiste à faire pousser des plantes dans un liquide enrichi de nutriments plutôt que dans le sol. La technique se pratique un peu partout dans le monde. Chez nous, les fermes hydroponiques sont en général de petites entreprises familiales actives sur le marché local.

Cette culture hors sol est devenue courante pour certains légumes (salades, tomates, concombres, poivrons), qui poussent sous abri sur un substrat neutre irrigué et fertilisé grâce à une solution nutritive renfermant nutriments et oligoéléments. Les producteurs peuvent ainsi utiliser moins de pesticides et obtenir de bons rendements. Mais les légumes obtenus n'ont pas forcément la même qualité gustative et nutritive que ceux qui ont poussé en pleine terre!

La culture hydroponique est onéreuse. La serre doit être chauffée ou climatisée, les nutriments coûtent deux fois plus cher que l'engrais et il faut une main-d'œuvre constante et bien formée.

Les résultats justifient néanmoins l'investissement. Les légumes sont plus gros et poussent plus vite et la récolte peut se faire toute l'année si la culture s'effectue à l'intérieur dans un milieu où la lumière et l'humidité sont constantes.

L'hydroponie convient particulièrement bien aux régions où le sol est aride ou ingrat, car elle exige relativement peu d'eau. Elle est avantageuse au point de vue économique puisque les plants sont serrés et occupent peu d'espace. On obtient par exemple 30 fois plus de tomates hydroponiques par acre de terrain qu'avec la culture traditionnelle.

Cueillette à la ferme

Saviez-vous qu'il est possible de récolter des légumes – ainsi d'ailleurs que des fruits, et même des fleurs – dans des fermes qui ouvrent leurs portes aux amateurs, pour des journées de libre cueillette ?

En règle générale, ces récoltes s'effectuent d'avril à novembre, mais certaines exploitations sont ouvertes toute l'année. Vous pouvez ainsi récolter toute une gamme de légumes : petits pois, salades, radis et haricots verts, courgettes, concombres ou cornichons, et aussi oignons nouveaux, tomates, courges et potirons, choux ou poireaux… C'est une pratique souvent adoptée par des producteurs bio, qui souhaitent éviter les intermédiaires dans les circuits de vente et qui apprécient le contact direct avec les consommateurs de leurs productions.

Recherchez, dans l'annuaire du téléphone ou sur Internet, s'il existe près de chez vous une ferme de ce type, et informez-vous des productions et du calendrier de récolte. Il faut parfois régler un droit d'entrée (assez modique), et payer ensuite, au poids, ce que l'on a récolté.

Voici quelques conseils à suivre pour planifier une cueillette à la ferme :

- Appelez à l'avance pour connaître les conditions qui prévalent, les heures d'ouverture et les prix pratiqués.
- Apportez vos contenants, car ils sont rarement fournis.
- Préparez-vous à faire face au grand soleil, aux insectes, à la boue et aux animaux. Habillez-vous en conséquence, munissez-vous de lotion solaire, d'insecticide et de bouteilles d'eau.
- Vous allez probablement vous retrouver sur la terre d'un petit fermier qui ne roule pas sur l'or.

Soyez respectueux. Respectez les consignes, ne gaspillez rien, ramassez vos déchets et tenez les enfants tranquilles.

- Ne vous attendez pas à des produits parfaits. Ici, on n'a pas recours à l'ingénierie pour produire des légumes tous de la même taille et uniformément lisses. Ce que vous perdez en apparence, vous allez néanmoins le gagner en saveur.
- Laissez votre chien à la maison. Les animaux de la ferme vous en seront reconnaissants.

Les légumes doivent être propres, surtout si on ne les pèle pas. Les champignons, les épinards et les pommes de terre sont parfois même terreux.

pour nettoyer

- **les légumes-feuilles :** immergez-les dans une bassine d'eau froide et remuez-les en créant un tourbillon pour décoller la terre ou le sable. Examinez les feuilles une à une en les retirant de l'eau. Si elles arrivent directement de la ferme, elles exigent parfois plusieurs rinçages.

- **les légumes-racines :** carottes, patates douces et pommes de terre ont besoin d'être brossées pour en déloger les amas terreux. Profitez-en pour supprimer avec un petit couteau toutes les parties molles, flétries ou moisies. Ne pelez les carottes que si elles sont desséchées ou particulièrement sales.

- **les champignons :** essuyez-les avec du papier absorbant ou une brosse à soies douces conçue spécialement à cette fin. Il ne faut jamais plonger les champignons dans l'eau, au risque de les ramollir et de les dépouiller de leur saveur.

- **les légumes à peau lisse :** courges, tomates, aubergines et poivrons se rincent sous le robinet d'eau froide en les frottant doucement pour éliminer toute trace de poussières et de pesticides, souvent imperceptibles à l'œil nu.

NON SEULEMENT la culture des légumes a-t-elle changé radicalement, mais leur mode de vente s'est diversifié. On a le choix d'aller les choisir ailleurs qu'au supermarché.

marchés LOCAUX

Au Canada, c'est dans les grandes villes que l'on trouve les plus grands marchés de producteurs. Il y a les marchés Atwater, Jean-Talon et Maisonneuve à Montréal ; les marchés St. Lawrence et Kensington à Toronto ; le marché public de La Fourche à Winnipeg ; et celui de Granville Island à Vancouver. Ce sont là quelques-uns des innombrables marchés que l'on retrouve un peu partout au pays. La plupart d'entre eux sont ouverts sept jours sur sept. À côté des marchands de légumes et de fruits frais viennent se poster les bouchers, les pâtissiers, les poissonniers et les marchands de fromage, sans oublier les horticulteurs et quelques artisans. Une visite au marché est une excellente façon de se divertir, seul ou en famille, tout en soignant sa santé.

Un marché convivial

C'est là que vous trouverez les savoureux produits de saison, frais et variés, généralement cultivés par ceux qui les vendent. Ces producteurs vous font aussi découvrir des légumes peu connus, des variétés originales. Et ils savent offrir le petit service en plus, recette confiée à l'oreille ou mélange de légumes frais pour la soupe... Faire ses courses au marché, c'est se faire plaisir tout en s'occupant de sa santé !

Profitez de la saison où les légumes sont abondants et bon marché pour faire des réserves pour l'hiver. La façon la plus facile est de les congeler, mais pour certains légumes qui ne supportent pas la congélation (*voir page 342*), la meilleure méthode pour les conserver est la stérilisation.

- Allez au marché tôt le matin : il y aura moins de monde et vous aurez un meilleur choix.

- Munissez-vous d'un grand sac de toile ou, mieux encore, d'un chariot à roulettes.

- Repérez ce qui vous intéresse, et comparez les prix et la qualité. En général, les prix sont les mêmes à tous les étalages, mais la valeur que vous obtenez au prix convenu n'est pas partout la même.

- N'hésitez pas à converser avec les vendeurs : nombre d'étals sont tenus par les producteurs eux-mêmes, qui se feront un plaisir de vous renseigner sur leurs produits.

- Faites vos courses, puis établissez vos menus en conséquence : on ne sait pas toujours à l'avance quels seront les arrivages et les produits de saison les plus intéressants.

conservation et valeur nutritive

Légumes surgelés

Ils sont stabilisés à une température suffisamment basse pour prévenir le développement des micro-organismes. Les légumes sont préalablement blanchis pour garder leur couleur d'origine. Les cristaux de glace qui se forment sont alors très fins et n'endommagent pas les cellules végétales ; ainsi, les légumes exsudent moins au moment de leur décongélation. Les légumes surgelés se gardent quelques mois à une température d'au moins –18 °C (0 °F). On doit les consommer dès leur décongélation.

Leur valeur nutritive

Les pertes vitaminiques et minérales sont modestes – de 20 à 40 % par rapport aux produits frais – et liées surtout au blanchiment. Comme la surgélation intervient juste après la récolte, la teneur vitaminique est pratiquement comparable à celle des produits frais vendus sur les marchés.

Légumes stérilisés

Ils sont stérilisés dans un récipient clos et étanche, en métal ou en verre : on les chauffe aux alentours de 110 °C (225 °F) pendant quelques minutes, ce qui détruit tous les micro-organismes. On peut ensuite les garder plusieurs mois, voire plusieurs années, à température ambiante. Après ouverture, ils doivent être consommés aussi rapidement que des produits frais.

Leur valeur nutritive

Elle est proche de celle des légumes cuits par cuisson ordinaire. Les pertes de minéraux par diffusion dans l'eau de cuisson sont comparables, de même que les transformations des glucides, protéines et lipides, dues à la chaleur. Mais on observe une destruction de près de 50 % de la vitamine C, et 25 à 45 % de la B_1 (un peu plus qu'avec une cuisson classique).

LES atouts santé DES LÉGUMES

Manger chaque jour des fruits et des légumes frais est devenu une habitude pour la plupart d'entre nous, et les nutritionnistes s'en réjouissent. Ils conseillent d'ailleurs d'en consommer davantage encore, en raison du rôle bénéfique de ces aliments dans la prévention du cancer, des maladies cardiovasculaires, de l'obésité et de ses complications. Voici sept (bonnes) raisons « scientifiquement prouvées » de manger plus de légumes.

les légumes ❶ APPORTENT DES VITAMINES ESSENTIELLES

Notre organisme a besoin d'énergie. Cette énergie, il la trouve dans les protéines, les lipides et les glucides fournis par les aliments, mais aussi d'autres substances qu'il n'est pas capable de synthétiser, notamment des vitamines, dont beaucoup ne sont fabriquées que par les plantes.

Les légumes et les fruits frais représentent ainsi nos sources presque exclusives de vitamine C et de provitamine A, produites à partir des sucres formés lors de la photosynthèse dans les végétaux. Ces deux vitamines stimulent les défenses de l'organisme. On en trouve beaucoup dans les légumes-feuilles de couleur vert foncé et les légumes orange (comme la carotte, bien sûr, mais aussi dans les courges d'hiver et la patate douce) : plus leur couleur est vive, plus leur teneur vitaminique est élevée.

Les légumes verts, les petits pois et toute la gamme des choux sont aussi (avec le foie) nos sources principales de folates, ou vitamine B$_9$, une vitamine nécessaire à la croissance cellulaire et au bon métabolisme des graisses.

Tous les légumes, enfin, nous procurent de petites quantités de vitamine E antioxydante, laquelle fait partie de la structure même des parois cellulaires des végétaux.

les légumes ❷ SONT RICHES EN MINÉRAUX

Pendant leur croissance, les végétaux puisent dans leur environnement les minéraux et les oligoéléments nécessaires à leur développement. Les légumes vont à leur tour nous fournir ces substances, sous une forme bien assimilable.

Dans notre corps, les minéraux participent à des processus biologiques très divers. Par exemple, le potassium, très abondant dans tous les légumes, intervient dans la régulation de la tension artérielle et dans la contraction musculaire ; le fer, qu'on trouve en grande quantité dans les légumes verts, est indispensable à la formation des globules rouges et à l'immunité ; le magnésium, réparti dans tous les légumes, est important pour le bon fonctionnement du système nerveux ; le phosphore et le calcium, présents notamment dans les choux et les légumineuses, sont essentiels pour les os.

Même si les autres aliments contribuent eux aussi à l'apport en minéraux, les légumes sont imbattables dans ce domaine : on ne peut guère s'en passer sans risquer des carences dommageables.

les légumes ❸ SONT UNE EXCELLENTE SOURCE DE FIBRES

On a longtemps pensé que les fibres, la partie des végétaux qui n'est pas digérée par l'organisme, ne présentaient guère d'intérêt nutritionnel. Aujourd'hui, on sait que les fibres, qu'elles soient solubles dans l'eau (comme les pectines ou les mucilages) ou insolubles (comme la cellulose fibreuse ou la lignine), jouent un rôle important pour le bien-être et la prévention de certaines pathologies. L'alimentation actuelle en apporte en moyenne 15 à 20 g, au lieu des 25 à 30 g recommandés.

Les fibres insolubles aident à lutter contre la paresse intestinale. Les fibres solubles forment un gel dans le tube digestif : elles freinent le passage des nutriments dans la circulation sanguine et aident à régulariser le métabolisme des sucres et des graisses. Cela est bénéfique pour les personnes souffrant d'un diabète de type 2 ou d'un excès de cholestérol sanguin.

Les légumes – notamment les choux, les carottes, les haricots verts et les pommes de terre – sont une source privilégiée de fibres, de même que les fruits et les produits céréaliers.

les légumes ❹ SONT QUASIMENT DÉPOURVUS DE GRAISSES

En renforçant la place des légumes dans les menus, on fait la part belle à des aliments pratiquement dépourvus de graisses. On limite ainsi la consommation de certains autres aliments fortement chargés en lipides – quiches, pâtés et autres plats préparés. Une façon efficace de diminuer l'apport de matières grasses (ce qui est intéressant pour l'équilibre nutritionnel et la prévention cardiovasculaire), tout en limitant aussi les calories.

les légumes ❺ ONT UNE HAUTE DENSITÉ NUTRITIONNELLE

Pauvres en graisses, modérément chargés en glucides (ils en renferment nettement moins que les fruits sucrés), les légumes frais sont peu caloriques.

Comme ils renferment par ailleurs beaucoup de minéraux, de vitamines, de fibres, d'antioxydants et d'autres substances bioactives, cela leur confère une haute densité nutritionnelle : chaque calorie apportée est associée à une importante quantité de micro-nutriments utiles. Le contraire des « calories vides », tant décriées par les nutritionnistes !

les légumes ❻ CONSTITUENT UN ATOUT MINCEUR

Pour toutes les raisons déjà évoquées, les légumes frais sont l'atout indispensable d'une alimentation minceur. Dans la plupart des régimes amaigrissants, d'ailleurs, ils sont autorisés à volonté, car ils sont très peu caloriques mais très intéressants d'un point de vue nutritionnel. Sans compter que leurs fibres rassasient bien, ce qui facilite le bon contrôle de la prise alimentaire.

Même les légumineuses et les légumes-féculents – pommes de terre ou patates douces – ont leur place dans une alimentation minceur. On peut les consommer en quantité contrôlée, certes, mais sans les exclure : ce sont des aliments pauvres en graisses, bourrés de nutriments bénéfiques et qui calment bien la faim.

les légumes ❼ AIDENT À RESTER EN BONNE SANTÉ

Cela fait des siècles que l'humanité préserve sa santé grâce aux aliments. Pourtant, ce n'est que depuis une vingtaine d'années que les chercheurs étudient les vertus curatives des légumes, des fruits et des céréales.

Les phytocomposants sont des constituants naturels des plantes. Ce sont des substances présentes en très petites quantités, aux noms généralement assez compliqués, et qui ont des actions bien spécifiques. Ainsi, le brocoli, le chou et d'autres légumes verts sont riches en glucosinolates, des substances soufrées dont le rôle dans la prévention du cancer est démontré. L'ail et l'oignon sont riches en d'autres composés soufrés, comme l'allicine, qui sert aussi à combattre le cancer et à réduire le taux de cholestérol. Les poivrons sont riches en bioflavonoïdes, qui neutralisent les radicaux libres en excès dans l'organisme.

Les végétaux contiennent des centaines de ces phytocomposants bénéfiques. Ce sont eux qui confèrent aux légumes leurs belles couleurs, leur goût distinctif et leur arôme unique. Ils protègent les plantes des attaques des insectes, des bactéries, des virus et autres menaces émanant de l'environnement. Ils aident l'organisme à éliminer des substances dangereuses, comme les carcinogènes et les radicaux libres. Ils stimulent le système immunitaire et les enzymes chargés de lutter contre l'infection. Enfin, ils contribuent à rétablir l'équilibre hormonal, réduisant le risque d'apparition de certains cancers.

La recherche dans ce domaine n'en étant qu'à ses balbutiements, on n'a pas encore défini d'apport optimal pour ces éléments. Et, même si certains d'entre eux sont déjà vendus sous forme de compléments alimentaires, les nutritionnistes considèrent que la meilleure façon de profiter de leurs bienfaits est de les absorber sous leur forme naturelle. C'est-à-dire en consommant, chaque jour, une grande diversité de légumes et fruits frais.

10 légumes superstars

Tous les légumes sont bons pour la santé, mais certains plus que d'autres ! Voici les dix légumes vedettes recommandés dans une alimentation prévention. Privilégiez-les dans vos menus – nous les avons mis à l'honneur dans les recettes de ce livre –, car ils fournissent non seulement les vitamines et minéraux indispensables à l'organisme, mais aussi, et en abondance, les phytocomposants particulièrement bénéfiques à long terme pour la santé.

1 **Le brocoli** est l'un des légumes les plus étudiés par les nutritionnistes, et à juste titre. Il constitue une excellente source de vitamine C et de bêta-carotène antioxydants, de vitamine B_9 (ou folates) et de potassium, qui réduisent le risque de maladie cardiovasculaire. Surtout, il est exceptionnellement bien pourvu en phytocomposants protecteurs. Parmi ceux-ci, les dithioléthones et les indoles, qui s'opposent aux cancers hormono-dépendants ; le sulphoraphane et des isothiocyanates, autres substances soufrées qui stimulent les enzymes capables de lutter contre le cancer et neutralisent les carcinogènes ; la lutéine, un pigment efficace dans la lutte contre le cancer du côlon et la dégénérescence maculaire.

2 **La carotte** arrive en tête pour l'apport de provitamine A (ou bêta-carotène), doublement intéressante : comme antioxydant et comme précurseur de la vitamine A, indispensable à la croissance cellulaire, à la vision et au bon état de la peau. La carotte est également riche en pectines, des fibres solubles qui peuvent abaisser un taux de cholestérol trop élevé.

3 **Le chou, le chou-fleur** et tous les légumes crucifères (qui incluent les navets, le radis, le cresson) sont remarquablement riches en vitamines C et B_9 (folates), ainsi qu'en substances soufrées protectrices contre le cancer (commes celles que l'on retrouve dans le brocoli). Ils protègent aussi contre les cancers hormono-dépendants, de même que les cancers du côlon et du rectum.

4 **La courge d'hiver** renferme beaucoup de bêta-carotène : plus la chair est colorée, plus son taux est élevé et plus les propriétés antioxydantes du légume sont intéressantes. Elle procure aussi des vitamines C et B, du potassium, du magnésium et des fibres abondantes (notamment solubles), qui peuvent améliorer le métabolisme des graisses et abaisser le cholestérol sanguin.

5 **Les épinards** ainsi que les autres légumes-feuilles vert foncé (bette, mâche, salade verte, roquette, etc.) sont de généreux pourvoyeurs de substances protectrices. Ils renferment beaucoup de vitamine C, B_9 et de bêta-carotène. Ils sont riches en fibres et en minéraux. Leurs pigments – lutéine, chlorophylle, xanthine – interviennent utilement dans la lutte contre les radicaux libres en excès. Enfin, ils apportent de petites quantités d'acides gras oméga-3 bénéfiques pour la santé cardiovasculaire.

6 **Les légumineuses** – lentilles, haricots, pois chiches, haricots à écosser – ont en commun un apport élevé en fibres solubles et insolubles, en vitamines B, utiles pour le bon fonctionnement neuro-musculaire, et en minéraux comme le magnésium, le potassium et le phosphore. On y trouve aussi des protéines végétales en quantité non négligeable, et davantage de glucides (surtout complexes) que dans les autres légumes.

7 **L'oignon, l'ail et l'échalote** contribuent à la santé cardiovasculaire grâce à leurs phytocomposants actifs, notamment des substances soufrées (allicine de l'ail, diphénylamine, disulfure d'allyle dans l'oignon) et d'autres composés spécifiques. Les bénéfices d'une consommation régulière sont maintenant prouvés : ils favorisent la fluidité sanguine, aident à abaisser le cholestérol et la tension artérielle. Ils possèdent enfin des propriétés antibactériennes et diurétiques.

8 **La patate douce** est particulièrement riche en bêta-carotène, qui aide à prévenir certains cancers (estomac, pancréas, bouche et gencives) ; en potassium, qui atténue la pression artérielle ; en vitamine B_6, qui prévient les maladies cardiaques ; en vitamine C, qui fortifie l'immunité ; et, si on mange la pelure, en fibres insolubles, qui enrayent la constipation et les diverticuloses. Elle renferme en outre de l'acide férulique, qui semble combattre le cancer et le VIH, un anticancéreux appelé acide chlorogénique, de la lutéine et de la zéaxanthine, qui protègent à la fois contre le cancer et les maladies de l'œil, et enfin des stérols végétaux, qui abaissent le cholestérol.

9 **Le poivron** fait partie des légumes les plus riches en vitamine C (c'est d'ailleurs à partir du poivron rouge qu'elle a été isolée pour la première fois), mais aussi en bêta-carotène et en pigments flavonoïdes, composants précieux dans la lutte contre les radicaux libres et qui peuvent diminuer le risque de cancer.

10 **La tomate** peut protéger du cancer de la prostate grâce à sa richesse en lycopène, le pigment qui lui donne sa couleur rouge vif. On retrouve ce pigment dans les produits dérivés de la tomate – sauce tomate, coulis et ketchup. D'autres phytocomposants de la tomate, tels l'acide chlorogénique et l'acide férulique, ainsi que la vitamine C et le bêta-carotène, agissent probablement en synergie avec le lycopène pour potentialiser cette action protectrice.

LES 10 PRINCIPAUX nutriments

NUTRIMENT	UTILITÉ	PROVENANCE
CALCIUM	grossesse, hypertension, hyperthyroïdie, ménopause, obésité, ostéoporose, stress et anxiété, syndrome prémenstruel	brocoli, produits laitiers, saumon et sardines avec cartilage, tofu
FER	anémie, grossesse, immunité déficiente, perte de mémoire	abricot, crustacés, figue, lentilles, pois, poissons gras, viande, volaille
FOLATES	anémie, arthrite rhumatoïde, cancer, dépression, grossesse, insomnie, maladie cardiaque, ostéoporose, stérilité et impotence	agrumes, asperge, avocat, betterave, brocoli, chou, épinard, haricots, légumes-feuilles, lentilles, maïs, pois, riz
MAGNÉSIUM	asthme et allergies, calculs biliaires, constipation, diabète, hypertension, stress et anxiété, syndrome de fatigue chronique, migraine, syndrome prémenstruel	avocat, céréales, courges d'hiver, crustacés, épinard, graines, noix, riz
SÉLÉNIUM	asthme et allergies, cancer, dégénérescence maculaire, hypothyroïdie, problèmes de prostate, stérilité et impotence	céréales entières, champignons, crustacés, graines, noix, viande, volaille
VITAMINE B_6	acné, anémie, dépression, grossesse, hypothyroïdie, insomnie, maladie cardiaque, perte de mémoire, stress et anxiété, syndrome prémenstruel	asperge, banane, champignons, courges d'hiver, figue, pois, poissons gras, patate douce, pomme de terre, riz, volaille
VITAMINE B_{12}	anémie, dépression, maladie cardiaque, stérilité et impotence	crustacés, poissons gras, produits laitiers, viande, volaille
VITAMINE C	asthme et allergies, anémie, bronchite, cancer, cataractes, dégénérescence maculaire, diabète, eczéma, foulures, hémorroïdes, hypertension, hyperthyroïdie, immunité déficiente, maladie cardiaque, ostéoarthrite, rhumes et grippes, sinusite, stérilité et impotence, syndrome de fatigue chronique, ulcères buccaux	agrumes, ananas, baies, chou, courges d'hiver, épinard, kiwi, melon, navet, patate douce, pois, poivron, pomme de terre, salade, tomate
VITAMINE E	arthrite rhumatoïde, bronchite, cancer, cataractes, dégénérescence maculaire, eczéma, hyperthyroïdie, immunité déficiente, ostéoarthrite, perte de mémoire, problèmes de prostate, stérilité et impotence	avocat, céréales, graines, huile d'olive, noix, salade
ZINC	acné, bronchite, dégénérescence maculaire, eczéma, fatigue, hémorroïdes, hypothyroïdie, rhumes et grippes, rosacée, sinusite, stérilité et impotence, ulcères buccaux	céréales, crustacés, graines, haricots, viande, volaille

L'arsenal des légumes

On découvre que les phytocomposants peuvent contrer de nombreuses maladies. Voici un échantillon de légumes dont les vertus curatives entrent en jeu dans 16 affections courantes.

AFFECTION	LÉGUME	INGRÉDIENT CURATIF
ACCIDENT CÉRÉBROVASCULAIRE	Brocoli	Calcium
	Asperge	Fibres
	Betterave	Fibres
	Oignon	Flavonoïdes
	Pomme de terre	Potassium
	Piment	Vitamine C
ASTHME ET ALLERGIES	Oignon rouge	Quercétine
	Brocoli	Vitamine C
	Piment	Vitamine C
CANCER	Carotte	Bêta-carotène
	Patate douce	Bêta-carotène
	Ail	Composés de l'ail
	Oignon	Composés de l'ail
	Brocoli	Flavonoïdes, glucosinolates
	Asperge	Folates
	Betterave	Folates
	Épinard	Folates
	Chou	Glucosinolates
	Chou de Bruxelles	Glucosinolates
	Tomate	Lycopène
	Champignons	Sélénium
	Poivron	Vitamine C
DÉGÉNÉRESCENCE MACULAIRE	Carotte	Bêta-carotène
	Courges d'hiver	Bêta-carotène
	Épinard	Bêta-carotène
	Chou cavalier	Lutéine et zéaxanthine
	Épinard	Lutéine et zéaxanthine
	Patate douce	Lutéine et zéaxanthine
	Piment	Lutéine et zéaxanthine
	Tomate	Lycopène
	Brocoli	Vitamine C
DIABÈTE	Asperge	Fibres
	Huile de canola	Gras monoinsaturés
	Huile d'olive	Gras monoinsaturés
	Poivron	Vitamine C
	Brocoli	Vitamine C
HYPERCHOLESTÉROLÉMIE	Ail	Composés soufrés
	Carotte	Fibres solubles
	Oignon	Flavonoïdes
	Tomate	Lycopène
HYPERTENSION	Brocoli	Calcium
	Légumes-feuilles cuits	Calcium

AFFECTION	LÉGUME	INGRÉDIENT CURATIF
HYPERTENSION (suite)	Asperge Pomme de terre Piment	Fibres Potassium Vitamine C
IMMUNITÉ DÉFICIENTE	Carotte Patate douce Tomate Oignon Piment	Carotène Carotène Carotène Flavonoïdes Vitamine C
INFECTIONS À LEVURE	Ail Artichaut Oignon	Allicine Fructooligosaccharides Fructooligosaccharides
MALADIE CARDIAQUE	Carotte Asperge Épinard Dérivés du soja	Fibres solubles Folates Folates Protéine de soja
OBÉSITÉ	Brocoli Légumes-feuilles cuits Asperge Betterave	Calcium Calcium Fibres Fibres
OSTÉOARTHRITE	Patate douce Piment	Folates Vitamine C
OSTÉOPOROSE	Légumes-feuilles cuits Piment Chou frisé Épinard	Calcium Vitamine C Vitamine K Vitamine K
PROBLÈMES CUTANÉS	Brocoli Carotte Tomate Asperge Courges d'hiver Patate douce Pomme de terre	Antioxydants Antioxydants Antioxydants Bêta-carotène Bêta-carotène Bêta-carotène Vitamine B_6
STRESS	Brocoli Légumes-feuilles cuits Asperge Pois Salade Navet et rutabaga Pois Pomme de terre	Calcium Calcium Folates Folates Folates Tryptophane Tryptophane Vitamine B_6
ULCÈRES BUCCAUX ET PROBLÈMES DE DENTS	Brocoli Légumes-feuilles cuits Céleri Salade Piment	Calcium Calcium Fibres insolubles Fibres insolubles Vitamine C

LÉGUMES SANTÉ, LÉGUMES SAVEUR

10 MOYENS DE CONSOMMER PLUS DE
légumes

Une des principales recommandations du Guide alimentaire canadien pour mieux se porter est de manger plus de légumes et de fruits. Les experts nous conseillent d'en consommer au moins cinq portions chaque jour, ce qui représente environ 400 g, et même d'aller au-delà, pour atteindre si possible 700 à 800 g. Les recettes de cet ouvrage vous aideront à consommer plus de légumes. Inspirez-vous aussi des idées suivantes, faciles à mettre en œuvre, qui vous permettront par ailleurs d'enrichir la saveur de vos plats.

1 Servez-les tels quels, prêts à croquer. Proposez un grand plat de légumes crus : dés de concombres, mini-tomates, bâtonnets de carotte, tiges de céleri, fleurettes de chou-fleur, lamelles de poivrons, en même temps que des sauces (vinaigrette, mayonnaise allégée ou sauce yogourt). C'est certain, le plat sera vidé ! Une excellente solution aussi pour l'apéritif.

2 Le soir, préparez une salade express. Dans un saladier, mélangez de la salade verte toute prête, des tomates cerises, quelques tranches de concombre ou de pomme. Voilà, en un clin d'œil, une très bonne entrée rafraîchissante.

3 Grillez-les au four. La plupart sont délicieux cuits au four avec un soupçon d'huile d'olive, du vinaigre, du sel, du poivre et de l'ail. En hiver, vous pouvez accommoder de la sorte des panais, des navets, des betteraves, des carottes ou des pommes de terre. En été, pensez aux champignons de couche, aux courgettes, aux tomates, aux oignons et aux poivrons. Coupez les légumes en morceaux suffisamment petits avant de les enfourner. Faites-les cuire à moyenne puissance pendant 20 à 40 minutes, en fonction de leur épaisseur, en les retournant à mi-cuisson.

4 Faites-en des soupes maison. Pratiquement tous les légumes cuits (carotte, courge d'hiver, chou-fleur, haricots verts, brocoli...) peuvent être réduits en purée pour donner une soupe à la texture onctueuse et moelleuse. Pensez-y quand vous avez un reste de légumes. On épaissit la soupe avec un peu de pomme de terre ou de la fécule de maïs, et on l'allonge au contraire avec du bouillon de légumes ou du lait.

5 Adoptez la cuisson au wok (ou à la poêle). C'est une façon savoureuse de cuisiner les légumes. Faites chauffer un peu d'huile d'olive dans un wok ou dans une grande poêle à bord assez haut puis, quand l'huile est bien chaude, versez-y les légumes en petits morceaux et faites cuire sans cesser de remuer. Salez, poivrez, ajoutez l'assaisonnement souhaité (herbes de Provence, sésame, sauce de soja...), mélangez une dernière fois : c'est prêt !

6 Transformez-les en sauces. Vous pouvez confectionner de merveilleuses sauces à base de légumes crus ou cuits : tomates, oignons, poivrons, champignons, pousses d'épinard, cresson, seuls ou associés. Servez-les en accompagnement de viande de porc, de poulet, de poisson, de pâtes ou d'entrées.

7 Garnissez-en vos omelettes. Rares sont les légumes qui ne peuvent pas s'intégrer dans une omelette, surtout avec un peu de fromage râpé. Parmi les mieux adaptés : les oignons, les poivrons, les tomates, les champignons et les pommes de terre.

8 Ajoutez-les à vos farces. Donnez plus de goût et de valeur nutritive à vos farces à la viande en y ajoutant une poignée de légumes crus finement hachés : carottes, courgettes, poivrons, champignons, épinards et autre verdure, sans oublier l'incontournable échalote et les fines herbes.

9 Variez vos purées. Pour renouveler la classique purée de pommes de terre, ajoutez-y d'autres légumes en purée : céleri-rave, carottes, petits pois, chou-fleur, brocoli...

10 Adaptez les recettes. Par exemple : ajoutez des épinards hachés ou des carottes cuites et réduites en purée à une sauce pour lasagnes ; remplacez une partie de la viande par des légumes dans le pot-au-feu, le bœuf braisé ou le ragoût ; associez des légumes cuits à vos plats de pâtes et de riz ; confectionnez pizzas et quiches végétariennes.

ASSAISONNEMENT DES LÉGUMES

guide

Parfois une herbe fine ou une épice est tout ce qu'il faut pour rehausser le goût d'un légume et en faire un plat recherché. Dans d'autres cas, ce pourrait être une façon de le cuire avec un autre légume, un fruit ou un jus de fruits. Voici différentes idées pour ajouter de la saveur à vos légumes cuits.

ARTICHAUT	citron, beurre, ail, origan
ASPERGE	citron, moutarde, aneth, parmesan, sauce de soja, huile de sésame grillé, câpres
AUBERGINE	basilic, ail, tomate, haricots noirs, sauce pimentée, huile de sésame
AVOCAT	assaisonnement au chile, cumin, pamplemousse, agrumes, origan
BETTERAVE	vinaigre balsamique, aneth, citron, romarin, pomme, pacanes
BROCOLI	orange, pamplemousse, ail, sauce de soja, huile de sésame grillé, mélange moutarde-mayonnaise
CAROTTE	agrumes, poudre de cari, gingembre, citron, aneth, miel, vinaigre de framboise
CÉLERI (cuit)	ail, origan, sauce de soja, huile de sésame grillé
CHAMPIGNONS	vinaigre balsamique, ciboulette, oignon vert, persil, thym
CHOU	graines de carvi, ail, sucre et vinaigre (sauce aigre-douce), sauce de soja, huile de sésame grillé, gingembre, pomme
CHOU DE BRUXELLES	ciboulette, oignons verts, moutarde
CHOU-FLEUR	basilic, poudre de cari, mélange moutarde-mayonnaise
CONCOMBRE	aneth, graines de sésame, sauce de soja, sucre et vinaigre (sauce aigre-douce)
COURGE D'ÉTÉ	ail, citron, romarin, tomate

COURGE D'HIVER	sirop d'érable, noix, agrumes, gingembre, cannelle, poire, pomme, canneberges, fruits secs
ÉPINARDS	raisins secs, ail, poivre, sel, sauce de soja
FENOUIL	feuille de laurier, tomate, parmesan
GOMBO	citron, marjolaine, tomate, thym
HARICOTS	huile d'olive, persil, citron, graines de sésame, sauce de soja, haricots noirs
HARICOTS VERTS	ail, sauce de soja, graines de sésame
LÉGUMES-FEUILLES (épinard, bette, chou cavalier)	agrumes, aneth, ail, oignon vert, noix de pin, raisins secs, graines de sésame
MAÏS	basilic, beurre, assaisonnement au chile
NAVET	miel, pomme, poire, citron, noix
PANAIS	parmesan, thym
PATATE DOUCE	sirop d'érable, beurre, agrumes, fruits secs, gingembre, cannelle, canneberges
POIS	menthe, graines et huile de sésame grillé
POIVRON	vinaigre balsamique, ail, olives, câpres, thym, sauce de soja avec gingembre, assaisonnement au chile, cumin
POMME DE TERRE	ciboulette, poudre de cari, ail, yogourt, poivron grillé, romarin
RAPINI	huile d'olive, ail, flocons de piment, sauce de soja, sauce pimentée
TOMATE	vinaigre balsamique, basilic, ail, parmesan ou romano, origan

épices
ET FINES HERBES

L'un des meilleurs moyens de rehausser la saveur de vos plats est de cuisiner avec des épices et des aromates. Vous profitez du même coup de leur action bénéfique sur la santé. Les fines herbes sont faciles à trouver sur le marché, surtout en été. Enveloppez-les dans du papier de cuisine mouillé et réfrigérez-les dans le bac à légumes. Comme elles se conservent peu longtemps, l'idéal est d'en faire pousser chez vous. Hachez-les au dernier moment et ne les ajoutez qu'en fin de cuisson. Les épices sont vendues déjà conditionnées. On les trouve souvent en poudre, mais on peut aussi les acheter entières et les moudre soi-même au dernier moment, ce qui leur confère plus d'intensité. Aromates et herbes séchées s'écrasent ou s'émiettent juste avant l'utilisation. Renouvelez régulièrement votre provision, car ils finissent par perdre leur arôme.

L'*aneth* frais ou séché donne de la fraîcheur aux betteraves, carottes, concombres, légumes marinés, pommes de terre et fruits de mer. La graine d'aneth sert aux marinades.

L'*anis vert,* avec son parfum de réglisse, sert surtout en pâtisserie, mais parfume aussi agréablement le chou. Il renferme de l'anéthol, qui favorise la digestion et aide à lutter contre les ballonnements.

Le *basilic,* à saveur distinctive un peu mentholée, se marie parfaitement à la tomate et forme la base du pesto.

La *cannelle* est l'écorce du cannelier. On l'utilise sous forme de bâtonnets ou moulue. Elle entre dans la composition de desserts et de certains plats orientaux. Elle calme les spasmes digestifs et s'avère bénéfique en cas de diabète.

La *cardamome* se présente sous forme de capsules renfermant des graines. On peut broyer la capsule ou en prélever les graines. Surtout utilisée dans les currys et la pâtisserie, elle calme les spasmes et pourrait aider à réguler le métabolisme des glucides.

Les graines de *carvi,* petites et très parfumées, s'utilisent dans les pains, les gâteaux et les fromages, ainsi que dans certains plats de légumes et de viande. Le carvi facilite la digestion et possède une action antiseptique.

Les graines de *céleri* donnent un puissant arôme de céleri aux sauces, ragoûts et soupes et ont des vertus anti-inflammatoires et diurétiques.

Le *cerfeuil,* dont le goût s'apparente à celui de l'anis, relève bien les œufs, le poulet, les crevettes et certaines salades.

La *ciboulette* confère un petit goût d'oignon aux salades, sauces et trempettes.

Les feuilles de *coriandre,* très aromatisées, s'utilisent aussi bien dans la cuisine mexicaine que dans la cuisine orientale. Les graines servent à parfumer currys et pains d'épice. Elles sont réputées soulager les crampes d'estomac et, selon certaines études, pourraient aider à abaisser le taux de cholestérol sanguin.

Le *cumin,* en graines ou en poudre, apporte sa note ronde et anisée aux plats de légumineuses, aux recettes mexicaines et aux currys indiens, tout en facilitant la digestion. Il aurait des effets protecteurs pour le système cardiovasculaire.

Le *curcuma* est l'ingrédient clé du curry indien, auquel il donne sa couleur jaune vif et une saveur profonde. C'est un anti-inflammatoire reconnu, et il pourrait freiner le développement des cellules cancéreuses.

Les graines de *fenouil* possèdent un arôme anisé parfait pour le porc et le poisson. Riches en anéthol, elles agissent sur les troubles digestifs.

Les baies de *genièvre* aromatisent la choucroute, les pâtés et certains légumes. Elles sont diurétiques et pourraient améliorer le métabolisme du glucose chez les diabétiques.

Le *gingembre* frais est piquant. On l'épluche, puis on le râpe ou on le détaille en dés avant de l'ajouter à des légumes sautés. Le gingembre séché en poudre sert surtout en pâtisserie. On l'utilise pour lutter contre le mal des transports et en cas de nausées. Ce puissant anti-oxydant aide à prévenir le cancer et les maladies cardiovasculaires.

Le clou de *girofle,* planté dans un oignon, rehausse la saveur du jambon et d'un pot-au-feu. Son principe actif, l'eugénol, a des propriétés antiseptiques et antispasmodiques. Il réduit l'agrégation des plaquettes sanguines, évitant ainsi la formation de caillots et les thromboses.

Le *laurier* a une odeur tout à fait caractéristique. Il se marie bien avec les soupes et les ragoûts, dont il facilite la digestion. Ajoutez une feuille séchée de laurier en début de cuisson, de façon à lui permettre de donner toute sa saveur, et retirez-la avant de servir.

Le *macis* est l'écorce qui entoure la noix de muscade. Il a un goût moins prononcé que la noix et s'utilise de la même façon.

La *marjolaine,* avec son goût frais et épicé, se marie à la plupart des légumes. Elle est courante dans les plats grecs, italiens et mexicains.

Les feuilles de *menthe* donnent de la fraîcheur à une salade de fruits ou à une limonade. Elles rehaussent aussi le goût de l'agneau et du poisson.

Les graines de *moutarde* ont un goût très relevé. Elles entrent dans la recette de certaines sauces maison, froides ou chaudes. Elles stimulent les sécrétions digestives mais sont irritantes et toxiques à forte dose.

La *noix de muscade* possède un arôme puissant et légèrement amer, qui se marie bien avec les épinards, la courge d'hiver et la purée de pommes de terre. Elle favorise la digestion et possède une activité antithrombose prouvée.

L'*origan,* ou marjolaine sauvage, met en valeur le chou et la tomate, la volaille, le veau et l'agneau. Elle pourrait atténuer l'aérophagie et les troubles intestinaux.

Le *paprika* est issu de poivron doux séché. Il apporte beaucoup de saveur à certaines sauces et plats de légumes à base de tomate. Ses pigments rouges lui donnent un grand pouvoir antioxydant.

Le *persil,* qu'il soit frisé ou plat (persil italien), se marie bien aux pommes de terre, champignons, viandes et céréales. Mâchouiller un brin de persil rafraîchit l'haleine.

Le *piment de Cayenne* séché est brûlant. On l'utilise surtout dans les plats en sauce, pour leur donner du piquant. Son principe actif, la capsaïcine, a un effet anticoagulant et pourrait abaisser le risque de thrombose.

Le *piment de la Jamaïque,* aussi appelé tout-épices, évoque tout à la fois le girofle, la cannelle, le poivre et la muscade, agrémente les plats cuisinés, les sauces et les gâteaux. Il favorise aussi la digestion.

Le *poivre noir,* en grains ou en poudre, est indispensable en cuisine. Il stimule la digestion et renforcerait l'action d'autres substances, comme les antioxydants.

Le *romarin* possède une saveur intense et caractéristique. Il est délicieux avec les marinades et les grillades, surtout d'agneau. Utilisé modérément, il agrémente les plats de haricots et de légumes. Bien pourvu en composés flavonoïdes anti-oxydants, il est aussi capable de stimuler la vésicule biliaire et les sécrétions digestives.

Le *safran,* la plus chère des épices, provient des stigmates d'un crocus originaire d'Orient. Il parfume le riz, les soupes de légumes et la bouillabaisse, tout en les colorant. Sa légère amertume est due à la picrocrocine, également stimulante pour le système digestif.

La *sarriette,* à saveur légèrement poivrée, s'associe aussi bien aux haricots secs qu'aux divers types de choux et aux pommes de terre. On peut l'employer pour le poisson au four, la volaille et le porc. Elle aide à lutter contre les fermentations intestinales et possède une action antibactérienne.

La *sauge* présente un arôme boisé bien particulier. Très utilisée dans la cuisine italienne, elle se marie bien avec l'ail et les tomates, ainsi qu'avec l'oignon, les légumineuses, la viande de porc et la volaille. Elle a une action antispasmodique et apporte des flavonoïdes antioxydants.

Le *thym* est délicieux frais, émietté sur les carottes, les salades et les champignons. Il s'associe à merveille aux soupes, ainsi qu'aux viandes et aux poissons gras. On l'utilise traditionnellement en cas de digestion lente et de vésicule biliaire paresseuse.

TOUR DU MONDE DES
saveurs

Il existe dans les différentes traditions culinaires de multiples façons d'accommoder les plats, qui mettent en œuvre des ingrédients, des épices et des aromates que l'on a l'habitude de qualifier d'exotiques mais qui peu à peu nous sont devenus familiers : le couscous est entré dans nos habitudes, les tajines aussi. La pizza est un classique de nos menus, tout autant que les tomates à la mozzarella ou les spaghettis bolognaise...

Il est désormais possible de se procurer les ingrédients nécessaires à la confection de plats authentiquement asiatiques, antillais ou africains dans les supermarchés les épiceries spécialisés, voire sur les marchés locaux.

Découvrez les denrées utilisées par les peuples d'autres cultures, goûtez leurs fruits et légumes : vous enrichirez ainsi votre propre cuisine. Mais ce qui définit toutefois une cuisine, ce qui lui confère son authenticité, ce sont ses mélanges particuliers d'assaisonnements et d'épices. Voici un petit panorama des assaisonnements et condiments utilisés dans le monde.

Amérique latine ⌄

Adobo : sel pour assaisonnement enrichi d'ail, de poivre, d'origan et de cumin. La composition du mélange varie en fonction de sa région d'origine.

Chili : ce que nous appelons assaisonnement au chile est un mélange de piments séchés, de cumin, d'origan et d'ail. Sa composition et sa saveur varient considérablement d'une marque à l'autre, selon la variété de piment utilisée et la proportion des différents ingrédients.

Roucou : pulpe grasse fabriquée avec les graines rouges extraites des fruits du roucouyer, généralement broyée avec du vinaigre, de l'ail et d'autres épices et servant d'assaisonnement et de colorant pour les légumes, soupes et viandes.

Sauce piquante : sauce très relevée servie à table comme condiment, ou servant à assaisonner les soupes, salades, salsas et autres plats.

Sofrito : mélange de roucou, d'oignon, de piment, d'ail et d'autres ingrédients, utilisé comme condiment pour relever les plats.

Tomatillo : sorte de tomate verte rayée au goût particulier, fruité et légèrement amer, qui entre dans la composition des salsas et salades ainsi que du guacamole.

Chine ⌄

Badiane (anis étoilé) : cette belle étoile est le fruit d'un arbre à feuilles persistantes. Son goût est très anisé. Aromatise les soupes, les plats en sauce et différentes préparations.

Huile de sésame : lorsqu'elle est de couleur pâle, elle a très peu de goût et sert à la cuisson et aux fritures. L'huile foncée, fabriquée avec du sésame grillé, a un goût au contraire très prononcé. Il suffit de quelques gouttes pour aromatiser un plat et on ne la fait jamais chauffer.

Mélange cinq-épices : mélange de cannelle, fenouil, clou de girofle, badiane et poivre chinois souvent utilisé dans les marinades ou ajouté aux soupes et aux plats en sauce.

Moutarde de Chine : cette moutarde vinaigrée et forte s'utilise comme la moutarde de Dijon.

Pâte au piment : condiment proche de l'harissa servi en accompagnement de tous les plats.

Sauce hoisin : sauce épaisse sucrée-salée, à base de germes de soja, qui épaissit certaines préparations sautées. On y trempe parfois les aliments avant de les déguster.

Sauce de soja : ce grand classique de la cuisine chinoise et du continent asiatique est à base de germes de soja fermentés. Il en existe plusieurs variétés. L'huile qualifiée de légère est en revanche plus salée.

Corée ⌄

Sauce barbecue : légèrement sucrée, à base de soja, elle permet d'enduire les viandes avant de les griller afin de leur donner du goût.

Sauce pimentée : aromatisée à l'ail, la sauce pimentée coréenne s'utilise dans les marinades ou en accompagnement des salades.

France ∨

Huiles variées : huiles de noix, de noisettes ou d'amandes ont une saveur riche et chacune bien distincte. On s'en sert dans les vinaigrettes ou pour aromatiser des légumes crus ou cuits, mais on ne les réchauffe jamais.

Poivres variés : roses ou verts, ils parfument les plats plus délicats et donnent de la couleur aux sauces en crème. Ils sont assez doux pour être croqués.

Purée de marron : avec sa consistance robuste et son goût agréable mais peu prononcé, elle peut servir à épaissir une sauce et se marier tant aux légumes d'accompagnement qu'à la pâtisserie.

Grèce ∨

Huile d'olive : l'huile d'olive vierge grecque, avec son fort goût fruité, est l'un des ingrédients de base de la cuisine de ce pays. On s'en sert pour la cuisson et les fritures, et dans la composition des sauces froides. On la verse aussi en filet sur les plats.

Tapenade aux olives de Kalamata : cette purée faite d'olives, d'huile d'olive, de câpres et de fines herbes se consomme tartinée sur une tranche de pain.

Inde ∨

Chutney : ce condiment aigre-doux souvent fort pimenté se mange sur des galettes de pain, en accompagnement des entrées et avec le riz. Il existe toutes sortes de chutneys, dont les plus connus sont ceux à la mangue, au citron, à la coriandre, à la menthe et aux dattes.

Garam masala : mélange d'épices contenant de la cannelle, du cumin, du poivre noir, de la coriandre, du clou de girofle et de la cardamome. Le garam masala est ajouté aux currys et autres plats de riz, de haricots secs, de pommes de terre, d'aubergines et de viande.

Poudre de cari : cette poudre aromatique est composée d'épices très variées, et sa recette varie selon les régions de l'Inde. Elle entre dans la composition de nombreuses sauces chaudes et froides, et sert d'assaisonnement aux plats de lentilles, de viande et de volaille. La poudre de cari la plus épicée contient une proportion importante de gingembre et de piment rouge.

Italie ∨

Huile d'olive extravierge : d'une couleur vert foncé, cette huile de première qualité est issue de la pression initiale. Elle a un goût et une odeur prononcés qui en font le complément indispensable des pâtes, salades et légumes cuits.

Pâte aux poivrons doux : réalisée à partir de poivrons grillés, d'huile d'olive et de fromage, elle se tartine sur du pain grillé ou s'ajoute aux plats de pâtes.

Tapenade : cette pâte très parfumée, fabriquée avec des olives vertes ou noires et différentes huiles d'olive, entre dans la composition de certaines sauces pour les pâtes et se marie bien à la vinaigrette. On peut aussi en servir à l'apéritif tout simplement tartinée sur du pain.

Vinaigre balsamique : élaboré à partir de jus de raisin légèrement fermenté et concentré, ce vinaigre vieillit dans des fûts de bois qui lui donnent son arôme particulier. Le vinaigre balsamique, moins acide que le vinaigre de vin, aromatise le poisson, la viande, les légumes, voire les salades de fruits. On peut aussi l'utiliser en vinaigrette.

Japon ∨

Ajinomoto : sel additionné de glutamate de sodium, qui donne le goût spécifique d'umami à la cuisine asiatique. Il ne s'emploie qu'à faible dose. Attention, le glutamate peut provoquer des troubles chez certaines personnes (maux de tête, bouffées d'hypertension).

Miso : pâte à base de graines de soja fermentées utilisée dans les soupes, les sauces de salade et les marinades.

Tamari : sauce de soja plus sombre et au goût plus prononcé que la sauce de soja classique.

Wasabi : également appelé raifort japonais, pâte ou poudre très piquante que l'on sert en accompagnement ou qui entre dans la composition de certaines sauces chaudes ou froides.

Thaïlande ∨

Citronnelle : on la parsème coupée en rondelles sur les soupes, les ragoûts, les fritures, les currys et on en fait des infusions.

Pâte de piments : pâte à base de piments assaisonnée de basilic qui rehausse la saveur des fritures, currys, sauces chaudes et marinades.

Pâte de tamarin : la pulpe du fruit du tamarinier donne de l'acidité aux soupes, ragoûts et autres plats cuisinés.

Vietnam ∨

Nuôc mam : sauce au poisson séché, très salée. S'utilise en petites quantités dans les soupes, ragoûts, fritures, mais aussi dans les sauces et en accompagnement des plats.

Sauce de soja sucrée : avec sa consistance épaisse et une couleur qui rappelle celle de la mélasse, cette sauce est l'un des incontournables de la cuisine vietnamienne et thaïe.

DE COMBIEN D'USTENSILES avez-vous besoin pour bien préparer et cuisiner les légumes ? De moins que vous ne pensez. Commencez par quelques couteaux bien aiguisés.

LES INCONTOURNABLES POUR BIEN
cuisiner

COUTEAU D'OFFICE

Le plus petit des couteaux de cuisine sert presque à tout faire : gratter carottes et pommes de terre, éplucher les asperges, peler les avocats, effiler les branches de céleri...

COUTEAU-SCIE

Le couteau à dents de scie est parfait pour couper les tomates et autres légumes à chair molle ou encore les agrumes très juteux. Il sert aussi à couper le pain.

COUTEAU DE CHEF

Sa lame large et rigide en fait l'instrument incontournable pour trancher, couper en lamelles, hacher, etc.

En cuisine, la vie est beaucoup plus simple quand on dispose de matériel digne de ce nom. Vous constaterez rapidement que vous ne pourrez pas vous passer des ustensiles suivants.

Autocuiseur

(ou marmite à pression). Il permet de cuire très vite la plupart des légumes, à la vapeur, à l'eau ou à l'étuvée, en maintenant au mieux leurs qualités nutritives. Il est recommandé pour les légumes qui demandent une longue cuisson, comme les artichauts.

Ciseaux de cuisine

Très pratiques pour hacher les fines herbes, ils ont de nombreuses utilisations en cuisine, comme tailler une abaisse de tarte ou sectionner une volaille.

Épluche-légumes à lame pivotante

D'un emploi plus aisé que le couteau économe, l'épluche-légumes est un ustensile bon marché. On le renouvelle donc dès que ses lames ne sont plus assez tranchantes.

Équipement pour cuisson à la vapeur

Le cuit-vapeur traditionnel est composé d'un compartiment du bas destiné à recevoir l'eau et d'un ou plusieurs compartiments perforés qui s'emboîtent sur le premier, avec un couvercle bien ajusté. À défaut, on peut utiliser pour les petites quantités un compartiment en osier ou en bambou que l'on ajustera sur une casserole ou un panier métallique à pieds que l'on déposera dans l'eau bouillante ; dans les deux cas, l'eau ne doit pas affleurer le bas du panier. Le cuit-vapeur électrique s'avère très pratique. L'autocuiseur offre lui aussi la possibilité de cuire à la vapeur, avec des temps de cuisson très réduits.

Essoreuse à salade

Fonctionnant sur le principe de la force centrifuge, elle n'a pas son pareil pour assécher salades, légumes-feuilles et fines herbes.

Mixeur plongeur

Il permet de confectionner très vite potages, purées et sauces. Il est commode pour des préparations de petit volume, car il se rince facilement à l'eau et peut être plongé directement dans la casserole ou un récipient profond pour préparer un coulis de tomates, par exemple.

Passoire à légumes

En plastique ou en métal, elle est dotée de trous de taille suffisante pour laisser s'écouler l'eau.

Passoires et tamis

Il en existe dans toutes les tailles et toutes les matières. On s'en sert pour passer ou filtrer les boissons, les liquides de cuisson, les sauces, ou pour égoutter les aliments.

Planche à découper

Elle peut être en bois, en verre très résistant ou en plastique, ce dernier matériau présentant l'avantage de pouvoir passer à la machine à laver la vaisselle. Il est recommandé de ne pas utiliser la même planche pour couper les légumes (et fruits) et les viandes et poissons, afin de réduire les risques de contamination.

Presse-purée

Ce petit appareil très commode sert aussi à écraser les carottes, betteraves, courgettes et autres légumes bien cuits, en petites quantités. Sinon, utilisez un moulin à légumes.

Râpe à fromage

Cet ustensile existe dans toutes les tailles et dans différentes formes, avec différentes râpes. Une râpe à quatre faces, avec des trous de différentes tailles, s'utilise aussi bien pour le fromage que pour les légumes. Elle est généralement munie d'une entaille longue et droite – la râpe à croustilles – qui permet de couper les légumes durs en rondelles très fines.

Robot de cuisine

Très pratique pour émincer, râper, hacher et réduire en purée de grandes quantités de légumes. Beaucoup de modèles disposent d'un bol plus petit, utile pour les petites quantités. Il peut être complété par un mini-robot permettant notamment d'émincer fines herbes, oignons, etc.

Que faut-il entendre par portion ?

Les nutritionnistes recommandent de consommer chaque jour de cinq à dix portions de légumes et de fruits. Dans le cas des légumes, une portion équivaut à...

- 1 tasse de légumes-feuilles comme des épinards, du chou, de la salade
- 1 petite pomme de terre cuite sans gras
- ¾ tasse de jus de légumes
- ½ tasse de légumes crus coupés, comme des carottes, du navet ou des concombres
- ½ tasse de légumes cuits
- ½ tasse de légumineuses comme des haricots secs, des pois ou des lentilles

cuire pour mieux se nourrir

Les légumes renferment de nombreux éléments nutritifs. Il est important de les préserver, notamment les plus fragiles d'entre eux, comme la vitamine C ou les folates, facilement détruits par l'oxygène de l'air et/ou la chaleur.

- Consommez vos légumes le plus vite possible après l'achat.
- Entreposez-les au frais, dans le bac à légumes du réfrigérateur, où la température et l'humidité sont bien adaptées.
- Épluchez-les et détaillez-les au dernier moment, car l'oxygène de l'air détruit très rapidement la vitamine C.
- Lavez-les à l'eau courante, sans les laisser tremper : minéraux et vitamines passent facilement dans l'eau.
- Pour la même raison, faites cuire vos légumes dans très peu d'eau ou, mieux, à la vapeur.
- Faites-les cuire juste le temps nécessaire : une cuisson trop longue provoque une importante destruction des vitamines sensibles à la chaleur.
- Faites cuire les pommes de terre avec leur peau, après les avoir bien lavées : c'est en effet juste sous la peau que sont concentrés minéraux et vitamines.
- Évitez de réchauffer les légumes ou de les maintenir longtemps au chaud, car cela entraîne une perte supplémentaire de vitamines.

LES techniques DE CUISSON

On pense parfois que seule la cuisson à la vapeur permet de préserver les qualités nutritionnelles et gustatives des légumes. Heureusement, il existe bien d'autres façons, traditionnelles ou modernes, de préparer et d'accommoder les légumes afin de profiter au mieux de la diversité de leurs saveurs et de leurs apports nutritifs.

Braisage

Cette méthode consiste à cuire les légumes dans un récipient clos avec très peu de liquide et à feu doux. Elle est bien adaptée aux légumes fibreux comme les cœurs de céleri, les poireaux, les fenouils, ainsi qu'aux légumes-racines (carottes, navets) et à feuilles (épinards, choux nouveaux).

■ La teneur en minéraux est bien préservée. Quant aux déperditions vitaminiques, elles sont fonction de la durée de cuisson.

À l'eau

Les légumes sont plongés dans de l'eau salée portée à ébullition. Cette méthode est adaptée aux légumes fermes comme les haricots verts, le brocoli et les carottes. Exception : pour les pommes de terre et les légumineuses, la cuisson démarre à l'eau froide.

■ Ne prolongez pas la cuisson au-delà du temps nécessaire et limitez le volume d'eau utilisé : plus il est important, plus le passage des vitamines et des minéraux dans l'eau augmente. Utilisez ce liquide pour préparer des soupes.

À l'étuvée

La cuisson se fait en cocotte, à couvert et à feu doux, après avoir fait revenir les légumes dans très peu de matière grasse. Pour surveiller la cuisson sans avoir à découvrir la cocotte (ce qui laisse s'échapper la vapeur d'eau), privilégiez le couvercle en verre transparent ou les cocottes munies d'un couvercle incurvé, dans lequel de l'eau froide provoque la condensation de la vapeur d'eau et sa retombée sur les aliments.

■ C'est un moyen efficace de préserver la saveur des légumes et leurs nutriments.

Au four

Les légumes, légèrement enduits de matière grasse, cuisent à four doux jusqu'à devenir croustillants et dorés en surface mais moelleux au cœur.

En friture

Cette technique consiste à faire cuire les légumes dans une quantité plus ou moins importante d'huile. Les légumes en beignets, comme les tempuris japonais, nécessitent une cuisson en friteuse, où ils sont entièrement plongés dans l'huile.

■ Savoureux, mais très riches en graisse (les aubergines frites, par exemple, peuvent absorber jusqu'à 10 ou 15 % de leur poids en huile), les légumes cuits en friture sont très caloriques et assez peu digestes.

Au gril

Placés sous le gril du four ou au barbecue, les légumes dorent en surface et cuisent à l'intérieur. Placez-les à environ 10 ou 15 cm du gril pour que la cuisson soit complète. Un mode de cuisson indiqué pour les tomates, les aubergines, les courgettes, les poivrons et les champignons. Pensez à retourner régulièrement les légumes en cours de cuisson.

■ Préalablement enduits d'huile d'olive ou d'huile parfumée aux aromates, les légumes seront délicieux, sans pour autant se charger en graisse.

Au micro-ondes

Ce mode de cuisson rapide et pratique conserve aux légumes leur goût, leur croquant et la plupart de leurs éléments nutritifs. Placez les légumes dans un plat adapté contenant une petite quantité d'eau et couvrez d'un couvercle laissant passer la vapeur.

■ Augmentez le temps de cuisson en fonction de la quantité de légumes, et utilisez de préférence la puissance moyenne plutôt que la puissance maximale, qui dégrade souvent la saveur des mets.

À la poêle

Cette méthode consiste à faire revenir rapidement les légumes à la poêle, à feu moyen, dans un peu de matière grasse. Il est important de les retourner régulièrement pour éviter qu'ils n'attachent. À utiliser pour des légumes tendres – oignons, poivrons, champignons, jeunes courgettes – et les primeurs, qui cuisent rapidement.

À la vapeur

Avec cette technique, les légumes cuisent, non pas dans l'eau, mais dans la vapeur que dégage l'eau bouillante. La cuisson en papillote, au four avec très peu de liquide, est une forme de cuisson à la vapeur.

■ La cuisson vapeur en autocuiseur est celle qui préserve le mieux les vitamines et les minéraux des légumes.

Au wok

Les aliments (légumes, mais aussi viande ou poisson) doivent être coupés en très petits morceaux. Faites-les revenir puis cuire à feu vif avec un assaisonnement, sans cesser de remuer. Les légumes doivent rester croquants. Pour réussir une cuisson au wok, préparez tous les ingrédients à l'avance.

■ Comme la cuisson est rapide et tout le liquide de cuisson réabsorbé, on perd peu de vitamines et de minéraux.

LÉGUMES AU **gril**

La cuisson au barbecue n'est pas réservée aux viandes et aux saucisses ! Presque tous les aliments peuvent être préparés au barbecue, et les légumes ne font pas exception à la règle. Vous devez simplement veiller à respecter les quelques points suivants.

■ Vérifiez la température du barbecue avant d'y placer les légumes. S'il s'agit d'un barbecue électrique, réglez le thermostat sur feu moyen. Pour un barbecue à charbon de bois, attendez 30 min après l'allumage avant de poser les légumes sur la grille.

■ Enduisez les légumes d'huile ou d'une marinade à base d'huile avant la cuisson.

■ Déposez les légumes en diagonale ou perpendiculairement sur la grille, afin d'éviter qu'ils ne passent à travers cette dernière.

■ Enduisez régulièrement les légumes de marinade en cours de cuisson afin de leur donner plus de goût et d'éviter qu'ils ne se dessèchent.

■ Retournez les légumes à mi-cuisson ou lorsqu'ils sont légèrement grillés et un peu tendres.

■ Le temps de cuisson varie considérablement en fonction de la taille et de la nature des légumes, mais aussi du gril. Plantez-y la pointe d'une fourchette ou d'une brochette pour vérifier si vos légumes sont tendres.

■ Déposez les légumes cuits dans un plat allant au four que vous recouvrirez d'une feuille d'aluminium ménager, afin de les garder au chaud pendant la cuisson des autres légumes.

PRÉPARATION DES LÉGUMES DESTINÉS AU BARBECUE

ASPERGES : épluchez-les et faites-les blanchir 1 ou 2 min dans l'eau bouillante.

AUBERGINES : coupez-les en rondelles épaisses.

CAROTTES : les petites carottes nouvelles peuvent être grillées entières. Si elles sont plus longues et plus épaisses, coupez-les en longs bâtonnets afin d'obtenir une cuisson homogène.

CHAMPIGNONS : les champignons de Paris peuvent être cuits directement au gril. Faites cuire les plus petits en brochettes.

COURGETTES ET AUTRES COURGES D'ÉTÉ : détaillez-les en rondelles épaisses ou en bâtonnets dans le sens de la longueur ; faites griller les mini-courgettes en brochettes.

OIGNONS : les oignons rouges et blancs peuvent être détaillés en rondelles épaisses, et piqués sur une brochette pour éviter que les anneaux ne se séparent et tombent à travers la grille.

POIVRONS : faites-les cuire entiers, en les retournant de temps en temps, jusqu'à ce que la peau soit un peu noircie et cloquée de tous les côtés. Enveloppez-les dans de l'aluminium ménager, laissez-les refroidir 15 min, puis pelez-les ; retirez les parties blanches et les graines.

POMMES DE TERRE : faites-les cuire entières ou détaillez-les en deux, en rondelles épaisses ou en quartiers. Placez-les directement dans la braise pour les faire cuire en robe des champs. Faites-les éventuellement blanchir 5 à 10 min au préalable pour diminuer le temps de cuisson au barbecue.

TOMATES : vous pouvez faire griller les tomates entières ou coupées en deux ; les tomates cerises et les tomates cocktail seront plantées sur des brochettes.

LES BOUILLONS
maison

Facile à préparer, le bouillon maison est une base délicieuse et saine pour vos soupes, ragoûts et sauces. Faites vous-même votre combinaison de légumes, mais évitez ceux qui ont une saveur trop marquée – asperge, brocoli, chou de Bruxelles, chou-fleur.

Bouillon de légumes

POUR ENVIRON 4 TASSES DE BOUILLON

- 2 **grosses carottes hachées grossièrement**
- 1 **gros oignon haché grossièrement**
- 2 **branches de céleri hachées grossièrement**
- 1 **grosse tomate en morceaux**
- 1 **navet moyen haché grossièrement**
- 1 **petit panais haché grossièrement**
- 1 **poignée de romaine en lanières**
- 6 **branches de persil**
- 1 **gousse d'ail**
- 1 **feuille de laurier**
- 1 **branche de thym séché**

1 Dans un grand faitout, déposez les carottes, l'oignon, le céleri, la tomate, le navet, le panais, la romaine, le persil, l'ail, le laurier et le thym. Ajoutez 6 tasses d'eau. Portez à ébullition, couvrez et laissez frémir 1 h à feu doux.

2 Tapissez le fond d'une passoire d'une double épaisseur de toile à fromage. Versez-y le bouillon au-dessus d'un grand bol. Jetez les légumes et les fines herbes. Laissez refroidir.

TOURS DE MAIN

- *Veillez à ce que les légumes soient très propres avant de les utiliser, même s'ils doivent être pelés.*
- *Ne les faites pas cuire plus de 1 heure, car le bouillon risque alors de devenir amer.*
- *Pour obtenir un bouillon plus concentré, réduisez la quantité de liquide en prolongeant la cuisson de 30 min, à feu moyen, après avoir filtré.*

Bouillon de volaille

POUR ENVIRON 6 TASSES DE BOUILLON

- 500 g **(1 lb) d'abattis de poulet**
- 1 **carcasse de poulet crue**
- 2 **carottes en rondelles**
- 1 **côte de céleri**
- 2 **poireaux, vert et blanc en tronçons**
- 1 **gros oignon piqué de 2 clous de girofle**
- ½ **tête d'ail non pelée, fendue en deux**
- 2 **branches de persil**
- 1 **branche de thym**
- 10 **grains de poivre**

1 Concassez la carcasse de poulet avec un grand couteau ou des ciseaux à volaille. Mettez-la dans un faitout avec les abattis. Couvrez avec 8 tasses d'eau froide. Portez doucement à ébullition et écumez à plusieurs reprises.

2 Ajoutez les carottes, le céleri, les poireaux, l'oignon, l'ail, le persil, le thym et le poivre. Laissez l'ébullition reprendre, puis couvrez à demi et laissez frémir pendant 1 h 30.

3 Filtrez le bouillon dans une passoire tapissée d'une double épaisseur de toile à fromage, au-dessus d'un grand bol. Laissez refroidir puis mettez 4 h au réfrigérateur. Retirez la couche de graisse remontée à la surface avant de réchauffer le bouillon.

Conseils

- Assaisonnement : mieux vaut ne pas saler, cela permet, lors de l'utilisation, de laisser réduire selon les besoins et de saler ensuite à votre goût.
- Conservation : jusqu'à 3 jours au réfrigérateur et jusqu'à 6 mois au congélateur.
- Congélation : remplissez les récipients jusqu'à 2 cm (¾ po) du bord ; étiquetez. Pour compenser la perte d'arôme liée à la congélation, ajoutez des fines herbes et assaisonnez au moment de réchauffer.

LES MEILLEURES
recettes
DE LÉGUMES

Avec les œufs et les BRUNCHS

LÉGUMES SANTÉ, LÉGUMES SAVEUR

Omelette aux épinards, sauce aux champignons

La lutéine et la zéaxanthine, pigments spécifiques des épinards, aident à prévenir la dégénérescence maculaire, cause majeure de la cécité liée à l'âge.

POUR 2 PERSONNES

Préparation et **cuisson** 25 min

- 2½ cuill. à thé d'huile d'olive
- 125 g (4 oz) de champignons tranchés (¾ tasse)
- 1 boîte de 225 ml (8 oz) de sauce tomate
- 2 œufs + 4 gros blancs
- 2 pincées de sel
- 2 pincées de poivre
- 1 petit oignon haché
- ¾ tasse d'épinards cuits hachés, bien égouttés
- 2 cuill. à soupe de parmesan râpé

1 Dans une petite casserole antiadhésive, réchauffez ½ cuill. à thé d'huile d'olive. Ajoutez les champignons et faites-les cuire 4 min à feu moyen. Versez la sauce tomate et laissez mijoter 5 min jusqu'à épaississement. Ôtez du feu et couvrez.

2 Dans un bol, battez à la fourchette les œufs entiers, les blancs, le sel et le poivre.

3 Réchauffez 1 cuill. à thé d'huile à feu moyen dans une poêle antiadhésive. Faites blondir l'oignon 4 min, puis ajoutez les épinards pour les réchauffer. Salez. Versez la moitié du mélange dans le bol avec les œufs et réservez l'autre moitié.

4 Réchauffez 1 cuill. à thé d'huile dans la même poêle à feu moyen. Versez-y le mélange d'œufs aux épinards, laissez cuire sans remuer environ 1 min. Lorsque les œufs commencent à prendre sur les bords, soulevez ceux-ci avec une spatule, pour que l'œuf encore liquide s'écoule dessous. Répétez l'opération jusqu'à ce que le centre de l'omelette ne coule plus.

5 Répartissez le reste des épinards sur une moitié de l'omelette, saupoudrez-les de parmesan puis repliez l'autre moitié de l'omelette par-dessus. Faites glisser l'omelette sur un plat de service et servez avec la sauce aux champignons.

Pour 1 personne : 253 calories. Protéines : 21 g – Glucides : 4 g – Lipides : 17 g (dont saturés : 4,9 g) – Cholestérol : 260 mg – Fibres : 6 g – Potassium : 1 230 mg.

Omelette au brocoli, tomates et gruyère

Grâce à leur exceptionnelle richesse en antioxydants aux effets protecteurs, le brocoli et la tomate font de cette omelette un allié de choix pour une alimentation santé.

POUR 2 PERSONNES

Préparation et **cuisson** 10 min

- 1 grosse tomate italienne tranchée
- 4 œufs + 1 blanc
- 1 cuill. à soupe de lait
- 1 pincée de sel
- 1 tasse de brocoli cuit haché (½ brocoli)
- ½ tasse de gruyère allégé râpé
- 1 cuill. à thé d'huile

1 Vaporisez d'huile une poêle antiadhésive de 25 cm (10 po) et faites-y sauter les tranches de tomate 1 min de chaque côté. Retirez du feu et couvrez.

2 Battez à la fourchette les œufs, le blanc, le lait et le sel. Ajoutez le brocoli et la moitié du gruyère. Dans la même poêle, réchauffez l'huile à feu moyen. Versez-y le mélange d'œufs et de brocoli et laissez cuire sans remuer environ 1 min jusqu'à ce que les œufs commencent à prendre sur les bords. À l'aide d'une spatule, soulevez les bords pour que l'œuf encore liquide s'écoule dessous. Répétez l'opération jusqu'à ce que le centre de l'omelette ne coule plus.

3 Disposez les tranches de tomate sur une moitié de l'omelette. Recouvrez-les du reste du gruyère et refermez l'omelette dessus. Faites glisser celle-ci sur un plat de service.

Pour 1 personne : 300 calories. Protéines : 25,2 g – Glucides : 4 g – Lipides : 20,3 g (dont saturés : 7,6 g) – Cholestérol : 520 mg – Fibres : 3,3 g – Potassium : 510 mg.

LÉGUMES SANTÉ, LÉGUMES SAVEUR

Quiche poivron-jambon

Tous les poivrons sont riches en vitamine C, particulièrement le poivron rouge, dont les pigments renforcent les propriétés antioxydantes et protectrices.

POUR 6 PERSONNES

Prép. 10 min ◆ **Cuisson** 1 h 5

- 1 abaisse de pâte brisée
- 1 cuill. à soupe d'huile
- 1 oignon en fines lamelles
- 1 poivron rouge épépiné en lanières
- 60 g (2 oz) de jambon cuit et haché fin
- 1 tasse de ricotta
- 1 tasse de yogourt nature allégé
- 3 gros œufs
- 2 pincées de sel, 1 pincée de poivre

1 Allumez le four à 425 °F (220 °C). Disposez la pâte dans un moule à tarte profond, ôtez l'excédent et piquez le fond à la fourchette. Couvrez de papier parchemin et de haricots secs. Faites cuire 8 min au four. Retirez les haricots et le papier. Abaissez la température du four à 325 °F (160 °C).

2 Dans une poêle antiadhésive, faites revenir dans l'huile l'oignon 5 min, puis le poivron 2 min. Ajoutez le jambon. Répartissez ce mélange sur le fond de tarte.

3 Fouettez la ricotta, le yogourt, les œufs, le sel et le poivre jusqu'à ce que le mélange soit homogène. Versez la préparation sur la tarte.

4 Laissez cuire au four de 45 à 55 min jusqu'à ce que la garniture soit prise. Servez chaud, tiède ou à température ambiante.

Pour 1 personne : 275 calories. Protéines : 13 g – Glucides : 20 g – Lipides : 16 g (dont saturés : 6 g) – Cholestérol : 126 mg – Fibres : 1 g – Sodium : 472 mg.

Omelette à l'espagnole

Cette recette méditerranéenne, qui associe tomates, poivrons et oignons aux pommes de terre, apporte une grande variété de minéraux et de vitamines.

POUR 4 PERSONNES

Préparation et **cuisson** 20 min

- 1 cuill. à soupe d'huile d'olive
- 1 oignon et 2 gousses d'ail hachés
- 1 poivron vert en dés
- 1 tomate en dés
- 1 poivron rouge grillé *(voir p. 332)*, **pelé, en dés**
- 2 petites pommes de terre cuites, en dés
- 6 gros œufs légèrement battus
- ½ cuill. à thé de sel

1 Réchauffez 1 cuill. à thé d'huile à feu moyen dans une poêle antiadhésive. Faites sauter l'oignon et l'ail 5 min. Ajoutez le poivron vert et la tomate et faites-les sauter 3 min. Ajoutez le poivron rouge et les pommes de terre. Salez. Couvrez et laissez cuire 10 min en remuant souvent, jusqu'à ce que les légumes soient tendres. S'ils attachent, ajoutez un peu d'eau.

2 Réchauffez une autre poêle antiadhésive avec le reste d'huile, à feu moyen. Versez les œufs battus. Laissez cuire sans remuer environ 1 min jusqu'à ce que les œufs commencent à prendre sur les bords. Soulevez alors les bords avec une spatule de façon que les œufs coulent dessous. Répartissez les légumes sur l'omelette et laissez cuire encore 1 à 2 min. Faites-la glisser sur un plat, coupez-la en quatre et servez.

Pour 1 personne : 212 calories. Protéines : 12,4 g – Glucides : 12,2 g – Lipides : 12,6 g (dont saturés : 3,4 g) – Cholestérol : 400 mg – Fibres : 2,8 g – Potassium : 540 mg.

TOUR DE MAIN

Deux idées pour alléger cette quiche :

- *Mélangez 600 g (1¼ lb) de pommes de terre râpées et pressées avec 1 oignon haché, 4 cuill. à soupe de farine, 1 œuf, du sel et du poivre ; étalez ce mélange dans un plat à gratin huilé et faites cuire 10 min au four à 375 °F (190 °C) ; versez la garniture et remettez au four 45 min.*

- *Supprimez le fond de tarte : huilez un plat à four, versez-y les légumes sautés et la préparation aux œufs. Enfournez et vérifiez la cuisson au bout de 30 min.*

IDÉES FRAÎCHES

Avec l'omelette à l'espagnole, les possibilités de garniture sont infinies. La recette traditionnelle fait appel à des pommes de terre et des oignons. Ici, les tomates et les poivrons ont été ajoutés pour lui donner de la couleur et des vitamines. Laissez libre cours à votre imagination en exploitant au mieux les légumes de saison : courgettes, asperges, champignons, fonds d'artichaut, etc.

Œufs brouillés au chou frisé

Les légumes-feuilles, tel le chou frisé, renferment des éléments comme le calcium, l'acide folique et des fibres qui sont excellents pour le cœur.

POUR 4 PERSONNES

Prép. 10 min ◆ **Cuisson** 10 min

> 2 tasses de chou vert frisé déchiqueté, sans les tiges
> 5 gros œufs
> 5 gros blancs d'œufs
> ¼ cuill. à thé de cumin en poudre
> ¼ cuill. à thé de sel
> ¼ tasse de jambon maigre haché
> 2 oignons verts en fines rondelles

1 Dans une grande casserole, faites attendrir le chou à l'eau bouillante salée de 3 à 5 min. Égouttez, rincez à l'eau froide, puis égouttez à nouveau soigneusement.

2 Dans un grand bol, fouettez les œufs et les blancs d'œufs avec le cumin et le sel.

3 Vaporisez d'huile une grande poêle antiadhésive et faites-la chauffer à feu moyen. Versez le mélange d'œuf et laissez prendre 2 ou 3 min en remuant. Ajoutez le chou, le jambon et les oignons verts. Poursuivez la cuisson encore 2 ou 3 min en remuant de temps en temps, pour que les œufs soient bien pris.

Pour 1 personne : 145 calories. Protéines : 15 g – Glucides : 5 g – Lipides : 7 g (dont saturés : 2 g)   Cholestérol : 270 mg – Fibres : 1 g – Sodium : 385 mg.

IDÉES 🌿 FRAÎCHES

> *Pour varier, on peut ajouter à ce plat d'œufs brouillés d'autres légumes-feuilles : feuilles de moutarde, épinards ou une combinaison de plusieurs légumes-feuilles.*

MAIN **TOUR DE MAIN** TOUR DE MAIN TOUR DE

On peut toujours remplacer les œufs, en tout ou en partie, par un succédané où n'entrent que des blancs. Pour fabriquer son propre succédané, on ajoute une cuillerée à soupe d'huile d'olive, ou autre, à 12 blancs d'œufs. Un tiers de tasse de ce mélange équivaut à un œuf entier. On peut aussi utiliser 1½ blanc d'œuf ou 2 à la place d'un œuf entier.

Omelette aux champignons et poivrons

Les champignons sont l'une de nos meilleures sources de vitamines B, indispensables à un bon fonctionnement neuro-musculaire, ainsi que de sélénium, un antioxydant qui protège les cellules des dégâts des radicaux libres.

POUR 4 PERSONNES

Prép. 10 min ◆ **Cuisson** 14 min

> 2 cuill. à soupe d'huile d'olive
> 2 poivrons (rouge et jaune) en minces lanières
> 2 tasses de champignons tranchés
> 8 gros œufs
> 4 cuill. à soupe de parmesan râpé
> 10 feuilles de basilic frais grossièrement ciselées
> 2 pincées de sel
> 2 pincées de poivre

1 Faites sauter les poivrons dans l'huile environ 4 min à feu vif. Ajoutez les champignons et faites-les dorer 5 min, puis ramenez à feu moyen.

2 Dans un bol, battez les œufs à la fourchette avec le sel et le poivre. Versez-les dans la poêle et faites-les cuire environ 2 min en remuant. Réduisez le feu, ajoutez parmesan et basilic. Égalisez le dessus, couvrez et laissez cuire 3 min à feu doux, jusqu'à ce que le dessous soit bien doré.

Pour 1 personne : 310 calories. Protéines : 21 g – Glucides : 6 g – Lipides : 22,4 g (dont saturés : 6,9 g) – Cholestérol : 540 mg – Fibres : 4,1 g – Potassium : 645 mg.

au menu

La strata, robuste et nourrissante, est le plat idéal pour un brunch. Offrez pour commencer du jus d'orange ou des mimosas. Des fruits frais, comme des quartiers de cantaloup et des fraises fraîches, feront un accompagnement parfait, sans oublier une bonne tasse de café.

Strata de tomate et bacon

Le pain de son d'avoine renferme une fibre soluble qui aide à diminuer le cholestérol.

POUR 8 PERSONNES

Prép. 10 min ◆ **Cuisson** 50 min

- 4 **gros œufs**
- 4 **gros blancs d'œufs**
- 1½ **tasse de lait à 1 % m.g.**
- 1½ **cuill. à thé de poudre de cari**
- ½ **cuill. à thé de sel**
- 1 **pincée de poivre**
- 2 **cuill. à thé d'huile**
- 10 **tranches de pain de son d'avoine**
- 2 **tomates en rondelles fines**
- 1 **tasse de cheddar fort râpé (125 g/4 oz)**
- 4 **tranches de bacon de dinde**

1 Dans un grand bol, battez les œufs, les blancs d'œufs et le lait avec la poudre de cari, le sel et le poivre.

2 Huilez un moule rectangulaire de 33 x 22 x 5 cm (13 x 9 x 2 po). Garnissez le fond avec 5 tranches de pain, en découpant une des tranches au besoin. Étalez ensuite les rondelles de tomate. Répartissez ½ tasse de fromage par-dessus. Répétez les trois opérations. Versez le mélange d'œuf sur le tout et pressez sur les tranches de pain. Le liquide devrait affleurer la surface. Couvrez et laissez reposer pendant une heure, ou conservez au réfrigérateur jusqu'au lendemain.

3 Allumez le four à 350 °F (180 °C). Laissez cuire la strata à découvert pendant 45 à 50 min, jusqu'à ce qu'elle soit gonflée et dorée. Recouvrez-la des tranches de bacon 10 min avant la fin de la cuisson. Attendez 10 min avant de servir.

Pour 1 personne : 244 calories. Protéines : 15 g – Glucides : 19 g – Lipides : 12 g (dont saturé : 5 g) – Cholestérol : 129 mg – Fibres : 2 g – Sodium : 562 mg.

MAIN TOUR DE MAIN TOUR DE MAIN TOUR DE

Si vous préparez un déjeuner pour plusieurs invités, les œufs en tomates (ci-contre) sont tout indiqués. Vous pouvez préparer les tomates et la garniture à l'avance ; vous les farcirez et ajouterez l'œuf au dernier moment. Au moment de les enfourner, profitez-en pour faire rissoler des saucisses, du bacon et des pommes de terre.

Œufs en tomates

Les tomates apportent du lycopène, dont on connaît l'effet protecteur contre le cancer de la prostate. Ce pigment rouge est encore plus actif lorsque les tomates ont été cuites.

POUR 6 PERSONNES

Prép. 20 min ◆ **Cuisson** 30 min

- 6 **grosses tomates à farcir**
- 300 g (10 oz) **d'épinards équeutés**
- 1 **cuill. à soupe d'huile d'olive**
- 4 **cuill. à soupe d'oignon haché fin**
- 300 g (10 oz) **de champignons hachés fin**
- 5 **cuill. à soupe de chapelure**
- 2 **cuill. à soupe de parmesan râpé**
- 6 **gros œufs**
- 1½ **cuill. à thé de sel, 2 pincées de poivre**

1 Prélevez une mince tranche au sommet des tomates. Évidez-les en laissant un peu de pulpe. Salez l'intérieur et retournez-les sur du papier absorbant.

2 Lavez les épinards. Faites-les cuire 2 à 3 min dans une sauteuse, jusqu'à ce qu'ils aient réduit.

3 Allumez le four à 350 °F (180 °C). Huilez un moule rectangulaire de 33 x 22 x 5 cm (13 x 9 x 2 po). Faites sauter l'oignon à la poêle dans 1 cuill. à soupe d'huile, à feu moyen, puis les champignons 5 min environ. Ajoutez les épinards égouttés, la chapelure et le parmesan. Salez, poivrez, mélangez.

4 Farcissez les tomates avec la garniture. Rangez-les dans le plat, creusez le centre avec le dos d'une cuillère et cassez-y 1 œuf. Couvrez le plat d'aluminium et faites cuire au four environ 15 min, jusqu'à ce que les œufs soient cuits à votre goût.

Pour 1 personne : 193 calories. Protéines : 13 g – Glucides : 11,3 g – Lipides : 10,6 g (dont saturé : 3 g) – Cholestérol : 270 mg – Fibres : 5 g – Potassium : 960 mg.

LÉGUMES SAVEUR, LÉGUMES SANTÉ

Burritos œufs-poivrons

Les poivrons rouges sont riches en bêta-carotène, pigment qui se transforme dans l'organisme en vitamine A, bénéfique pour la peau et les défenses immunitaires.

POUR 4 PERSONNES

Prép. 5 min ◆ **Cuisson** 5 min

- 1 **cuill. à soupe d'huile**
- 8 **gros œufs**
- 2 **poivrons rouges grillés** *(voir p. 332)***, en lanières**
- 2 **cuill. à soupe de coriandre finement ciselée**
- 4 **tortillas de blé de 20 cm (8 po)**
- 4 **cuill. à soupe de sauce mexicaine**
- 2 **pincées de sel**
- 2 **pincées de poivre**

1 Réchauffez l'huile à feu moyen dans une poêle antiadhésive. Versez les œufs dans la poêle, salez, poivrez et remuez de 1 à 2 min. Dès que les œufs commencent à prendre, ajoutez les lanières de poivron et la coriandre et faites cuire 2 min en remuant de temps à autre pour brouiller les œufs.

2 Déposez un quart des œufs brouillés au centre des tortillas réchauffées au four, nappez chacune d'elles avec 1 cuill. à soupe de sauce puis repliez dessus les deux bords pour former un gros rouleau.

Pour 1 personne : 357 calories. Protéines : 18 g – Glucides : 33 g – Lipides : 17 g (dont saturés : 4,5 g) – Cholestérol : 530 mg – Fibres : 2,7 g – Potassium : 465 mg.

LE SAVIEZ-VOUS ?

Les tortillas de maïs sont faites uniquement de farine de maïs et d'eau, alors que les tortillas de blé contiennent de la farine de blé, de la graisse végétale, de l'eau et du sel.

Huevos rancheros

Poivrons, piments, tomates et avocat font de ce plat d'œufs une bonne source de vitamines.

POUR 6 PERSONNES

Prép. 15 min ◆ **Cuisson** 15 min

- 1 **cuill. à soupe d'huile d'olive**
- 1 **poivron moyen (rouge ou jaune) en lanières de 0,5 cm (¼ po)**
- 2 **tomates moyennes, épépinées et détaillées en dés de 1 cm (½ po)**
- 1 **tasse de salsa préparée**
- 1 **petite boîte de piments verts doux en conserve, bien égouttés**
- ½ **cuill. à thé de cumin en poudre**
- 6 **gros œufs**
- ¼ **tasse de cheddar allégé râpé**
- 6 **tortillas de blé (20 cm/8 po) réchauffées** *(voir Tour de main, ci-dessous)*
- 2 **cuill. à soupe de coriandre hachée**
- 1 **avocat pelé et haché**

1 Réchauffez l'huile dans une poêle moyenne à feu vif. Faites sauter le poivron 3 min pour l'attendrir. Ajoutez les tomates, la salsa, les piments verts et le cumin. Laissez mijoter de 7 à 10 min pour obtenir une sauce épaisse.

2 Cassez les œufs et déposez-les un à un sur la sauce sans crever les jaunes. Étalez le fromage. Couvrez la poêle. Au bout de 3 à 5 min, les blancs seront bien pris.

3 Déposez un œuf sur chaque tortilla et nappez de sauce. Décorez avec la coriandre et des dés d'avocat.

Pour 1 personne : 294 calories. Protéines : 13 g – Glucides : 34 g – Lipides : 12 g (dont saturés : 3 g) – Cholestérol : 215 mg – Fibres : 4 g – Sodium : 595 mg.

TOUR DE MAIN

Pour réchauffer les tortillas, préchauffez le four à 350 °F (180 °C), empilez les tortillas, enveloppez-les dans de l'aluminium et faites-les chauffer de 8 à 10 min au four. Laissez-les dans l'aluminium jusqu'au moment de servir.

au menu

*Ce sauté tout simple mais goûteux est une savoureuse façon de donner
une seconde vie aux blancs d'un poulet rôti. Servez-le accompagné
d'une salade verte bien croquante et de pain de maïs chaud ou, à défaut,
de tortillas de maïs tièdes. Terminez le repas par une part de votre fromage
préféré et un fruit frais de saison.*

Sauté de poulet, pommes de terre et poivrons

La présence de poivrons rouge et vert apporte à ce plat de la vitamine C, du bêta-carotène et des pigments antioxydants protecteurs.

POUR 4 PERSONNES

Prép. 10 min ◆ **Cuisson** 40 min ♥

500 g (1 lb) de petites pommes de terre rouges
1 cuill. à soupe d'huile d'olive
1 oignon moyen haché grossièrement
1 poivron vert en dés
1 poivron rouge en dés
1 tasse de blanc de poulet cuit en dés
1 grosse gousse d'ail finement hachée
1 cuill. à thé de paprika
½ cuill. à thé de thym séché
½ cuill. à thé de sel
½ cuill. à thé poivre

1 Mettez les pommes de terre dans une casserole d'eau froide, salez, portez à ébullition et laissez cuire environ 25 min. Égouttez-les, laissez-les tiédir, pelez-les puis coupez-les en dés.

2 Dans une sauteuse antiadhésive, réchauffez l'huile à feu vif ; faites sauter l'oignon 4 min, puis ajoutez les poivrons et faites-les aussi sauter 4 min.

3 Versez les pommes de terre, le poulet, l'ail, le paprika et le thym dans la sauteuse. Salez et poivrez. Mélangez puis pressez tous les ingrédients dans le fond de la sauteuse avec le dos de la cuillère. Laissez cuire sans remuer pendant environ 5 min jusqu'à ce que tous les ingrédients aient doré.

Pour 1 personne : 267 calories. Protéines : 25,9 g – Glucides : 25 g – Lipides : 7 g (dont saturés : 1,7 g) – Cholestérol : 75 mg - Fibres : 4,2 g - Potassium : 1 120 mg.

LE SAVIEZ-VOUS ?

Les piments qui servent à confectionner le paprika hongrois renferment, à poids égal, six à neuf fois la quantité de vitamine C d'une tomate. Plus le paprika est rouge, plus il est doux ; une teinte jaune indique une teneur plus épicée.

Toasts fraîcheur aux asperges

L'acide folique (ou vitamine B_9), la vitamine C et le bêta-carotène (ou provitamine A) contenus dans l'asperge verte participent à la prévention des maladies cardiovasculaires.

POUR 4 PERSONNES

Prép. 15 min ◆ **Cuisson** 7 min

24 asperges vertes fines
4 tranches de pain aux 7 grains
4 cuill. à thé de moutarde de Dijon
4 tranches de jambon cuit
2 œufs durs écalés et en rondelles
8 fines rondelles de tomate
2 tranches de fromage fondu à l'emmenthal en fines lamelles

1 Faites cuire les asperges 5 min dans une casserole d'eau frémissante salée – elles doivent rester croquantes. Égouttez-les sur du papier absorbant.

2 Faites griller le pain.

3 Allumez le gril du four.

4 Tartinez de moutarde les tranches de pain, puis disposez sur chacune d'elles 1 tranche de jambon (éventuellement repliée en deux), 6 asperges, le quart des rondelles d'œuf dur, 2 rondelles de tomate et le quart des lamelles de fromage.

5 Glissez les tartines sous le gril et laissez fondre le fromage de 1 à 2 min. Servez sans attendre.

Pour 1 personne : 224 calories. Protéines : 20,7 g – Glucides : 17,7 g – Lipides : 7,8 g (dont saturés : 3,1 g) – Cholestérol : 145 mg – Fibres : 2,6 g – Potassium : 475 mg.

Gaufres à la courge d'hiver

Ces gaufres à base de courge aident à faire le plein de bêta-carotène, un précieux antioxydant qui est aussi un pigment naturel de couleur orangé vif.

POUR 12 GAUFRES

Prép. et **cuisson** 35 min

    3 tasses de farine à gâteau tamisée
 1½ cuill. à thé de bicarbonate de soude
    1 cuill. à thé de cannelle en poudre
    ½ cuill. à thé de sel fin
    4 gros œufs
    ⅓ tasse de cassonade blonde
    1 paquet de 350 g (12 oz) de purée de courge
       d'hiver décongelée
    ¾ tasse de babeurre écrémé
    4 cuill. à soupe de beurre fondu
 1½ cuill. à thé de zeste d'orange non traitée râpé
    1 cuill. à thé d'extrait de vanille
       Huile

1 Allumez le four à 200 °F (90 °C) et réchauffez le gaufrier.

2 Mélangez la farine, le bicarbonate, la cannelle et le sel ; tamisez-les. Dans un grand bol, battez les œufs avec la cassonade. Ajoutez la purée de courge, le babeurre, le beurre fondu, le zeste râpé et la vanille. Incorporez peu à peu le mélange de farine pour obtenir une pâte bien lisse.

3 Huilez légèrement les plaques du gaufrier et versez une petite louche de pâte. Cuisez selon les instructions du fabricant. Maintenez les gaufres au chaud dans le four. Servez-les chaudes avec des fruits frais ou du sirop d'érable tiédi.

Pour 1 gaufre : 235 calories. Protéines : 7 g – Glucides : 36 g – Lipides : 7 g (dont saturés : 3,5 g) – Cholestérol : 95 mg – Fibres : 1,5 g – Potassium : 215 mg.

Crêpes de citrouille

Qu'elle soit fraîche ou surgelée, la chair de la citrouille est toujours riche en bêta-carotène, en potassium et en fibres.

POUR 18 CRÊPES

Prép. et **cuisson** 1 h

    2 tasses de farine tout usage
 1½ cuill. à thé de levure chimique
    ½ cuill. à thé de bicarbonate de soude
    1 cuill. à thé de piment de la Jamaïque en poudre
    2 pincées de sel
    3 gros œufs
    ⅓ tasse de cassonade blonde
 1¼ tasse de lait
 1¼ tasse de purée de citrouille bien compacte
    3 cuill. à soupe de beurre fondu
       Huile

1 Allumez le four à 200 °F (90 °C). Tamisez ensemble la farine, la levure, le bicarbonate, le piment de la Jamaïque et le sel. Mélangez-les. Dans un grand bol, battez les œufs avec la cassonade. Ajoutez le lait, la purée de citrouille et le beurre. Incorporez le mélange de farine en remuant jusqu'à obtention d'une pâte lisse.

2 Réchauffez à feu moyen une petite poêle antiadhésive. Huilez-la puis versez doucement 1 petite louche de pâte. Laissez cuire environ 2 min, jusqu'à apparition de petits trous sur le dessus, puis retournez la crêpe et faites-la cuire encore environ 2 min. Maintenez-la au chaud dans le four.

3 Servez les crêpes tièdes, arrosées de sirop d'érable tiédi dans lequel vous aurez fait tremper des raisins secs, des canneberges ou des cassis, et parsemés de noix grillées.

Pour 1 crêpe : 110 calories. Protéines : 3,5 g – Glucides : 16 g – Lipides : 3,5 g (dont saturés : 1,8 g) – Cholestérol : 49 mg – Fibres : 1 g – Potassium : 140 mg.

TOUR DE MAIN

S'il reste des gaufres ou des crêpes, rangez-les dans un sac de plastique et congelez-les pour un usage ultérieur. Au moment où vous en aurez besoin, il suffira de les mettre directement au grille-pain ou dans un petit four à 300 °F (150 °C) pendant 3 à 5 minutes.

Galettes de pomme de terre, rondelles de pomme

Dans cette version novatrice des galettes de pomme de terre, la carotte, les pommes et l'oignon apportent une saveur originale et un complément intéressant de nutriments – bêta-carotène, vitamine C, folates notamment.

POUR 12 GALETTES

Prép. 20 min   ◆   **Cuisson** 45 min

2	cuill. à thé de beurre doux
2	pommes évidées en minces rondelles
500	g (1 lb) de pommes de terre râpées et épongées
1	carotte moyenne râpée et épongée
3	cuill. à soupe d'oignon haché
2	gros œufs légèrement battus
2	cuill. à soupe de farine
¾	cuill. à thé de sel
4	cuill. à soupe d'huile

1 Allumez le four à 200 °F (90 °C). Faites cuire les rondelles de pomme 10 à 12 min dans une poêle antiadhésive avec le beurre. Gardez-les au chaud.

2 Dans un bol, mélangez pommes de terre, carotte, oignon et œufs. Ajoutez la farine, salez et mélangez. Tassez.

3 Réchauffez 2 cuill. à soupe d'huile à feu moyen dans une poêle antiadhésive. Façonnez 4 galettes (2 cuill. à soupe pour chacune) et laissez-les cuire 4 min sur chaque face, en les aplatissant légèrement avec le dos d'une cuillère, jusqu'à ce qu'elles soient dorées et croustillantes. Égouttez sur du papier absorbant et réservez au four. Faites de même pour les 8 galettes restantes. Présentez les galettes surmontées d'une rondelle de pomme.

Pour 1 galette: 139 calories. Protéines : 2,6 g – Glucides : 12,5 g – Lipides : 8,7 g (dont saturés : 3,4 g) – Cholestérol : 54 mg – Fibres : 1,7 g – Potassium : 310 mg.

MAIN **TOUR DE MAIN** TOUR DE MAIN TOUR DE

Vous éviterez que les rondelles de pomme et les galettes ne se dessèchent dans le four en les couvrant d'aluminium.

LE SAVIEZ-VOUS ?

Les pommes, parce qu'elles sont fibreuses, peu juteuses et pas collantes du tout, nettoient les dents et stimulent les gencives. Commode lorsqu'on n'a pas sa brosse à dents à portée de la main !

En apéritif
et en ENTRÉE

Yogourt frappé, betteraves et framboises

Selon les psychologues, la nourriture nous attire tout autant par son aspect visuel que par son goût. La couleur attrayante et la texture voluptueuse de ce cocktail de betterave, framboises et jus de canneberge bourré de vitamine C le rendent irrésistible. En outre, le jus de canneberge aide à prévenir et à soigner la cystite.

POUR 4 VERRES

Prép. 10 min

    2 betteraves cuites, pelées,
       en gros dés (5 oz/150 g)
   60 g (2 oz) de framboises fraîches ou surgelées
    1 tasse de jus de canneberge
    1 tasse de yogourt nature allégé
       Quelques framboises pour décorer *(facultatif)*

1 Passez au robot ou au mélangeur la betterave et les framboises avec le jus de canneberge.

2 Tamisez la purée obtenue à travers une passoire fine en pressant avec une cuillère en bois. Versez-la dans un grand pichet ou un bol avec bec verseur. Mélangez avec la quasi-totalité du yogourt.

3 Versez ce cocktail dans 4 grands verres. Ajoutez un petit nuage de yogourt et décorez éventuellement avec quelques framboises. Servez immédiatement.

Pour 1 verre : 69 calories. Protéines : 2,8 g – Glucides : 14 g – Lipides : 0,2 g (dont saturés : 0 g) – Cholestérol : 0 mg – Fibres : 1,7 g – Potassium : 260 mg.

IDÉES 🌿 FRAÎCHES

Relevez vos cocktails favoris avec des fines herbes fraîches – persil haché, feuilles de menthe froissées ou quelques brins vaporeux d'aneth ou de fenouil…

Cocktail orange-carotte

Commencez la journée avec ce cocktail riche en antioxydants qui stimulera la résistance de votre organisme. Il vous fournit la totalité des apports quotidiens recommandés en provitamine A et une bonne partie de ceux recommandés en vitamine C.

POUR 2 VERRES

Prép. 5 min

   1½ tasse de jus de carotte frais ou en bouteille
   ⅔ tasse de jus d'oranges fraîchement pressées
       (3 ou 4 oranges)
    1 tronçon de gingembre frais de 1 cm (½ po)

    Dans un pichet, mélangez les jus de carotte et d'orange. Écrasez le gingembre au presse-ail pour en recueillir ½ cuill. à thé. Mélangez-le aux jus et servez. Attention : si vous préparez le cocktail un peu à l'avance, remuez-le bien avant de servir.

Pour 1 verre : 73 calories. Protéines : 1,7 g – Glucides : 16 g – Lipides : 0,3 g (dont saturés : 0 g) – Cholestérol : 0 mg – Fibres : 1,4 g – Potassium : 545 mg.

Yogourt frappé à la tomate

Ce délicieux cocktail vous apporte non seulement les antioxydants du jus de tomate, mais aussi, grâce au yogourt, du calcium précieux pour la solidité des os.

POUR 2 VERRES

Prép. 5 min

    1 tasse de yogourt allégé
    2 grosses tomates italiennes bien mûres,
       pelées, épépinées et concassées
   ½ cuill. à thé de basilic séché émietté
    2 pincées de sel

    Passez le yogourt, les tomates, le basilic et le sel au mélangeur ou au robot pendant environ 2 min jusqu'à obtention d'un jus bien lisse. Servez au goût dans des verres contenant de la glace pilée.

Pour 1 verre : 50 calories. Protéines : 4,1 g – Glucides : 7,2 g – Lipides : 0,5 g (dont saturés : 0 g) – Cholestérol : 0 mg – Fibres : 1,2 g – Potassium : 375 mg.

TOUR DE MAIN

● *Si vous n'avez ni mélangeur ni robot, émulsionnez vos cocktails dans un bol profond avec un fouet à main.*

● *Ne préparez pas les jus de fruits et de légumes trop à l'avance car ils s'oxyderaient.*

IDÉES ✿ FRAÎCHES

Pour une entrée estivale, servez l'une de ces boissons en guise de soupe froide.
Quand il n'est pas servi sur des glaçons, le cocktail de légumes épicé se rapproche
beaucoup du gaspacho, tandis que le vermillon d'orange et tomate, additionné d'une
touche de yogourt, s'apparente à la soupe de fruits scandinave.

Cocktail de légumes épicé

Les lycopènes, ces composés végétaux qui aident à lutter contre le cancer, sont particulièrement abondants dans la tomate, et très bien assimilés lorsque celle-ci est consommée sous forme de jus ou de sauce.

POUR 4 VERRES

Prép. 8 min

- 3 tasses de jus de tomate
- ¼ tasse de poivron vert épépiné et haché
- 1 oignon vert raccourci à 12 cm (5 po), en fines rondelles
- 1 cuill. à soupe de persil plat haché
- 1 cuill. à soupe de raifort haché
- 1 cuill. à thé de sauce Worcestershire
- ½ cuill. à thé de sucre
  Quelques gouttes de tabasco
  Branches de céleri et rondelles de citron pour décorer *(facultatif)*

1 Mixez le jus de tomate, le poivron vert, l'oignon vert, le persil, le raifort, la sauce Worcestershire, le sucre et le tabasco 2 à 3 min, jusqu'à ce que le mélange soit bien lisse.

2 Versez ce cocktail sur des glaçons et décorez au goût de branches de céleri et de rondelles de citron.

Pour 1 verre : 46 calories. Protéines : 1,8 g – Glucides : 9,2 g – Lipides : 0,2 g (dont saturés : 0 g) – Cholestérol : 0 mg – Fibres : 0,5 g – Potassium : 490 mg.

LE SAVIEZ-VOUS ?

Pour obtenir un véritable jus de légumes, l'idéal est d'utiliser une centrifugeuse. En effet, les mélangeurs (pour les légumes mous et les fruits) comme les robots culinaires (pour les légumes durs) produisent une purée et non un jus. La plupart des centrifugeuses traitent aussi les agrumes – oranges, citrons ou pamplemousses –, mais le plus simple pour en extraire le jus est encore le presse-agrumes, électrique ou non.

Vermillon d'orange et tomate

Cette boisson merveilleusement parfumée, douce et acidulée à la fois, est très désaltérante. Ses sucres apportent de l'énergie bien utile le matin au réveil ou lors d'un petit creux dans la journée. C'est aussi un excellent cocktail apéritif sans alcool.

POUR 4 VERRES

Prép. 20 min

- 1 mangue bien mûre pelée, en morceaux
- 500 g (½ lb) de tomates pelées, coupées en 2 et épépinées
- 750 g (1½ lb) de melon d'eau écorcé, épépiné et détaillé en morceaux
  Zeste râpé et le jus de 1 orange
  Zeste râpé et le jus de 1 lime
  Cubes de glace
  Rondelles d'orange et de lime pour décorer *(facultatif)*

1 Travaillez au mélangeur la mangue, les tomates, le melon d'eau, les zestes et les jus d'orange et de lime jusqu'à ce que le mélange soit bien lisse. (Vous devrez peut-être le faire en deux fois.)

2 Remplissez à moitié de glaçons 4 grands verres et complétez avec le mélange. Décorez, si vous le souhaitez, de rondelles d'agrumes. Servez immédiatement.

Pour 1 verre : 109 calories. Protéines : 2,2 g – Glucides : 24 g – Lipides : 0,9 g (dont saturés : 0 g) – Cholestérol : 0 mg – Fibres : 3,7 g – Potassium : 560 mg.

IDÉES ✿ FRAÎCHES

Proposez en hors-d'œuvre un assortiment de légumes crus présentés avec vos sauces préférées. Pour varier, essayez des bâtonnets de fenouil et de chou-rave, des feuilles d'endive, des petites carottes mauves, des tiges de bok-choy.

Légumes vapeur, sauce aux noix

Cet assortiment de légumes est une excellente source de minéraux, de vitamines et de fibres. Il se déguste avec une sauce aux noix et à l'huile d'olive, riche en acides gras insaturés protecteurs du système cardiovasculaire.

POUR 6 PERSONNES

Prép. 20 min ◆ **Cuisson** 10 min

- 100 g (3½ oz) de cerneaux de noix
- 3 filets d'anchois à l'huile en tronçons
- 2 gousses d'ail hachées
- 2 cuill. à soupe de crème sure
- ½ tasse d'huile d'olive
- 1 ou 2 cuill. à soupe de jus de citron
- 6 grosses carottes, épluchées et coupées en deux dans la longueur puis en petits tronçons, ou 16 mini-carottes juste grattées, avec les tiges
- 2 gros poivrons rouges ou jaunes, épépinés et détaillés en lanières
- 250 g (½ lb) de pois mange-tout ou de haricots verts équeutés
- 8 radis en fines rondelles

1 Pour la sauce, passez les noix au robot avec les filets d'anchois, les gousses d'ail et la crème. Versez dans une casserole, faites chauffer à feu très doux et incorporez l'huile peu à peu en remuant sans cesse. Relevez avec 1 ou 2 cuill. à soupe de jus de citron. Laissez refroidir.

2 Faites bouillir un peu d'eau au fond d'une casserole munie d'une marguerite. Faites cuire les carottes 3 min puis plongez-les dans une bassine d'eau glacée pour stopper la cuisson. Faites cuire les poivrons 1 min et plongez-les dans l'eau glacée. Faites cuire les pois mange-tout ou les haricots 2 min puis plongez-les dans l'eau glacée. Égouttez les légumes au fur et à mesure et épongez-les dans du papier absorbant.

3 Disposez joliment les légumes vapeur et les rondelles de radis (pour la couleur) sur le plat de service, autour du bol de sauce.

Pour 1 personne : 260 calories. Protéines : 5 g – Glucides : 15 g – Lipides : 20 g (dont saturés : 4,8 g) – Cholestérol : 35 mg – Fibres : 6,3 g – Potassium : 645 mg.

Trempette aux épinards

Les légumes-feuilles vert foncé tels que les épinards sont riches en folates, qui contribuent à protéger contre les maladies du cœur et aident à éviter certaines malformations fœtales.

POUR 6 PERSONNES

Prép. 10 min ◆ **Réfrigération** 1 h

- 300 g (10 oz) d'épinards surgelés hachés, décongelés, bien essorés
- 1 tasse de yogourt nature allégé
- 4 cuill. à soupe de mayonnaise allégée
- 2 cuill. à thé d'aneth séché
- ½ cuill. à thé de graines de céleri
- 2 pincées de sel
- 1 gousse d'ail écrasée

Mettez tous les ingrédients dans un robot culinaire et actionnez l'appareil jusqu'à obtention d'un mélange lisse et crémeux. Laissez reposer 1 h au réfrigérateur avant de servir.

Pour 1 personne : 50 calories. Protéines : 2,4 g – Glucides : 2,5 g – Lipides : 3,4 g (dont saturés : 0,4 g) – Cholestérol : 4 mg – Fibres : 1,2 g – Potassium : 235 mg.

TOUR DE MAIN

Préparez toujours vos trempettes à l'avance. Conservez-les au moins 1 h au réfrigérateur pour qu'elles soient bien froides. Leurs saveurs auront ainsi le temps de bien se développer et de se marier entre elles.

Bâtonnets de légumes, sauce au fromage de chèvre

Des légumes crus riches en antioxydants remplacent ici, pour votre plus grand bénéfice nutritionnel, les craquelins et croustilles à la fois trop gras et trop salés.

POUR 4 PERSONNES

Prép. 20 min ◆ **Cuisson** 12 min

- 2 cuill. à thé d'huile d'olive
- 1 poivron vert épépiné et haché
- 1 oignon moyen haché
- 1 tasse de tomates concassées
- 1 cuill. à thé de cumin en poudre
- 250 g (8 oz) de fromage de chèvre non affiné en pot
- 3 cuill. à soupe de coriandre fraîche ciselée
- ¼ cuill. à thé de tabasco
- 1 poivron rouge épépiné, en bâtonnets
- 2 petites carottes pelées, en bâtonnets
- 4 branches de céleri en bâtonnets

1 Faites chauffer l'huile à feu moyen dans une poêle antiadhésive. Versez-y le poivron vert et l'oignon et faites-les revenir 5 min pour qu'ils soient tendres. Ajoutez les tomates et le cumin. Salez. Faites cuire 3 min.

2 Ajoutez le fromage de chèvre, la coriandre et le tabasco et baissez le feu. Laissez cuire de 2 à 3 min à feu doux pour que le fromage se mélange bien aux autres ingrédients. Servez tiède avec les bâtonnets de poivron, de carotte et de céleri.

Pour 1 personne : 149 calories. Protéines : 5 g – Glucides : 11 g – Lipides : 9,4 g (dont saturés : 3,1 g) – Cholestérol : 10 mg – Fibres : 4 g – Potassium : 575 mg.

Salsa tomate-poivron

Rien n'égale le poivron rouge et le poivron jaune comme sources de vitamine C.

POUR 6 PERSONNES

Prép. 20 min ◆ **Cuisson** 12 min

- 2 tomates fermes et mûres
- 1 petit oignon, en tranches de 2 cm (¾ po)
- 2 cuill. à thé d'huile d'olive
- 1 épi de maïs encore revêtu de sa première enveloppe
- 1 petit poivron rouge épépiné, haché fin
- 1 petit poivron jaune épépiné, haché fin
- 2 gousses d'ail hachées fin
- ½ cuill. à thé de cumin en poudre
- ½ cuill. à thé d'origan séché émietté
- ½ cuill. à thé de sel
- ¼ cuill. à thé d'assaisonnement au chile
- 2 cuill. à soupe de coriandre ciselée

1 Amenez le barbecue à chaleur assez forte ou allumez le gril du four. À l'aide d'un pinceau, huilez les tomates et les tranches d'oignon. Placez-les avec le maïs sur le gril ou dans une lèchefrite à 10 cm (4 po) de la source de chaleur.

2 Laissez griller les légumes de 10 à 12 min pour qu'ils soient légèrement dorés.

3 Dès qu'ils ont suffisamment refroidis, hachez finement les tomates et les tranches d'oignon. Dépouillez l'épi de maïs et détachez les grains.

4 Dans un bol de service, mélangez les légumes avec les assaisonnements. Réfrigérez jusqu'au moment de servir.

Pour 1 personne : 48 calories. Protéines : 1 g – Glucides : 8 g – Lipides : 2 g (dont saturés : 0 g) – Cholestérol : 0 mg – Fibres : 2 g – Sodium : 202 mg.

LE SAVIEZ-VOUS?

La coriandre n'a pas l'heur de plaire à tout le monde. Son goût très prononcé ne laisse personne indifférent. Si vous n'êtes pas amateur de coriandre fraîche, prenez l'habitude de la remplacer par du persil plat, du cerfeuil ou même de l'aneth.

au menu

En Italie, les crostinis constituent une entrée. Si vous faites de même, faites-les suivre
d'une viande ou d'un poisson grillés accompagnés de chou-fleur au yogourt
et d'un Gâteau à la carotte et à l'ananas (voir p. 270).

Crostinis à la tomate et cœurs d'artichaut

Une façon rapide et savoureuse d'augmenter efficacement vos apports en fibres.

POUR 4 PERSONNES (8 CROSTINIS)

Prép. 10 min ◆ **Cuisson** 2 min

- 1 bocal de 200 g (6½ oz) de cœurs d'artichaut marinés à l'huile, bien égouttés, en gros dés
- 1 grosse tomate épépinée, en gros dés
- 4 cuill. à soupe d'olives noires dénoyautées, en éclats
- 2 cuill. à soupe de persil plat haché
- 1 cuill. à soupe d'huile d'olive
- 1 petite gousse d'ail écrasée au presse-ail
- 2 pincées de sel
- 1 pincée de poivre noir
- 8 fines tranches de baguette

1 Dans un petit saladier, mélangez les cœurs d'artichaut, la tomate, les olives, le persil, l'huile, l'ail, le sel et le poivre.

2 Faites griller légèrement la baguette juste avant de servir et répartissez le mélange dessus.

Pour 1 personne : 120 calories. Protéines : 3 g – Glucides : 10 g – Lipides : 7,5 g (dont saturés : 1,1 g) – Cholestérol : 0 mg – Fibres : 5 g – Potassium : 255 mg.

LE SAVIEZ-VOUS ?

Crostinis et bruschettas sont des tartines traditionnellement proposées en Italie à l'apéritif ou en entrée. Les premiers sont plutôt coupés assez fin (1 cm/½ po) dans de la baguette, les secondes, plus épaisses (2 cm/¾ po), dans du pain de campagne ou des pains spéciaux. On les sert généralement tièdes.

Champignons farcis

Les champignons sont une source remarquable de vitamines du groupe B, bien préservées même après cuisson et qui permettent la transformation des nutriments caloriques (glucides, lipides, protéines) en énergie dans l'organisme.

POUR 4 PERSONNES

Prép. et **cuisson** 30 min

- 24 gros champignons équeuttés (ou 12 très gros)
- 2 cuill. à thé d'huile
- 1 oignon haché fin
- 3 gousses d'ail hachées
- 1 carotte hachée menu
- 1 poivron rouge épépiné, haché menu
- ½ cuill. à thé d'origan séché
- ½ tasse de bouillon de poulet
- 3 cuill. à soupe de parmesan râpé
- 2 cuill. à soupe de persil plat haché

1 Allumez le four à 400 °F (200 °C). Plongez les champignons 2 min dans de l'eau bouillante. Égouttez-les sur du papier absorbant.

2 Faites chauffer l'huile à feu moyen dans une grande poêle. Faites-y revenir 5 min l'oignon et l'ail, ajoutez la carotte et le poivron et faites cuire 4 min. Ajoutez l'origan, versez le bouillon et faites cuire encore 4 min ou jusqu'à ce que les légumes soient presque défaits. Hors du feu, ajoutez le parmesan et le persil.

3 Répartissez cette garniture dans les champignons. Mettez-les sur une plaque, enfournez et laissez cuire 10 min : ils doivent être brûlants.

Pour 1 personne : 92 calories. Protéines : 6,6 g – Glucides : 6,3 g – Lipides : 4,5 g (dont saturés : 1,8 g) – Cholestérol : 8 mg – Fibres : 5 g – Potassium : 420 mg.

Fagots d'asperges vertes au carpaccio de bœuf

La partie verte des tiges d'oignon vert est une bonne source de vitamine C et de bêta-carotène – des antioxydants protecteurs.

POUR 4 PERSONNES (2 FAGOTS PAR PERSONNE)

Prép. 10 min ◆ **Cuisson** 6 min

- 8 **asperges, raccourcies à 15 cm (6 po)**
- 8 **très fines tranches de surlonge (au total 125 g/½ lb)**
- 4 **oignons verts raccourcis à 15 cm (6 po)**
- 2 **cuill. à thé d'huile**
- 3 **cuill. à soupe de sauce teriyaki**
- 1 **cuill. à soupe de graines de sésame grillées**
- 1 **cuill. à soupe de coriandre hachée**

1 Coupez les asperges en deux dans l'épaisseur, plongez-les 2 min dans de l'eau bouillante, puis égouttez-les. Aplatissez les tranches de bœuf au maillet pour les réduire à 3 mm (⅛ po) d'épaisseur. Coupez les oignons verts en deux tronçons égaux.

2 Placez les deux moitiés d'asperge et un tronçon d'oignon vert à une extrémité d'une tranche de bœuf et roulez-les dedans. Confectionnez ainsi 8 fagots.

3 Faites chauffer l'huile à feu assez vif dans une grande poêle antiadhésive et déposez-y les fagots. Laissez-les dorer 2 min en les tournant fréquemment. Ajoutez la sauce teriyaki et laissez bouillir 3 min à feu moyen.

4 Déposez les fagots dans un plat, saupoudrez-les de coriandre et de graines de sésame.

Pour 1 personne : 91 calories. Protéines : 8,7 g – Glucides : 2,7 g – Lipides : 5 g (dont saturés : 1 g) – Cholestérol : 19 mg – Fibres : 1,3 g – Potassium : 395 mg.

Pizzas sur pitas

La mozzarella et le gruyère présents dans ces pitas apportent du calcium, essentiel pour les os. On y trouve aussi des poivrons et de la tomate, légumes riches en polyphénols antioxydants, aux effets protecteurs.

POUR 4 PERSONNES

Prép. 10 min ◆ **Cuisson** 3 min

- 1 **poivron rouge grillé en lanières** *(voir p. 332)*
- ¼ **cuill. à thé de graines de fenouil ou d'origan séché**
- ¼ **tasse de mozzarella allégée râpée**
- 2 **cuill. à soupe de gruyère râpé**
- 2 **pitas au blé (env. 10 cm/4 po de diamètre)**
- 4 à 5 **cuill. à soupe de sauce tomate à pizza**
- ½ **petit oignon rouge en fines rondelles**
- 2 **pincées de sel**
- 1 **pincée de poivre**

1 Préchauffez le gril du four.

2 Dans un petit bol, mélangez le poivron rouge et les graines de fenouil. Salez et poivrez. Dans un autre bol, mélangez la mozzarella et le gruyère râpés.

3 Séparez les pitas en deux dans le sens de l'épaisseur et placez-les sur une plaque, la partie lisse en dessous. Enfournez-les 1 min à 10 cm (4 po) du gril, jusqu'à ce que les bords soient bien dorés.

4 Tartinez les demi-pitas de sauce tomate. Répartissez le poivron dessus, saupoudrez de fromage râpé et finissez par les rondelles d'oignon.

5 Passez 2 min sous le gril pour que le fromage fonde et que les pitas soient chaudes.

Pour 1 personne : 143 calories. Protéines : 6,3 g – Glucides : 17,5 g – Lipides : 5,3 g (dont saturés : 2,9 g) – Cholestérol : 14 mg – Fibres : 2 g – Potassium : 180 mg.

LÉGUMES SANTÉ, LÉGUMES SAVEUR

LÉGUMES SANTÉ, LÉGUMES SAVEUR

Palourdes farcies aux épinards

Les palourdes contiennent une foule de minéraux et d'oligoéléments, notamment fer, iode, zinc et sélénium.

POUR 4 PERSONNES

Prép. 15 min ♦ **Cuisson** 25 min

- 12 **palourdes Cherrystone**
- 3 **cuill. à thé d'huile d'olive**
- ¼ **tasse d'oignon finement haché**
- 2 **gousses d'ail passées au presse-ail**
- 4 **cuill. à soupe de farine**
- ⅔ **tasse de crème à 10 % m.g.**
- 1 **pincée de poivre de Cayenne**
- 2 **pincées de sel**
- ⅓ **tasse d'épinards décongelés, bien essorés**
- ⅓ **tasse de mie de pain émiettée**
- 4 **cuill. à soupe de parmesan râpé**

1 Faites ouvrir les palourdes de 2 à 4 min dans 1 cm (½ po) d'eau. Éliminez la coquille supérieure et déposez les coquilles pleines sur une plaque.

2 Allumez le four à 450 °F (230 °C). Faites revenir l'oignon et l'ail 5 min dans 2 cuill. à soupe d'huile. Poudrez de farine en fouettant, faites cuire 1 min. Ajoutez la crème, le poivre de Cayenne et le sel. Faites cuire 3 min jusqu'à léger épaississement. Incorporez les épinards. Versez 1 cuill. de cette préparation sur chaque coquillage.

3 Parsemez la surface de chapelure et de parmesan, ajoutez une goutte d'huile sur chacune, enfournez et laissez cuire 5 min jusqu'à ce que la préparation bouillonne. Servez.

Pour 1 personne : 150 calories. Protéines : 9 g – Glucides : 16 g – Lipides : 5 g (dont saturés : 1 g) – Cholestérol : 16 mg – Fibres : 1 g – Sodium : 330 mg.

Sandwichs d'aubergine et de tomate

Ces sandwichs sans pain permettent de consommer un maximum de légumes et de bénéficier ainsi d'un apport optimal de vitamines, minéraux et polyphénols antioxydants.

POUR 6 PERSONNES

Prép. 15 min ♦ **Cuisson** 12 min

- 60 g (2 oz) **de fromage de chèvre frais**
- 1 **cuill. à soupe de ciboulette hachée fin**
- 4 **cuill. à soupe de chapelure**
- 2 **cuill. à soupe de parmesan râpé**
- ¼ **cuill. à thé de thym séché**
- 1 **gros œuf + 1 gros blanc**
- 1½ **cuill. à soupe d'huile d'olive**
- 12 **fines tranches d'aubergine**
- 6 **fines rondelles de tomate épépinées et égouttées**
- 2 **pincées de sel**

1 Dans un bol, mélangez le fromage de chèvre et la ciboulette, et dans une assiette la chapelure, le parmesan et le thym. Dans une autre assiette, battez à la fourchette l'œuf et le blanc d'œuf avec le sel.

2 Disposez 2 cuill. à thé de fromage de chèvre sur une tranche d'aubergine, puis une rondelle de tomate et couvrez d'une autre tranche d'aubergine. Préparez de la sorte 5 autres sandwichs.

3 Plongez chaque sandwich dans les œufs battus puis dans la chapelure. Déposez-les au fur et à mesure sur du papier ciré.

4 Faites chauffer l'huile à feu doux dans une grande poêle antiadhésive. Déposez les sandwichs côte à côte et laissez-les cuire de 10 à 12 min en les retournant à mi-cuisson, jusqu'à ce qu'ils soient tendres et bien dorés des deux côtés. Servez tiède.

Pour 1 personne : 95 calories. Protéines : 6,6 g – Glucides : 6 g – Lipides : 5 g (dont saturés : 2 g) – Cholestérol : 50 mg – Fibres : 1 g – Potassium : 165 mg.

IDÉES 🌿 FRAÎCHES

Pour corser le goût des plats à base de fromage de chèvre, substituez au fromage frais de la feta, de la bûche de chèvre ou du fromage de brebis. Les fromages de chèvre et de brebis contiennent davantage de matières grasses que le fromage au lait entier de vache mais ont un pourcentage de cholestérol plus faible.

au menu

Ces quesadillas sont délicieuses telles quelles, mais pour les rendre plus festives, servez-les coiffées d'un peu de sauce mexicaine, de yogourt ou de crème sure et parsemées d'une pincée de coriandre. Pour compléter le menu, accompagnez-les d'une salade verte. Comme dessert, prévoyez des coupes de fruits frais agrémentés de sorbet.

Quesadillas fromage-tomate

Le piment contient des phytonutriments qui protègent contre le cancer et certaines maladies chroniques.

POUR 4 PERSONNES (3 PARTS PAR PERSONNE)

Prép. 15 min ◆ **Cuisson** 12 min

- 6 tortillas de blé de 20 cm (8 po) de diamètre
- 1 grosse tomate épépinée en dés
- 1 bocal de 125 g (4 oz) de piments doux hachés
- 1 tasse de cheddar râpé
- 1 cuill. à soupe de coriandre hachée
- 2 pincées de sel
- 1 pincée de poivre
- 1 cuill. à thé d'huile d'arachide

1 Allumez le four à 200 °F (90 °C).

2 Disposez 3 tortillas sur le plan de travail et répartissez dessus la tomate, le poivron, le piment, le fromage et la coriandre. Salez et poivrez. Recouvrez des tortillas restantes et pressez doucement pour aplatir les sandwichs.

3 Huilez légèrement une grande poêle antiadhésive et faites-la chauffer à feu assez vif. Placez un sandwich dans la poêle et laissez-le environ 2 min par face pour le faire blondir et laisser fondre le fromage. Transférez-le sur une plaque et maintenez-le au chaud dans le four. Faites cuire les autres sandwichs de la même façon. Au moment de servir, coupez chaque sandwich en quatre.

Pour 1 personne : 294 calories. Protéines : 11 g – Glucides : 52 g – Lipides : 9,5 g (dont saturés : 4,7 g) – Cholestérol : 23 mg – Fibres : 1,7 g – Potassium : 250 mg.

LE SAVIEZ-VOUS ?

Les sandwichs toastés à la poêle sont appelés paninis en Italie. Préparés selon le même principe que nos croque-monsieur, les paninis contiennent de la mozzarella en guise de gruyère et sont toastés à l'huile d'olive au lieu du beurre. Ces sandwichs italiens chauds sont déclinés en de nombreuses versions – avec différentes herbes, des champignons, des olives, du jambon, etc.

Paninis maison

Les herbes fraîches comme le basilic parfument puissamment la préparation et lui apportent un complément efficace d'antioxydants protecteurs tels que la vitamine C et le bêta-carotène.

POUR 4 PANINIS

Prép. 10 min ◆ **Cuisson** 4 min

- 4 tranches fines de mozzarella (120 g/4 oz au total)
- 8 fines rondelles de tomate épépinée
- 8 tranches fines de ciabatta
- 8 fines rondelles d'oignon rouge
- 8 feuilles de basilic effilochées
- ¼ cuill. à thé de sel
- 1 pincée de poivre
- 4 cuill. à thé d'huile d'olive

1 Épongez la mozzarella et les rondelles de tomate avec du papier absorbant.

2 Disposez sur la moitié des tranches de pain 1 tranche de mozzarella, 2 rondelles de tomate, 2 rondelles d'oignon et 2 feuilles de basilic. Salez et poivrez puis recouvrez d'une tranche de pain.

3 Faites chauffer l'huile à feu moyen dans une grande poêle antiadhésive. Déposez les sandwichs dans la poêle et faites-les cuire environ 2 min en les pressant avec une spatule pour faire dorer le dessous. Retournez-les et faites-les cuire encore 2 min en les pressant pour qu'ils dorent et que le fromage fonde. Servez sans attendre.

Pour 1 personne : 188 calories. Protéines : 8,2 g – Glucides : 14 g – Lipides : 11 g (dont saturés : 5,3 g) – Cholestérol : 21 mg – Fibres : 2 g – Potassium : 180 mg.

Calzones de bœuf salé au chou

Comme tous les crucifères, le chou constitue une protection contre les cancers du sein et de la prostate.

POUR 12 CALZONES

Prép. 20 min ◆ **Cuisson** 35 min

- **2 cuill. à thé d'huile végétale**
- **1 gros oignon haché fin**
- **3 tasses de chou pommé vert en filaments (la moitié d'un petit chou)**
- **1 carotte hachée**
- **2 cuill. à thé de moutarde de Dijon**
- **¼ cuill. à thé de sel**
- **⅛ cuill. à thé de poivre noir**
- **1 tasse de jarlsberg léger, râpé (125 g/4 oz)**
- **¼ tasse de « corned-beef » haché (60 g/2 oz)**
- **500 g (16 oz) de pâte à pizza décongelée**

1 Allumez le four à 400 °F (200 °C)

2 Réchauffez l'huile à feu moyen dans une grande poêle antiadhésive. Faites revenir l'oignon 3 min. Ajouter le chou, la carotte, la moutarde, le sel et le poivre. Couvrez la poêle et diminuez la chaleur. Laissez cuire de 10 à 15 min pour attendrir le chou, en ajoutant de l'eau au besoin. Pour la dernière minute de cuisson, ôtez le couvercle. Retirez du feu et laissez tiédir avant d'incorporer le fromage et le corned-beef.

3 Étendez la pâte à pizza sur une planche farinée et façonnez un rouleau de 30 cm (12 po). Divisez-le en 12 pièces égales. Aplatissez chaque pièce pour former un cercle de 15 cm (6 po). Déposez sur chacun ¼ tasse de la préparation de manière à couvrir la moitié du cercle. Rabattez l'autre moitié, scellez en pinçant et marquez la bordure à la fourchette. Transférez les calzones à mesure sur une plaque à pâtisserie non graissée.

4 Faites cuire pendant 20 min pour que la farce soit bien chaude et la pâte dorée. Laissez tiédir 15 min sur une grille. Vous pouvez confectionner les calzones jusqu'à trois jours d'avance sans les faire cuire. Dans ce cas, enveloppez-les individuellement et gardez-les au réfrigérateur.

Pour 1 calzone : 166 calories. Protéines : 8 g – Glucides : 23 g – Lipides : 5 g (dont saturés : 2 g) – Cholestérol : 9 mg – Fibres : 2 g – Sodium : 373 mg.

Tostadas aux haricots

Les fibres très abondantes des haricots rouges facilitent le transit intestinal et peuvent contribuer à faire baisser un taux de cholestérol trop élevé.

POUR 6 TOSTADAS

Prép. 15 min ◆ **Cuisson** 10 min

- **6 tortillas de maïs de 15 cm (6 po) de diamètre**
- **1 cuill. à soupe d'huile**
- **1 boîte de haricots rouges ou noirs en conserve, rincés et égouttés**
- **1 boîte de maïs en grains, rincés et égouttés**
- **1 tomate épépinée en petits dés**
- **2 cuill. à soupe d'oignon rouge haché fin**
- **1 petit jalapeño frais épépiné et haché fin**
- **2 cuill. à soupe de coriandre hachée**
- **1 cuill. à soupe de jus de lime**
- **½ cuill. à thé de sel**
- **Quelques gouttes de tabasco**
- **1 petit avocat mûr, pelé, en petits dés**

1 Allumez le four à 450 °F (230 °C).

2 Huilez légèrement chaque face des tortillas au pinceau et disposez-les en une seule couche sur la plaque du four. Laissez-les 10 min au four pour les faire dorer, en les retournant à mi-cuisson. Laissez-les refroidir sur une grille.

3 Égouttez les haricots et le maïs, mélangez-les avec la tomate, l'oignon, le piment, la coriandre, le jus de lime, du sel et le tabasco. Incorporez délicatement les dés d'avocat et répartissez cette salade sur les tortillas.

Pour 1 tostada : 251 calories. Protéines : 9 g – Glucides : 36 g – Lipides : 7,9 g (dont saturés : 0,6 g) – Cholestérol : 0 mg – Fibres : 7,8 g – Potassium : 545 mg.

au menu

*Pour un repas substantiel, prévoyez deux calzones par personne, accompagnés
d'une salade verte et suivis d'une Crème glacée maison à la citrouille épicée (p. 284).*

au menu

Mieux vaut de petites bouchées pour l'apéritif, plus pratiques à déguster.
Mais si vous souhaitez servir ces roulés en entrée, coupez-les en deux
et présentez-les sur un lit de salade verte.

Bouchées de tortilla à la dinde et à l'avocat

L'avocat est riche en graisses monoinsaturées et en vitamine E, qui protègent le cœur.

POUR 12 BOUCHÉES

Prép. 10 min

- **3** cuill. à soupe de mayonnaise allégée
- **1** cuill. à soupe de moutarde à l'ancienne (avec des graines entières)
- **2** tortillas au blé de 25 cm (10 po) de diamètre
- **1** avocat mûr, dénoyauté, pelé, en longues lamelles fines
- **5** ou 6 fines tranches de poitrine de dinde cuite
- **1** bocal de 375 g (12 oz) de poivrons rôtis, en lanières

1 Dans un bol, mélangez la mayonnaise et la moutarde. Déposez les tortillas sur le plan de travail et badigeonnez-les avec ce mélange.

2 Disposez dessus les lamelles d'avocat jusqu'à 1 cm (½ po) du bord. Ajoutez une couche de dinde puis une couche de poivron.

3 Roulez chaque tortilla bien serré. Placez les roulés sur une planche à découper avec la fin du rouleau côté planche, supprimez la partie du bord non garnie, puis coupez les roulés en 6 bouchées égales.

Pour 1 bouchée : 110 calories. Protéines : 6 g – Glucides : 7 g – Lipides : 6,5 g (dont saturés : 1,1 g) – Cholestérol : 12 mg – Fibres : 1,5 g – Potassium : 245 mg.

TOUR DE MAIN

Pour les bouchées de tortilla, vous pourriez trouver plus pratique de mélanger les ingrédients en tout ou en partie. Par exemple, si vous écrasez l'avocat avec la sauce mayonnaise, vous obtenez une purée qui maintient bien le tout en place. Vous pouvez aussi utiliser des cure-dents.

Bagels aux fines herbes

Lorsqu'il est utilisé en grande quantité, comme ici, le persil fournit un apport appréciable en vitamines C et B$_9$ (folates), en provitamine A et en fer.

POUR 4 PERSONNES

Prép. 10 min ♥

- **200** g (6½ oz) de fromage à la crème allégé
- **2** oignons verts en fines rondelles
- **½** tasse de persil plat finement haché
- **2** cuill. à soupe d'aneth haché
- **1** cuill. à soupe d'estragon haché
  Sel et poivre au goût
- **4** bagels
- **½** concombre en fines rondelles
- **3** tomates en fines rondelles
- **1** oignon rouge en fines rondelles

1 Dans un bol, mélangez le fromage à la crème, les oignons verts, le persil, l'aneth et l'estragon. Salez et poivrez.

2 Coupez horizontalement chaque bagel en deux. Tartinez les deux faces de fromage aux herbes. Superposez sur la partie inférieure le concombre, la tomate et l'oignon. Recouvrez de l'autre moitié du bagel. Servez immédiatement.

Pour 1 personne : 226 calories. Protéines : 10 g – Glucides : 41 g – Lipides : 2,5 g (dont saturés : 1,2 g) – Cholestérol : 5 mg – Fibres : 4 g – Potassium : 405 mg.

IDÉES FRAÎCHES

Pour modérer la saveur des fines herbes, n'utilisez que 2 cuill. de persil plat. Pour une saveur au contraire plus piquante, remplacez le persil par une botte de cresson que vous hacherez après avoir ôté les grosses tiges.

Baguette aux légumes grillés et à la feta

Grillés au four, les légumes deviennent tendres et moelleux, et leurs fibres sont encore mieux tolérées. La feta est un fromage plutôt gras et assez salé, mais comme son goût est puissant, il en faut peu.

POUR 4 PERSONNES

Prép. 45 min

- 2 grandes courgettes coupées en biseau en tranches épaisses
- 1 baguette en 4 tronçons
- 1 oignon rouge en petits quartiers
- 2 ou 3 gousses d'ail hachées
- 3 brins de romarin frais
- 1 cuill. à soupe d'huile d'olive
  Sel et poivre au goût
- 2 poivrons rouges grillés, épépinés, pelés *(voir p. 332)* en lamelles épaisses
- 125 g (4 oz) de feta

1 Préchauffez le gril du four.

2 Fendez chaque tronçon de baguette en deux et faites griller légèrement l'intérieur.

3 Déposez dans la lèchefrite du gril les courgettes, les quartiers d'oignon et l'ail. Parsemez de romarin, arrosez d'huile d'olive, salez et poivrez. Faites cuire de 8 à 10 min sous le gril, en retournant les légumes une fois, jusqu'à ce qu'ils soient bien dorés.

4 Disposez les lamelles de poivron avec les autres légumes grillés sur les moitiés inférieures des tronçons de pain et arrosez avec le jus de cuisson des légumes. Alignez les tronçons garnis côte à côte dans la lèchefrite.

5 Émiettez la feta au-dessus des légumes et passez sous le gril de 3 à 4 min pour dorer le fromage. Refermez immédiatement les sandwichs avec les moitiés supérieures de pain et servez sans attendre.

Pour 1 personne : 314 calories. Protéines : 13 g – Glucides : 43 g – Lipides : 10 g (dont saturés : 4,1 g) – Cholestérol : 22 mg – Fibres : 4,1 g – Potassium : 550 mg.

TOUR DE MAIN

La baguette, appréciée pour sa mie moelleuse sous une merveilleuse croûte dorée, ne se conserve guère plus d'une journée. Achetez-la au dernier moment ou optez pour des baguettes précuites qu'un court passage au four rendra chaudes et aussi croustillantes qu'à leur sortie de la boulangerie.

IDÉES 🌿 FRAÎCHES

Avant d'ajouter la feta, arrosez vos légumes de quelques gouttes de vinaigre balsamique. Vous pouvez remplacer le romarin frais par du thym frais et, faute de baguette, garnir des pitas ou de grandes tranches de pain de seigle.

Tacos avec salsa maison et guacamole

*Rapide et facile à préparer, ce plat unique tex-mex, copieux et coloré, est pauvre en graisses saturées
mais riche en saveurs. Cette grande recette végétarienne vous fait bénéficier de tous les atouts
des légumes, en particulier de leur richesse en potassium.*

POUR 4 PERSONNES

Prép. 10 min ◆ **Cuisson** 20 min

- 2 **cuill. à soupe d'huile d'olive extra vierge**
- 1 **gros oignon finement haché**
- 1 **grosse aubergine (300 g/10 oz) en dés**
- 1 **courge musquée (750 g/1½ lb) en dés**
- 1 **courgette (180 g/6 oz) en dés**
- 2 **pincées d'assaisonnement au chile**
- 1 **cuill. à thé de cumin moulu**
- 1 **gousse d'ail écrasée**
- 1 **boîte de 425 ml (15 oz) de tomates**
- 1 **gros avocat**
  Jus de ½ lime
- 3 **tomates en morceaux**
- ½ **oignon rouge haché fin**
- 4 **cuill. à soupe de coriandre hachée**
- 8 **coquilles de tacos**
- 250 **g (8 oz) de yogourt nature allégé**
  **Quartiers de lime et feuilles de coriandre
  fraîche pour décorer**

1 Chauffez l'huile à feu assez vif dans une grande
casserole. Faites-y blondir l'oignon et l'aubergine, en
remuant souvent.

2 Ajoutez la courge et la courgette, les
assaisonnements et l'ail. Versez les tomates avec leur
jus et rectifiez l'assaisonnement. Portez à ébullition
tout en concassant les tomates avec une cuillère en
bois. Couvrez et laissez frémir 15 min en remuant de
temps à autre, jusqu'à ce que la courge soit juste
tendre. Surveillez la cuisson pour ne pas laisser les
légumes attacher et rajoutez de l'eau au besoin.

3 Pendant ce temps, allumez le four à 350 °F
(180 °C). Préparez le guacamole : dénoyautez l'avocat,
pelez-le et réduisez la chair en purée avec le jus de
lime. Pour la salsa, travaillez les tomates fraîches,
l'oignon rouge et la coriandre au mélangeur.

4 Réchauffez les coquilles au four de 3 à 4 min.
Disposez-en 2 dans chaque assiette et garnissez-les
de la préparation aux aubergines. Déposez 1 cuill.
de guacamole, de yogourt et de salsa sur le dessus.
Décorez de quartiers de lime et de brins de coriandre
et servez.

*Pour 1 personne : 395 calories. Protéines : 11,5 g – Glucides : 47 g – Lipides : 17,9 g
(dont saturés : 3,1 g) – Cholestérol : 0 mg – Fibres : 9,5 g – Potassium : 1 205 mg.*

LE SAVIEZ-VOUS?

Lorsque la tomate fut introduite en Europe,
elle était considérée avec suspicion
car on la prenait pour un produit vénéneux
doté cependant de vertus aphrodisiaques.
Les nutritionnistes savent aujourd'hui
que la pomme d'amour, ainsi qu'on
l'appelait alors, est en effet bénéfique pour
le cœur – mais pas dans le sens romantique !

Tourte aux légumes grillés

*Généreusement garnie de légumes, cette tourte aide
à faire le plein de minéraux, de vitamines (en particulier
de provitamine A) et de fibres.*

POUR 6 PERSONNES

Prép. 25 min ◆ **Cuisson** 50 min　

　1　**abaisse de pâte brisée de 22 cm (9 po)**
　1　**petite courge butternut (375 g/12 oz) pelée**
　1　**grosse courgette en rondelles de 5 mm (¼ po)**
　1　**oignon rouge en rondelles de 5 mm (¼ po)**
　1　**cuill. à soupe + 1 cuill. à thé d'huile d'olive**
　2　**pincées de sel**
　¼　**tasse de parmesan râpé**
　3　**cuill. à soupe de basilic haché**
　1　**bocal de 200 g (6 oz) de poivrons rôtis,
　　　égouttés et détaillés en lanières**

1 Allumez le four à 425 °F (220 °C). Abaissez la
pâte brisée de manière à garnir un moule carré de
20 cm (8 po) de côté. Repliez les bords et cannelez-les
joliment à la fourchette. Piquez le fond à la fourchette,
couvrez de papier parchemin et maintenez-le avec des
haricots secs. Faites cuire 15 min au four, puis ôtez les
haricots et le papier et laissez cuire encore de 5 à
10 min pour faire dorer la pâte. Laissez le four allumé.

2 Pendant ce temps, taillez le long cou de la
courge en tranches de 5 mm (¼ po) jusqu'à ce que
vous arriviez au creux rempli de graines. Retirez
celles-ci à la cuillère et achevez de détailler la courge
en anneaux.

3 Sur une plaque, étalez les tranches de courge
avec la moitié des oignons ; sur une autre plaque, les
tranches de courgettes et le reste des oignons.
Enfournez. La courge devrait être tendre au bout de
10 à 12 min, la courgette 5 min plus tard. Baissez le
four à 250 °F (120 °C).

4 Composez la tarte 15 min avant de servir :
saupoudrez le fond de tarte de 1 cuill. à soupe
de parmesan ; disposez la moitié des légumes grillés,
saupoudrez de 1 cuill. à soupe de parmesan
et 1 cuill. à soupe de basilic ; déposez le reste
des légumes grillés et saupoudrez de 1 cuill. à soupe
de parmesan et 1 cuill. à soupe de basilic ; disposez
les lanières de poivron par-dessus. Arrosez-les
avec 1 cuill. à thé d'huile et saupoudrez du reste
de parmesan. Réchauffez la tourte 10 min au four.
Parsemez du reste de basilic et servez.

Pour 1 personne : 231 calories. Protéines : 8 g – Glucides : 19 g – Lipides : 13,7 g
(dont saturés : 2,3 g) – Cholestérol : 7 mg – Fibres : 3 g – Potassium : 380 mg.

Tourte de polenta au thon et aux olives

POUR 4 PERSONNES

Prép. 30 min ◆ **Cuisson** 10-12 min　 ♥

375　**g (12 oz) de polenta instantanée**
　1　**cuill. à soupe de thym frais haché**
　3　**cuill. à soupe de persil ciselé**
　　　Sel et poivre
　1　**cuill. à soupe d'huile d'olive extra vierge**
　1　**boîte de 425 ml (15 oz) de tomates**
　1　**poivron jaune rôti pelé** *(voir p. 332)* **et tranché fin**
　1　**boîte de thon dans l'eau, égoutté et émietté**
225　**g (8 oz) de ricotta**
　12　**olives noires dénoyautées, coupées en deux**
　　　Thym frais pour décorer

1 Allumez le gril. Vaporisez d'huile un moule à
pizza. Préparer la polenta en suivant les directives sur
le paquet. Hors du feu, incorporez le thym, le persil, du
sel et du poivre au goût. Déposez la polenta sur la
plaque à pizza et façonnez une abaisse. À l'aide d'un
pinceau, enduisez la bordure d'huile d'olive. Réservez.

2 Versez les tomates et leur jus dans une
casserole et amenez à ébullition. Laissez mijoter de
6 à 8 min à feu modéré, en remuant de temps en
temps, pour obtenir une sauce assez épaisse.

3 Étendez cette sauce sur la polenta, garnissez
avec les lanières de poivron, le thon, la ricotta et les
olives. Enfournez à 15 cm (6 po) du gril et laissez cuire
10 min pour que le mélange bouillonne et que la
croûte soit dorée. Garnissez de feuilles de thym.

Pour 1 personne : 440 calories. Protéines : 25 g – Glucides : 61 g – Lipides : 9 g
(dont saturés : 4 g) – Cholestérol : 35 mg – Fibres : 7 g – Sodium : 360 mg.

LÉGUMES SANTÉ, LÉGUMES SAVEUR

Flan d'épinards à l'italienne

Les épinards font partie des légumes les plus protecteurs : leur consommation est associée à une diminution du risque de cancer et de maladie cardiovasculaire.

POUR 4 PERSONNES

Prép. 10 min ◆ **Cuisson** 40 min

- 1½ **cuill. à soupe d'huile d'olive**
- 2 **blancs de poireau, lavés, en fines lamelles**
- 300 g (10 oz) **d'épinards hachés surgelés, décongelés et pressés**
- 1 **tasse de riz blanc à long grain cuit**
- 3 **gros œufs**
- 1 **tasse de parmesan râpé**
- ½ **cuill. à thé de marjolaine ou d'origan séché, émietté**
- 2 **pincées de sel**
- 1 **pincée de poivre**

1 Faites chauffer 1 cuill. à soupe d'huile à feu moyen dans une poêle antiadhésive. Faites revenir le poireau environ 10 min pour l'attendrir.

2 Allumez le four à 375 °F (190 °C). Huilez légèrement un moule à tarte en Pyrex de 22 cm (9 po).

3 Dans un bol, mélangez le poireau, les épinards, le riz, les œufs, ¾ tasse de parmesan, la marjolaine ou l'origan, le sel et le poivre. Versez cette préparation dans le moule, lissez le dessus, puis saupoudrez du reste de parmesan.

4 Enfournez et laissez cuire 30 min environ jusqu'à ce que le flan ait pris et soit doré. Servez tiède ou à température ambiante.

Pour 1 personne : 163 calories. Protéines : 10,2 g – Glucides : 14,8 g – Lipides : 7 g (dont saturés : 2,6 g) – Cholestérol : 134 mg – Fibres : 2,7 g – Potassium : 330 mg.

Pavés à la courgette et aux carottes

Les carottes sont très riches en bêta-carotène, qui se transforme dans votre organisme en vitamine A antioxydante ; cette dernière aide à lutter contre le vieillissement cellulaire prématuré.

POUR 16 PETITS PAVÉS

Prép. 15 min ◆ **Cuisson** 1 h

- 1 **cuill. à thé d'huile d'olive**
- 1 **gros oignon finement haché**
- 1 **grosse courgette coupée en petits dés**
- 2 **pincées de sel**
- 2 **gros œufs**
- 4 **cuill. à soupe de lait**
- 3 **carottes moyennes râpées et asséchées**
- 1 **tasse de gruyère râpé**
- 1 **cuill. à soupe d'aneth haché**

1 Allumez le four à 375 °F (190 °C). Huilez un plat à gratin carré ou rectangulaire de 20 cm (8 po). Faites chauffer l'huile à feu moyen dans une grande poêle antiadhésive et faites revenir l'oignon 3 min. Ajoutez les dés de courgette et faites-les sauter à feu assez vif de 7 à 10 min pour qu'ils soient tendres et que toute l'eau soit évaporée. Assaisonnez d'une pincée de sel et retirez du feu.

2 Battez les œufs, le lait et 1 pincée de sel dans un bol. Ajoutez les carottes râpées, les dés de courgette, le fromage et l'aneth, mélangez bien et versez dans le plat à gratin.

3 Faites cuire environ 45 min au four jusqu'à ce que le centre soit juste pris. Laissez refroidir ce flan sur une grille au moins 10 min avant de le découper en carrés. Servez tiède ou à température ambiante.

Pour 1 personne : 60 calories. Protéines : 3,9 g – Glucides : 3,4 g – Lipides : 3,4 g (dont saturés : 1,5 g) – Cholestérol : 49 mg – Fibres : 1,2 g – Potassium : 170 mg.

au menu

En coupant ce gratin en 4 portions plutôt qu'en 16, vous obtenez un plat unique,
savoureux et nutritif mais modérément calorique. Pour un menu équilibré,
accompagnez-le de baguette croustillante, d'une salade et d'un dessert nutritif
comme la Tarte aux carottes sur croûte de noix, page 277.

Terrine d'épinards

*Cette entrée végétarienne apporte des protéines de qualité grâce
à la présence des œufs, du lait et de la feta, tandis que ses légumes renforcent
sa teneur en minéraux et en vitamines.*

POUR 6 PERSONNES (12 TRANCHES)

au menu

*Une terrine d'épinards constitue une entrée
élégante et s'intègre aussi très bien dans
un buffet. Proposez-la alors avec des craquelins
ou du pain aux graines de sésame.*

Prép. 30 min ◆ **Cuisson** 1 h 10 ◆ **Réfrigération** 1 h

1	cuill. à soupe d'huile d'olive
2	blancs de poireau en rondelles de 1 cm (½ po)
2	gousses d'ail en lamelles
600 g (1¼ lb)	d'épinards frais équeutés
1	tasse de lait entier
2	poivrons rouges en petits dés
1	cuill. à thé de poudre de cari
2	pincées sel
¾	cuill. à thé de poivre noir
100 g (3 oz)	de feta émiettée
5	gros œufs

1 Allumez le four à 375 °F (190 °C). Huilez légèrement un moule de 20 x 12 cm (9 x 5 po) et tapissez le fond de papier parchemin.

2 Chauffez l'huile à feu moyen dans une grande poêle antiadhésive et faites-y revenir les poireaux et l'ail pendant 10 min. Versez-les dans un bol.

3 Lavez les épinards et, sans trop les égoutter, versez-les dans la poêle. Couvrez et laissez fondre les épinards 2 min à feu moyen. Ajoutez-les aux poireaux.

4 Hachez finement les légumes cuits au robot avec 4 cuill. à soupe de lait puis reversez ce hachis dans le bol. Ajoutez-y les dés de poivron, le cari, le sel, le poivre et la feta.

5 Dans un bol, battez légèrement les œufs avec le reste du lait. Mélangez cette préparation avec les légumes. Versez-la dans le moule. Placez celui-ci dans un plat à four plus grand et versez de l'eau chaude à mi-hauteur pour une cuisson au bain-marie.

6 Enfournez et laissez cuire pendant 1 h. Sortez le moule de l'eau. Laissez-le refroidir complètement puis mettez-le 1 h au réfrigérateur.

7 Au moment de servir, démoulez la terrine sur un plat.

Pour 1 tranche : 111 calories. *Protéines : 7,3 g – Glucides : 3,5 g – Lipides : 7,5 g
(dont saturé : 2,6 g) – Cholestérol : 110 mg – Fibres : 2,5 g – Potassium : 355 mg.*

Dans les
soupes

LÉGUMES SANTÉ, LÉGUMES SAVEUR

Gaspacho express

*Ce potage estival rafraîchissant et bien relevé est riche
en lycopène, un phytocomposant présent dans la tomate
et tous ses dérivés, qui aide à lutter contre le cancer
de la prostate.*

POUR 4 PERSONNES

Prép. 25 min ◆ **Réfrigération** 1 h

- 4 **tasses de jus de tomate**
- 4 **tomates italiennes, épépinées et coupées en dés**
- 1 **concombre pelé, épépiné et coupé en dés**
- 1 **petit poivron jaune épépiné et coupé en dés**
- 3 **oignons verts finement hachées**
- 4 **cuill. à soupe de jus de citron**
- 4 **cuill. à soupe de basilic frais haché**
- 1 **gousse d'ail hachée**
  Quelques gouttes de tabasco
  Sel, poivre

Mélangez tous les ingrédients dans un grand bol.
Salez et poivrez. Laissez reposer au réfrigérateur
au moins 1 h. Servez très frais.

*Pour 1 personne : 75 calories. Protéines : 3,7 g – Glucides : 14,5 g – Lipides : 0,3 g
(dont saturés : 0 g) – Cholestérol : 0 mg – Fibres : 3,3 – Potassium : 830 mg.*

LE SAVIEZ-VOUS?

Le goût d'une soupe est plus prononcé si on
la sort du réfrigérateur 15 min avant de la
servir, car le grand froid atténue les parfums
et les saveurs.

Bortsch glacé

*Dans ce grand classique, la betterave apporte des folates
(ou vitamine B_9) bénéfiques pour le système cardiovasculaire,
ainsi que des minéraux et des fibres en abondance.*

POUR 6 PERSONNES

Prép. 20 min ◆ **Cuisson** 50 min ◆ **Réfrigération** 1 h

- 2 **branches de céleri en petits tronçons**
- 1 **carotte en petits dés**
- 1 **oignon en quartiers et 1 oignon haché**
- 3 **gousses d'ail hachées**
- 4 **branches de persil plat**
- 2 **feuilles de laurier**
- ½ **cuill. à thé de sel**
- 4 **betteraves moyennes crues**
- 1 **petit navet**
- 2 **cuill. à thé d'huile d'olive**
- 2 **tasses de chou pommé vert en fines lamelles**
- 2 **cuill. à soupe d'aneth haché fin**
- 1½ **cuill. à soupe jus de citron**
- ¼ **tasse de crème sure**

1 Faites bouillir 2 litres d'eau dans une grande
casserole. Ajoutez le céleri, la carotte, les quartiers
d'oignon, l'ail, le persil, le laurier et le sel. Réduisez
le feu, couvrez et laissez frémir 25 min.

2 Pendant ce temps, lavez soigneusement les
betteraves et le navet, épluchez-les et ajoutez les
pelures au bouillon de légumes. Taillez les betteraves
et le navet en petits dés.

3 Versez l'huile dans un faitout et faites-la
chauffer à feu moyen. Faites-y revenir l'oignon haché.
Ajoutez les betteraves, le navet et le chou, puis versez
dessus le bouillon à travers un chinois. Laissez frémir
à découvert environ 20 min jusqu'à ce que les
betteraves soient juste tendres.

4 Ôtez du feu. Ajoutez l'aneth et le jus de citron.
Laissez refroidir à température ambiante, puis couvrez
et mettez au réfrigérateur 1 h. Juste avant de servir,
ajoutez la crème sure et fouettez pour bien mélanger.

*Pour 1 personne : 73 calories. Protéines : 2,4 g – Glucides : 7,7 g – Lipides : 3,6 g
(dont saturés : 1,7 g) – Cholestérol : 9 mg – Fibres : 3,4 g – Potassium : 445 mg.*

IDÉES 🌿 FRAÎCHES

*Pour préparer ce bortsch plus vite, remplacez
le bouillon de légumes maison par 2 litres
de bouillon tout prêt, et achetez du chou déjà
râpé et des betteraves cuites.*

au menu

En Europe de l'Est, où le bortsch est traditionnel, on l'accompagne parfois de pommes de terre bouillies encore tièdes, assaisonnées de ciboulette. On présente la crème sure à part pour qu'elle serve autant aux pommes de terre qu'à la soupe. Ce menu, si on le termine avec une tranche de Gâteau fromage-citrouille (page 274), fait un repas fort agréable par un chaud midi d'été.

LE SAVIEZ-VOUS?

N'importe quelle variété de courge d'hiver à chair orangée (citrouille, giraumon turban, courge musquée) convient dans les recettes à base de purée de citrouille. Tous ces légumes, bien que de saveurs subtilement différentes, sont délicieux assaisonnés de fines herbes, d'épices, ainsi que du jus et du zeste des agrumes.

Velouté de carottes à l'aneth

Un seul bol de ce velouté fournit largement l'apport quotidien recommandé en provitamine A antioxydante, ainsi que des fibres très bien tolérées et de nombreux minéraux.

POUR 4 PERSONNES

Prép. 10 min ◆ **Cuisson** 45 min

- 1 **cuill. à soupe d'huile d'olive**
- 1 **oignon haché gros**
- 1 **gousse d'ail hachée**
- 4 **tasses de bouillon de poulet**
- 4 **tasses de carottes en dés (600 g/1¼ lb)**
- ½ **cuill. à thé de thym séché émietté**
- 2 **pincées de sel**
- 2 **pincées de poivre blanc**
- 4 **cuill. à soupe de yogourt nature allégé**
- 1 **cuill. à soupe d'aneth haché**

1 Chauffez l'huile à feu moyen dans une casserole et faites-y revenir l'oignon et l'ail pendant 5 min. Versez le bouillon, portez à ébullition, puis ajoutez les carottes et le thym. Laissez frémir sans couvrir pendant 40 min.

2 Réduisez la soupe en purée. Salez et poivrez. Si vous la servez chaude, versez-la dans des bols et garnissez d'aneth et de 1 cuill. à soupe de yogourt. Si vous la servez froide, laissez-la refroidir à température ambiante puis au réfrigérateur. Garnissez-la juste avant de servir.

Pour 1 personne : 101 calories. Protéines : 4,1 g – Glucides : 14 g – Lipides : 3,2 g (dont saturés : 0,4 g) – Cholestérol : 0 mg – Fibres : 4,6 g – Potassium : 560 mg.

IDÉES FRAÎCHES

- *Le velouté de carottes à l'aneth aura une consistance encore plus onctueuse si vous ajoutez au début de la cuisson une courgette pelée coupée en morceaux.*
- *Si vous servez cette soupe chaude, remplacez le yogourt et l'aneth par 1 cuill. à soupe bombée de fromage blanc aux herbes et ajoutez-le juste avant de réduire les légumes en purée.*

Crème de citrouille

La citrouille est une très bonne source de fibre, de provitamine A (le bêta-carotène) et de vitamine C.

POUR 4 PERSONNES

Prép. 10 min ◆ **Cuisson** 45 min

- 1 **cuill. à soupe d'huile d'olive**
- 1 **petit oignon haché fin**
- 2 **carottes en petits dés**
- 2 **branches de céleri en petits dés**
- 4 **cuill. à soupe de concentré de tomate**
- 2 **boîtes de 425 ml (15 oz) de bouillon de poulet**
- 1 **feuille de laurier**
- 2 **gousses d'ail pelées**
- 1 **boîte de 425 ml (15 oz) de purée de citrouille**
- 4 **cuill. à soupe de crème à 10 % m.g.**
  Sel et poivre blanc
  Tranches de lime et coriandre hachée pour décorer

1 Chauffez l'huile à feu moyen dans une grande casserole et faites-y revenir l'oignon, les carottes et le céleri pendant 5 min. Versez le concentré de tomate, remuez pendant 1 min, puis ajoutez le bouillon, le laurier et l'ail. Laissez frémir, sans couvrir, environ 30 min, jusqu'à ce que les légumes soient tendres.

2 Incorporez la purée de citrouille. Prolongez la cuisson de 5 min. Ôtez la feuille de laurier.

3 Réduisez la soupe en purée en plusieurs portions. Ajoutez la crème et faites chauffer 2 min. Salez et poivrez. Décorez de rondelles de lime et de coriandre haché, et servez aussitôt.

Pour 1 personne : 130 calories. Protéines : 4,8 g – Glucides : 17 g – Lipides : 4,8 g (dont saturés : 1,2 g) – Cholestérol : 4 mg – Fibres : 5 g – Potassium : 710 mg.

Velouté d'asperges

L'asperge est riche en folates (ou vitamine B_9), qui contribuent à prévenir les maladies cardiovasculaires et certaines malformations fœtales. Elle a de plus la réputation de favoriser l'élimination urinaire.

POUR 6 PERSONNES

Prép. 20 min ◆ **Cuisson** 50 min

- **1 kg (2 lb) d'asperges parées**
- **1 cuill. à soupe d'huile**
- **1 cuill. à thé de beurre**
- **2 blancs de poireau rincés et hachés menu**
- **1 petit oignon finement haché**
- **2 gousses d'ail hachées**
- **3 cuill. à soupe de riz rond**
- **1 zeste de citron**
- **6 tasses de bouillon de poulet**
- **½ cuill. à thé de sel**
- **¼ cuill. à thé de poivre**
- **½ cuill. à thé d'estragon séché**
- **3 cuill. à soupe de yogourt nature**

1 Supprimez le talon des asperges. Lavez-les. Coupez les pointes, plongez-les 1 min dans de l'eau bouillante, puis égouttez-les. Hachez grossièrement les tiges.

2 Chauffez l'huile à feu moyen dans une casserole, ajoutez le beurre. Faites-y revenir le poireau, l'oignon et l'ail pendant 5 min. Ajoutez les tiges d'asperges hachées, couvrez et laissez cuire 10 min.

3 Ajoutez le riz et le zeste de citron, versez le bouillon, salez, poivrez. Couvrez partiellement et faites cuire à petite ébullition pendant 30 min.

4 Retirez le zeste de citron et réduisez la soupe en purée. Ajoutez l'estragon et les pointes d'asperge et remettez sur le feu. Laissez frémir encore 3 min. Versez dans le plat de service, ajoutez le yogourt et servez sans attendre.

*Pour 1 personne : **100 calories**. Protéines : 3,7 g – Glucides : 12 g – Lipides : 4,1 g (dont saturés : 1,6 g) – Cholestérol : 6 mg – Fibres : 2 g – Potassium : 285 mg.*

au menu

Le goût de l'asperge et celui du chou-fleur se marient fort bien à celui de la moutarde, si bien que ces soupes accompagnent parfaitement, par exemple, un sandwich au jambon sur pain de seigle assaisonné de moutarde de Dijon.

Soupe de chou-fleur au gruyère

Une seule portion répond à vos besoins de vitamine C pour la journée.

POUR 4 PERSONNES

Prép. 15 min ◆ **Cuisson** 15 min

- **1 cuill. à soupe d'huile**
- **1 blanc de poireau en lamelles**
- **1 oignon haché fin**
- **2 boîtes de 425 ml (15 oz) de bouillon de poulet**
- **½ chou-fleur en bouquets (environ 4 tasses)**
- **½ cuill. à thé de thym séché émietté**
- **½ cuill. à thé de cumin en poudre**
- **¼ cuill. à thé de poivre blanc**
- **⅔ tasse de gruyère râpé**

1 Dans une grande casserole, faites chauffer l'huile à feu assez vif. Faites revenir le poireau et l'oignon 5 min pour les attendrir. Ajoutez le bouillon, le chou-fleur, le thym et le cumin. Laissez mijoter à découvert environ 30 min ou jusqu'à ce que le chou-fleur soit bien tendre.

2 Versez la soupe dans des bols individuels, garnie de poivre et de fromage râpé.

*Pour 1 personne : **162 calories**. Protéines : 11 g – Glucides : 10 g – Lipides : 10 g (dont saturés : 4 g) – Cholestérol : 20 mg – Fibres : 4 g – Sodium : 700 mg.*

LÉGUMES SANTÉ, LÉGUMES SAVEUR

Crème de légumes verts

Les composés soufrés du chou peuvent aider à la prévention de certains cancers, et ses fibres sont très efficaces pour lutter contre la paresse intestinale. Le chou est également riche en vitamine K, antihémorragique.

POUR 4 PERSONNES

Prép. 25 min ◆ **Cuisson** 1 h

- 2 **cuill. à soupe d'huile d'olive**
- 2 **blancs de poireau hachés grossièrement**
- 1 **oignon moyen haché grossièrement**
- 2 **gousses d'ail émincées**
- 1 **petit chou cavalier, haché grossièrement**
- 1 **petite botte de bettes parées et hachées**
- 2 **pommes de terre moyennes yukon gold non pelées, hachées grossièrement**
- 1 **carotte pelée, hachée grossièrement**
- 4 **tasses de bouillon de poulet dégraissé**
- 2 **pincées de sel**
- ½ **tasse de crème à 10 % m.g.**

1 Chauffez l'huile à feu moyen dans une grande casserole et faites revenir le poireau et l'oignon 5 min. Ajoutez l'ail et faites revenir 2 min. Ajoutez le chou cavalier, les bettes, les pommes de terre et la carotte. Arrosez avec le bouillon et salez. Couvrez à moitié et laissez frémir 50 min.

2 Au mélangeur ou au robot, réduisez la soupe en purée par petites portions. Remettez la soupe dans la casserole, ajoutez la crème et réchauffez avant de servir.

Pour 1 personne : 135 calories. Protéines : 5,7 g – Glucides : 18,3 g – Lipides : 4,3 g (dont saturés : 1,1 g) – Cholestérol : 4 mg – Fibres : 6 g – Potassium : 975 mg.

Chaudrée de maïs à la texane

Le poivron et les piments doux rehaussent la saveur de ce grand classique nord-américain et renforcent ses apports en composés antioxydants bénéfiques.

POUR 6 PERSONNES

Prép. 15 min ◆ **Cuisson** 50 min

- 3 **tranches de bacon de dinde**
- 1 **cuill. à soupe d'huile d'olive**
- 1 **gros oignon haché fin**
- 250 **g (½ lb) de pommes de terre non pelées, en dés de 1 cm (½ po)**
- 4 **tasses de bouillon de poulet dégraissé**
- 1 **boîte de 425 ml (15 oz) de maïs en grains**
- 1 **poivron rouge en dés**
- 2 **tasses de lait à 2 % m.g.**
- 2 **pincées de sel**
- 1 **cuill. à soupe de piments verts doux en conserve, hachés**

1 Dans une grande casserole, faites dorer les tranches de bacon jusqu'à ce qu'elles deviennent croustillantes. Réservez-les sur du papier absorbant.

2 Chauffez l'huile à feu moyen dans la même casserole et faites-y attendrir l'oignon 5 min. Ajoutez les pommes de terre et arrosez avec le bouillon. Couvrez partiellement et laissez frémir 20 min. Égouttez le maïs, ajoutez-le et poursuivez la cuisson pendant 5 min.

3 Versez la moitié du maïs et des pommes de terre avec un peu de liquide dans le robot et réduisez-les en fine purée. Reversez cette purée dans la casserole, ajoutez le poivron rouge et le lait. Salez, couvrez et laissez frémir encore 10 min.

4 Émiettez le bacon et ajoutez-le à la soupe avec les piments verts. Servez.

Pour 1 personne : 153 calories. Protéines : 10,8 g – Glucides : 22 g – Lipides : 2,4 g (dont saturés : 0,4 g) – Cholestérol : 11 mg – Fibres : 2,6 g – Potassium : 625 mg.

IDÉES 🍃 FRAÎCHES

Dans la crème de légumes verts, vous pouvez remplacer le chou par les fanes d'une botte de radis, des feuilles de bette ou des épinards. Pour une soupe totalement végétarienne, substituez un bouillon de légumes au bouillon de poulet. Accompagnez cette soupe de pain grillé frotté d'ail.

au menu

Cette chaudrée de maïs campagnarde (dont vous pourrez corser le goût en y ajoutant quelques brins de coriandre fraîche au moment de servir) fera une excellente entrée en matière à un menu tex-mex.

Soupe jardinière

Le mariage de ces légumes apporte une grande variété de vitamines et de minéraux, ce qui contribue à un bon équilibre nutritionnel.

POUR 6 PERSONNES

Prép. 15 min ◆ **Cuisson** 50 min

- 2 cuill. à thé d'huile d'olive
- 1 oignon moyen haché fin
- 1 branche de céleri hachée fin
- 2 cuill. à thé de gingembre haché fin
- 2 pommes de terre moyennes non pelées, en dés de 1 cm (½ po)
- 125 g (¼ lb) de haricots verts en tronçons
- 1 grosse carotte en dés de 1 cm (½ po)
- 1 courgette jaune pelée, épépinée, en dés de 1 cm (½ po)
- 1 feuille de laurier
- ¾ cuill. à thé de sel
- ¾ tasse de petits pois frais ou surgelés
- 2 tomates italiennes épépinées et hachées
- 2 cuill. à thé de basilic frais finement ciselé
- 1½ cuill. à thé de thym frais finement ciselé

1 Chauffez l'huile à feu moyen dans une casserole et faites-y blondir l'oignon et le céleri 10 min avec le gingembre. Ajoutez les pommes de terre, les haricots, la carotte et la courgette. Versez 8 tasses d'eau bouillante. Ajoutez le laurier, salez, couvrez et laissez frémir 25 min.

2 Ôtez le couvercle et prolongez la cuisson de 15 min. Ajoutez, 5 min avant la fin, les petits pois, les tomates, le basilic et le thym.

Pour 1 personne : 103 calories. Protéines : 3,8 g – Glucides : 17 g – Lipides : 2,2 g (dont saturés : 0,2 g) – Cholestérol : 0 mg – Fibres : 5 g – Potassium : 790 mg.

IDÉES FRAÎCHES

Pour transformer la soupe jardinière en plat complet, ajoutez-y des dés de poulet ou de jambon cuit et présentez en même temps une coupelle de gruyère ou de parmesan râpé.

TOUR DE MAIN

Pour économiser de l'énergie, vous pouvez faire cuire les légumes de la soupe aux légumes grillés au four en même temps qu'un autre plat. Utilisez votre centrifugeuse pour préparer du jus de carotte frais.

Soupe aux légumes grillés

L'utilisation du jus de carotte au lieu du bouillon adoucit cette soupe savoureuse et vous permet de faire le plein de bêta-carotène (ou provitamine A).

POUR 4 PERSONNES

Prép. 10 min ◆ **Cuisson** 40 min

- 1 cuill. à soupe d'huile d'olive
- 5 gousses d'ail épluchées
- 375 g (¾ lb) de pommes de terre en petits dés
- 2 poivrons verts en dés de 1 cm (½ po)
- ½ cuill. à thé de romarin émietté
- 1 courgette jaune tranchée en deux sur l'épaisseur, puis en dés de 1 cm (½ po)
- 1 gros oignon rouge en dés de 1 cm (½ po)
- 1½ tasse de bouillon de légumes ou de jus de carotte
- 375 g (¾ lb) de tomates en dés
- 1 cuill. à thé d'estragon haché
- ¾ cuill. à thé de sel

1 Allumez le four à 450 °F (230 °C). Mélangez l'huile et l'ail dans un plat à four et laissez 5 min au four. Ajoutez les pommes de terre, les poivrons et le romarin, remuez pour bien les enrober d'huile et remettez au four 15 min.

2 Ajoutez la courgette et l'oignon, mélangez, remettez 15 min au four.

3 Portez à ébullition le bouillon ou le jus de carotte avec les tomates, l'estragon et le sel. Ajoutez alors les légumes grillés.

4 Versez 1 tasse d'eau dans le plat à four et grattez avec une spatule. Ajoutez ce jus dans la casserole, laissez frémir 2 min et servez.

Pour 1 personne : 210 calories. Protéines : 5,6 g – Glucides : 38 g – Lipides : 4 g (dont saturés : 0,4 g) – Cholestérol : 0 mg – Fibres : 7,4 g – Potassium : 1 625 mg.

LÉGUMES SANTÉ, LÉGUMES SAVEUR

Soupe aux épinards

Dans cette traditionnelle soupe grecque, remplacer le riz blanc par du riz brun augmente sensiblement l'apport en fibres. Dans ce cas, la cuisson en 1 doit être de 40 min.

POUR 4 PERSONNES

Prép. 5 min ◆ **Cuisson** 30 min

    3 **tasses de bouillon de poulet dégraissé**
100 g (3 oz) **de riz**
    1 **oignon haché fin**
    1 **paquet d'épinards hachés surgelés**
    2 **pincées de sel**
    3 **gousses d'ail passées au presse-ail**
    2 **œufs**
    3 **cuill. à soupe de jus de citron**

1 Portez le bouillon à ébullition dans une casserole. Ajoutez le riz et l'oignon, couvrez et laissez cuire 15 min.

2 Ajoutez les épinards, laissez reprendre l'ébullition puis réduisez le feu et laissez frémir 5 min. Salez. Ajoutez l'ail.

3 Fouettez les œufs dans un bol avec le jus de citron et ajoutez 1 louche de soupe tout en continuant de fouetter. Versez ce mélange dans la soupe frémissante et remuez 1 min.

Pour 1 personne : 154 calories. Protéines : 8,4 g – Glucides : 22,5 g – Lipides : 3,4 g (dont saturés : 1 g) – Cholestérol : 114 mg – Fibres : 3 g – Potassium : 425 mg.

IDÉES 🌿 FRAÎCHES

Les jaunes d'œufs enrichissent et épaississent une soupe, mais ils apportent des matières grasses et du cholestérol. Pour limiter ces apports, remplacez 1 œuf entier par 2 blancs d'œufs.

Potage aux œufs et aux tomates

Dans cette soupe d'inspiration cubaine, l'ail confère au bouillon à la fois sa riche saveur et ses propriétés anticancéreuses.

POUR 6 PERSONNES

Prép. 10 min ◆ **Cuisson** 16 min

    1 **cuill. à soupe d'huile d'olive**
    1 **petit oignon haché fin**
    6 **gousses d'ail émincées**
    4 **tomates bien mûres, épépinées et hachées fin**
    2 **boîtes de 425 ml (15 oz) de bouillon de poulet**
    1 **feuille de laurier**
    1 **cuill. à thé de sel**
    2 **gros œufs, légèrement battus**
    6 **tranches de pain italien grillé**
    3 **cuill. à soupe de persil ciselé**

1 Réchauffez l'huile dans une grande casserole à feu modéré. Faites-y revenir l'oignon 5 min pour l'attendrir. Ajoutez l'ail. Après 30 s, ajoutez les tomates et faites-les revenir 1 min.

2 Versez le bouillon, avec le laurier et le sel. Réduisez la chaleur et laissez mijoter 10 min à découvert. Retirez la casserole du feu, enlevez le laurier et incorporez les œufs en agitant. Déposez une tranche de pain grillé au fond des bols individuels. Versez la soupe par-dessus et décorez de persil.

Pour 1 personne : 135 calories. Protéines : 7 g – Glucides : 17 g – Lipides : 5 g (dont saturé : 1 g) – Cholestérol : 71 mg – Fibres : 2 g – Sodium : 897 mg.

TOUR DE MAIN

Le jaune d'œuf peut enrichir et épaissir une soupe, mais il lui ajoute aussi du gras et du cholestérol. Si cela pose un problème, vous pouvez supprimer les œufs d'une recette en tout ou en partie, et remplacer chacun par deux blancs d'œufs.

au menu

Une entrée légère comme un potage aux œufs convient parfaitement à un repas où figurent une viande rôtie et un féculent. Pour dessert, pensez à un sorbet aux fruits ou à des quartiers d'ananas.

au menu

Cette soupe copieuse convient pour 6 personnes comme entrée chaude
ou pour 4 si c'est un plat unique. Dans ce dernier cas, accompagnez-la
d'une salade de romaine assaisonnée d'une vinaigrette aux herbes
et terminez par une coupe de fraises et d'ananas frais.

Soupe à la tomate et au poulet

Dans cette soupe acidulée, le poulet constitue une source importante de protéines, tandis que les légumes assurent un apport de base en minéraux, en fibres et en vitamines.

POUR 6 PERSONNES

Prép. 20 min ◆ **Cuisson** 50 min

- 1 poitrine de poulet non désossée, sans la peau
- 8 tasses de bouillon de poulet dégraissé
- 5 gousses d'ail
- 2 branches de thym
- 1 cuill. à thé chacune de sel et de poivre
- 1 cuill. à soupe d'huile d'olive
- 4 oignons verts hachés grossièrement
- 4 tomates moyennes hachées grossièrement
- 1 poivron vert en dés
- 4 tortillas de maïs de 15 cm (6 po)
- ½ tasse de jus de lime
- 3 cuill. à soupe de coriandre ciselée

1 Mettez le poulet dans un faitout avec le bouillon, 4 gousses d'ail non pelées et le thym. Salez et poivrez. Portez à ébullition, couvrez et laissez frémir pendant 30 min.

2 Désossez le poulet. Coupez la chair en dés. Filtrez le bouillon.

3 Faites chauffer l'huile dans une casserole à feu moyen. Coupez la dernière gousse d'ail en lamelles. Faites-la revenir 5 min dans l'huile avec les oignons verts. Ajoutez les tomates, le poivron et le bouillon. Couvrez partiellement et laissez frémir 15 min.

4 Faites griller les tortillas puis coupez-les en lanières.

5 Ajoutez à la soupe le poulet, le jus de lime et les lanières de tortilla. Laissez encore frémir 5 min puis servez parsemé de coriandre.

Pour 1 personne : 202 calories. Protéines : 22,5 g – Glucides : 14 g – Lipides : 6,2 g (dont saturés : 1 g) – Cholestérol : 55 mg – Fibres : 2 g – Potassium : 635 mg.

LE SAVIEZ-VOUS

La soupe de poulet aide efficacement à combattre le rhume. Des études ont montré qu'elle ralentit la migration des neutrophiles, responsables de l'inflammation des voies respiratoires, qui engendre à son tour maux de gorge et nez qui coule.

Potage campagnard au poulet

Les légumes-racines (céleri, carottes) donnent à cette soupe un bon goût de terroir et l'enrichissent en antioxydants qui contribuent à nous protéger des maladies chroniques.

POUR 4 PERSONNES

Prép. 15 min ◆ **Cuisson** 45 min

- 1 cuill. à soupe d'huile
- 1 oignon moyen grossièrement haché
- 3 carottes en dés
- 4 tasses de bouillon de poulet dégraissé
- 1 boîte de 425 ml (15 oz) de tomates en dés
- 250 g (½ lb) de poitrine de poulet non désossée, sans la peau
- 1 petit céleri-rave (200 g/8 oz) en dés
- 1 branche de thym
- ½ tasse de nouilles fines (100 g/3½ oz)
- 2 pincées de sel
- 2 pincées de poivre

1 Mettez l'huile à chauffer à feu moyen dans une grande casserole. Ajoutez l'oignon et les carottes et faites-les sauter 5 min. Versez le bouillon et les tomates, mettez également le poulet, le céleri-rave et le thym et laissez frémir 30 min, sans couvrir.

2 Ôtez le poulet, coupez la chair en dés et remettez-les dans la soupe. Ôtez le thym. Ajoutez les pâtes et laissez-les environ 5 min. Vérifiez l'assaisonnement.

Pour 1 personne : 252 calories. Protéines : 20,3 g – Glucides : 28,4 g – Lipides : 6,4 g (dont saturés : 1,2 g) – Cholestérol : 47 mg – Fibres : 6,5 g – Potassium : 895 mg.

LÉGUMES SANTÉ, LÉGUMES SAVEUR

Potage de dinde à l'ail rôti

La présence d'épinards frais et de blanc de dinde fait de cette soupe une source particulièrement intéressante de vitamines B, dont le corps a besoin pour un bon fonctionnement neuromusculaire.

POUR 4 PERSONNES

Prép. 15 min ◆ **Cuisson** 1 h 15

    2 têtes d'ail entières
    2 cuill. à soupe de concentré de tomate
    4 tasses de bouillon de poulet dégraissé
   90 g (3 oz) de riz blanc rond
  375 g (¾ lb) d'épinards frais, équeutés et
       hachés gros
    1 tasse de blanc de dinde cru, défait en dés
    1 pincée de poivre vert
    1 pincée ou plus de flocons de piment
    1 cuill. à soupe de jus de citron

1 Allumez le four à 400 °F (200 °C).

2 Coupez le tiers supérieur des têtes d'ail, enveloppez chacune d'elles dans de l'aluminium et faites cuire 50 min au four. Laissez refroidir, ôtez la papillote et pressez chaque tête au-dessus d'un bol pour en extraire la pulpe.

3 Versez la pulpe d'ail, le concentré de tomate puis le bouillon dans une casserole et portez à ébullition. Ajoutez le riz, salez, couvrez aux trois quarts et laissez cuire 15 min. Ajoutez les épinards, la dinde et les assaisonnements. Laissez frémir 8 min à découvert. Au moment de servir, ajoutez le jus de citron et salez au goût.

Pour 1 personne : 180 calories. Protéines : 17,5 g – Glucides : 23 g – Lipides : 2 g (dont saturés : 0,5 g) – Cholestérol : 32 mg – Fibres : 3,3 g – Potassium : 825 mg.

Soupe de haricots blancs avec épinards et parmesan

Épinards et haricots fournissent de l'acide folique, qui combat la maladie cardiaque et prévient les malformations du fœtus en début de grossesse.

POUR 4 PERSONNES

Prép. 5 min ◆ **Cuisson** 25 min

    1 cuill. à soupe d'huile
  125 g (4 oz) de chair prélevée dans
       des saucisses de dinde épicées
    2 gousses d'ail émincées
    1 cuill. à thé de sauge séchée émiettée
    1 boîte de 425 ml (15 oz) de cannellini
       (haricots blancs) égouttés
    1 boîte de 425 ml (15 oz) de bouillon de poulet
       sans sel ajouté
    4 tasses de feuilles d'épinard déchiquetées ou la
       moitié d'un paquet d'épinards congelés hachés
    ¼ cuill. à thé de sel
    ⅛ cuill. à thé de poivre
    2 cuill. à soupe de persil finement ciselé
    1 cuill. à soupe de jus de citron frais
    ¼ tasse de parmesan râpé

1 Réchauffez l'huile à feu moyen dans une grande poêle antiadhésive. Faites-y dorer la chair de saucisse pendant 3 min en écrasant les grumeaux. Laissez égoutter sur du papier de cuisine.

2 Dans la même poêle, faites revenir l'ail et la sauge 30 s. Ajoutez les haricots, le bouillon et 1½ tasse d'eau. Laissez mijoter 10 min à découvert.

3 Au robot, réduisez la moitié des haricots en purée avec un peu de bouillon. Retournez cette purée à la casserole. Ajoutez la saucisse, les épinards, le sel et le poivre. Laissez mijoter encore une fois 10 min à découvert. Incorporez le persil et le jus de citron. Parsemez de parmesan au moment de servir.

Pour 1 personne : 173 calories. Protéines : 12 g – Glucides : 15 g – Lipides : 7 g (dont saturés : 1 g) – Cholestérol : 21 mg – Fibres : 4 g – Sodium : 890 mg.

TOUR DE MAIN

Les soupes ont tendance à épaissir lorsqu'on les prépare à l'avance et qu'elles séjournent au réfrigérateur. Si la soupe vous paraît trop épaisse quand vous la réchauffez, ajoutez un tout petit peu de bouillon ou d'eau.

IDÉES  FRAÎCHES

*Pour préparer cette soupe avec des haricots secs, il en faut 150 g (5 oz). Faites-les
tremper 12 h dans de l'eau froide, égouttez-les, couvrez-les d'eau froide, puis ajoutez le
bouillon, les autres légumes et les aromates et laissez cuire à petits frémissements pendant
au moins 1 h 30, jusqu'à ce que les haricots soient très tendres.*

Soupe expresse de poisson, tomate et fenouil

Cette soupe méditerranéenne peut constituer le plat protéique principal du repas (la portion de poisson est suffisante pour cela), tout en fournissant un très bon apport d'antioxydants bénéfiques grâce aux tomates.

POUR 4 PERSONNES

Prép. 8 min ◆ **Cuisson** 25 min

- 1 cuill. à soupe d'huile d'olive
- 1 oignon moyen haché grossièrement
- 2 gousses d'ail émincées
- 1 cuill. à thé de graines de fenouil
- 2 tasses de jus de palourde en bouteille
- ½ tasse de vin blanc sec
- 1 boîte de 425 ml (15 oz) de tomates
- 250 g (½ lb) de pommes de terre en petits dés
- 500 g (1 lb) de filets de poisson blanc (morue, turbot) en 8 morceaux
- 4 cuill. à soupe de persil plat haché

1 Chauffez l'huile à feu assez vif dans une grande casserole. Faites-y revenir l'oignon et l'ail pendant 5 min puis ajoutez les graines de fenouil et faites sauter 30 s. Arrosez avec le jus de palourde et le vin, ajoutez les tomates avec leur jus et les pommes de terre. Couvrez et laissez cuire 15 min à petite ébullition.

2 Ajoutez le poisson et le persil, laissez cuire de 5 à 7 min en évitant l'ébullition. Vérifiez l'assaisonnement et servez.

Pour 1 personne : 208 calories. Protéines : 26,8 g – Glucides : 15,2 g – Lipides : 4,4 g (dont saturés : 0,3 g) – Cholestérol : 55 mg – Fibres : 3 g – Potassium : 1 025 mg.

Soupe portugaise à la saucisse et au chou frisé

Cette combinaison de légumes frais – chou frisé, carotte et poivron rouge – garantit la gamme quasi complète des vitamines et des minéraux.

POUR 8 PERSONNES

Prép. 15 min ◆ **Cuisson** 55 min

- 250 g (½ lb) de saucisse de dinde épicée à l'italienne
- 1 cuill. à soupe d'huile
- 1 petit oignon haché grossièrement
- 2 gousses d'ail émincées
- 1 cuill. à thé de cannelle
- ½ cuill. à thé de poivre de la Jamaïque
- 1¼ cuill. à thé de sel
- 125 g (¼ lb) de chou frisé, équeuté et déchiqueté
- 2 carottes pelées, fendues en deux et tranchées mince
- 1 petit poivron rouge en dés
- 2 boîtes de 425 ml (15 oz) de bouillon de poulet
- 1 boîte de pois chiches rincés et égouttés
- ¼ tasse de parmesan râpé

1 Mettez la saucisse dans une casserole avec 5 mm (¼ po) d'eau. Piquez-la avec la pointe d'un couteau. Faites-la cuire très doucement, en la retournant quelques fois, jusqu'à évaporation de l'eau, environ 8 min. Faites-la sauter pour la dorer. Retirez du feu et attendez 5 min. Découpez-la en belles tranches de 1 cm (½ po).

2 Réchauffez l'huile dans une grande casserole à feu moyen. Faites-y attendrir l'oignon pendant 7 min. Ajoutez l'ail, la cannelle, le poivre de la Jamaïque et le sel. Faites revenir 1 min.

3 Ajoutez le chou frisé, la carotte, le poivron, le bouillon et finalement les tranches de saucisse. Laissez mijoter 30 min à moitié couvert, pour que les légumes deviennent tendres.

4 Ajoutez les pois chiches le temps de les réchauffer. Décorez chaque portion de fromage râpé.

Pour 1 personne : 128 calories. Protéines : 10 g – Glucides : 12 g – Lipides : 5 g (dont saturés : 1 g) – Cholestérol : 19 mg – Fibres : 3 g – Sodium : 600 mg.

IDÉES FRAÎCHES

● *Lorsque vous utilisez du bouillon tout prêt, évitez de rajouter du sel, sauf s'il s'agit d'un bouillon*
à faible teneur en sodium. Si vous souhaitez saler un peu plus, mieux vaut, pour toutes
les préparations liquides, employer du gros sel.

● *Si la soupe est trop salée à votre goût, allongez-la avec un peu d'eau bouillante ou de lait.*
Si elle est à base de citrouille, de betterave ou de carottes, ajoutez un morceau de sucre.

Chaudrée de légumes-racines aux miettes de bacon

Cette soupe, qui associe carottes, panais, pommes de terre et autres légumes-racines à l'oignon et au poivron, concentre de précieux minéraux et oligoéléments.

POUR 4 PERSONNES

Prép. 25 min ◆ **Cuisson** 45 min

- 1 boîte de 425 ml (15 oz) de bouillon de poulet ou de bouillon de légumes
- 2 cuill. à soupe d'huile d'olive
- 1 gros oignon haché
- 2 branches de céleri
- 2 carottes en dés
- 1 gros panais en dés
- 200 g (6 oz) de céleri-rave
- 1 patate douce (ou 1 igname) pelée, en morceaux
- 1 grosse pomme de terre rouge en dés
- ½ poivron vert en dés
- 2 branches de thym
- ½ cuill. à thé de sel
- 1⅔ tasse de lait à 2 % m.g.
- 3 tranches de bacon de dinde grillées et émiettées

1 Portez le bouillon à ébullition. Pendant ce temps, réchauffez l'huile à feu moyen dans une grande casserole et faites-y revenir l'oignon 5 min. Ajoutez le céleri, les carottes, le panais, le céleri-rave, la patate douce, la pomme de terre, le poivron et le thym. Versez le bouillon. Complétez avec de l'eau chaude pour recouvrir les légumes. Salez. Couvrez. Laissez frémir 30 min.

2 Ôtez le thym. Réduisez en fine purée la moitié du potage et de ses légumes, puis reversez cette purée dans la casserole. Ajoutez le lait et réchauffez à feu doux. Parsemez de miettes de bacon au moment de servir.

Pour 1 personne : 234 calories. Protéines : 9 g – Glucides : 27 g – Lipides : 10 g (dont saturés : 3 g) – Cholestérol : 16 mg – Fibres : 6,5 g – Potassium : 1 095 mg.

Soupe de chou et saucisson

Le potentiel anticancérigène d'un crucifère comme le chou élève cette humble soupe d'autrefois au rang des vedettes de la nutrition.

POUR 6 PERSONNES

Prép. 15 min ◆ **Cuisson** 55 min

- 1 cuill. à soupe d'huile
- 250 g (½ lb) de kielbasa (saucisson polonais) maigre, en dés
- 1 oignon en morceaux
- 4 gousses d'ail émincées
- 2 boîtes de 425 ml (15 oz) de bouillon de poulet
- 1¼ tasse d'eau
- ½ chou de Savoie haché grossièrement (environ 4½ tasses)
- 2 pommes de terre rouge non pelées, en dés
- 2 carottes pelées en dés
- 1 betterave pelée en dés
- 3 cuill. à soupe d'aneth haché fin
- 1 feuille de laurier
- 1 cuill. à soupe de vinaigre de vin

1 Réchauffez l'huile à feu assez vif dans une grande poêle antiadhésive. Faites-y dorer le kielbasa environ 5 min. Ajoutez l'oignon et l'ail. Faites revenir encore 5 min.

2 Ajoutez le bouillon, l'eau, le chou, les pommes de terre, les carottes, la betterave, l'aneth et le laurier. Couvrez la casserole et laissez mijoter 45 min, pour que les légumes deviennent très tendres. Incorporez le vinaigre. Enlevez la feuille de laurier avant de servir.

Pour 1 personne : 140 calories. Protéines : 10 g – Glucides : 17 g – Lipides : 3 g (dont saturés : 0 g) – Cholestérol : 10 mg – Fibres : 3 g – Sodium : 404 mg.

Soupe chinoise au bœuf, à l'orge et aux épinards

Les épices et les fines herbes qu'on utilise couramment en cuisine ont aussi des bienfaits à contribuer. Le gingembre et le fenouil, par exemple, aident à la digestion.

POUR 6 PERSONNES

Prép. 10 min ◆ **Cuisson** 1 h 45

750 g (1½ lb) de bœuf à bouillir en morceaux de 2,5 cm (1 po)

1 oignon haché fin

4 gousses d'ail émincées

1 boîte de 425 ml (15 oz) de bouillon de bœuf maigre sans sel ajouté

¼ tasse de sauce de soja

1 morceau (5 cm/2 po) de gingembre pelé et coupé en 4

1 cuill. à thé de graines de fenouil

½ cuill. à thé de sel

1 tasse d'orge crue

12 tasses de feuilles d'épinards sans les tiges

2 oignons verts en fines rondelles *(facultatif)*

1 Dans une grande casserole, mélangez le bœuf, l'oignon, l'ail, 6 tasses d'eau, le bouillon, la sauce de soja, le gingembre, les graines de fenouil et le sel. Portez à ébullition à feu modéré.

2 Ajoutez l'orge. Baissez le feu, couvrez et laissez mijoter 1 h 30 pour que le bœuf devienne très tendre.

3 Ajoutez les épinards et attendez 2 min. Retirez les morceaux de gingembre et garnissez, au goût, de rondelles d'oignon vert.

Pour 1 personne : 314 calories. Protéines : 30 g – Glucides : 28 g – Lipides : 9 g (dont saturés : 3 g) – Cholestérol : 71 mg – Fibres : 8 g – Sodium : 952 mg.

TOUR DE MAIN

Pour peler le gingembre frais, commencez par égaliser le morceau en supprimant les nodules. Avec un couteau éplucheur ou un économe, pelez la portion requise. Détaillez ce morceau en tranches ou en dés. Enveloppez la portion qui reste et conservez-la au congélateur.

Avec la
volaille

Salade du chef

Ce grand classique est ici rénové sur le plan nutritionnel grâce aux feuilles de romaine, aux poivrons grillés jaune et orange, sources de vitamines et de fibres, et au fromage de chèvre, qui l'enrichit en calcium.

POUR 4 PERSONNES

Prép. 15 min ◆ **Cuisson** 10 min

- 4 petits blancs de poulet
- 1 romaine effeuillée
- 3 tasses de jeunes pousses d'épinard
- 150 g (6 oz) de jambon fumé tranché fin, en lamelles
- 1 poivron jaune grillé *(voir p. 332)* en lanières
- 1 poivron orange grillé *(voir p. 332)* en lanières
- 12 tomates cerises coupées en 2
- 100 g (3 oz) de fromage de chèvre frais émietté
- 5 cuill. à soupe d'huile d'olive
- 3 cuill. à soupe de vinaigre balsamique
- 1 cuill. à thé de moutarde de Dijon
- 1 gousse d'ail hachée menu
- 1 branche d'estragon hachée
- 2 pincées de sel

1 Faites cuire doucement le poulet dans de l'eau légèrement salée pendant 10 min, à découvert. Égouttez-le et épongez-le.

2 Répartissez la salade verte dans les assiettes individuelles. Mettez les pousses d'épinard au centre. Coupez le poulet dans la longueur, en aiguillettes. Disposez le poulet, le jambon, les poivrons, les tomates et le fromage sur les feuilles de romaine.

3 Mélangez l'huile, le vinaigre, la moutarde, l'ail, l'estragon et le sel dans un bol. Servez avec la salade.

Pour 1 personne : 332 calories. Protéines : 32 g – Glucides : 5 g – Lipides : 20,5 g (dont saturés : 5 g) – Cholestérol : 98 mg – Fibres : 3 g – Potassium : 805 mg.

IDÉES 🌿 FRAÎCHES

Ce type de salade permet toutes sortes de combinaisons de viandes, de légumes et de fromages. De la viande de bœuf et de la dinde remplaceront parfaitement le poulet et le jambon. Rafraîchissez cette recette en ajoutant davantage de légumes crus, comme des concombres finement tranchés et des radis. Apportez une saveur différente en remplaçant le fromage de chèvre par de la feta émiettée ou des allumettes de gruyère.

Salade de poulet grillé

Ce savoureux mélange de fruits et de légumes crus est particulièrement riche en vitamines antioxydantes, en minéraux et en fibres.

POUR 4 PERSONNES

Prép. 15 min ◆ **Marinage** 30 min ◆ **Cuisson** 6 min

- 4 cuill. à soupe de jus d'orange
- 3 cuill. à soupe de jus de lime
- 2 cuill. à soupe d'huile d'olive
- 1 cuill. à soupe de vinaigre de vin blanc
- 1 cuill. à thé de moutarde de Dijon
- 500 g (1 lb) de blanc de poulet
- 1 mangue en fines tranches
- 1 tomate en fines rondelles
- ½ concombre en fines rondelles
- 1 oignon rouge en anneaux fins
- 4 tasses de mesclun

1 Mélangez jus d'orange et de lime, huile, vinaigre, moutarde, avec du sel et du poivre dans un saladier. Réservez 4 cuill. à soupe de cette préparation. Roulez les blancs de poulet dans le saladier pour les enduire de sauce. Couvrez. Laissez mariner 30 min à 1 heure au réfrigérateur.

2 Allumez le gril du four. Égouttez le poulet, déposez-le sur une lèchefrite et laissez-le dorer 3 min sous le gril. Arrosez avec la marinade. Retournez-le et faites-le griller 3 min. Laissez-le reposer 5 min puis découpez-le en tranches épaisses.

3 Pendant ce temps, mélangez la mangue, la tomate, le concombre et l'oignon dans un saladier avec la sauce réservée. Ajoutez le poulet grillé et servez sur le mesclun.

Pour 1 personne : 254 calories. Protéines : 26 g – Glucides : 14 g – Lipides : 10,5 g (dont saturés : 2,3 g) – Cholestérol : 84 mg – Fibres : 4,2 g – Potassium : 680 mg.

Brochettes de poulet teriyaki aux légumes

Présentés en brochettes et cuits au four, les légumes servis ainsi al dente sont savoureux, digestes et sains.

POUR 4 PERSONNES

Prép. 20 min ◆ **Marinage** 30 min ◆ **Cuisson** 15 min

- **500 g (1 lb) de cuisses de poulet désossées, sans la peau, détaillées en petites bouchées**
- **½ tasse de sauce teriyaki épaisse**
- **1 courgette, tranchée en 4 dans la longueur, puis en cubes de 5 mm (¼ po) dans la largeur**
- **1 gros poivron rouge tranché en 4 dans la longueur, puis en petites bouchées**
- **4 oignons verts coupés en 2**
- **8 châtaignes d'eau entières en conserve**

1 Mélangez le poulet avec 4 cuill. à soupe de sauce teriyaki dans un petit bol. Couvrez et laissez macérer 30 min au réfrigérateur.

2 Allumez le gril du four. Enfilez les morceaux de poulet, de courgette, de poivron, d'oignons verts et les châtaignes d'eau sur des brochettes de 30 cm (12 po), en terminant par une châtaigne. Badigeonnez avec le reste de sauce teriyaki.

3 Faites griller les brochettes de 12 à 14 min, à 7 cm (3 po) de la source de chaleur. Tournez régulièrement en badigeonnant de sauce teriyaki. Les légumes doivent être tendres mais croquants et le poulet bien cuit.

Pour 1 personne : 212 calories. Protéines : 30 g – Glucides : 9,5 g – Lipides : 6 g (dont saturés : 1,6 g) – Cholestérol : 94 mg – Fibres : 2,2 g – Potassium : 720 mg.

Blancs de poulet grillés à la mexicaine

Les haricots noirs, riches en fibres et en protéines végétales, apportent à ce plat d'inspiration mexicaine de précieux atouts pour la santé cardiovasculaire.

POUR 4 PERSONNES

Prép. 20 min ◆ **Marinage** 15 min ◆ **Cuisson** 10 min

- **2 gousses d'ail hachées menu**
- **1 cuill. à thé d'assaisonnement au chile**
- **3 cuill. à soupe de jus de lime**
- **2 cuill. à soupe d'huile**
- **2 pincées de sel**
- **650 g (1¼ lb) de blancs de poulet aplatis sur 1 cm (⅜ po) d'épaisseur**
- **¾ tasse de bouillon de poulet**
- **1⅓ tasse de maïs en grains**
- **2 poivrons rouges grillés** *(voir p. 332)* **en dés**
- **6 cuill. à soupe de haricots noirs en conserve, égouttés**
- **2 cuill. à soupe d'oignon rouge grossièrement haché**
- **1 petit piment fort haché menu**
- **3 cuill. à soupe de coriandre fraîche hachée**

1 Mélangez l'ail, l'assaisonnement au chile, 2 cuill. à soupe de jus de lime, l'huile et du sel. Badigeonnez le poulet avec cette marinade. Laissez reposer 15 min à température ambiante.

2 Réchauffez un gril de contact.

3 Posez le poulet sur le gril et faites-le griller 3 à 4 min de chaque côté à feu moyen.

4 Réchauffez le bouillon dans une poêle, ajoutez le maïs, les poivrons, les haricots noirs, l'oignon et le piment haché. Salez et poivrez. Laissez chauffer le tout à feu doux. Juste avant de servir, incorporez la coriandre hachée et le reste de jus de lime. Versez la préparation sur le poulet et servez.

Pour 1 personne : 361 calories. Protéines : 41 g – Glucides : 20 g – Lipides : 13 g (dont saturés : 3 g) – Cholestérol : 122 mg – Fibres : 5,4 g – Potassium : 865 mg.

IDÉES ❧ FRAÎCHES

Ces blancs de poulet et leur garniture sont tout aussi bons servis froids lors d'une chaude soirée d'été.

au menu

Accompagnez ces suprêmes de poulet de tortillas chaudes et terminez votre repas par des fraises nappées d'un coulis de framboises.

Poêlée de poulet aux carottes, sauce à l'orange

Ce plat digeste – le blanc de poulet est très maigre – assure grâce aux carottes des apports intéressants en provitamine A antioxydante.

POUR 4 PERSONNES

Prép. 10 min ◆ **Cuisson** 30 min

- 1 **tasse de jus d'orange**
- 3 **cuill. à soupe de vinaigre de vin**
- 4 **blancs de poulet (500 g/1 lb environ)**
- 2 **pincées de sel**
- 2 **pincées de poivre**
- ¼ **tasse de farine**
- 2 **cuill. à soupe d'huile**
- 4 **échalotes hachées menu**
- ½ **cuill. à thé de grains de coriandre moulus**
- 4 **carottes de taille moyenne en rondelles de 5 mm (¼ po)**
- 2 **cuill. à soupe de persil haché**
- 3 **tasses de mesclun**

1 Mélangez le jus d'orange et le vinaigre dans un bol.

2 Salez et poivrez le poulet, puis farinez-le. Réchauffez l'huile à feu moyen dans une grande poêle à revêtement antiadhésif. Faites-y dorer le poulet environ 3 min de chaque côté. Réservez.

3 Dans la poêle, mélangez les échalotes, la poudre de coriandre et 4 cuill. à soupe de jus d'orange vinaigré. Grattez le fond de la poêle à la spatule pour dissoudre les sucs. Ajoutez le reste du jus, les carottes et le poulet. Amenez à ébullition. Couvrez, baissez le feu et laissez frémir environ 20 min, jusqu'à ce que le poulet soit cuit et les carottes tendres.

4 Répartissez le poulet dans 4 assiettes. Versez les carottes et la sauce par-dessus. Garnissez de persil et de mesclun.

Pour 1 personne : 349 calories. Protéines : 32,5 g – Glucides : 30 g – Lipides : 11 g (dont saturés : 2,5 g) – Cholestérol : 94 mg – Fibres : 1,7 g – Potassium : 630 mg.

IDÉES 🌿 FRAÎCHES

Vous pouvez choisir toutes sortes de légumes frais pour le poulet sauté à l'italienne. N'hésitez pas à utiliser du brocoli, des haricots verts ou ce qui vous tentera sur les étals.

Poulet sauté à l'italienne

Légumes du soleil, poivrons et tomates sont particulièrement riches en vitamines, polyphénols et autres phytocomposants protecteurs.

POUR 4 PERSONNES

Prép. 5 min ◆ **Cuisson** 12 min

- 2 **cuill. à soupe d'huile d'olive**
- 500 **g (1 lb) de blanc de poulet en aigulllettes de 1 cm (½ po)**
- 2 **pincées de sel**
- 2 **pincées de poivre**
- 1 **poivron rouge en lamelles**
- 1 **poivron vert ou jaune en lamelles**
- 2 **courgettes en fines rondelles**
- 2 **gousses d'ail hachées menu**
- 1 **tasse de tomates cerises coupées en 2**
- ½ **cuill. à thé d'origan émietté**
- 2 **cuill. à thé de vinaigre balsamique**

1 Réchauffez l'huile à feu moyen dans une poêle à revêtement antiadhésif. Ajoutez le poulet. Faites-le revenir 4 min pour qu'il soit à peine cuit. Salez et poivrez. Réservez.

2 Dans le même récipient, faites revenir les poivrons et les courgettes 4 min. Ils doivent être tendres. Salez. Ajoutez l'ail. Faites sauter 30 s. Ajoutez les tomates et l'origan et faites cuire 1 min. Remettez le poulet dans la poêle. Arrosez de vinaigre. Réchauffez quelques secondes et servez.

Pour 1 personne : 251 calories. Protéines : 30,6 g – Glucides : 7,5 g – Lipides : 11 g (dont saturés : 2,5 g) – Cholestérol : 94 mg – Fibres : 3,1 g – Potassium : 845 mg.

Poulet à l'orange, poivron et asperges

Ce plat fournit un large éventail de vitamines B, indispensables à la transformation des aliments en énergie et au bon fonctionnement des muscles et du système nerveux.

POUR 4 PERSONNES

Prép. 20 min ◆ **Cuisson** 15 min

  1 **orange**
  2 **cuill. à soupe de xérès sec**
  1 **cuill. à soupe de sauce de soja**
  1 **cuill. à thé de sucre**
1¼ **cuill. à thé de fécule de maïs**
  2 **pincées de flocons de piment**
250 **g (½ lb) d'asperges en tronçons de 5 cm (2 po)**
  1 **cuill. à soupe d'huile**
500 **g (1 lb) de blanc de poulet en aiguillettes de 1 cm (½ po)**
  1 **cuill. à thé de gingembre frais et râpé**
  1 **gousse d'ail hachée menu**
  1 **poivron rouge en lamelles**
  4 **oignons verts en tronçons**
 12 **cerneaux de noix hachés**

1 Prélevez sur l'orange 4 lanières de zeste de 7 cm (3 po) de long avec un couteau économe. Découpez-les en fines lamelles. Pressez l'orange pour obtenir 4 cuill. à soupe de jus. Mélangez le jus d'orange, le xérès, la sauce de soja, le sucre, la fécule et le piment dans un bol.

2 Faites cuire les asperges 10 min à la vapeur. Elles doivent être tendres. Égouttez-les bien.

3 Réchauffez l'huile, à feu moyen, dans une grande poêle à revêtement antiadhésif ou un wok. Ajoutez le poulet. Faites-le revenir environ 4 min. La chair ne doit plus être rose. Réservez.

4 Faites revenir 30 s le zeste d'orange, le gingembre et l'ail dans la poêle. Ajoutez le poivron, les oignons verts et les asperges. Faites-les revenir 1 min. Ajoutez le mélange liquide. Faites frémir. Remettez le poulet dans la poêle pour bien le réchauffer. Parsemez de noix et servez sans tarder.

Pour 1 personne : 312 calories. Protéines : 30,8 g – Glucides : 9 g – Lipides : 17 g (dont saturés : 2,7 g) – Cholestérol : 94 mg – Fibres : 2,5 g – Potassium : 595 mg.

LE SAVIEZ-VOUS ?

Les noix noires, originaires d'Amérique du Nord, ont une coque si dure qu'il faudrait pour la briser une pression équivalente à celle d'une voiture qui roulerait dessus. Plus courantes, parce que bien plus faciles à casser, les noix d'Europe ou de Perse sont maintenant cultivées en Californie.

Poulet sauté au brocoli et au lait de coco

Dans cette recette sucrée et épicée d'inspiration thaïlandaise, les légumes cuisent rapidement et sont servis encore croquants : leur valeur nutritionnelle – notamment vitaminique – est ainsi préservée au mieux.

POUR 4 PERSONNES

Prép. 25 min ◆ **Cuisson** 10 min

½ **tasse de lait de coco non sucré**
Le zeste râpé de 1 lime
1 **cuill. à soupe de jus de lime**
1¼ **cuill. à thé de gingembre frais haché**
1 **cuill. à soupe de sauce de soja**
1 **cuill. à soupe de cassonade**
1 **cuill. à thé de fécule**
½ **cuill. à thé de pâte de cari thaïlandaise**
(facultatif)
2½ **cuill. à soupe d'huile**
1 **oignon coupé en 2 puis en lamelles de 1 cm (½ po) dans la largeur**
6 **gousses d'ail hachées menu**
350 g **(¾ lb) de brocoli séparé en petits bouquets, et tiges découpées en fines tranches**
250 g **(½ lb) de champignons en lamelles épaisses**
350 g **(¾ lb) de poitrine de poulet en tranches de 3,5 cm (1½ po)**
2 **cuill. à soupe de basilic haché**

1 Mélangez dans un bol le lait de coco, le zeste et le jus de lime, le gingembre, la sauce de soja, la cassonade, la fécule et la pâte de cari.

2 Dans une grande poêle ou un wok, réchauffez à feu vif 1½ cuill. à soupe d'huile. Faites-y revenir l'oignon et l'ail 2 min pour qu'ils soient tendres. Ajoutez le brocoli et les champignons. Faites sauter 4 min. Ajoutez au contenu du bol.

3 Versez le reste d'huile dans la poêle. Faites-y dorer le poulet 2 min. Ajoutez le mélange au lait de coco et les légumes. Couvrez et laissez frémir environ 2 min, le temps que le poulet soit cuit et les légumes croquants.

4 Garnissez de basilic. Servez sans tarder.

Pour 1 personne : 283 calories. Protéines : 24 g – Glucides : 10 g – Lipides : 16,3 g (dont saturés : 6,8 g) – Cholestérol : 65 mg – Fibres : 4,5 g – Potassium : 915 mg.

TOUR DE MAIN

La pâte de cari thaïlandaise est très relevée, alors n'en mettez pas trop si vous n'êtes pas habitué. Vous pouvez remplacer cette pâte par 1 cuill. à thé de poudre de cari.

Poulet méditerranéen

Le fenouil, les haricots verts et les haricots blancs ajoutent de l'acide folique, du calcium et des fibres à ce plat de poulet très simple.

POUR 4 PERSONNES

Prép. 20 min ◆ **Cuisson** 1 heure

- 2 cuill. à soupe d'huile d'olive
- 1 poulet entier de 1,75 kg (3½ lb) sans la peau, coupé en 8
- ¼ tasse de farine
- 1 bulbe de fenouil (750 g/1½ lb) paré et tranché
- 4 gousses d'ail émincées
- 1 tasse de bouillon de poulet
- 2 cuill. à soupe de jus de citron frais
- ½ cuill. à thé de sel
- ¼ cuill. à thé chacune de romarin, de thym et de poivre
- 1 boîte de cannellini (haricots blancs) égouttés
- 250 g (½ lb) de haricots verts, en tronçons de 5 cm (2 po)

1 Allumez le four à 350 °F (180 °C)

2 Dans une grande marmite, chauffez l'huile à feu assez vif. Farinez les morceaux de poulet. Faites-les revenir 4 min de chaque côté. Réservez.

3 Mettez le fenouil dans la marmite, réduisez la chaleur et faites-le dorer 7 min. Ajoutez l'ail. Au bout de 1 min, versez le bouillon, le jus de citron, le sel et les épices. Portez à ébullition. Ajoutez le poulet, couvrez et enfournez.

4 Faites cuire 35 min pour que le poulet soit à point. Ajoutez les cannellini et les haricots verts et réenfournez le plat pour 5 min.

Pour 1 personne : 780 calories. Protéines : 95 g – Glucides : 42 g – Lipides : 24 g (dont saturés : 5 g) – Cholestérol : 280 mg – Fibres : 13 g – Sodium : 1 090 mg.

Poulet aux 40 gousses d'ail

L'ail pourrait aider à prévenir les maladies cardiovasculaires, mais, pour bénéficier de ses qualités protectrices, il faudrait en consommer plusieurs gousses par jour : un plat comme celui-ci peut vous y aider !

POUR 4 PERSONNES

Prép. 25 min ◆ **Cuisson** 1 h 15

- 2-3 cuill. à soupe d'huile d'olive
- 1 poulet en 8 morceaux
- 40 gousses d'ail non pelées
- 2 branches de céleri fendues en 2 dans la longueur, puis coupées en tronçons
- 2 brins de romarin frais
- 3 brins de thym frais
- ½ tasse de vin blanc
- ½ tasse de bouillon de poulet
- 1½ cuill. à thé de sel

1 Allumez le four à 350 °F (180 °C). Réchauffez l'huile à feu moyen dans une grande poêle. Faites-y dorer les morceaux de poulet 4 min de chaque côté, en ajoutant un peu d'huile si nécessaire. Disposez-les dans un plat à four.

2 Faites revenir l'ail, le céleri, le romarin et le thym 1 min dans la poêle. Versez le vin blanc. Portez à ébullition et laissez bouillir 2 min pour que l'alcool s'évapore. Ajoutez le bouillon, salez et faites bouillir à nouveau. Versez le contenu de la poêle sur le poulet, puis couvrez d'aluminium.

3 Laissez cuire 45 min au four, jusqu'à ce que le poulet soit cuit et l'ail fondant.

4 Servez le poulet directement dans les assiettes, accompagné des gousses d'ail.

Pour 1 personne : 417 calories. Protéines : 41 g – Glucides : 7 g – Lipides : 25 g (dont saturés : 7 g) – Cholestérol : 135 mg – Fibres : 1 g – Potassium : 585 mg.

TOUR DE MAIN

Utilisez pour le poulet aux 40 gousses d'ail soit de l'ail nouveau, soit des gousses d'ail non germées.

LE SAVIEZ-VOUS ?

L'ail en chemise (non pelé) une fois cuit est plus digeste, perd sa forte
odeur et confère au plat qu'il accompagne un goût très différent.

Poulet mijoté, courge d'hiver et haricots blancs

Les fibres apportées par les haricots et les courges sont utiles pour lutter contre la paresse intestinale, mais aussi pour aider à abaisser un cholestérol sanguin trop élevé.

POUR 6 PERSONNES

Prép. 15 min ◆ **Cuisson** 1 h

    1 **cuill. à soupe d'huile d'olive**
1,5 **kg (3 lb) de poulet en morceaux**
    ½ **cuill. à thé de sel**
    ¼ **cuill. à thé de poivre**
    1 **oignon grossièrement haché**
    4 **gousses d'ail pelées, coupées en 2**
    1 **tasse de vin blanc**
    2 **cuill. à soupe de concentré de tomate**
    2 **feuilles de laurier**
    ½ **cuill. à thé de thym séché**
    1 **boîte de 425 ml (15 oz) de haricots blancs**
750 **g (1½ lb) de courge butternut**
       en cubes de 4 cm (1½ po)

1 Allumez le four à 350 °F (180 °C).

2 Réchauffez l'huile à feu moyen dans une cocotte en fonte allant au four. Assaisonnez le poulet avec la moitié du sel et le poivre. Faites-le dorer 6 min, en plusieurs fois s'il le faut. Réservez-le.

3 Baissez le feu. Faites revenir l'oignon et l'ail environ 3 min pour les attendrir légèrement. Ajoutez le vin. Grattez le fond de la cocotte avec une spatule pour dissoudre les sucs. Incorporez le concentré de tomate, le laurier et le thym. Assaisonnez avec le reste du sel. Ajoutez le poulet. Portez à ébullition.

4 Couvrez la cocotte, mettez-la au four et laissez cuire 20 min.

5 Incorporez les haricots et la courge. Remettez le couvercle. Laissez cuire encore de 30 à 40 min, jusqu'à ce que le poulet et la courge soient tendres. Retirez le laurier avant de servir.

Pour 1 personne : 365 calories. Protéines : 30,3 g – Glucides : 17 g – Lipides : 19,5 g (dont saturés : 5 g) – Cholestérol : 91 mg – Fibres : 3,5 g – Potassium : 720 mg.

IDÉES 🌿 FRAÎCHES

Pour réduire les acides gras saturés, ne consommez pas la peau du poulet. Et pour éliminer davantage de matières grasses, laissez le plat une nuit au réfrigérateur, puis retirez la couche de graisse figée avant de le réchauffer.

Coquelets rôtis, légumes-racines au miel

Riche en fibres bien tolérées apportées en abondance par les légumes-racines (patate douce, panais et céleri-rave), ce plat stimule en douceur les intestins.

POUR 4 PERSONNES

Prép. 15 min ◆ **Cuisson** 1 h

    1 **grosse patate douce en cubes**
    1 **gros panais en cubes**
    1 **petit céleri-rave en cubes**
    1 **oignon rouge coupé en 4**
    2 **cuill. à thé de thym frais**
       ou 1 cuill. à thé de thym séché
    ½ **cuill. à thé de sel**
    ½ **cuill. à thé de poivre**
    2 **cuill. à soupe d'huile d'olive**
    2 **coquelets (env. 600 g/1¼ lb chacun)**
    ½ **cuill. à thé de paprika**
    2 **cuill. à soupe de miel**

1 Allumez le four à 350 °F (180 °C). Placez la lèchefrite au cran le plus bas.

2 Mélangez la patate douce, le panais, le céleri-rave, l'oignon, le thym, le sel, le poivre et l'huile dans un plat à four. Salez l'intérieur des coquelets et posez-les sur les légumes, en les mettant sur le dos. Saupoudrez de paprika.

3 Mettez au four et laissez cuire 50 min, en remuant les légumes de temps à autre. Incorporez le miel. Laissez cuire encore 10 à 15 min, le temps que les coquelets soient cuits et les légumes tendres à souhait. Découpez le poulet et servez.

Pour 1 personne : 558 calories. Protéines : 41 g – Glucides : 39 g – Lipides : 26,5 g (dont saturés : 6,5 g) – Cholestérol : 136 mg – Fibres : 7,8 g – Potassium : 920 mg.

LÉGUMES SANTÉ, LÉGUMES SAVEUR

Poulet poché
aux légumes de saison

N'hésitez pas à diversifier au maximum les légumes de saison utilisés dans ce plat.

POUR 4 PERSONNES

Prép. 10 min ◆ **Cuisson** 25 min

   3 **tasses de bouillon de poulet**
   3 **cuill. à soupe de xérès sec ou de vin blanc sec**
   4 **poitrines de poulet (600 g/1¼ lb), désossées, sans la peau**
   1 **bouquet garni (persil, thym, laurier)**
 750 **g (1½ lb) de légumes mélangés (asperges, brocoli, carottes, chou-fleur, poireaux, chou de Savoie...)**
   2 **cuill. à soupe de persil plat haché**

1 Versez le bouillon et le xérès dans une cocotte ou une grande sauteuse. Ajoutez les poitrines de poulet et le bouquet garni. Portez à ébullition. Écumez si nécessaire. Baissez le feu, couvrez et laissez pocher le poulet 15 min.

2 Pendant ce temps, coupez tous les légumes en petits cubes de la taille d'une bouchée.

3 Ajoutez les légumes au bouillon qui mijote depuis 15 min. Couvrez et laissez cuire encore 10 min environ. Les légumes doivent être tendres et les sucs du poulet ne doivent plus couler lorsque vous le piquez avec un couteau. Retirez le bouquet garni.

4 Versez le bouillon et les légumes dans de grandes assiettes à soupe, puis posez les blancs de poulet par-dessus, entiers ou tranchés si vous préférez. Saupoudrez de persil et servez.

Pour 1 personne : 244 calories. Protéines : 37 g – Glucides : 10,5 g – Lipides : 6 g (dont saturés : 2 g) – Cholestérol : 112 mg – Fibres : 5 g – Potassium : 1 145 mg.

Escalopes de dinde sur haricots verts, sauce aigre-douce à l'oignon

Escalopes de dinde et haricots verts sont généralement appréciés de tous : une façon savoureuse de favoriser la consommation de légumes dans l'alimentation.

POUR 4 PERSONNES

Prép. 15 min ◆ **Cuisson** 20 min

 ½ **tasse de jus d'orange frais**
   Le zeste râpé de 1 orange
   4 **cuill. à soupe de jus de citron**
   Le zeste râpé de 1 citron
   3 **cuill. à soupe de miel**
 ½ **cuill. à thé de poivre**
   4 **petites escalopes de dinde de 125 g (4 oz) chacune**
 500 **g (1 lb) de haricots verts**
   1 **cuill. à soupe d'huile**
   2 **cuill. à soupe de beurre doux**
   1 **gros oignon jaune émincé (1½ tasse)**
   2 **grosses échalotes en lamelles**
   2 **grosses gousses d'ail hachées menu**

1 Mélangez le jus et le zeste d'orange et de citron, le miel et le poivre dans un bol.

2 Posez chaque escalope à plat entre deux feuilles de papier ciré. Aplatissez-la sur 1 cm (½ po) d'épaisseur. Salez les deux côtés.

3 Faites bouillir une casserole d'eau. Salez. Plongez-y les haricots verts et laissez-les cuire 10 min sans couvrir.

4 Pendant ce temps, réchauffez l'huile à feu moyen dans une grande poêle à revêtement antiadhésif. Ajoutez le beurre. Lorsqu'il mousse, faites-y revenir l'oignon, l'échalote et l'ail 2 min, jusqu'à ce que l'oignon soit transparent, sans blondir. Retirez-les à l'aide d'une écumoire et réservez.

5 Faites revenir les escalopes de dinde dans la même poêle 3 min de chaque côté.

6 Égouttez les haricots, mettez-les dans un plat de service. Déposez les escalopes dessus et gardez au chaud. Versez le mélange de jus et de zeste dans la poêle, ajoutez l'oignon, l'échalote et l'ail et laissez frémir 2 min. Nappez les escalopes de cette sauce et servez. Vous pouvez enrichir ce plat de petites pommes de terre nouvelles.

Pour 1 personne : 278 calories. Protéines : 30,7 g – Glucides : 22 g – Lipides : 7,5 g (dont saturés : 2,7 g) – Cholestérol : 87 mg – Fibres : 4,8 g – Potassium : 520 mg.

Escalopes de poulet farcies aux épinards et au fromage

La farce de ces escalopes est riche en phytocomposants qui évitent les maladies cardiovasculaires et protègent la vue.

POUR 6 PERSONNES

Prép. 20 min ◆ **Cuisson** 35 min

    1 cuill. à thé d'huile
    6 suprêmes de poulet (750 g/1½ lb environ)
    1 cuill. à thé de basilic émietté
300 g (10 oz) d'épinards décongelés et pressés
    3 demi-poivrons rouges grillés *(voir p. 332)*
    6 fines tranches de gruyère allégé (125 g/4 oz)
    ½ tasse de babeurre
    2 tasses de mie de pain complet en chapelure

1 Allumez le four à 425 °F (220 °C). Vaporisez d'huile un plat à four.

2 Aplatissez les blancs de poulet entre deux feuilles de papier ciré pour obtenir des escalopes d'une épaisseur de 3 mm (⅛ po). Salez, poivrez et saupoudrez un côté de basilic. Répartissez les épinards, le poivron rouge et le fromage sur les escalopes sans les couvrir tout à fait. Enroulez les escalopes et maintenez-les fermées avec des cure-dents.

3 Trempez les escalopes dans le babeurre, puis roulez-les dans la chapelure. Déposez-les sur le plat de cuisson, la fermeture vers le bas.

4 Laissez cuire au four pendant 35 min jusqu'à ce que le poulet soit cuit et les miettes dorées. Retirez les cure-dents et servez.

Pour 1 personne : 327 calories. Protéines : 36,5 g – Glucides : 16 g – Lipides : 13 g (dont saturés : 6 g) – Cholestérol : 118 mg – Fibres : 3,7 g – Potassium : 740 mg.

Pâté de poulet truffé de légumes

Une recette classique à résonance moderne grâce à sa forte teneur en légumes.

POUR 6 PERSONNES

Prép. 25 min ◆ **Cuisson** 45 min

    2 cuill. à soupe d'huile d'olive
    3 poireaux lavés, hachés grossièrement
    2 branches de céleri hachées grossièrement
    2 grosses carottes pelées, hachées
      grossièrement
    1 grosse pomme de terre rouge
      non pelée, détaillée en bouchées
    1 tasse de champignons en tranches épaisses
    3 cuill. à soupe de farine
    ½ cuill. à thé de thym séché émietté
    ¼ cuill. à thé de sel
    1 boîte de 425 ml (15 oz) de bouillon
      de poulet sans sel ajouté
    2 tasses de poulet cuit, défait en bouchées
    1 tasse de petits pois frais ou congelés
      Pâte pour une abaisse de 22 cm (9 po)
    1 gros œuf battu à la fourchette avec
      1 cuill. à soupe de lait pour la dorure

1 Chauffez l'huile à feu modéré dans une grande casserole. Faites-y revenir le poireau, le céleri, les carottes et la pomme de terre 5 min en remuant de temps à autre. Ajoutez les champignons et prolongez la cuisson de 5 min. Incorporez la farine, le thym et le sel. Versez le bouillon. Augmentez la chaleur d'un cran. Faites épaissir 2 min. Ajoutez le poulet et les petits pois. Déposez le tout dans un moule à tarte profond de 22 ou 25 cm (9 ou 10 po). Laissez refroidir.

2 Allumez le four à 400 °F (200 °C).

3 Déposez l'abaisse à plat sur le plan de travail. Ajustez la taille au besoin. Étendez la dorure au pinceau et renversez l'abaisse sur le plat. Pincez la bordure et façonnez-la. Enduisez la surface de dorure. Faites 4 entailles pour permettre à la vapeur de s'échapper.

4 Faites cuire de 25 à 30 min pour que la préparation bouillonne et que la croûte soit dorée. Attendez 10 min avant de servir.

Pour 1 personne : 393 calories. Protéines : 22 g – Glucides : 39 g – Lipides : 16 g (dont saturés : 5 g) – Cholestérol : 82 mg – Fibres : 4 g – Sodium : 500 mg.

au menu

Pour un repas automnal, commencez par une crème de tomate, présentez ce pâté accompagné d'une salade verte et terminez par une mousse légère au citron.

Cuisses de dinde aux lentilles

Les lentilles, riches en fibres solubles comme toutes les légumineuses, font de cette recette pauvre en matières grasses un plat excellent pour la santé cardiovasculaire.

POUR 4 PERSONNES

Prép. 10 min ◆ **Cuisson** 1 h 10

- 1 **cuill. à soupe d'huile d'olive**
- 4 **cuisses de dinde (1,5 kg/3 lb) sans la peau**
- 1 **cuill. à thé de sel**
- ¼ **cuill. à thé de poivre**
- 1 **gros oignon en lamelles**
- 2 **carottes en fines lamelles**
- 2 **gousses d'ail hachées menu**
- ¾ **tasse de lentilles sèches**
- 2 **tasses de bouillon de poulet**
- 1 **boîte de 425 ml (15 oz) de tomates au jus**
- 1 **cuill. à thé de romarin séché émietté**
- 1 **cuill. à soupe de jus de citron**

1 Versez l'huile dans une grande poêle et faites dorer les cuisses à feu moyen de 10 à 15 min. Salez et poivrez. Couvrez d'aluminium et réservez.

2 Dans la même poêle, faites fondre l'oignon 3 min. Faites revenir les carottes 3 min, puis l'ail 30 s. Versez les lentilles et le bouillon. Portez à ébullition puis baissez le feu et laissez mijoter 25 min à couvert.

3 Incorporez les tomates avec leur jus et le romarin. Salez et poivrez. Posez les cuisses de dinde sur la préparation. Couvrez et laissez mijoter 25 min, jusqu'à ce que les lentilles soient tendres et la volaille cuite. Déposez les cuisses de dinde dans le plat de service. Incorporez le jus de citron aux lentilles. Laissez frémir 3 min à découvert. Servez les lentilles avec les cuisses de dinde.

Pour 1 personne : 415 calories. Protéines : 46 g – Glucides : 28,5 g – Lipides : 13 g (dont saturés : 3,3 g) – Cholestérol : 112 mg – Fibres : 7 g – Potassium : 950 mg.

Gratin de dinde tex-mex

Ce gratin regorge de vitamines C, B_6 et E et d'acide folique.

POUR 6 PERSONNES

Prép. 15 min ◆ **Cuisson** 55 min

- 1 **cuill. à soupe d'huile**
- 1 **oignon en morceaux**
- 1 **cuill. à soupe d'assaisonnement au chile**
- ½ **cuill. à thé de cannelle**
- ¼ **cuill. à thé de sel**
- 3 **cuill. à soupe de farine tout usage**
- 1 **boîte de 425 ml (15 oz) de tomates en dés**
- 1 **boîte de 425 ml (15 oz) de bouillon de poulet**
- 225 **g (½ lb) de dinde pressée, en tranches de 1 cm (½ po) découpées en petits dés**
- 2 **courgettes en morceaux de 1 cm (½ po)**
- 1 **tasse de grains de maïs**
- 1½ **tasse de riz cuit à long grain**
- 125 **g (4 oz) de monterey jack râpé**

1 Allumez le four à 350 °F (180 °C). Réchauffez l'huile à feu modéré dans une grande casserole. Faites-y revenir l'oignon 5 min. Ajoutez le chile, la cannelle, le sel et la farine et poursuivez la cuisson 2 min en remuant. Incorporez les tomates et le bouillon. Laissez épaissir 2 min. Hors du feu, ajoutez la dinde, la courgette, le maïs et le riz. Déposez le tout dans un plat à gratin de 22 x 22 x 5 cm (9 x 9 x 2 po). Réfrigérez le plat si vous le faites à l'avance.

2 Faites cuire au four environ 40 min jusqu'à ce que la sauce bouillonne. Parsemez le fromage râpé et laissez-le fondre 5 min. Laissez reposer 5 min avant de servir.

Pour 1 personne : 264 calories. Protéines : 20 g – Glucides : 29 g – Lipides : 8 g (dont saturés : 3 g) – Cholestérol : 47 mg – Fibres : 3 g – Sodium : 831 mg.

Galettes de dinde aux légumes, parfumées à l'asiatique

La carotte râpée est l'ingrédient secret qui confère saveurs et vertus antioxydantes à ces hamburgers à basses calories.

POUR 6 HAMBURGERS

Prép. 10 min ◆ **Cuisson** 10 min

750 g (1½ lb) de dinde hachée à 7 % m.g.
2 carottes pelées et râpées en filaments
3 oignons verts hachés fin
2 cuill. à soupe de sauce de soja
2 cuill. à thé de gingembre frais haché fin
¼ cuill. à thé de sel
¼ cuill. à thé de poivre noir

1 Allumez le gril.

2 Mélangez dans un bol tous les ingrédients de la recette. Divisez ce mélange en 6 galettes.

3 Enfournez les galettes à 10 cm (4 po) du gril. Faites-les cuire 5 min, tournez-les et laissez cuire 4 ou 5 min de plus, pour qu'elles soient cuites jusqu'au centre.

Pour 1 burger : 135 calories. Protéines : 16 g – Glucides : 3 g – Lipides : 6 g (dont saturés : 2 g) – Cholestérol : 67 mg – Fibres : 1 g – Sodium : 498 mg.

au menu

Servez ces galettes de dinde sur un petit pain avec de la laitue et des tomates, à la manière d'un hamburger, ou bien sur un lit de nouilles fines agrémentées de filaments d'oignon vert et de poivron rouge et parfumées de quelques gouttes d'huile de sésame brune. Des concombres arrosés de vinaigre de riz font un accompagnement rafraîchissant.

Avec les
viandes

Salade de légumes verts aux lanières de bœuf

Plus les légumes verts sont foncés, plus ils renferment de vitamines et de minéraux.

POUR 4 PERSONNES

Prép. 20 min ◆ **Cuisson** 2 min

- 1 tasse de persil
- 1 cuill. à soupe de câpres égouttés
- 1 cuill. à soupe de moutarde
- 1 cuill. à soupe de vinaigre de vin blanc
- 1 gousse d'ail pelée
- 3 cuill. à soupe d'huile d'olive
- 2 cuill. à soupe de bouillon de poulet
- 1 cuill. à soupe d'huile
- 500 g (1 lb) d'intérieur de ronde taillé en lanières de 7 x 1 cm (3 x ½ po)
- 1 laitue romaine (ou 1 paquet d'épinards) déchiquetée en bouchées
- 1 gros poivron rouge en lanières
- ½ oignon rouge en tranches fines

1 Dans le récipient du mélangeur, mettez le persil, les câpres, la moutarde, le vinaigre, l'ail, l'huile d'olive et le bouillon. Travaillez le mélange pour en faire une sauce onctueuse.

2 Réchauffez l'huile à feu vif dans un poêlon antiadhésif. Faites-y revenir le bœuf 2 min pour qu'il devienne rosé. Réservez sur une assiette.

3 Dans le bol de service, mélangez les feuilles de romaine, les lanières de poivron et les tranches d'oignon. Déposez les lanières de bœuf sur le dessus. Servez la sauce en accompagnement.

Pour 1 personne : 339 calories. Protéines : 27 g – Glucides : 8 g – Lipides : 23 g (dont saturés : 5 g) – Cholestérol : 65 mg – Fibres : 4 g – Sodium : 187 mg.

Salade niçoise au bifteck

Dans cette salade nourrissante, les tranches de bifteck sont présentées sur un fond de légumes variés et colorés avec une sauce relevée à la moutarde.

POUR 4 PERSONNES

Prép. 15 min ◆ **Cuisson** 30 min

- 1 tranche de bifteck de croupe de 375 g (12 oz) Sel et poivre
- ¼ cuill. à thé ou plus d'herbes de Provence
- 500 g (1 lb) de petites pommes de terre nouvelles
- 225 g (½ lb) de haricots verts parés
- 225 g (½ lb) de haricots de Lima décongelés
- ½ casseau de tomates cerises coupées en deux
- ½ tasse d'olives vertes et noires dénoyautées
- 2 cuill. à soupe de ciboulette émincée
- 3 cuill. à soupe de persil haché
- 2 cuill. à soupe d'huile d'olive extra vierge
- 1 cuill. à soupe de vinaigre de vin rouge
- 2 cuill. à soupe de moutarde de Dijon
- 4 tasses de jeunes pousses d'épinards
- 4 tasses de feuilles de laitue déchiquetées

1 Parez la tranche de bifteck et épongez-la avec du papier. Assaisonnez-les des deux côtés avec du sel, du poivre et les herbes de Provence. Réservez.

2 Faites cuire les pommes de terre 10 min à l'eau bouillante. Ajoutez les haricots verts et les haricots de Lima et poursuivez la cuisson de 5 min pour que tous les légumes soient tendres. Égouttez et rincez à l'eau froide pour les refroidir.

3 Dans un grand bol, mélangez les légumes refroidis avec les tomates, les olives, la ciboulette et le persil. Réservez.

4 Réchauffez à feu vif une poêle en fonte à rainures ou un poêlon antiadhésif. Faites griller le bifteck 3 min de chaque côté, ou à votre goût. Laissez-le tiédir 5 min dans une assiette.

5 Pendant ce temps, mélangez dans un bocal l'huile, le vinaigre et la moutarde avec 2 cuill. à soupe d'eau, du sel et du poivre. Vissez le couvercle au bocal et agitez celui-ci vigoureusement.

6 Tranchez le bifteck en lanières de 5 mm (¼ po). Ajoutez-le aux légumes et versez le jus de viande dans la sauce. Versez la sauce sur le tout et mêlez bien. Déposez les feuilles d'épinards et de laitue au fond du bol de service, les légumes et le bifteck par-dessus. Servez immédiatement.

Pour 1 personne : 500 calories. Protéines : 35 g – Glucides : 51 g – Lipides : 19 g (dont saturés : 3 g) – Cholestérol : 50 mg – Fibres : 17 g – Sodium : 890 mg.

au menu

Une salade niçoise a tous les éléments qu'il faut pour composer un repas délicieux et nutritif. Pour faire contraste, commencez le repas avec un consommé chaud et terminez avec un morceau de camembert accompagné d'une bonne baguette croustillante et de poires fraîches.

LÉGUMES SANTÉ, LÉGUMES SAVEUR

Tortillas au bœuf, oignons et poivrons

Ces tortillas sont des galettes farcies à la viande maigre, avec un complément de fromage et de légumes variés naturellement riches en vitamines, minéraux et autres phytocomposants bénéfiques.

8 TORTILLAS

| **Prép.** 15 min ◆ **Marinage** 2 h ◆ **Cuisson** 12 min |

- 500 g (1 lb) de faux-filet
- 1 oignon rouge en lamelles
- 3 petits poivrons (rouge, vert, jaune) épépinés, en fines lamelles
- 4 gousses d'ail hachées menu
- 4 cuill. à soupe de jus de lime
- 2 cuill. à soupe d'huile d'olive
- 2 cuill. à soupe de vinaigre balsamique
- 1 cuill. à thé de cumin moulu
- ½ cuill. à thé de sel
- ¼ cuill. à thé de poivre
- 1 piment serrano ou jalapeño, épépiné et haché menu
- 8 tortillas au blé (15 cm/6 po), réchauffées selon les indications sur l'emballage
- 125 g (4 oz) de fromage râpé

1 Mettez la viande, l'oignon et les poivrons dans un plat à four. Mélangez l'ail, le jus de lime, l'huile, le vinaigre, le cumin, le sel, le poivre et le piment dans un bol. Versez cette marinade sur la viande et enrobez-en celle-ci. Couvrez et laissez mariner 2 h au réfrigérateur.

2 Préchauffez le gril du four.

3 Égouttez la viande, posez-la sur une grille au-dessus de la lèchefrite et glissez-la à 10 cm (4 po) du gril. Après 2 min, ajoutez l'oignon et les poivrons. Arrosez de marinade la viande et les légumes. Retournez-les de temps à autre. Laissez griller de 6 à 8 min de plus, jusqu'à ce que la viande soit à votre goût et que les légumes soient croquants et tendres. Laissez reposer 5 min.

4 Découpez de fines tranches de biais dans le fil de la viande. Répartissez-les sur les tortillas chaudes avec les oignons et les poivrons. Saupoudrez de fromage râpé. Glissez-les environ 30 s sous le gril, pour faire fondre le fromage. Repliez les tortillas sur la garniture et servez.

Pour 1 tortilla : 308 calories. Protéines : 23 g – Glucides : 29 g – Lipides : 11,1 g (dont saturés : 4,1 g) – Cholestérol : 45 mg – Fibres : 2 g – Potassium : 410 mg.

Sandwich thaïlandais

Le chou râpé confère des vitamines à ce sandwich.

POUR 4 PERSONNES

| **Prép.** 10 min ◆ **Marinage** 30 min ◆ **Cuisson** 10 min | |

- 2 cuill. à soupe de pâte de tomate
- ½ tasse de jus de lime frais (3 limes)
- 1½ cuill. à thé de grains de coriandre moulus
- 500 g (1 lb) de steak de flanc paré
- 1 cuill. à thé de sucre
- 1 cuill. à thé de sel
- 1 cuill. à thé de flocons de piment
- 3 tasses de chou pommé vert râpé en filaments
- 2 carottes râpées en filaments
- 1 gros poivron rouge taillé en allumettes
- ½ tasse de coriandre fraîche hachée
- ⅓ tasse de feuilles de menthe hachées
- 4 petits pains croûtés, ouverts en deux

1 Dans une assiette à tarte en verre, mélangez la pâte de tomate, la moitié du jus de lime et la poudre de coriandre. Enduisez le steak de flanc de cette marinade. Laissez macérer 30 min au réfrigérateur.

2 Dans un grand bol, mélangez le reste du jus de lime, le sucre, le sel et les flocons de piment. Ajoutez chou, carotte, poivron, coriandre et menthe. Mélangez le tout et réfrigérez jusqu'au moment de servir.

3 Allumez le gril. Égouttez la viande et enfournez-la à 15 cm (6 po) du gril. Faites-la griller 4 min de chaque côté en arrosant de marinade à mi-temps. Laissez-la reposer 10 min sur une assiette avant de la découper de biais en fines tranches en sens perpendiculaire au fil.

4 Déposez le chou râpé sur un petit pain, garnissez de tranches de viande et refermez le pain.

Pour 1 personne : 420 calories. Protéines : 32 g – Glucides : 47 g – Lipides : 13 g (dont saturés : 5 g) – Cholestérol : 55 mg – Fibres : 7 g – Sodium : 890 mg.

Bœuf sauté aux légumes multicolores

Les champignons sont riches en sélénium et en potassium, des minéraux essentiels pour réduire les risques d'accident vasculaire cérébral. Très bien pourvus en vitamine C et en phytocomposants protecteurs, le brocoli, les pois mange-tout et les poivrons contribuent, eux, à réduire les risques de cancer.

POUR 4 PERSONNES

IDÉES FRAÎCHES

Toutes sortes de légumes et de sauces conviennent parfaitement pour ce sauté de viande. Voici quelques suggestions :
- *asperges, pois mange-tout et radis aux échalotes et zeste de citron ;*
- *trois poivrons, rouge, jaune et vert, au basilic et à l'ail ;*
- *haricots verts, mini-épis de maïs et courgettes aux échalotes, à l'estragon et à l'aneth.*

Prép. 20 min ◆ **Marinage** 20 min ◆ **Cuisson** 13 min

- 3 cuill. à soupe de sauce de soja
- 2 cuill. à thé de cassonade
- 500 g (1 lb) de bœuf à griller en lanières de 3 mm (⅛ po) d'épaisseur
- 1 petit brocoli en bouquets
- 1 tasse de pois mange-tout parés
- 2 cuill. à soupe d'huile
- 2 tasses de champignons shiitake
- 1 poivron rouge en fines lanières
- 4 oignons verts tranchés de biais en rondelles de 5 mm (¼ po)
- 1 cuill. à soupe d'ail haché menu
- 1 cuill. à soupe de gingembre haché fin
- 1 pincée d'assaisonnement au chile
- ½ tasse de bouillon de poulet
- 1 cuill. à soupe de vinaigre balsamique
- 2 cuill. à thé de fécule

1 Dans un bol, mélangez 1 cuill. à soupe de sauce de soja et la cassonade. Ajoutez le bœuf. Retournez-le pour bien l'imprégner du mélange. Laissez mariner 20 min à température ambiante.

2 Faites cuire le brocoli et les pois mange-tout à la vapeur 7 à 8 min, pour qu'ils restent croquants. Passez-les sous l'eau froide, puis égouttez-les.

3 Réchauffez l'huile à feu vif dans une grande poêle à revêtement antiadhésif ou dans un wok. Ajoutez la viande. Faites-la rosir 2 min. Retirez-la de la poêle avec une écumoire.

4 Dans la même poêle, faites revenir 3 à 4 min les champignons, le poivron, les oignons verts, l'ail et le gingembre. Poudrez d'assaisonnement au chile.

5 Mélangez le bouillon, le reste de la sauce de soja, le vinaigre et la fécule. Versez dans la poêle. Amenez à ébullition et laissez épaissir en mélangeant. Ajoutez le brocoli et les pois mange-tout. Faites réchauffer environ 2 min.

6 Remettez le bœuf dans la poêle. Faites-le chauffer environ 30 s et servez sans tarder.

Pour 1 personne : 276 calories. Protéines : 30 g – Glucides : 17 g – Lipides : 9,8 g (dont saturés : 3,3 g) – Cholestérol : 77 mg – Fibres : 5,5 g – Potassium : 1 065 mg.

Entrecôtes grillées aux tomates, oignons et champignons

Grâce à un accompagnement de légumes variés, l'apport en fer et en protéines de l'entrecôte s'enrichit de minéraux, de fibres et de phytocomposants bénéfiques. Le résultat est un délice !

POUR 4 PERSONNES

Prép. 15 min ◆ **Cuisson** 15 min

- **2 cuill. à thé d'huile d'olive**
- **2 gousses d'ail hachées menu**
- **4 tranches d'oignon rouge (1 cm/½ po d'épaisseur)**
- **4 gros champignons**
- **2 entrecôtes de 350 g (12 oz) chacune**
- **½ cuill. à thé de sel**
- **¼ cuill. à thé de poivre**
- **3 tomates mûres en tranches**
- **Ciboulette ou persil frais haché** *(facultatif)*

1 Faites chauffer un gril de contact. Pendant ce temps, réchauffez l'huile dans une petite poêle, à feu moyen. Ajoutez l'ail. Faites revenir 2 min. Versez l'huile aillée dans un bol.

2 Huilez au pinceau les tranches d'oignon et les champignons.

3 Faites brunir l'oignon et les champignons sur le gril, 2 min de chaque côté. Tranchez les champignons en lamelles épaisses. Mélangez les champignons et l'oignon avec l'huile aillée.

4 Divisez la viande en 4 parts. Essuyez-la avec du papier absorbant. Faites-la griller d'un côté jusqu'à ce que le dessin du gril soit marqué. Retournez-la et faites griller 2 à 3 min pour une viande à point, et plus ou moins selon votre goût. Salez et poivrez.

5 Disposez des tranches de tomate sur chaque entrecôte. Couvrez avec les champignons et les oignons. Saupoudrez éventuellement de ciboulette ou de persil.

Pour 1 personne : 377 calories. Protéines : 41 g – Glucides : 5 g – Lipides : 21,5 g (dont saturés : 8,4 g) – Cholestérol : 114 mg – Fibres : 2,3 g – Potassium : 905 mg.

TOUR DE MAIN

Tous les mets grillés peuvent aussi être cuits sous le gril du four. Préchauffez le gril et placez la grille entre 8 et 10 cm (3-4 po) de la source de chaleur. Procédez comme dans la recette ci-dessus.

LE SAVIEZ-VOUS ?

Les champignons frais sont remarquablement riches en vitamines du groupe B, notamment B_2 (riboflavine), B_3 (niacine) et B_5 (acide pantothénique), ainsi qu'en oligoéléments (cuivre, zinc, sélénium, nickel, fluor, bore, iode, vanadium, molybdène...).

au menu

Cette roulade de steak de flan est tout aussi délicieuse chaude que froide.
Dans le premier cas, servez-la avec une purée de patates douces,
accompagnée d'une salade de légumes verts et pamplemousse avec une
vinaigrette aux agrumes. Pour un repas froid, il suffit d'ajouter une baguette
bien croustillante et une salade de verdures.

Roulade aux épinards, carottes et poivrons

Chaque tranche de ce plat d'exécution pourtant simple est une mosaïque de couleurs, de saveurs et de nutriments.

POUR 6 PERSONNES

Prép. 15 min ◆ **Marinage** 2 à 4 h ◆ **Cuisson** 40 min

- ½ tasse de vin rouge
- ⅓ tasse de sauce de soja hyposodique
- 2 cuill. à soupe de sucre
- 1 cuill. à thé de poudre d'ail
- 750 g (1½ lb) de steak de flanc, ouvert en papillon
- 185 g (6 oz) de jeunes pousses d'épinards
- 4 oignons verts en tronçons
- 1 pincée de sel
- 2½ tasses de carottes râpées (env. 500 g/1 lb)
- 1 gros bocal de poivrons rôtis, égouttés

1 Dans un grand sac ou un récipient de plastique muni d'un couvercle, mélangez le vin rouge, la sauce de soja, le sucre et la poudre d'ail. Ajoutez le steak et retournez-le pour bien l'enduire de marinade. Laissez mariner au réfrigérateur de 2 à 4 heures.

2 Pendant ce temps, lavez les épinards sans trop les essorer. Faites-les cuire 1 min dans une grande casserole à feu moyen juste pour les attendrir.

3 Allumez le four à 375 °F (190 °C).

4 Retirez la viande du sac. Épongez-la. Conservez la marinade. Étendez les épinards sur la viande. Parsemez d'oignons verts. Salez. Étendez les carottes, puis les poivrons rôtis. Enroulez la viande sur la largeur de manière à bien enserrer la garniture. Fermez le rouleau avec des cure-dents. Déposez-le dans une lèchefrite peu profonde. Nappez de marinade.

5 Faites rôtir 15 min. Arrosez avec les jus de cuisson. Prolongez la cuisson de 20 min pour une viande mi-saignante, ou à votre goût. Laissez-la reposer 10 min à température ambiante.

6 Pendant ce temps, faites réduire la marinade dans une petite casserole pour obtenir la consistance d'une sauce. Passez cette sauce au travers d'un tamis et réservez-la.

7 Découpez la viande à la diagonale en tranches de 5 mm (¼ po). Mettez un peu de sauce au fond de chaque assiette avant d'y déposer la tranche de steak.

Pour 1 personne : 229 calories. Protéines : 21 g – Glucides : 15 g – Lipides : 9 g (dont saturés : 4 g) – Cholestérol : 48 mg – Fibres : 2 g – Sodium : 738 mg.

Bœuf à l'orange et au brocoli

La cuisson rapide du brocoli et du poivron préserve au mieux leur richesse en vitamine C.

POUR 4 PERSONNES

Prép. 20 min ◆ **Marinage** 30 min ◆ **Cuisson** 13 min

- 2 cuill. à thé de fécule
- ½ tasse de xérès sec
- 2 cuill. à soupe de sauce de soja
- 400 g (12 oz) de faux filet en fines lanières
- 4 cuill. à thé d'huile d'olive
- 4 cuill. à soupe de zeste d'orange finement râpé
- 2 pincées de flocons de piment rouge
- 1 gros brocoli en petits bouquets
- 1 poivron rouge en lamelles très fines
- 2 gros oignons en fines lamelles
- 3 gousses d'ail hachées menu
- Quelques lanières de zeste d'orange

1 Mélangez fécule, xérès et sauce de soja dans un bol. Ajoutez la viande et retournez-la plusieurs fois pour l'enrober. Laissez 30 min au réfrigérateur.

2 Égouttez la viande, réservez la marinade. Saisissez la viande 3 min à la poêle dans 1 cuill. à thé d'huile, à feu moyen, avec le zeste d'orange râpé et les flocons de piment. Réservez.

3 Ajoutez dans la poêle le reste de l'huile, le brocoli, le poivron, les oignons et l'ail. Faites revenir 3 min. Ajoutez ½ tasse d'eau. Laissez cuire 4 min.

4 Versez la marinade et 5 cuill. à soupe d'eau dans la poêle. Amenez à ébullition. Faites cuire 1 min en remuant. Remettez la viande, faites-la réchauffer 1 min. Garnissez avec les lanières de zeste d'orange.

Pour 1 personne : 226 calories. Protéines : 23,8 g – Glucides : 12 g – Lipides : 9,2 g (dont saturés : 2,8 g) – Cholestérol : 62 mg – Fibres : 4 g – Potassium : 785 mg.

Tajine de bœuf aux patates douces et aux abricots

Dans cette tajine d'origine maghrébine, les patates douces et les abricots secs contribuent à relever l'apport en bêta-carotène et en fibres, et les pois chiches renforcent de leurs protéines végétales la teneur protéique du plat.

POUR 6 PERSONNES

IDÉES FRAÎCHES

Vous pouvez choisir de la citrouille ou de jeunes carottes à la place des patates douces ; cela ne changera pas radicalement le goût ni la valeur nutritionnelle de ce plat.

Prép. 15 min ◆ **Cuisson** 2 h 15

- 2 cuill. à soupe d'huile d'olive
- 750 g (1½ lb) de bœuf à braiser en morceaux de 2 cm (1 po)
- 1 gros oignon finement haché
- 4 gousses d'ail hachées menu
- ½ cuill. à thé de gingembre en poudre
- ½ cuill. à thé de cannelle
- ½ cuill. à thé de noix de muscade râpée
- ½ cuill. à thé de curcuma en poudre
- ½ cuill. à thé de sel
- ¼ cuill. à thé de poivre
- 3 tasses de bouillon de poulet
- ½ tasse d'abricots secs en morceaux
- ¼ tasse de raisins secs
- 2 patates douces en petits dés
- 1 boîte de 425 ml (15 oz) de pois chiches
- 1 oignon vert en filaments
- 6 lanières de zeste d'orange

1 Réchauffez l'huile à feu vif dans une cocotte. Ajoutez le bœuf et faites-le dorer de 3 à 4 min de chaque côté. Réservez la viande. Faites blondir l'oignon dans la cocotte 5 min.

2 Remettez la viande dans la cocotte. Saupoudrez avec l'ail, le gingembre, la cannelle, la muscade et le curcuma. Salez et poivrez. Mélangez. Arrosez avec le bouillon, portez à ébullition, couvrez et laissez frémir pendant 1 h.

3 Ajoutez les abricots, les raisins secs et les patates douces. Laissez mijoter encore 45 min à 1 h, jusqu'à ce que la viande soit tendre.

4 Ajoutez les pois chiches rincés et égouttés. Laissez chauffer 15 min. Garnissez d'oignon vert et de zeste d'orange au moment de servir.

Pour 1 personne : 400 calories. Protéines : 23 g – Glucides : 37,5 g – Lipides : 14 g (dont saturés : 6 g) – Cholestérol : 77 mg – Fibres : 8 g – Potassium : 1 280 mg.

Rôti de veau aux carottes et pois mange-tout

*Les pois mange-tout sont plus riches en protéines végétales que les autres légumes frais
et apportent en outre des quantités appréciables de fibres, de vitamines du groupe B et de potassium,
qui prévient l'hypertension.*

POUR 6 PERSONNES

Prép. 25 min ◆ **Cuisson** 1 h 30

- **1 kg (2 lb)** de filet, d'épaule ou de noix de veau ficelé
- **1 cuill. à soupe** d'huile
- **600 g (1¼ lb)** de carottes nouvelles en rondelles
- **2** blancs de poireau en tronçons de 2 cm (½ po)
- **8** grosses échalotes pelées
- **½ cuill. à thé** de sucre
- **1 cuill. à soupe** de vinaigre de vin
- **½ tasse** de vin blanc
- **2** branches de thym frais
- **250 g (8 oz)** de pois mange-tout parés
- **1 cuill. à soupe** de moutarde de Dijon
- **Sel et poivre**

1 Assaisonnez la viande avec 2 pincées de sel et de poivre. Réchauffez l'huile dans une cocotte. Faites-y dorer la viande de tous côtés à feu moyen pendant environ 10 min. Réservez-la. Mettez les carottes, les poireaux et les échalotes dans la cocotte, mélangez et laissez blondir 5 min.

2 Poudrez les légumes de sucre et mélangez pendant 2 min. Versez le vinaigre et grattez le fond du récipient avec une spatule. Ajoutez le vin. Salez et poivrez. Remettez la viande dans la cocotte. Ajoutez le thym. Portez à ébullition. Couvrez, réduisez le feu et laissez cuire pendant 1 h 15 à petit frémissement.

3 Pendant ce temps, faites cuire les pois mange-tout 10 min à l'eau bouillante salée. Égouttez-les, gardez-les au chaud.

4 Retirez le rôti et découpez-le. Incorporez la moutarde au contenu de la cocotte, sans laisser bouillir. Ajoutez les pois mange-tout et servez chaud.

Pour 1 personne : 301 calories. Protéines : 34,4 g – Glucides : 12 g – Lipides : 12,8 g (dont saturés : 4,8 g) – Cholestérol : 135 mg – Fibres : 4,8 g – Potassium : 1 060 g.

TOUR DE MAIN

Un rôti de veau mijoté en cocotte, à feu doux, est toujours plus moelleux que s'il est cuit au four. Évitez de cuisiner un rôti trop petit : il se dessèche vite et devient filandreux.

LE SAVIEZ-VOUS?

Les échalotes font partie de la famille des oignons, dont ils se distinguent par leur goût. On peut dire qu'ils sont plus doux que l'ail, mais plus sucrés que l'oignon.

LÉGUMES SANTÉ, LÉGUMES SAVEUR

Jambon braisé avec pomme et patate douce

La patate douce, riche en fibres, et le porc, maintenant devenu une viande maigre, constituent un repas savoureux avec peu de gras et peu de calories.

POUR 4 PERSONNES

Prép 15 min ◆ **Cuisson** 30 min

- **1 tasse plus 1 cuill. à soupe de cidre**
- **1 cuill. à soupe de moutarde de Dijon**
- **1 cuill. à soupe de gingembre frais haché fin**
- **½ cuill. à thé de clou moulu**
- **1 patate douce pelée et tranchée très fin**
- **500 g (1 lb) de steak de jambon maigre**
- **1 pomme granny smith pelée, parée et divisée en 12**
- **1 cuill. à soupe de fécule de maïs**
- **½ tasse d'oignon vert, la partie verte seulement, tranchée de biais**

1 Dans une grande poêle, versez 1 tasse de cidre avec la moutarde, le gingembre et le clou. Portez à ébullition. Ajoutez les tranches de patate douce. Mettez un couvercle et laissez mijoter 15 min.

2 Déposez la tranche de jambon sur les tranches de patate douce et les quartiers de pomme. Couvrez de nouveau et poursuivez la cuisson de 10 à 15 min pour que pomme et patate douce soient bien tendres et le jambon bien chaud.

3 Pendant ce temps, mélangez dans un petit bol la fécule de maïs et la cuillerée de cidre.

4 À l'aide d'une écumoire, déposez le jambon, la patate douce et la pomme sur une assiette. Couvrez-les pour les garder au chaud.

5 Versez un peu de liquide chaud sur le mélange de fécule et remuez pour bien l'incorporer. Verser le tout dans la poêle. Faites épaissir 1 min à feu moyen en remuant.

6 Répartissez le plat en 4 assiettes. Nappez de sauce. Décorez d'oignon vert.

Pour 1 personne : 211 calories. Protéines : 18 g – Glucides : 25 g – Lipides : 4 g (dont saturés : 1 g) – Cholestérol : 38 mg – Fibres : 2 g – Sodium : 1 188 mg.

IDÉES 🌿 FRAÎCHES

En ajoutant des fruits frais à un plat de viande, on augmente sa teneur en fibres et en vitamines. Ici, ce pourrait aussi être des tranches de poire, des demi-kumquats, des quartiers d'orange ou des morceaux d'ananas.

Poivrons farcis

Les poivrons sont remarquablement riches en vitamine C anti-oxydante, qui renforce le système immunitaire et aide à lutter contre les affections chroniques.

POUR 4 PERSONNES

Prép. 15 min ◆ **Cuisson** 45 min

- **4 gros poivrons de la couleur de votre choix**
- **150 g (5 oz) de chair à saucisse**
- **150 g (5 oz) de bœuf maigre haché**
- **1 cuill. à thé d'origan**
- **1½ tasse de riz blanc cuit**
- **1 carotte râpée**
- **½ tasse de cheddar doux râpé**
- **1½ tasse de sauce tomate** *(facultatif)*

1 Coupez les poivrons en deux, de haut en bas, en laissant le pédoncule. Retirez les graines et les filaments blancs. Faites-les cuire 5 min à la vapeur pour les ramollir. Coupez-en la moitié en lamelles.

2 Dans une poêle à revêtement antiadhésif, émiettez la chair à saucisse et le bœuf, ajoutez les lamelles de poivron et l'origan. Faites dorer ce mélange 3 min à feu moyen. Retirez la poêle du feu. Incorporez le riz, la carotte et le cheddar.

3 Allumez le four à 375 °F (190 °C).

4 Disposez les poivrons dans un plat à four de 25 x 25 cm (10 x 10 po). Garnissez-les avec la préparation. Tassez avec une petite cuillère. Couvrez d'aluminium.

5 Mettez au four et laissez cuire 25 à 30 min. Les poivrons doivent être tendres. Servez au goût avec de la sauce tomate bien chaude.

Pour 1 personne : 324 calories. Protéines : 18,9 g – Glucides : 26 g – Lipides : 16 g (dont saturés : 6,7 g) – Cholestérol : 61 mg – Fibres : 5 g – Potassium : 660 mg.

Chili de porc, haricots pintos

Des ingrédients typiques du Sud, tomates, poivrons et ail, apportent un arôme caractéristique à ce ragoût riche en fibres et en phytocomposants bénéfiques.

POUR 6 PERSONNES

Prép. 20 min ◆ **Cuisson** 2 h

- 750 g (1½ lb) d'épaule de porc en cubes
- ½ tasse de farine
- 2 cuill. à soupe d'huile
- 1 gros oignon finement émincé
- 1 poivron vert en morceaux
- 1 piment jalapeño finement haché
- 3 gousses d'ail hachées menu
- 1 boîte de 850 ml (28 oz) de tomates au jus
- 1 tasse de bouillon de poulet
- 2 cuill. à soupe d'assaisonnement au chile
- 2 boîtes de 425 ml (15 oz) de haricots pintos
- 2 cuill. à soupe de coriandre hachée

1 Farinez la viande. Réchauffez l'huile à feu moyen dans une cocotte. Faites-y dorer le porc 5 min par petites quantités. Réservez.

2 Baissez le feu. Faites cuire 5 min l'oignon, le poivron, le piment et l'ail dans la cocotte. Remettez la viande. Hachez grossièrement les tomates. Ajoutez-les avec leur jus ainsi que le bouillon et l'assaisonnement au chile. Salez. Laissez mijoter 1 h en remuant de temps à autre.

3 Incorporez les haricots. Laissez mijoter 45 min. Si la sauce est trop épaisse, délayez-la avec un peu d'eau. Parsemez de coriandre.

Pour 1 personne : 376 calories. Protéines : 33,8 g – Glucides : 27 g – Lipides : 14,8 g (dont saturés : 4,7 g) – Cholestérol : 84 mg – Fibres : 9,5 g – Potassium : 1 100 mg.

Côtes de porc au chou à l'aigre-douce

Le chou fait partie des « légumes-prévention » les plus efficaces dans la lutte contre le cancer, grâce à ses composés soufrés très actifs et à sa richesse en fibres, en bêta-carotène (provitamine A) et en vitamine C.

POUR 4 PERSONNES

Prép. 15 min ◆ **Cuisson** 55 min

- 1 petit chou de Savoie en lanières
- 1 cuill. à soupe d'huile
- 4 côtes de porc (env. 180 g/6 oz chacune)
- ¾ cuill. à thé de sel
- ¼ cuill. à thé de poivre
- 2 gousses d'ail en lamelles
- 1 oignon finement émincé
- 2 carottes grossièrement hachées
- 1 tasse de vin blanc
- 1 feuille de laurier
- 3 clous de girofle
- 2 cuill. à soupe de vinaigre blanc
- 1 cuill. à thé de sucre

1 Plongez le chou dans une casserole d'eau bouillante salée. Laissez blanchir 5 min puis égouttez.

2 Réchauffez l'huile à feu moyen dans une grande poêle antiadhésive. Salez et poivrez les côtes de porc. Faites-les revenir dans la poêle 3 min de chaque côté. Réservez la viande.

3 Baissez le feu et faites revenir l'ail, l'oignon et les carottes 5 min. Ajoutez le vin ; amenez à ébullition. Ajoutez le chou, le laurier et les clous. Couvrez. Laissez mijoter 20 à 30 min à feu plutôt doux.

4 Incorporez le vinaigre et le sucre. Salez. Ajoutez les côtes de porc. Couvrez. Laissez mijoter encore 10 min, le temps que la viande soit cuite. Servez avec des pommes de terre bouillies.

Pour 1 personne : 403 calories. Protéines : 33,5 g – Glucides : 10 g – Lipides : 25,5 g (dont saturés : 9,1 g) – Cholestérol : 120 mg – Fibres : 6,3 g – Potassium : 850 mg.

TOUR DE MAIN

L'assaisonnement au chile est un mélange de piments séchés moulus, d'origan et de cumin. Vous pouvez en confectionner vous-même avec divers types de piment. Faites-les griller 2 min dans une poêle de fonte, retirez les grains, le pédoncule et les membranes intérieures. Pulvérisez au robot. Rangez hermétiquement.

LE SAVIEZ-VOUS ?

Le chou est l'un des premiers légumes que l'on a cultivés. C'est l'ancêtre de toutes les crucifères – plantes ainsi nommées en raison de leurs fleurs en forme de croix. Le chou comprend plus de 400 espèces, dont le brocoli, le chou de Bruxelles, le chou-fleur et le chou frisé. Il serait originaire du nord de l'Europe.

Sauté de porc au pak-choï

Le pak-choï est aussi riche en vitamines, en fibres et en minéraux que les autres choux et il apporte comme eux des composants soufrés spécifiques qui le rendent efficace dans la protection contre le cancer.

POUR 4 PERSONNES

Prép. 15 min ◆ **Marinage** 15 min ◆ **Cuisson** 10 min

- 3 cuill. à soupe de xérès ou de vin de riz
- 2 cuill. à soupe de sauce de soja
- 1 cuill. à soupe de fécule de maïs
- 1 cuill. à thé d'huile de sésame
- 1 cuill. à thé de cassonade
- ¼ cuill. à thé de poivre
- 500 g (1 lb) de filet de porc en tranches de 3 mm (⅛ po) d'épaisseur
- 2 cuill. à soupe d'huile d'arachide
- 1 pak-choï grossièrement haché
- 2 gousses d'ail hachées menu

1 Mélangez la moitié du xérès, la sauce de soja, la fécule, l'huile de sésame, la cassonade et du poivre dans un bol. Ajoutez le porc. Remuez pour l'enrober complètement. Laissez mariner 15 min à température ambiante.

2 Réchauffez 1 cuill. à soupe d'huile d'arachide à feu vif dans une grande poêle à revêtement antiadhésif ou un wok. Ajoutez le pak-choï. Faites-le revenir 2 min. Couvrez. Laissez cuire le chou 2 min, jusqu'à ce qu'il soit ramolli, puis réservez. Jetez le liquide de cuisson.

3 Réchauffez le reste de l'huile dans la poêle et faites revenir l'ail 15 s. Ajoutez le porc et sa marinade. Faites revenir 3 ou 4 min pour cuire la viande. Ajoutez le chou et le reste de xérès. Faites réchauffer. Servez sans tarder.

Pour 1 personne : 231 calories. Protéines : 28 g – Glucides : 5 g – Lipides : 11 g (dont saturés : 2,8 g) – Cholestérol : 81 mg – Fibres : 4 g – Potassium : 675 mg.

LE SAVIEZ-VOUS?

Les feuilles de ce chou chinois peuvent être braisées comme celles des autres choux. Les tiges coupées apportent leur saveur aux soupes et aux ragoûts, comme des branches de céleri.

IDÉES FRAÎCHES

Vous pouvez choisir d'autres légumes que le chou chinois pour réaliser ce savoureux sauté de porc. Essayez les pois mange-tout, les haricots verts ou des bouquets de brocoli.

Rôti de porc glacé à l'orange, patates douces, carottes et pommes

Le filet de porc se marie bien avec les légumes sucrés comme les carottes et les patates douces, riches en fibres, en potassium et en bêta-carotène, qui aident à prévenir les maladies cardiovasculaires.

POUR 4 PERSONNES

Prép. 20 min ◆ **Marinage** 2 h minimum ◆ **Cuisson** 1 h

½ **tasse de jus d'orange concentré**
1 **cuill. à thé de miel**
½ **cuill. à thé de cumin en poudre**
½ **cuill. à thé de cannelle**
2 **pincées d'assaisonnement au chile**
600 g **(1¼ lb) de filet de porc**
1 **cuill. à soupe d'huile**
2 **patates douces en cubes de 1 cm (½ po)**
1 **oignon haché**
2 **carottes en dés de 1 cm (½ po)**
2 **pommes pelées en morceaux de 2,5 cm (1 po)**
½ **cuill. à thé de sel**
½ **tasse de vin blanc**
1 **cuill. à soupe de beurre**

1 Mélangez le jus d'orange, le miel, le cumin, la cannelle et l'assaisonnement au chile dans un grand récipient. Ajoutez le porc. Remuez pour bien l'enrober. Couvrez et laissez mariner 2 h minimum au réfrigérateur, en tournant la viande de temps en temps.

2 Allumez le four à 350 °F (180 °C).

3 Réchauffez l'huile à feu moyen dans une cocotte allant sur le feu et au four. Retirez le porc de la marinade, essuyez-le et faites-le dorer de tous les côtés. Réservez la viande et la marinade.

4 Essuyez la cocotte. Mettez-y les patates douces, l'oignon, les carottes et les pommes. Salez. Versez le vin blanc. Posez le porc sur les légumes. Badigeonnez-le de marinade. Couvrez.

5 Mettez au four et laissez cuire environ 50 min. Insérez un thermomètre de cuisson dans la viande : il doit afficher 155 °F (70 °C).

6 Laissez reposer la viande 5 min sur la planche à découper. Incorporez le beurre aux légumes. Coupez la viande et servez avec les légumes.

Pour 1 personne : 406 calories. Protéines : 33,4 g – Glucides : 41 g – Lipides : 12 g (dont saturés : 5,1 g) – Cholestérol : 110 mg – Fibres : 6 g - Potassium : 1 275 mg.

au menu

Une salade de mesclun ferait une bonne entrée avant le mélange des saveurs douces et sucrées des légumes et des fruits qui accompagnent le porc. Choisissez un dessert léger et riche en calcium, comme du yogourt ou du fromage cottage agrémentés de fruits frais.

LÉGUMES SANTÉ, LÉGUMES SAVEUR

Poêlée de gombos et d'agneau à la tomate

Le gombo contient de la pectine et d'autres fibres solubles qui réduisent le taux de cholestérol et aident à prévenir les maladies cardiovasculaires.

POUR 4 PERSONNES

Prép. 10 min ◆ **Cuisson** 35 min

 1 **cuill. à soupe d'huile d'olive**
 2 **oignons finement émincés**
 2 **gousses d'ail hachées menu**
500 **g (1 lb) d'agneau haché**
 1 **grosse tomate finement hachée**
 ¼ **tasse de concentré de tomates**
 ¾ **cuill. à thé de sel**
 1 **pincée de poivre**
500 **g (1 lb) de gombos**
 2 **cuill. à soupe de jus de citron**
 1 **cuill. à soupe de coriandre fraîche hachée** *(facultatif)*

1 Réchauffez l'huile à feu moyen dans une grande poêle à revêtement antiadhésif. Faites revenir les oignons 5 min. Ajoutez l'ail. Faites-le revenir 1 min. Ajoutez l'agneau. Laissez brunir 5 min environ, en émiettant la viande avec une cuillère en bois.

2 Incorporez la tomate, ½ tasse d'eau et le concentré de tomates. Salez et poivrez. Ajoutez les gombos. Arrosez de jus de citron. Couvrez. Faites cuire 15 min pour que les gombos soient tendres. Retirez le couvercle. Laissez mijoter 5 min à découvert pour faire réduire le liquide. Avant de servir, garnissez au goût de coriandre fraîche.

Pour 1 personne : 280 calories. Protéines : 26 g – Glucides : 9 g – Lipides : 15,5 g (dont saturés : 4,2 g) – Cholestérol : 92 mg – Fibres : 7 g – Potassium : 1 010 mg.

Ragoût d'agneau avec chaussons aux légumes

Si vous aimez votre ragoût garni de quenelles ou de petits feuilletés, vous allez adorer cette version nouveau genre dont la teneur en gras est très réduite.

POUR 4 PERSONNES

Prép 20 min ◆ **Cuisson** 1 h

500 **g (1 lb) de steak d'agneau maigre en morceaux de 2,5 cm (1 po)**
500 **g (1 lb) de carottes tranchées**
 4 **branches de céleri tranchées**
500 **g (1 lb) de poireaux tranchés**
 1½ **tasse de cidre sec**
 1 **boîte de 425 ml (15 oz) de bouillon de poulet**
  Sel et poivre
 1 **paquet (300 g/10 oz) de petits pois décongelés**
  Bouquet garni (romarin, sauge et thym frais)

POUR LA GARNITURE
 1 **tasse de farine blanche autolevante**
 ¼ **tasse de persil et sauge combinés, émincés**
 ½ **cuill. à thé de sel**
 ⅛ **cuill. à thé de poivre**
 ½ **tasse de crème sure allégée**
1 à 2 **cuill. à thé de lait à 1 % m.g.** *(facultatif)*

1 Dans un plat à gratin allant sur le feu, faites brunir la viande à feu assez vif pendant 6 à 8 min en remuant fréquemment. Ajoutez les carottes, le céleri et le poireau. Faites-les cuire 4 min en remuant de temps en temps.

2 Versez le cidre et le bouillon. Assaisonnez à votre goût. Portez à ébullition et réduisez la chaleur. Couvrez et laissez mijoter de 20 à 25 min jusqu'à ce que les légumes soient bien tendres.

3 Pendant ce temps, allumez le four à 400 °F (200 °C). Préparez la garniture : Mélangez la farine, le persil, la sauge, le sel et le poivre. Incorporez la crème sure et remuez jusqu'à obtention d'une pâte ferme. Au besoin, diluez la pâte avec un peu de lait. Abaissez-la à 1 cm (½ po) d'épaisseur. Découpez-la en 16 triangles.

4 Ajoutez les petits pois et le bouquet garni au ragoût. Garnissez-le des triangles de pâte.

5 Enfournez et laissez cuire de 25 à 30 min, jusqu'à ce que la garniture soit gonflée et dorée.

Pour 1 personne : 530 calories. Protéines : 35 g – Glucides : 73 g – Lipides : 12 g (dont saturés : 5 g) – Cholestérol : 90 mg – Fibres : 9 g – Sodium : 750 mg.

au menu

*Avec tous les légumes que contient ce ragoût, en plus de la garniture feuilletée,
il ne reste pas grand chose à lui ajouter. Si vous recevez des amis, vous pouvez
commencer par un potage à la citrouille et terminer avec quelques bons
fromages et des fruits frais.*

Ragoût d'agneau à l'irlandaise

Dans cette version allégée, la proportion de légumes est augmentée par rapport à la viande et leur association fournit un cocktail de nutriments antioxydants protecteurs.

POUR 4 PERSONNES

Prép. 20 min ◆ **Cuisson** 1 h 30

- 2 cuill. à thé d'huile
- 500 g (1 lb) d'épaule d'agneau désossée, dégraissée, en morceaux de 3 cm (1 po)
- 4 pommes de terre yukon gold non pelées, coupées grossièrement
- 4 carottes coupées grossièrement
- 2 oignons coupés grossièrement
- 2 poireaux, le blanc et le vert clair, coupés grossièrement
- 2 navets coupés grossièrement
- 2 cuill. à soupe de farine
- 1 feuille de laurier
- 1 pincée d'aiguilles de romarin séché
- 1 cuill. à thé de sel
- ¼ cuill. à thé de poivre
- 1 tasse de petits pois frais ou surgelés

1 Réchauffez l'huile à feu moyen dans une sauteuse à revêtement antiadhésif. Faites dorer la viande de tous côtés environ 5 min. Réservez.

2 Faites cuire 10 min les pommes de terre, les carottes, les oignons, les poireaux et les navets dans la sauteuse, en remuant de temps en temps. Poudrez de farine et mélangez. Ajoutez 3 tasses d'eau, le laurier et le romarin. Salez et poivrez. Portez à ébullition.

3 Réduisez le feu. Remettez la viande. Couvrez. Laissez mijoter 1 h, en remuant de temps en temps. Ajoutez les petits pois. Laissez cuire encore 15 min.

Pour 1 personne : 405 calories. Protéines : 30 g – Glucides : 38,5 g – Lipides : 14,5 g (dont saturés : 4 g) – Cholestérol : 95 mg – Fibres : 11 g – Potassium : 1 950 mg.

au menu

Accompagnez ce ragoût d'un bon pain de campagne pour pouvoir saucer. Terminez le repas avec un dessert lacté et – pourquoi pas ? – un café irlandais.

Avec les produits DE LA MER

LÉGUMES SANTÉ, LÉGUMES SAVEUR

Crevettes à la chinoise

La vitamine E des crevettes et le carotène des pois mange-tout et du poivron rouge s'associent pour renforcer nos défenses immunitaires.

POUR 4 PERSONNES

Prép. 10 min ◆ **Cuisson** 10 min

- 2 cuill. à soupe d'huile d'olive
- 125 g (4 oz) de pois mange-tout
- 1 poivron rouge en lanières
- ¼ cuill. à thé de sel
- 500 g (1 lb) de crevettes moyennes décortiquées
- 3 oignons verts finement hachés
- ½ cuill. à thé d'assaisonnement au chile
- 2 gousses d'ail hachées menu
- 1 cuill. à soupe de gingembre frais haché
- 3 cuill. à soupe de sauce de soja hyposodique
- 1 cuill. à soupe de jus de citron
- 1 cuill. à soupe de zeste de citron râpé

1 Réchauffez 1 cuill. à soupe d'huile à feu moyen dans une grande poêle ou un wok antiadhésif. Ajoutez les pois mange-tout et le poivron. Salez. Faites revenir 6 min pour qu'ils restent croquants. Réservez.

2 Réchauffez le reste de l'huile dans la même poêle. Ajoutez les crevettes, l'oignon vert et l'assaisonnement au chile. Faites revenir 1 min 30. Ajoutez l'ail et le gingembre. Faites revenir 1 min. Incorporez la sauce de soja et le jus de citron. Laissez cuire encore 1 min en remuant.

3 Remettez les pois mange-tout et le poivron dans la poêle. Faites réchauffer environ 30 s. Incorporez le zeste de citron et servez sans attendre.

Pour 1 personne : 161 calories. Protéines : 20 g – Glucides : 6,5 g – Lipides : 6,1 g (dont saturés : 1 g) – Cholestérol : 150 mg – Fibres : 2,5 g – Potassium : 345 mg.

Salade tex-mex aux crevettes grillées

L'avocat, les crevettes et l'huile d'olive sont trois aliments riches en vitamine E, qui prévient les maladies cardiovasculaires et renforce les défenses immunitaires.

POUR 4 PERSONNES

Prép. 15 min ◆ **Cuisson** 2 min

- 12 crevettes de taille moyenne (350 g/¾ lb) décortiquées et parées
- ¼ cuill. à thé de sel
- ¼ cuill. à thé de poivre noir
- Huile à vaporiser
- ⅔ tasse de grains de maïs cuits, décongelés ou en conserve, égouttés
- 1 avocat épluché, en lamelles
- 12 tomates cocktail coupées en 2
- ¼ tasse d'oignon rouge, finement haché
- 2 cuill. à soupe de jalapeños marinés, hachés
- 2 cuill. à soupe de la marinade des jalapeños
- ½ cuill. à thé de cumin en poudre
- 1 cuill. à soupe d'huile d'olive
- 16 croustilles de tortillas
- 2 cuill. à soupe de coriandre fraîche hachée
- 3 cuill. à soupe de crème sure allégée

1 Faites chauffer un gril de contact. Salez et poivrez les crevettes. Vaporisez d'huile pour bien les enduire.

2 Déposez-les à 10 cm (4 po) de la source de chaleur et faites-les griller 2 ou 3 min de chaque côté, jusqu'à ce qu'elles retroussent et se colorent.

3 Pendant ce temps, mélangez le maïs, l'avocat, les tomates, l'oignon, les jalapeños et leur marinade, le cumin et l'huile dans un saladier. Laissez reposer 5 min. Incorporez délicatement les crevettes, les croustilles et la coriandre fraîche.

4 Répartissez la salade dans les 4 assiettes. Décorez de crème sure. Servez sans tarder.

Pour 1 personne : 238 calories. Protéines : 17 g – Glucides : 17 g – Lipides : 13 g (dont saturés : 3 g) – Cholestérol : 130 mg – Fibres : 6 g – Sodium : 437 mg.

IDÉES 🌿 FRAÎCHES

Les jalapeños marinés donnent du piquant à cette salade. Leur marinade relève aussi une salsa maison, les vinaigrettes, les soupes et les ragoûts.

LÉGUMES SANTÉ, LÉGUMES SAVEUR

Pétoncles à la florentine

Les épinards, qui sont l'élément clé d'une recette à la florentine, enrichissent ce plat en vitamines, minéraux et phytocomposants très bénéfiques pour la santé.

POUR 4 PERSONNES

Prép. 10 min ◆ **Cuisson** 12 min

- 375 g (¾ lb) d'épinards frais triés et parés
- 2 cuill. à soupe d'huile d'olive
- 750 g (1½ lb) de gros pétoncles
- 2 gousses d'ail hachées menu
- 1 cuill. à thé de zeste de citron râpé
- 1 tasse de bouillon de poulet sans sel ajouté
- 1 tasse de petits pois décongelés
- 1 cuill. à soupe de jus de citron frais
- ¼ cuill. à thé de sel
- ¼ cuill. à thé de poivre

1 Faites tomber les épinards 3 min à feu vif dans une casserole. Refroidissez-les à l'eau froide et pressez-les entre deux assiettes. Réservez.

2 Chauffez l'huile à feu vif dans une grande poêle antiadhésive. Faites-y revenir les pétoncles 2 min de chaque côté : ils ne doivent pas être tout à fait cuits au milieu. Réservez.

3 Ramenez le feu à moyen. Faites cuire l'ail et le zeste de citron 30 s. Ajoutez le bouillon et les petits pois. Laissez mijoter 3 min. Ajoutez les épinards, les pétoncles, le jus de citron, le sel et le poivre. Laissez sur le feu le temps de réchauffer et servez. Servez dans des assiettes creuses.

Pour 1 personne : 206 calories. Protéines : 31 g – Glucides : 13 g – Lipides : 13 g (dont saturé : 2 g) – Cholestérol : 52 mg – Fibres : 4 g – Sodium : 550 mg.

LE SAVIEZ-VOUS?

Les pétoncles contiennent autant d'acides gras oméga-3 que le thon. Les oméga-3 ont une action anti-inflammatoire dans l'organisme et protègent la santé cardiovasculaire.

Crevettes au fenouil

Grâce au rôle protecteur des vitamines antioxydantes, du lycopène et des minéraux apportés par la tomate et les autres légumes, ce plat est bon pour la santé.

POUR 4 PERSONNES

Prép. 15 min ◆ **Cuisson** 20 min

- 1 cuill. à soupe d'huile d'olive extra vierge
- 1 gros oignon en lamelles
- 1 bulbe de fenouil haché
- 1 grosse gousse d'ail écrasée
- 1 boîte de 425 ml (15 oz) de tomates avec leur jus
- ½ tasse de fumet de poisson
- ½ cuill. à soupe de graines de fenouil
  Zeste finement râpé et jus de ½ orange
- 1 tasse de riz long
- 1 pincée de safran en filaments
- 600 g (1¼ lb) de grosses crevettes décortiquées
  Feuilles de basilic frais pour décorer

1 Réchauffez l'huile dans une poêle à revêtement antiadhésif. Faites cuire l'oignon, le fenouil et l'ail 5 min en remuant. Incorporez les tomates et leur jus, le fumet, les graines de fenouil, le zeste et le jus d'orange. Salez et poivrez. Amenez à ébullition, laissez mijoter 12 min à feu doux.

2 Pendant ce temps, faites cuire le riz à l'eau bouillante avec le safran en suivant les directives de l'emballage.

3 Amenez la préparation à ébullition. Ajoutez les crevettes, couvrez, laissez chauffer 1 min à feu doux.

4 Répartissez le riz dans les assiettes. Disposez les crevettes dessus et nappez de sauce. Décorez avec le basilic.

Pour 1 personne : 381 calories. Protéines : 33 g – Glucides : 50 g – Lipides : 5,5 g (dont saturés : 0,8 g) – Cholestérol : 225 mg – Fibres : 3,6 g – Potassium : 890 mg.

LÉGUMES SANTÉ, LÉGUMES SAVEUR

Pétoncles sautés aux tomates cerises

La cuisson rapide des tomates préserve au mieux leur richesse en vitamine C et en lycopène, puissant antioxydant qui protège l'organisme.

POUR 4 PERSONNES

Prép. 5 min ◆ **Cuisson** 10 min

- **500 g (1 lb) de gros pétoncles**
- **2-3 cuill. à soupe de farine**
- **2 cuill. à soupe d'huile d'olive**
- **3 gousses d'ail hachées menu**
- **1 casseau de tomates cerises**
- **½ cuill. à thé de sel**
- **⅔ tasse de vermouth blanc sec, de vin blanc ou de bouillon de poulet**
- **2 branches de basilic haché**
- **1 cuill. à soupe de fécule de maïs**

1 Farinez les pétoncles, puis tapotez-les pour ôter l'excédent. Réchauffez l'huile à feu moyen dans une grande poêle antiadhésive. Faites-y dorer les mollusques environ 3 min. Retirez-les avec une écumoire et réservez-les.

2 Laissez revenir l'ail 1 min dans la poêle. Ajoutez les tomates et faites-les cuire 4 min jusqu'à ce qu'elles s'affaissent légèrement. Salez. Ajoutez le vermouth et le basilic. Amenez à ébullition et laissez cuire 1 min.

3 Mélangez la fécule avec 1 cuill. d'eau dans une tasse. Versez dans la poêle et laissez épaissir la sauce quelques secondes, en remuant.

4 Remettez les pétoncles dans la poêle, réduisez le feu et faites réchauffer 1 min.

Pour 1 personne : 195 calories. Protéines : 21 g – Glucides : 13 g – Lipides : 6,5 g (dont saturés : 0,5 g) – Cholestérol : 112 mg – Fibres : 1,2 g – Potassium : 625 mg.

Gombo de crabe

Les pectines et autres fibres solubles du gombo contribuent à réduire le taux de cholestérol et sont très bien tolérées, même si l'on a des muqueuses digestives fragiles.

POUR 4 PERSONNES

Prép. 10 min ◆ **Cuisson** 35 min

- **2 cuill. à soupe d'huile**
- **250 g (½ lb) de gombos coupés en rondelles de 1 cm (½ po)**
- **1 oignon grossièrement coupé**
- **1 poivron rouge en dés**
- **1 poivron vert en dés**
- **½ tasse de jambon taillé en dés**
- **2 gousses d'ail hachées menu**
- **2 tasses de coulis de tomate**
- **2 tasses de bouillon de poulet sans sel ajouté**
- **500 g (1 lb) de chair de crabe en boîte**
- **¼ cuill. à thé de tabasco**
- **¼ cuill. à thé de sel**
- **¼ cuill. à thé de poivre**

1 Réchauffez l'huile à feu moyen dans une grande casserole. Ajoutez les gombos, l'oignon, les poivrons et le jambon. Faites revenir le tout environ 10 min jusqu'à ce que les gombos soient tendres et perdent leur viscosité.

2 Ajoutez l'ail. Faites revenir 1 min. Incorporez le coulis de tomate, le bouillon et 2 tasses d'eau. Laissez frémir 20 min sans couvrir.

3 Incorporez le crabe et le tabasco. Salez et poivrez. Faites réchauffer doucement et servez.

Pour 1 personne : 306 calories. Protéines : 35 g – Glucides : 19 g – Lipides : 10 g (dont saturés : 1,8 g) – Cholestérol : 135 mg – Fibres : 5,5 g – Potassium : 915 mg.

LE SAVIEZ-VOUS**?**

Le terme gombo vient du mot bantou *ngombo,* qui désigne ce légume en Afrique. Le choix des ingrédients dans un gombo est très personnel et donc éminemment variable. Le légume lui-même – appelé aussi okra –, pivot de ces préparations épicées, est très prisé en Grèce, en Égypte, en Louisiane et en Amérique du Sud.

au menu

Cette délicieuse salade d'été est un véritable plaisir qui ne nécessite aucune fioriture. Proposez une soupe froide en entrée et un sorbet à la lime au dessert, accompagné de quelques biscuits dentelle.

Salade de la mer à l'ananas et au poivron

Ce plat d'été léger et frais renforce les apports de vitamine C et de bêta-carotène, des composants antioxydants qui réduisent le risque de cancer.

POUR 4 PERSONNES

Prép. 20 min ◆ **Réfrigération** 15 min ◆ **Cuisson** 7 min

2	**cuill. à soupe de jus d'orange**
1	**cuill. à soupe de jus de lime**
	Quelques gouttes de tabasco
¼	**cuill. à thé de sel**
3	**cuill. à soupe d'huile végétale**
1	**cuill. à soupe d'huile d'olive**
2	**cuill. à soupe de basilic frais haché**
250 g	**(½ lb) de pétoncles**
250 g	**(½ lb) de grosses crevettes décortiquées**
250 g	**(½ lb) de chair de crabe en conserve**
½	**gros ananas en dés de 3 cm (1 po)**
1	**gros poivron rouge en morceaux de 1 cm (½ po)**
1	**romaine effeuillée**

1 Mélangez le jus d'orange, le jus de lime, le tabasco et le sel dans un saladier. Incorporez les huiles. Ajoutez le basilic. Mélangez bien.

2 Faites cuire les pétoncles à la vapeur environ 3 min pour qu'ils deviennent opaques. Ajoutez-les au contenu du saladier, ainsi que les crevettes. Mélangez et laissez 15 min au réfrigérateur.

3 Au moment de servir, incorporez délicatement le crabe, l'ananas et le poivron. Tapissez les assiettes avec la romaine et répartissez la salade dessus.

Pour 1 personne : 320 calories. Protéines : 34 g – Glucides : 14,5 g – Lipides : 14 g (dont saturés : 1,3 g) – Cholestérol : 210 mg – Fibres : 3 g – Potassium : 770 mg.

IDÉES FRAÎCHES

Presque tous les plats à base de crustacés se font également avec du poisson à chair ferme. La lotte, coupée en petits morceaux, remplace très bien les crevettes, les pétoncles ou la chair de crabe, car ce poisson a un arrière-goût de crustacé. Le saumon, l'espadon et le thon sont également de bonnes options. Vous pouvez ajouter 1 cuill. à thé de gingembre frais haché à la préparation.

Poisson vapeur aux bâtonnets de légumes

La cuisson à la vapeur ne nécessite pas d'ajout de matières grasses ; elle préserve la teneur en minéraux des légumes et n'entraîne que très peu de pertes en vitamines.

POUR 4 PERSONNES

Prép. 15 min ◆ **Cuisson** 12 min

750 g	**(1½ lb) d'espadon ou d'un autre poisson blanc à chair ferme en 4 morceaux**
2	**cuill. à soupe de sauce de soja**
2	**cuill. à soupe de vin blanc ou de saké**
1	**fine lamelle de gingembre frais en bâtonnets très fins**
3	**carottes moyennes en bâtonnets de 7 x 1 cm (3 x ¼ po)**
125 g	**(4 oz) de pois mange-tout fendus en 2 sur la longueur**
1	**poivron jaune en fins bâtonnets**

1 Disposez le poisson dans un plat ou sur une grille pouvant s'insérer dans une marmite ou une grande casserole. Mélangez la sauce de soja et le vin blanc dans un bol. Versez sur le poisson. Couvrez avec le gingembre et les carottes.

2 Faites bouillir un peu d'eau dans la marmite. Mettez le plat dedans. Couvrez et laissez cuire 5 à 6 min. Soulevez le couvercle pour ajouter les pois mange-tout et le poivron. Couvrez. Laissez cuire environ 5 min de plus. Le poisson doit se défaire lorsque vous le piquez à la fourchette et les légumes doivent être croquants. Servez sans tarder.

Pour 1 personne : 182 calories. Protéines : 33 g – Glucides : 9 g – Lipides : 1,5 g (dont saturés : 0,2 g) – Cholestérol : 75 mg – Fibres : 4 g – Potassium : 950 mg.

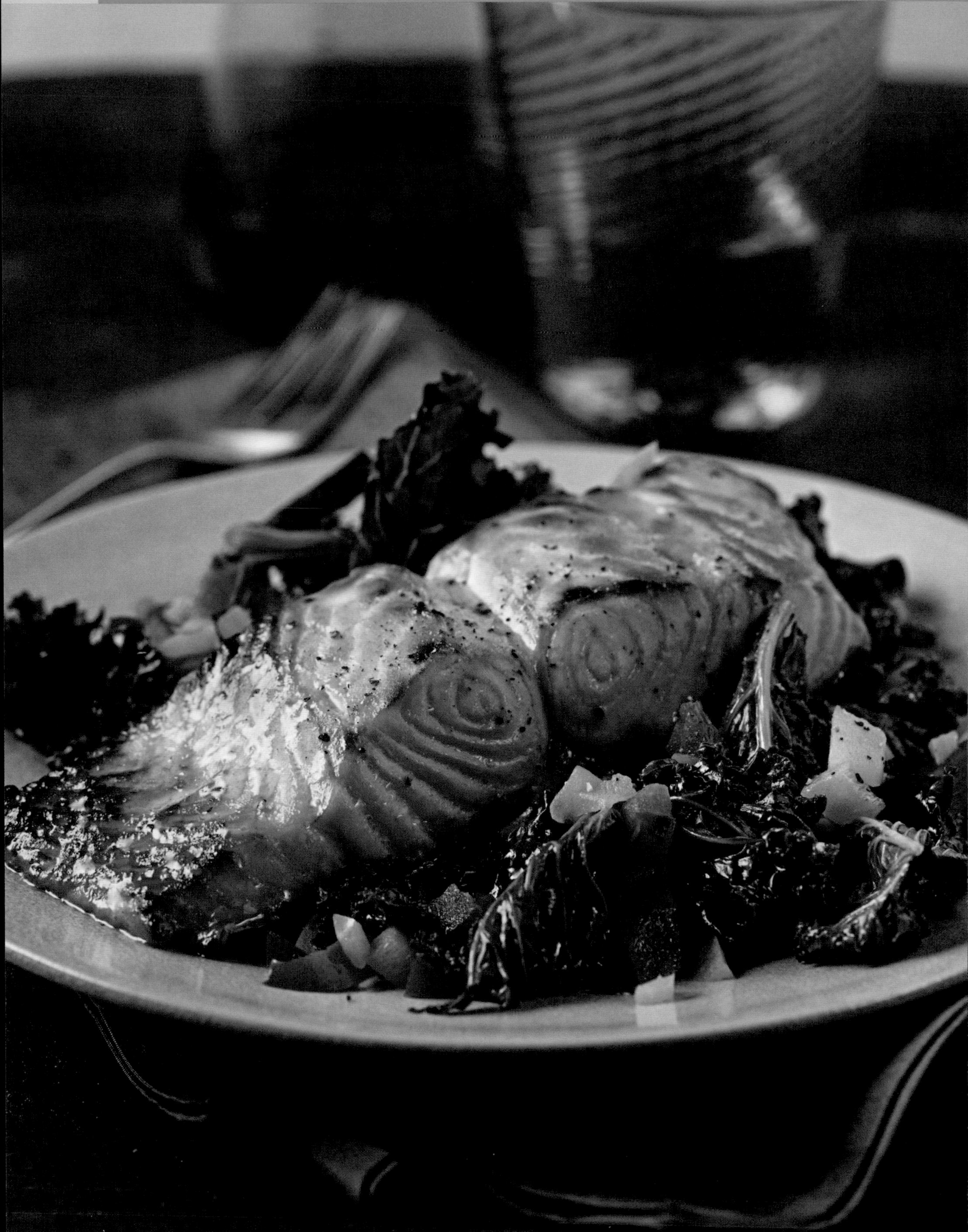

Pavés de saumon sur lit de verdure

Les oméga-3 du saumon ainsi que le bêta-carotène, les folates (vitamine B$_9$) et la vitamine C apportés par le chou vert et les poivrons permettent de prévenir les maladies cardiovasculaires.

POUR 4 PERSONNES

Prép. 15 min ◆ **Réfrigération** 30 min ◆ **Cuisson** 16 min

¼	**tasse de jus de pamplemousse**
1½	**cuill. à soupe de moutarde**
1½	**cuill. à soupe de miel**
	Quelques gouttes de tabasco
4	**pavés de saumon (180 g/6 oz chacun)**
750 g	**(1½ lb) de chou vert frisé**
2	**cuill. à soupe d'huile d'olive**
½	**poivron rouge finement haché**
½	**poivron jaune finement haché**
1	**cuill. à thé de sucre, sel**

1 Mélangez le jus de pamplemousse, la moutarde, le miel et le tabasco. Étendez les 4 pavés de saumon côte à côte et enrobez-les de marinade. Couvrez, laissez 30 min au réfrigérateur.

2 Allumez le gril du four.

3 Mettez 2 litres d'eau à bouillir dans une casserole. Plongez-y le chou vert et comptez 5 min de cuisson à gros bouillons. Égouttez-le en pressant.

4 Réchauffez l'huile à feu moyen dans une poêle. Faites-y revenir les poivrons 1 min, ajoutez le chou vert, salez et sucrez. Faites revenir le tout 3 min. Retirez la poêle du feu et maintenez au chaud.

5 Retirez le saumon de la marinade et réservez celle-ci. Placez les pavés, peau vers le bas, sur la grille de la lèchefrite.

6 Faites griller le saumon 3 min à 10 cm (4 po) de la source de chaleur. Badigeonnez-le avec le reste de la marinade. Faites griller encore 4 min jusqu'à ce que le poisson se défasse quand on le pique au couteau. Servez sur le chou vert et les poivrons.

Pour 1 personne : 366 calories. Protéines : 37,5 g – Glucides : 9 g – Lipides : 20 g (dont saturés : 3,6 g) – Cholestérol : 85 mg – Fibres : 5,6 g – Potassium : 1 700 mg.

TOUR DE MAIN

Lorsqu'on les fait cuire, presque tous les poissons rendent du liquide. Arrosez le poisson avec le jus tombé dans la lèchefrite pour qu'il conserve sa saveur et ses minéraux dissous et que sa chair ne se dessèche pas.

Morue au four sur lit de pommes de terre, tomates et roquette

Un plat sur mesure pour la santé du cœur : poisson maigre cuisiné avec peu de matières grasses, légumes riches en fibres et en minéraux, notamment en potassium.

POUR 4 PERSONNES

Prép. 20 min ◆ **Cuisson** 38 min

500 g	**(1 lb) de pommes de terre rouges en rondelles de 1 cm (½ po)**
2	**oignons en fines lamelles**
1	**cuill. à soupe d'huile d'olive**
4	**tomates italiennes coupées grossièrement**
3	**gousses d'ail hachées menu**
1	**cuill. à thé d'origan séché ou de thym**
125 g	**(4 oz) de feuilles de roquette**
600 g	**(1¼ lb) de morue ou d'un autre poisson blanc à chair ferme en morceaux de 5 cm (2 po)**
	Sel

1 Allumez le four à 350 °F (180 °C). Mélangez les pommes de terre, l'oignon et l'huile dans un plat à four. Salez. Mettez au four et faites cuire 20 min, en remuant une fois.

2 Incorporez les tomates, l'ail et l'origan aux pommes de terre. Recouvrez avec les feuilles de roquette. Posez le poisson par-dessus. Salez-le.

3 Couvrez le plat d'aluminium, remettez au four et laissez cuire 15 à 18 min. Répartissez le poisson et les légumes dans les assiettes. Arrosez avec le jus de cuisson.

Pour 1 personne : 289 calories. Protéines : 32 g – Glucides : 29 g – Lipides : 5 g (dont saturés : 0,5 g) – Cholestérol : 65 mg – Fibres : 5,6 g – Potassium : 1 750 mg.

Truites en papillotes, pommes de terre rôties

Le cresson renforce l'apport en vitamine C, en folates (vitamine B$_9$) et en bêta-carotène antioxydant.

POUR 4 PERSONNES

Prép. 15 min ◆ **Cuisson** 30 min

750 g (1½ lb) de petites pommes de terre en 4
1 cuill. à soupe d'huile d'olive
4 truites (env. 300 g/10 oz chacune)
Quelques brins d'estragon frais, sel, poivre
1 orange et 1 citron en 16 demi-rondelles
4 cuill. à soupe de jus d'orange
1 concombre pelé, râpé et dégorgé
185 g (6 oz) de yogourt nature allégé
2 cuill. à soupe de menthe hachée
125 g (4 oz) de cresson

1 Allumez le four à 400 °F (200 °C). Faites cuire les pommes de terre 5 min à l'eau bouillante. Mettez-les dans un plat à four et enduisez-les d'huile. Faites cuire 25 min, en tournant de temps en temps.

2 Pendant ce temps, assaisonnez l'intérieur des truites avec l'estragon, du sel et du poivre. Sur 4 carrés de papier parchemin de 30 cm (12 po), répartissez la moitié des agrumes, déposez un poisson et couvrez avec le reste des agrumes. Arrosez de jus d'orange. Fermez les papillotes. Faites-les cuire 20 min au four.

3 Disposez le poisson et les pommes de terre sur les assiettes. Pressez le concombre, mélangez-le avec le yogourt et la menthe. Garnissez les assiettes avec le cresson, les agrumes et la sauce au concombre.

Pour 1 personne : 394 calories. Protéines : 38 g – Glucides : 38 g – Lipides : 10 g (dont saturés : 2 g) – Cholestérol : 125 mg – Fibres : 5 g – Potassium : 1 960 mg.

Thon grillé et ses légumes en papillotes

Le thon et les légumes fournissent une combinaison harmonieuse d'acides gras oméga-3, de bêta-carotène, de folates et de vitamines C et E, qui protègent le système cardiovasculaire.

POUR 4 PERSONNES

Prép. 20 min ◆ **Cuisson** 10 min

1 tranche de thon de 600 g (1¼ lb) et de 2,5 cm (1 po) d'épaisseur
4 cuill. à soupe de confiture d'abricots
1 cuill. à soupe de moutarde de Dijon
1 épi de maïs en 8 tronçons
2 tomates en 8 quartiers
2 courgettes de taille moyenne, fendues en 4 et découpées en tranches de 1 cm (½ po)
2 gousses d'ail hachées menu
2 piments serranos épépinés et hachés fin
4 cuill. à thé d'huile d'olive
Sel, poivre

1 Préchauffez le gril.

2 Salez et poivrez le poisson. Mélangez la confiture et la moutarde dans un bol. Badigeonnez un côté du poisson avec la moitié du mélange.

3 Répartissez le maïs, les tomates et les courgettes au centre de 4 carrés de papier parchemin de 30 cm (12 po). Parsemez d'ail et de piment, saupoudrez de sel et de poivre, arrosez d'huile. Fermez soigneusement les papillotes.

4 Faites griller le thon et les papillotes 4 min à 10 cm (4 po) de la source de chaleur. Retournez le poisson. Enduisez-le avec le reste de mélange confiture-moutarde. Laissez cuire 4 à 6 min. Le thon doit être opaque au centre et se défaire lorsqu'on le pique au couteau. Ouvrez délicatement les papillotes de légumes et servez-les avec le poisson.

Pour 1 personne : 318 calories. Protéines : 34 g – Glucides : 23 g – Lipides : 10 g (dont saturés : 2,2 g) – Cholestérol : 55 mg – Fibres : 3 g – Potassium : 755 mg.

IDÉES FRAÎCHES

Le maquereau, le saumon, l'espadon et le requin remplacent agréablement le thon frais dans toutes les recettes. Il suffit d'adapter le temps de cuisson.

Curry antillais

Le gingembre, le cari et les piments s'associent en un mélange aux puissants effets antioxydants, ce qui accentue les propriétés bénéfiques des légumes de ce plat.

POUR 4 PERSONNES

Prép. 30 min ◆ **Cuisson** 30 min

1 cuill. à soupe d'huile d'olive

6 oignons verts en rondelles fines

1 poivron jaune grossièrement haché

1 cuill. à soupe de gingembre frais finement haché

1½ cuill. à thé de poudre de cari

¼ à ½ cuill. à soupe de flocons de piment

¼ cuill. à thé de piment de la Jamaïque

2 cuill. à soupe de sauce de soja

1½ cuill. à soupe de cassonade

1 boîte de lait de coco en conserve

3 tomates italiennes coupées en quartiers et épépinées

300 g (10 oz) d'espadon sans la peau, en morceaux de 5 cm (2 po)

250 g (½ lb) de crevettes moyennes décortiquées et parées

2 cuill. à soupe de coriandre fraîche hachée

1 cuill. à soupe de jus de lime frais
Sel

1 Réchauffez l'huile à feu moyen dans un poêlon à fond épais. Faites revenir 5 min les oignons verts, le poivron et le gingembre. Ajoutez le cari, les flocons de piment et le piment de la Jamaïque. Faites revenir 2 min en remuant. Incorporez la sauce de soja et la cassonade. Mélangez. Versez le lait de coco et les tomates. Salez. Laissez mijoter 15 min à découvert.

2 Ajoutez le poisson à ce mélange. Laissez mijoter, sans couvrir, 4 à 6 min. Ajoutez les crevettes et vérifiez que le poisson est cuit. Parsemez de coriandre et arrosez de jus de lime. Servez très chaud.

Pour 1 personne : 383 calories. Protéines : 21 g – Glucides : 14 g – Lipides : 27 g (dont saturés : 16,5 g) – Cholestérol : 67 mg – Fibres : 2 g – Potassium : 780 mg.

LE SAVIEZ-VOUS?

Les crevettes renferment du cholestérol, mais il est concentré dans la tête, rarement consommée. Elles sont par ailleurs pauvres en matières grasses et constituent une très bonne source de protéines.

TOUR DE MAIN

Pour confectionner à l'avance ce curry antillais aux produits de la mer, préparez toute l'étape 1. Cette sauce se conserve au réfrigérateur 48 heures au maximum. Faites réchauffer, puis passez à l'étape 2.

Avec les pâtes

Pâtes aux légumes crus

Confectionnée avec des légumes crus, cette sauce est plus riche en vitamines et en minéraux que si l'on avait fait cuire ses composants.

POUR 4 PERSONNES

Prép. 10 min ◆ **Cuisson** environ 12 min

- 250 g (8 oz) de fusillis
- 1 courgette moyenne en petits dés
- 1 poivron jaune moyen en petits dés
- 2 grosses tomates en petits dés
- 2 cuill. à soupe d'huile d'olive
- 4 cuill. à soupe de basilic frais haché
- ¾ cuill. à thé de sel
- ½ cuill. à thé de poivre
- 2 cuill. à soupe de parmesan râpé

1 Faites cuire les pâtes dans une grande casserole d'eau bouillante salée, en suivant les indications sur l'emballage.

2 Pendant ce temps, mélangez le reste des ingrédients dans un grand plat creux. Salez et poivrez.

3 Égouttez les pâtes. Ajoutez-les aux légumes. Mélangez doucement et servez.

Pour 1 personne : 338 calories. Protéines : 14,5 g – Glucides : 51 g – Lipides : 8,5 g (dont saturés : 2 g) – Cholestérol : 5 mg – Fibres : 5,5 g – Potassium : 580 mg.

LE SAVIEZ-VOUS **?**

Presque tous les plats à base de légumes frais peuvent être accompagnés du terme *primavera,* qui signifie printemps en italien.

Pâtes primavera

Grâce à la présence de sept légumes, ce plat fournit une large association de composants bénéfiques pour la santé.

POUR 4 PERSONNES

Prép. 15 min ◆ **Cuisson** 25 min

- 2 cuill. à soupe d'huile d'olive
- 4 tomates italiennes coupées grossièrement
- 1 carotte moyenne en minces rondelles
- 2 gousses d'ail en lamelles
- 1 tasse de champignons hachés
- 500 g (1 lb) d'asperges en petits tronçons
- ¾ tasse de bouillon de poulet ou de légumes chaud
- 1 tasse de petits pois décongelés
- 1 courgette jaune en minces rondelles
- 4 cuill. à soupe de basilic frais haché
- 4 cuill. à soupe de parmesan râpé
- 250 g (8 oz) de fettuccines

1 Dans une poêle antiadhésive, réchauffez l'huile à feu moyen. Ajoutez les tomates, la carotte et l'ail. Laissez cuire 10 min. Ajoutez les champignons, les asperges et le bouillon. Laissez cuire 10 min. Ajoutez les petits pois et la courgette. Laissez cuire jusqu'à ce que tous les légumes soient tendres, soit environ 5 min. Ajoutez le basilic et le parmesan. Couvrez et gardez au chaud.

2 Faites cuire les fettuccines al dente dans de l'eau bouillante salée, en suivant les indications sur l'emballage. Égouttez. Mettez dans un plat de service. Ajoutez la sauce aux légumes. Mélangez. Servez immédiatement.

Pour 1 personne : 415 calories. Protéines : 20,4 g – Glucides : 59,6 g – Lipides : 10,5 g (dont saturés : 3 g) – Cholestérol : 10 mg – Fibres : 10 g – Potassium : 1 235 mg.

IDÉES ❧ FRAÎCHES

Pour confectionner une sauce pour les pâtes, vous pouvez essayer toutes les combinaisons de légumes et de fines herbes. Faites-les sauter dans un peu d'huile d'olive, ajoutez du bouillon et saupoudrez de parmesan et d'estragon. Quelques idées :

- *petits bouquets de brocoli ;*
- *aubergine, ail et origan ;*
- *haricots verts, pois mange-tout, fenouil et persil.*

Pâtes aux légumes poêlés

Ce plat très parfumé fournit, outre les glucides complexes des pâtes, une bonne quantité de fibres nécessaires au bon fonctionnement du système digestif.

POUR 4 PERSONNES

Prép. 20 min ◆ **Cuisson** 25 min

   2 cuill. à soupe d'huile d'olive
   1 gros oignon doux en petits morceaux
   1 poivron jaune en petits morceaux
   1 petite courge butternut en dés de 2,5 cm (1 po)
   4 cuill. à soupe de basilic frais haché
   5 gousses d'ail hachées
 ½ cuill. à thé de sel
   1 tasse de tomates cerises coupées en 2
   4 tasses de jeunes pousses d'épinard
   4 tasses de bouillon de poulet
250 g (8 oz) de tortillons ou de coquillettes

1 Dans une grande poêle antiadhésive, réchauffez 1 cuill. à soupe d'huile d'olive. Ajoutez l'oignon et le poivron. Faites-les sauter 5 min pour les attendrir. Ajoutez la courge, le basilic et la moitié de l'ail. Salez. Couvrez et laissez cuire à feu doux 8 min en remuant de temps en temps. Mettez à feu vif. Laissez cuire encore environ 10 min à découvert, en remuant de temps en temps jusqu'à ce que les légumes deviennent légèrement bruns et que la courge soit tout juste tendre. Versez dans un grand plat creux. Ajoutez les tomates.

2 Dans la même poêle, réchauffez le reste de l'huile à feu moyen. Ajoutez le reste de l'ail, les pousses d'épinard et le sel. Laissez cuire environ 2 min en remuant de temps en temps jusqu'à ce que les épinards aient réduit. Ajoutez les épinards aux autres légumes.

3 Pendant ce temps, faites bouillir le bouillon et 2 tasses d'eau dans une grande casserole. Salez au besoin. Ajoutez les tortillons. Laissez cuire en suivant les indications sur l'emballage. Réservez ½ tasse du liquide de cuisson. Égouttez les pâtes. Mélangez les légumes, les pâtes et le liquide de cuisson réservé. Servez sans attendre.

Pour 1 personne : 343 calories. Protéines : 13 g – Glucides : 57 g – Lipides : 7 g (dont saturés : 1 g) – Cholestérol : 0 mg – Fibres : 7,8 g – Potassium : 1 020 mg.

Fusillis saucisse-poivrons

Les poivrons renferment de nombreux phytocomposants protecteurs (vitamine C, pigments flavonoïdes, fibres...) qui diminuent les risques de cancer et de maladie cardiovasculaire tout en renforçant l'immunité.

POUR 4 PERSONNES

Prép. 10 min ◆ **Cuisson** 15 min

   2 cuill. à soupe d'huile d'olive
250 g de saucisse de poulet en tranches
   2 oignons moyens en tranches fines
   2 gros poivrons rouges en fines lamelles
   1 gros poivron vert en fines lamelles
   2 gousses d'ail hachées
   2 cuill. à thé de basilic haché
 16 olives noires dénoyautées
   1 cuill. à soupe de vinaigre balsamique
250 g (8 oz) de fusillis ou de farfalles
    Parmesan râpé, sel, poivre

1 Dans une grande poêle antiadhésive, réchauffez l'huile à feu assez vif. Ajoutez la saucisse et les oignons. Faites blondir les oignons environ 5 min. Ajoutez les poivrons et l'ail et faites sauter environ 10 min jusqu'à ce que les poivrons soient très tendres. Retirez du feu. Ajoutez le basilic, les olives, le vinaigre, du sel et du poivre.

2 Pendant ce temps, faites cuire les fusilis en suivant les indications sur l'emballage. Réservez 4 cuill. à soupe de liquide de cuisson. Égouttez. Ajoutez les fusillis et l'eau de cuisson réservée au mélange de saucisse et de légumes. Servez avec du parmesan râpé à discrétion.

Pour 1 personne : 443 calories. Protéines : 17 g – Glucides : 55,5 g – Lipides : 17 g (dont saturés : 3,5 g) – Cholestérol : 40 mg – Fibres : 5 g – Potassium : 540 mg.

LÉGUMES SANTÉ, LÉGUMES SAVEUR

Linguines au pesto d'épinard

L'assaisonnement de ce plat, à base de légumes crus, est un véritable concentré de nutriments bénéfiques. Préservez la qualité nutritionnelle des pâtes en les cuisant al dente : elles gardent ainsi un index glycémique bas et sont métabolisées dans de meilleures conditions par l'organisme.

POUR 8 PERSONNES

Prép. 15 min ◆ **Cuisson** 12 min

500 g (1 lb) de linguines
  3 tasses de jeunes pousses d'épinard
  3 cuill. à soupe de basilic ciselé
  3 gousses d'ail
  3 cuill. à soupe de cerneaux de noix grossièrement hachés
  3 cuill. à soupe d'huile d'olive
  7 cuill. à soupe de jus de citron
  ¾ cuill. à thé de sel
  ½ cuill. à thé de poivre
  3 poivrons rouges en dés de 5 mm (¼ po)
  4 tomates italiennes en dés de 5 mm (¼ po)
  4 cuill. à soupe de parmesan râpé

1 Faites cuire les linguines en suivant les indications sur l'emballage.

2 Pour faire le pesto, hachez finement les épinards, le basilic, l'ail et les noix ensemble au robot. Sans arrêter le robot, ajoutez l'huile d'olive, le jus de citron, le sel et le poivre. Continuez d'actionner pour obtenir un mélange onctueux.

3 Égouttez les linguines et transvasez-les dans un plat de service creux. Ajoutez le pesto d'épinard, les poivrons rouges et les tomates. Mélangez le tout. Saupoudrez de parmesan râpé.

Pour 1 personne : 328 calories. Protéines : 12 g – Glucides : 49 g – Lipides : 9,3 g (dont saturés : 2 g) – Cholestérol : 5 mg – Fibres : 4 g – Potassium : 415 mg.

Nouilles papillons, petits pois et tomates séchées

Les petits pois, qu'ils soient frais ou surgelés, sont une source intéressante de protéines végétales et de vitamines B, nécessaires pour un bon fonctionnement neuromusculaire.

POUR 4 PERSONNES

Prép. 10 min ◆ **Cuisson** 15 min

250 g (8 oz) de farfalles (nouilles papillons)
  1 cuill. à soupe d'huile d'olive
  1 cuill. à soupe de beurre
  2 oignons moyens finement hachés
  3 gousses d'ail hachées
  ½ cuill. à thé d'origan séché en poudre
1½ cuill. à soupe de farine
  1 tasse de bouillon de poulet ou de légumes
  1 tasse de petits pois frais ou surgelés
  ⅔ tasse de demi-tomates séchées, taillées en fines lamelles
  ⅓ tasse de parmesan râpé

1 Plongez les farfalles dans une grande casserole d'eau bouillante salée et laissez-les cuire selon les indications sur l'emballage.

2 Pendant ce temps, réchauffez l'huile dans une grande poêle antiadhésive. Ajoutez le beurre, puis les oignons, l'ail et l'origan. Faites blondir les oignons 5 min. Poudrez de farine et mélangez. Versez le bouillon. Laissez cuire 2 à 3 min en remuant pour lier la sauce. Ajoutez les petits pois et les tomates. Laissez cuire environ 8 min, jusqu'à ce que les petits pois soient tendres. Retirez du feu. Ajoutez 3 cuill. à soupe de parmesan.

3 Égouttez les farfalles après avoir réservé ½ tasse d'eau de cuisson. Mélangez les farfalles, la préparation aux légumes et l'eau de cuisson réservée. Saupoudrez avec le reste du parmesan et servez.

Pour 1 personne : 435 calories. Protéines : 18 g – Glucides : 65 g – Lipides : 11,5 g (dont saturés : 5 g) – Cholestérol : 22 mg – Fibres : 9,5 g – Potassium : 955 mg.

TOUR DE MAIN

La plupart des plats de pâtes se servent avec du parmesan râpé. Achetez de préférence un morceau de parmesan et râpez-le vous-même à la dernière minute. Plus le parmesan est vieux, plus son goût est corsé.

au menu

Après ce plat de pâtes, prévoyez une salade verte,
un yogourt et une compote de fruits.

Pennes aux tomates fraîches et aubergines grillées

*La cuisson des tomates dans l'huile d'olive contribue à libérer le lycopène, pigment rouge
aux propriétés anticancéreuses. Au lieu de poêler les aubergines, on les grille,
ce qui permet de limiter l'apport de graisse.*

POUR 4 PERSONNES

au menu

*Servez ces pennes avec des tranches
de mozzarella fumée et du pain italien grillé,
tartiné de purée d'ail rôti.*

Prép. 15 min ◆ **Repos** 30 min ◆ **Cuisson** 35 min

**500 g (1 lb) d'aubergines en tranches longues
de 1,5 cm (¾ po) d'épaisseur**

½ cuill. à thé de sel

3 cuill. à soupe d'huile d'olive

4 gousses d'ail en fines lamelles

**750 g (1½ lb) de tomates italiennes
coupées grossièrement**

**1 cuill. à thé d'origan frais haché
ou ½ cuill. à thé d'origan séché moulu**

2 cuill. à thé de vinaigre balsamique

½ cuill. à thé de sucre

250 g (8 oz) de pennes

4 cuill. à soupe de parmesan râpé ou en copeaux

1 Saupoudrez ¼ cuill. à thé de sel sur une face
des aubergines. Laissez-les dégorger au moins
30 min.

2 Pendant ce temps, réchauffez 1 cuill. à soupe
d'huile dans une grande poêle antiadhésive à feu
assez doux. Faites-y revenir l'ail 1 min.

3 Ajoutez les tomates, l'origan et ¼ cuill. à thé
de sel. Laissez cuire environ 6 min à feu moyen.
Incorporez le vinaigre et le sucre. Laissez cuire 30 s
de plus.

4 Préchauffez le gril du four. Rincez les tranches
d'aubergine ; séchez-les en les tapotant avec du
papier absorbant. Huilez-les légèrement, des deux
côtés, au pinceau. Étalez-les sur une plaque
antiadhésive. Glissez-les sous le gril, à 10 cm (4 po) de
la source de chaleur, et laissez-les 5 min de chaque
côté ou jusqu'à ce qu'elles deviennent moelleuses.

5 Pendant ce temps, faites cuire les pennes dans
une grande casserole d'eau bouillante salée selon les
indications sur l'emballage.

6 Égouttez les pâtes. Mélangez-les avec la
préparation à la tomate. Hachez grossièrement les
aubergines et ajoutez-les également. Parsemez de
parmesan. Servez chaud.

*Pour 1 personne : 401 calories. Protéines : 15 g – Glucides : 56 g – Lipides : 13 g
(dont saturés : 3,3 g) – Cholestérol : 10 mg – Fibres : 9,5 g – Potassium : 915 mg.*

Rigatonis au brocoli, tomates cerises et ail rôti

Ce plat est une remarquable association de légumes très riches en vitamine C, même une fois cuits.
Brocoli, poivrons, oignons et tomates fournissent aussi d'autres phytocomposants protecteurs
qui renforcent l'effet bénéfique de leur vitamine C.

POUR 4 PERSONNES

Prép. 10 min ◆ **Cuisson** 12 min

- 250 g (8 oz) de rigatonis
- 1 brocoli en très petits bouquets
- 1 cuill. à soupe d'huile d'olive
- 1 oignon rouge coupé en 2 et défait en demi-anneaux
- 1 poivron jaune en fines lamelles
- 2 oignons verts tranchés fin de biais
- ¼ cuill. à thé de sel
- 2 pincées d'assaisonnement au chile
- 8 gousses d'ail rôties *(voir p. 287)*
- 12 tomates cerises coupées en 2
- 1 pincée de noix de muscade
- ¼ cuill. à thé de poivre
- 4 cuill. à soupe de parmesan râpé

1 Plongez les rigatonis dans une grande casserole d'eau bouillante salée et laissez-les cuire selon les indications sur l'emballage. Ajoutez le brocoli 5 min avant la fin de la cuisson des pâtes. Égouttez le tout.

2 Pendant ce temps, réchauffez l'huile à feu assez vif dans une grande poêle antiadhésive. Ajoutez l'oignon, le poivron et les oignons verts. Faites sauter environ 5 min, jusqu'à ce que les légumes soient encore légèrement croquants. Salez, ajoutez l'assaisonnement au chile et l'ail rôti. Laissez sauter 1 min. Retirez du feu.

3 Remettez les pâtes et le brocoli dans la casserole. Ajoutez la préparation à base de poivron, les tomates et la noix de muscade. Poivrez et saupoudrez de parmesan. Servez aussitôt.

Pour 1 personne : 325 calories. Protéines : 14,5 g – Glucides : 51 g – Lipides : 7 g
(dont saturés : 2,5 g) – Cholestérol : 10 mg – Fibres : 6 g – Potassium : 480 mg.

LE SAVIEZ-VOUS ?

Les Italiens, passés maîtres dans l'art de modeler les pâtes, puis de les accommoder, ont inventé un millier de recettes. Ils les servent aussi bien en premier plat, après les antipastis et avant le plat de viande ou de poisson, qu'en plat principal avec une sauce riche en légumes, en fruits de mer ou en viande.

Pâtes aux crevettes et tomates cerises

Les mois d'hiver, quand il est difficile de trouver des tomates fraîches, les tomates cerises font l'affaire : elles ont bon goût et une teneur en vitamine C et provitamine A (bêta-carotène) comparable à celle des tomates de saison.

POUR 4 PERSONNES

Prép. 10 min ◆ **Cuisson** 12 min

- 250 g (8 oz) d'orecchiettes ou de coquilles moyennes
- 2 cuill. à soupe d'huile d'olive
- 500 g (1 lb) de crevettes décortiquées
- 3 gousses d'ail hachées
- 4 filets d'anchois à l'huile
- 3 pincées d'assaisonnement au chile
- 4 tasses de tomates cerises coupées en 2
- 2 cuill. à soupe d'origan frais ou 1 cuill. à thé d'origan séché émietté
- ½ tasse d'olives vertes dénoyautées
- 2 cuill. à soupe de câpres égouttées
- ¼ cuill. à thé de poivre

1 Faites cuire les pâtes dans une grande casserole d'eau bouillante salée selon les indications sur l'emballage.

2 Pendant ce temps, réchauffez 1 cuill. à soupe d'huile d'olive dans une grande poêle antiadhésive à feu assez vif. Ajoutez les crevettes et un tiers de l'ail. Faites sauter 2 min puis réservez.

3 Dans la même poêle, réchauffez le reste de l'huile. Ajoutez le reste de l'ail, les anchois et l'assaisonnement au chile. Faites sauter 30 s, sans laisser brunir l'ail. Ajoutez tomates et origan. Faites sauter 3 min. Ajoutez les crevettes, les olives et les câpres. Poivrez.

4 Égouttez soigneusement les pâtes. Mélangez-les avec les crevettes et la préparation à base de tomates. Poivrez.

Pour 1 personne : 371 calories. Protéines : 19,5 g – Glucides : 50 g – Lipides : 10,3 g (dont saturé : 1,5 g) – Cholestérol : 80 mg – Fibres : 8 g – Potassium : 540 mg.

au menu

Servez après ce plat une salade verte, du fromage et des fruits frais. Pour une jolie présentation, laissez aux crevettes la dernière nageoire (nageoire caudale).

Salade de pâtes, cresson, tomates et fromage fumé

Comme tous les légumes à feuilles vert foncé, le cresson est riche en folates (vitamine B_9) et en vitamine C, et sa consommation peut aider à diminuer le risque d'affection cardiovasculaire.

POUR 4 PERSONNES

Prép. 15 min ◆ **Cuisson** 10 min

- 250 g (8 oz) de pennes ou de rotelles
- 400 g (14 oz) de tomates cerises coupées en 2
- ½ petit oignon finement haché
- 1 botte de cresson équeuté
- 100 g (3 oz) de mozzarella fumée en dés de 1 cm (½ po)
- 2 cuill. à soupe de tomates séchées hachées fin et trempées 10 min dans l'eau bouillante
- 2 cuill. à soupe d'olives noires dénoyautées et hachées
- 1 cuill. à soupe d'huile d'olive
- 1 cuill. à soupe de vinaigre balsamique
- ½ cuill. à thé de sel
- ¼ cuill. à thé de poivre

1 Faites cuire les pâtes en suivant les indications sur l'emballage. Égouttez-les et rincez-les sous l'eau froide. Égouttez à nouveau.

2 Dans un saladier, mélangez tomates fraîches, oignon, cresson, mozzarella, tomates séchées, olives et pâtes froides.

3 Mélangez à part l'huile et le vinaigre balsamique avec le sel et le poivre. Versez cette sauce sur les pâtes, mélangez. Servez.

Pour 1 personne : 374 calories. Protéines : 15 g – Glucides : 52 g – Lipides : 11,8 g (dont saturés : 4,1 g) – Cholestérol : 20 mg – Fibres : 6,8 g – Potassium : 675 mg.

Cheveux d'ange aux fruits de mer et poivrons grillés

Les poivrons et les tomates sont des sources intéressantes de pigments naturels antioxydants (flavonoïdes, caroténoïdes, lycopène...), qui protègent l'organisme des dégâts causés par les radicaux libres en excès.

POUR 4 PERSONNES

Prép. 10 min ◆ **Trempage** 2 h ◆ **Cuisson** 25 min

- 1 **cuill. à soupe d'huile d'olive**
- 250 **g (½ lb) de pétoncles**
- 2 **gousses d'ail**
- ½ **tasse de vin blanc sec**
- 2 **pincées d'assaisonnement au chile**
- 2 **douzaines de palourdes trempées 2 h dans de l'eau salée et rincées**
- 1 **boîte de 425 ml (15 oz) de tomates en dés**
- 1 **cuill. à thé de sel**
- 2 **poivrons rouges grillés** *(voir p. 332)* **hachés fin**
- ½ **tasse de persil plat grossièrement haché**
- 250 **g (8 oz) de cheveux d'ange**

1 Réchauffez l'huile à feu vif dans une poêle antiadhésive. Ajoutez les pétoncles. Saisissez-les 1 min de chaque côté. Transvasez-les dans un plat avec une écumoire.

2 Mettez l'ail dans la poêle. Laissez cuire 15 s. Ajoutez le vin, l'assaisonnement au chile et les palourdes. Couvrez. Laissez cuire environ 5 min à feu moyen, jusqu'à ouverture des palourdes, puis transvasez-les dans un bol avec l'écumoire, en jetant celles qui ne sont pas ouvertes.

3 Versez les tomates et leur jus dans la poêle. Laissez bouillir 10 min pour obtenir environ 1½ tasse de sauce. Ajoutez les poivrons, les palourdes, les pétoncles et le persil.

4 Pendant ce temps, faites cuire les cheveux d'ange selon les indications sur l'emballage. Égouttez-les soigneusement. Mélangez-les avec le contenu de la poêle. Servez immédiatement.

Pour 1 personne : 381 calories. Protéines : 29 g – Glucides : 55,6 g – Lipides : 4,7 g (dont saturés : 0,7 g) – Cholestérol : 77 mg – Fibres : 5,5 g – Potassium : 880 mg.

IDÉES 🌿 FRAÎCHES

Dans cette recette, n'importe quel poisson à chair blanche et ferme peut remplacer les pétoncles, et 250 g (½ lb) de crevettes ou de crabe peuvent remplacer les palourdes. Tomates, poivrons et vin blanc les accompagneront parfaitement.

Linguines aux champignons chinois, poivron et jambon

Les champignons renforcent l'apport du plat en vitamines B et en fibres, et fournissent un complément non négligeable de protéines végétales.

POUR 6 PERSONNES

Prép. 10 min ◆ **Cuisson** 18 min

- 2 **cuill. à soupe d'huile d'olive**
- 1 **poivron jaune en dés de 5 mm (¼ po)**
- 250 **g (½ lb) de chapeaux de champignons shiitake en lamelles**
- 125 **g (4 oz) de jambon maigre finement haché**
- 2 **gousses d'ail hachées**
- 1 **boîte de 850 ml (28 oz) de tomates entières, hachées**
- ¼ **cuill. à thé de sel**
- ¼ **cuill. à thé de poivre**
- 2 **cuill. à thé de basilic haché**
- 375 **g (12 oz) de linguines**
- **Parmesan râpé** *(facultatif)*

1 Réchauffez l'huile dans une poêle à revêtement antiadhésif, à feu assez vif. Ajoutez le poivron, les champignons, le jambon et l'ail. Faites sauter 6 à 8 min, jusqu'à ce que les champignons soient tendres. Ajoutez les tomates. Laissez cuire environ 10 min, jusqu'à ce que la préparation épaississe. Salez et poivrez. Incorporez le basilic.

2 Pendant ce temps, plongez les linguines dans une grande casserole d'eau bouillante salée et laissez-les cuire selon les indications sur l'emballage. Égouttez-les. Mélangez-les au contenu de la poêle. Servez avec ou sans parmesan.

Pour 1 personne : 305 calories. Protéines : 14,2 g – Glucides : 50 g – Lipides : 5,4 g (dont saturés : 1 g) – Cholestérol : 10 mg – Fibres : 5,6 g – Potassium : 625 mg.

Salade de nouilles asiatiques

L'assaisonnement à la thaïlandaise – basilic, menthe, feuilles de coriandre fraîche – ajoute de la vitamine C et des caroténoïdes à un plat déjà bien pourvu en vitamines, minéraux, fibres et autres nutriments protecteurs.

POUR 6 PERSONNES

Prép. 15 min ◆ **Cuisson** 10 min

- 375 g (12 oz) de linguines complètes
- 250 g (½ lb) de pois mange-tout fendus en 2
- 3 carottes moyennes en tronçons de 5 cm (2 po) tranchés en filaments
- 2 tasses de basilic
- ½ tasse de menthe fraîche hachée
- ½ tasse de coriandre fraîche hachée
- 2 gousses d'ail
- 2 cuill. à soupe d'huile de sésame
- 1 cuill. à soupe d'huile d'olive
- 2 pincées d'assaisonnement au chile
- ½ cuill. à thé de sel
- 1 poivron rouge en fines lamelles
- 2 oignons verts finement hachés
- 2 cuill. à soupe d'arachides grillées non salées, hachées

1 Plongez les linguines dans une grande casserole d'eau bouillante salée et laissez-les cuire selon les indications sur l'emballage ; 6 min avant la fin de la cuisson, ajoutez les pois mange-tout puis les carottes 2 min après. Égouttez le tout. Rincez sous l'eau froide. Égouttez à nouveau soigneusement.

2 Pendant ce temps, passez au robot ou au mélangeur le basilic, la menthe, la coriandre, l'ail, les deux huiles, l'assaisonnement au chile et le sel, jusqu'à obtention d'une pâte.

3 Dans un grand bol, mélangez les linguines, le poivron, les oignons verts et la préparation aux herbes. Servez à température ambiante ou froid. Garnissez avec les arachides au dernier moment.

Pour 1 personne : 334 calories. Protéines : 10,4 g – Glucides : 53 g – Lipides : 8,9 g (dont saturé : 1 g) – Cholestérol : 0 mg – Fibres : 8,4 g – Potassium : 520 mg.

au menu

Pour un plat complet, ajoutez des morceaux de poulet, de bœuf ou de porc. Cette salade peut aussi accompagner les viandes rôties et le poulet grillé.

Tagliatelles végétariennes au fromage bleu

Le brocoli et le chou-fleur donnent du goût, de la texture et, surtout, apportent de nombreux éléments nutritifs à ce plat vite préparé.

POUR 4 PERSONNES

Prép. 10 min ◆ **Cuisson** 15 min

- 250 g (8 oz) de tagliatelles vertes
- 250 g (8 oz) de fleurettes de brocoli
- 250 g (8 oz) de fleurettes de chou-fleur
- 175 g (6 oz) de fromage bleu, sans la croûte, en dés
  Noix de muscade fraîchement râpée
  Sel, poivre

1 Plongez les pâtes dans une grande casserole d'eau bouillante salée et laissez-les cuire al dente. Ajoutez le brocoli et le chou-fleur 3 min avant la fin de la cuisson. Égouttez pâtes et légumes.

2 Rincez la casserole et remettez-la à feu doux. Faites-y fondre le fromage en remuant souvent, jusqu'à ce qu'il forme une sauce onctueuse.

3 Ajoutez les pâtes et les légumes dans la casserole. Remuez doucement et régulièrement pour que tous les ingrédients soient bien chauds. Assaisonnez à votre convenance avec la noix de muscade, du sel et du poivre. Servez sans attendre.

Pour 1 personne : 395 calories. Protéines : 20 g – Glucides : 48,5 g – Lipides : 13,5 g (dont saturé : 8,2 g) – Cholestérol : 40 mg – Fibres : 6,5 g – Potassium : 655 mg.

Pâtes au sarrasin, tofu et légumes verts

Dans ce plat asiatique, le tofu représente une source intéressante de protéines végétales, tandis que le cresson et les oignons verts sont riches en bêta-carotène, en vitamine C et en éléments soufrés protecteurs.

POUR 4 PERSONNES

Prép. 15 min ◆ **Cuisson** 15 min

- 3 cuill. à soupe d'huile d'olive
- 4 oignons verts hachés
- 4 gousses d'ail hachées
- 1 courgette moyenne coupée en 2 dans le sens de la longueur, puis de biais en tranches de 5 mm (¼ po)
- ½ tasse de bouillon de légumes ou de poulet
- 2 cuill. à soupe de sauce de soja
- 2 cuill. à thé de fécule de maïs
- 1 cuill. à soupe d'huile de sésame vierge
- 185 g (6 oz) de tofu extra-ferme en dés
- 185 g (6 oz) de pâtes au sarrasin (soba)
- 1 tasse de cresson équeuté
- 2 cuill. à soupe de coriandre fraîche hachée

1 Réchauffez l'huile d'olive à feu assez vif dans une grande poêle antiadhésive. Prélevez quelques tiges vertes de l'oignon vert pour la garniture. Ajoutez le reste de l'oignon vert, l'ail et la courgette au contenu de la poêle. Faites sauter environ 5 min.

2 Pendant ce temps, battez dans un petit bol le bouillon, la sauce de soja, la fécule de maïs et l'huile de sésame pour obtenir un mélange onctueux.

3 Ajoutez le tofu et la préparation à base de bouillon dans la poêle. Faites bouillir 1 à 2 min en remuant constamment, jusqu'à ce que la sauce épaississe. Retirez du feu.

4 Plongez les pâtes dans une grande casserole d'eau bouillante salée, et faites cuire selon les indications sur l'emballage. Gardez 4 cuill. à soupe du liquide de cuisson. Égouttez les pâtes puis rincez-les sous l'eau froide. Égouttez à nouveau.

5 Mélangez les pâtes, la courgette et le tofu, le liquide de cuisson réservé, le cresson et la coriandre dans un grand saladier. Mélangez doucement. Garnissez avec les tiges d'oignon vert.

Pour 1 personne : 343 calories. Protéines : 13,5 g – Glucides : 38 g – Lipides : 15,2 g (dont saturés : 2 g) – Cholestérol : 0 mg – Fibres : 4,2 g – Potassium : 505 mg.

IDÉES 🌿 FRAÎCHES

Essayez de vous procurer du tofu cinq-épices ou du tofu façon thaïlandaise pour les recettes asiatiques. Plus parfumé, il relèvera le goût de votre plat.

Nouilles à la mode de Shanghai au porc, chou et petits pois

Le chou est une des sources les plus intéressantes de vitamine C, antioxydante. Il fournit aussi des composants soufrés qui aident à prévenir certains cancers et une abondance de fibres utiles pour le bon fonctionnement des intestins.

POUR 6 PERSONNES

Prép. 20 min ◆ **Marinage** 15 min ◆ **Cuisson** 12 min

- **375 g (12 oz) de linguines**
- **375 g (12 oz) de filet de porc**
- **1 cuill. à soupe de xérès sec ou de vin de riz**
- **1 cuill. à soupe de sauce de soja**
- **2 cuill. à thé de sucre**
- **1 cuill. à soupe d'huile**
- **2 gousses d'ail hachées**
- **2 cuill. à thé de gingembre frais haché**
- **½ chou chinois (pet-saï Napa) haché**
- **1 tasse de petits pois surgelés décongelés**
- **6 oignons verts détaillés en tronçons de 5 cm (2 po) puis en filaments**
- **⅔ tasse de bouillon de poulet dégraissé**
- **2 cuill. à soupe de sauce d'huître**
- **1½ cuill. à thé de fécule de maïs mélangée à 1 cuill. à soupe d'eau**
- **½ tasse de germes de soja**
- **3 cuill. à soupe d'huile de sésame vierge**

1 Faites cuire les linguines dans une grande casserole d'eau bouillante salée. Égouttez-les, passez-les sous l'eau froide et réservez-les. Pendant ce temps, coupez le porc en tranches de 3 mm (⅛ po) d'épaisseur, puis en petits morceaux.

2 Mélangez dans un plat le xérès, la sauce de soja et le sucre. Enrobez le porc de cette marinade et laissez mariner 15 min à température ambiante.

3 Dans une poêle antiadhésive, réchauffez 2 cuill. à thé d'huile à feu vif. Ajoutez l'ail et le gingembre. Laissez frire 15 s en remuant. Ajoutez le porc. Laissez frire 3 ou 4 min en remuant. Réservez.

4 Mettez le reste de l'huile dans la poêle, puis le chou. Laissez frire 2 min à feu vif. Ajoutez les petits pois et l'oignon vert. Laissez frire 1 min en remuant. Ajoutez le bouillon et la sauce d'huître. Amenez à ébullition. Incorporez la fécule de maïs. Réduisez la température. Laissez mijoter 30 s jusqu'à épaississement de la sauce. Ajoutez le porc et les linguines. Laissez réchauffer 1 à 2 min. Incorporez les germes de soja et l'huile de sésame. Servez.

Pour 1 personne : 394 calories. Protéines : 23,3 g – Glucides : 51 g – Lipides : 10,7 g (dont saturés : 2 g) – Cholestérol : 41 mg – Fibres : 5,5 g – Potassium : 535 mg.

LE SAVIEZ-VOUS ?

La fécule de maïs, tout comme la fécule de pomme de terre, a un pouvoir épaississant deux fois supérieur à celui de la farine de blé. Pour faire une pâte onctueuse avant de la mélanger avec du liquide chaud, un peu d'eau froide suffit (pas besoin de graisse). Cela donne une sauce pauvre en calories et évite les grumeaux.

Tortellinis farcis de fromage, citrouille et ricotta

Voici un plat réconfortant à déguster quand il fait froid : profitez de la richesse nutritionnelle du giraumon et autres courges d'hiver, qui figurent parmi les légumes les mieux pourvus en fibres.

POUR 4 PERSONNES

Prép. 15 min ◆ **Cuisson** 30 min

- 1 cuill. à soupe d'huile d'olive
- 1 oignon moyen finement haché
- 750 g (1½ lb) de giraumon (ou de courge butternut) pelé, en dés (environ 4 tasses)
- ½ tasse de bouillon de légumes ou de poulet
- 1 cuill. à soupe de feuilles de sauge écrasées
- ½ cuill. à thé de sel
- 1 pincée de poivre
- 375 g (12 oz) de tortellinis au fromage
- ½ tasse de ricotta allégée
- ⅓ tasse de pecorino romano râpé
- 1 cuill. à soupe de persil plat haché

1 Réchauffez l'huile à feu moyen dans une grande poêle antiadhésive. Ajoutez l'oignon et laissez-le blondir 5 min. Ajoutez le giraumon, le bouillon, la sauge, le sel et le poivre. Couvrez. Faites cuire environ 20 min pour que le giraumon soit tendre.

2 Pendant ce temps, faites cuire les tortellinis dans une grande casserole d'eau bouillante salée. Égouttez-les. Mélangez avec la ricotta dans un grand saladier.

3 Ajoutez aux tortellinis le giraumon, le fromage râpé et le persil. Remuez doucement pour bien mélanger. Servez immédiatement.

Pour 1 personne : 362 calories. Protéines : 15,5 g – Glucides : 48 g – Lipides : 12 g (dont saturés : 5 g) – Cholestérol : 18 mg – Fibres : 2,5 g – Potassium : 780 mg.

Tortellinis à la viande, sauce aux poivrons rouges

Les poivrons grillés apportent bêta-carotène et vitamine C à ce plat et l'enrichissent aussi en fibres et en potassium bénéfiques pour la santé cardiovasculaire.

POUR 4 PERSONNES

Prép. 5 min ◆ **Cuisson** 10 min

- 375 g (12 oz) de tortellinis à la viande
- 1 bocal de poivrons rouges rôtis
- 2 gousses d'ail
- 2 cuill. à soupe d'huile d'olive
- 1 cuill. à soupe de sauce de soja
- 1 cuill. à soupe de beurre en petits dés
- 3 cuill. à soupe de basilic haché

1 Plongez les tortellinis dans une grande casserole d'eau bouillante salée et laissez-les cuire selon les indications sur l'emballage.

2 Pendant ce temps, travaillez au robot les poivrons rouges et le jus qu'ils ont rendu, l'ail, l'huile et la sauce de soja jusqu'à obtention d'une purée. Versez dans une casserole et laissez mijoter 10 min à feu doux.

3 Égouttez les tortellinis. Juste avant de servir, ajoutez le beurre à la purée de poivrons, puis le basilic. Mélangez bien les tortellinis à la sauce aux poivrons et servez sans attendre.

Pour 1 personne : 282 calories. Protéines : 10 g – Glucides : 29 g – Lipides : 14 g (dont saturés : 5 g) – Cholestérol : 120 mg – Fibres : 3 g – Potassium : 720 mg.

IDÉES FRAÎCHES

Le pecorino romano est un fromage de brebis dont le goût est plus prononcé que celui du parmesan (fromage au lait de vache). Mais vous pouvez remplacer le pecorino romano par du parmesan dans toutes les recettes, ou bien mélanger les deux fromages. À défaut, râpez du fromage de brebis sec.

au menu

Servez ces tortellinis avec une salade verte et de rapinis sautés.

Terminez le repas par un sorbet au chocolat.

LÉGUMES SANTÉ, LÉGUMES SAVEUR

Coquilles géantes farcies

Voilà un plat copieux, généreusement pourvu en protéines, vitamines et minéraux variés.

POUR 4 PERSONNES

Prép. 45 min ◆ **Cuisson** 30 min

- 500 g (1 lb) d'épinards équeutés
- 3 courgettes en tranches fines
- 4 gousses d'ail hachées
- 2 tasses de bouillon de légumes
- 250 g (8 oz) de ricotta
- 100 g (3 oz) de cerneaux de noix écrasés
- 4 cuill. à soupe de parmesan râpé
- 3 cuill. à soupe chacune de marjolaine, de ciboulette et de basilic hachés
- 1 œuf légèrement battu
- 12 coquilles géantes cuites al dente
- 60 g (2 oz) d'édam râpé

1 Lavez les épinards. Mettez-les dans une grande casserole sans les égoutter, couvrez et faites cuire 3 min à feu vif en secouant. Égouttez. Portez à ébullition les courgettes, la moitié de l'ail et le bouillon, laissez cuire 5 min. Réduisez en purée avec la moitié de la ricotta, les noix, la moitié du parmesan, du sel et du poivre.

2 Coupez grossièrement les épinards. Mélangez-les avec la marjolaine, la ciboulette, le basilic, le reste d'ail et de ricotta et l'œuf.

3 Allumez le four à 400 °F (200 °C). Farcissez les pâtes avec la préparation aux épinards. Déposez-les dans un plat à gratin. Versez dessus la sauce aux courgettes. Saupoudrez du parmesan restant. Couvrez d'aluminium. Laissez au four 30 min. Parsemez d'édam. Laissez reposer 5 min avant de servir.

Pour 1 personne : 750 calories. Protéines : 37 g – Glucides : 74 g – Lipides : 34 g (dont saturés : 12,5 g) – Cholestérol : 125 mg – Fibres : 10 g – Potassium : 1 360 mg.

Manicottis aux épinards, garniture de champignons

En un seul plat, grâce à la diversité des ingrédients utilisés, voici tout un éventail de nutriments qui agissent en synergie et participent à notre équilibre alimentaire.

POUR 4 PERSONNES

Prép. 25 min ◆ **Cuisson** 40 min

- 8 manicottis ou cannellonis
- 2 cuill. à thé d'huile d'olive
- 1 petit oignon finement haché
- 1 paquet de 300 g (10 oz) d'épinards hachés surgelés, décongelés
- 1 tasse de ricotta semi-écrémée
- 125 g (4 oz) de mozzarella râpée
- 4 cuill. à soupe de parmesan râpé
- 2 cuill. à thé de basilic haché
- ½ cuill. à thé d'ail en poudre
- ¼ cuill. à thé de sel
- 1¼ tasse de sauce tomate
- 300 g (10 oz) de champignons en lamelles

1 Plongez les manicottis dans une grande casserole d'eau bouillante et laissez-les cuire 8 min. Égouttez-les. Laissez refroidir légèrement.

2 Pendant ce temps, réchauffez à feu moyen 1 cuill. à thé d'huile dans un poêlon antiadhésif. Ajoutez l'oignon et faites-le fondre 5 min.

3 Égouttez rapidement les épinards, en laissant un peu de liquide. Dans un grand saladier, mélangez les épinards, la ricotta, la mozzarella, le parmesan, le basilic, l'ail en poudre et le sel.

4 Allumez le four à 350 °F (180 °C).

5 Versez 4 cuill. à soupe de sauce tomate dans un plat à gratin de 33 x 23 x 5 cm (13 x 9 x 2 po). Remplissez les manicottis avec le mélange d'épinards. Placez-les en une seule couche dans le plat. Recouvrez avec le reste de la sauce tomate. Couvrez d'aluminium.

6 Laissez cuire au four environ 30 min, jusqu'à cuisson complète.

7 Environ 5 min avant la fin de la cuisson, réchauffez à feu moyen le reste de l'huile dans un poêlon. Ajoutez les champignons. Faites-les sauter 3 min. Servez les manicottis recouverts de champignons.

Pour 1 personne : 432 calories. Protéines : 23 g – Glucides : 49 g – Lipides : 16 g (dont saturés : 7 g) – Cholestérol : 30 mg – Fibres : 7,5 g – Potassium : 1 205 mg.

Pâtes au four à l'ail et aux légumes-feuilles

Voici une manière facile et agréable de consommer de l'ail, qui stimule le système immunitaire.

POUR 8 PERSONNES

Prép. 15 min ◆ **Cuisson** 50 min

    500 g (1 lb) de pennes ou de rigatonis
    1½ cuill. à soupe d'huile d'olive
      6 gousses d'ail hachées finement
      1 paquet de 300 g (10 oz) de chou frisé surgelé, décongelé et égoutté
      3 tasses de sauce tomate
      1 tasse de ricotta semi-écrémée
      1 tasse de mozzarella râpée
     16 olives noires

1 Allumez le four à 350 °F (180 °C). Huilez légèrement un plat à gratin.

2 Faites cuire les pennes dans de l'eau bouillante salée selon les indications sur l'emballage.

3 Pendant ce temps, réchauffez 1 cuill. à soupe d'huile à feu moyen dans un poêlon antiadhésif. Ajoutez l'ail. Faites dorer pendant 5 min. Ajoutez le chou. Laissez cuire 5 min. Transvasez dans un grand bol. Ajoutez la sauce tomate et la ricotta.

4 Égouttez les pennes. Ajoutez-les dans le bol. Mélangez soigneusement. Versez ce mélange dans le plat de cuisson. Parsemez de mozzarella. Couvrez d'aluminium.

5 Laissez au four 25 min. Enlevez l'aluminium. Remettez 10 min au four pour faire dorer le plat. Garnissez avec les olives.

Pour 1 personne : 376 calories. Protéines : 15 g – Glucides : 53 g – Lipides : 11,6 g (dont saturés : 4,3 g) – Cholestérol : 16 mg – Fibres : 5 g – Potassium : 410 mg.

Macaronis aux trois fromages

Dans ce plat au fromage, riche en calcium indispensable à la solidité des os, les tomates et les carottes apportent couleurs et phytocomposants bénéfiques.

POUR 8 PERSONNES

Prép. 15 min ◆ **Cuisson** 30 min

    500 g (1 lb) de macaronis en coude
      3 cuill. à soupe d'huile
      4 oignons verts coupés grossièrement
     ¼ cuill. à thé de sel
      4 cuill. à soupe de farine
      4 tasses de lait à 1 % m.g. réchauffé
      2 cuill. à soupe de moutarde de Dijon
      2 tasses de cheddar fort râpé
      1 tasse de monterey jack râpé
     ½ tasse de parmesan râpé
      2 carottes râpées grossièrement
      4 tomates en rondelles
      1 tasse de chapelure de pain complet

1 Faites cuire les macaronis dans de l'eau bouillante salée selon les indications sur l'emballage. Égouttez-les soigneusement. Remettez-les dans la casserole.

2 Réchauffez l'huile à feu moyen dans une poêle creuse antiadhésive. Ajoutez les oignons verts. Faites cuire 3 min en remuant de temps en temps. Versez la farine en pluie, en remuant. Laissez cuire 1 min. Ajoutez lentement 1 tasse de lait, en remuant sans cesse pour obtenir un mélange sans grumeaux. Ajoutez doucement le reste du lait. Amenez à ébullition. Baissez le feu. Laissez mijoter 2 à 3 min pour faire légèrement épaissir la sauce. Retirez du feu. Incorporez la moutarde, puis le cheddar, le monterey jack et la moitié du parmesan.

3 Allumez le four à 400 °F (200 °C). Huilez un plat à gratin de 33 x 23 x 5 cm (13 x 9 x 2 po).

4 Incorporez les carottes et la sauce au fromage aux macaronis. Versez le tout dans le plat de cuisson. Nappez d'une couche de tomates. Dans un petit bol, mélangez le reste de parmesan et la chapelure. Parsemez-en les tomates.

5 Laissez cuire environ 20 min (le dessus doit brunir et l'intérieur bouillonner). Laissez reposer 10 min avant de servir.

Pour 1 personne : 548 calories. Protéines : 27,4 g – Glucides : 66 g – Lipides : 19,4 g (dont saturés : 8,8 g) – Cholestérol : 50 mg – Fibres : 5,6 g – Potassium : 675 mg.

IDÉES 🌿 FRAÎCHES

*Pour cette recette, vous pouvez utiliser n'importe quelle sorte de pâtes épaisses
mais pas trop grosses – radiatores, rotelles, fusillis courts, zitis, pennes ou farfalles.
Pour les enfants, choisissez des coquillettes, des pâtes de couleur, des petits paniers,
des marguerites, des torsettes, des frisettes, des animaux de Noé, etc.*

Lasagnes aux épinards

Une façon savoureuse de faire consommer une quantité appréciable de tomates :
sous forme de sauce, elles gardent leurs qualités antioxydantes et tout leur potentiel protecteur.

POUR 8 PERSONNES

Prép. 20 min ◆ **Cuisson** 45 min

- **1 cuill. à thé d'huile**
- **500 g (1 lb) de ricotta**
- **1 tasse de parmesan râpé**
- **1 gros œuf**
- **4 tasses de sauce tomate épaisse en bocal**
- **12 feuilles de lasagnes précuites**
- **2 boîtes de 300 g (10 oz) d'épinards surgelés hachés, décongelés, bien essorés**
- **1 tasse de mozzarella râpée**

1 Allumez le four à 350 °F (180 °C). Huilez un plat à gratin de 33 x 23 x 5 cm (13 x 9 x 2 po).

2 Dans un bol moyen, mélangez la ricotta, le parmesan et l'œuf.

3 Versez le quart de la sauce tomate au fond du plat. Disposez 3 feuilles de lasagnes côte à côte. Versez le tiers du mélange de ricotta dessus. Recouvrez avec un tiers des épinards. Recommencez deux fois avec la sauce, les feuilles de lasagnes, le mélange de ricotta et les épinards. Couvrez avec les 3 feuilles qui restent. Versez le reste de la sauce. Appuyez doucement sur les lasagnes pour que la sauce remonte sur les côtés. Couvrez le plat d'aluminium.

4 Mettez au four et laissez cuire 35 min. Découvrez le plat. Éparpillez la mozzarella sur le dessus. Remettez au four 10 min jusqu'à ce que le fromage soit fondu et que l'intérieur bouillonne. Laissez reposer 10 min avant de servir.

Pour 1 personne : 443 calories. Protéines : 22,5 g – Glucides : 45,5 g – Lipides : 19 g (dont saturés : 10,3 g) – Cholestérol : 74 mg – Fibres : 5 g – Potassium : 670 mg.

IDÉES 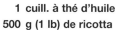 FRAÎCHES

Vous pouvez utiliser d'autres ingrédients pour ces lasagnes. Remplacez par exemple les épinards par 250 g (½ lb) de champignons en lamelles, sautés à la poêle et mélangés à 4 tasses de sauce béchamel, ou par des courgettes en tranches longues grillées et 4 tasses de sauce bolognaise. Ou encore par du brocoli haché surgelé et des morceaux de jambon, tandis que la mozzarella est remplacée par du jarlsberg.

TOUR DE MAIN

Pour gagner du temps, on utilise pour ce plat des lasagnes précuites et déshydratées. Aussi prévoit-on dans ce type de recettes assez de liquide pour les réhydrater ou conseille-t-on d'utiliser davantage de sauce tomate ou d'eau en plus de la sauce.

*L'intérêt de ces lasagnes est double : un gain de temps sur la cuisson des pâtes, une facilité de disposition en couches en raison de leur rigidité. En outre, il **ne** reste aucun liquide au fond du plat, les pâtes l'ayant absorbé en totalité.*

LE SAVIEZ-VOUS ?

Certains affirment que l'arrivée des pâtes en Italie est due à Marco Polo, d'autres aux Arabes via la Sicile, ancienne colonie arabe. On a pourtant trouvé dans une tombe étrusque de la région de Rome des sculptures représentant les instruments nécessaires à leur confection, et les Grecs mangeaient force pâtes lorsqu'ils fondèrent la ville de Naples au Vᵉ siècle avant notre ère !

Gratin de pâtes au hachis de dinde, oignons, tomates, haricots verts et brocoli

Les tomates en boîte constituent une source exceptionnelle de lycopène, pigment qui contribue à la lutte contre le cancer de la prostate. Grâce au bêta-carotène, aux composés soufrés (sulforaphane, indoles) et à la vitamine C qu'il renferme, le brocoli renforce encore cette action protectrice.

POUR 6 PERSONNES

Prép. 10 min ◆ **Cuisson** 40 min ♥

250 g (8 oz) de zitis

2 cuill. à thé d'huile d'olive

1 gros oignon haché

2 boîtes de 425 ml (15 oz) de tomates en dés avec basilic, ail et origan

400 g (¾ lb) de dinde crue hachée

½ cuill. à thé de thym séché moulu

½ cuill. à thé de sel

1 paquet de 300 g (10 oz) de haricots verts surgelés décongelés

1 paquet de 300 g (10 oz) de bouquets de brocoli surgelés décongelés

½ tasse de crème sure allégée

½ tasse de parmesan râpé

1 Plongez les zitis dans une grande casserole d'eau bouillante salée et faites-les cuire selon les indications sur l'emballage. Égouttez-les. Versez-les dans un grand bol.

2 Réchauffez 1 cuill. à thé d'huile d'olive dans un poêlon antiadhésif. Faites fondre l'oignon 5 min pour qu'il devienne moelleux. Ajoutez les tomates. Laissez cuire environ 5 min, jusqu'à ce que le liquide ait réduit de moitié. Incorporez le mélange de tomates aux pâtes.

3 Mettez le poêlon à feu assez vif. Ajoutez le reste de l'huile. Faites brunir la dinde hachée, tout en brisant les grumeaux qui se forment. Saupoudrez de thym et salez. Faites cuire la dinde environ 4 min en remuant et en l'écrasant avec une fourchette en bois, pour qu'elle soit dorée et juste cuite.

4 Ajoutez aux pâtes la viande, les haricots verts, le brocoli et la crème. Mélangez. Disposez le tout dans un plat à gratin de 33 x 23 x 5 cm (13 x 9 x 2 po). Saupoudrez de parmesan.

5 Mettez au four et laissez cuire de 20 à 25 min pour que le fromage soit fondu et que le bord des pâtes soit doré. Servez chaud dans le plat de cuisson.

Pour 1 personne : 359 calories. Protéines : 27 g – Glucides : 38 g – Lipides : 11 g (dont saturés : 3,9 g) – Cholestérol : 52 mg – Fibres : 6,5 g – Potassium : 780 mg.

LE SAVIEZ-VOUS?

En Italie, la consommation de pâtes par an et par habitant est de 28 kg, environ quatre fois plus que celle des Canadiens, qui ne s'élève qu'à 6,3 kg. Les États-Unis se situent entre les deux, avec une consommation de 9 kg de pâtes par an.

Dans les plats
végétariens

au menu

Au dîner ou au souper, accompagnez ces barquettes de courgette riches en protéines de petits pains aux sept grains et d'une salade de tomates. Terminez le repas par une compote de fruits.

Courgettes farcies gratinées

Grâce à la présence de ricotta et de gruyère, ce plat de courgettes fournit près du tiers de l'apport quotidien nutritionnel de référence en calcium, bénéfique pour les os.

POUR 4 PERSONNES

Prép. 15 min ◆ **Cuisson** 23 min

- 4 courgettes
- 1 tasse de ricotta allégée
- 1 gros œuf légèrement battu
- 4 cuill. à soupe de gruyère râpé
- 1 cuill. à thé de farine
- ½ cuill. à thé de thym séché écrasé
- ¼ cuill. à thé de sel
- ¼ cuill. à thé de poivre
- 1 boîte de 425 ml (15 oz) de maïs en grains
- 2 cuill. à thé d'huile
- 4 oignons verts en fines rondelles
- 1 tomate italienne coupée grossièrement

1 Allumez le gril du four. Couvrez une plaque à pâtisserie de papier d'aluminium.

2 Plongez les courgettes 5 min dans une grande casserole d'eau bouillante salée. Égouttez-les. Rafraîchissez-les sous l'eau froide. Égouttez-les à nouveau.

3 Coupez les courgettes en deux dans le sens de la longueur. Évidez-les en laissant une épaisseur de 8 mm (⅓ po) de peau et de chair. Hachez grossièrement la chair retirée. Déposez les courgettes évidées côte à côte sur la lèchefrite.

4 Mélangez la ricotta, l'œuf, le fromage, la farine, le thym, le sel, le poivre et le maïs.

5 Dans une poêle antiadhésive moyenne, réchauffez l'huile à feu assez vif. Ajoutez la chair des courgettes, les oignons verts et la tomate. Faites sauter 8 min, jusqu'à obtention d'une couleur dorée – le mélange doit être sec. Laissez refroidir. Ajoutez le mélange contenant la ricotta. Emplissez les demi-courgettes de cette préparation.

6 Placez la lèchefrite à 15 cm (6 po) du gril et laissez environ 10 min pour que les courgettes soient gratinées et bien cuites. Laissez reposer 10 min avant de servir.

Pour 1 personne : 295 calories. Protéines : 16,9 g – Glucides : 20 g – Lipides : 16,4 g (dont saturés : 8,2 g) – Cholestérol : 112 mg – Fibres : 4,1 g – Potassium : 730 mg.

Poivrons farcis au couscous

Les pois chiches sont une source appréciable de fibres et de glucides complexes.

POUR 6 PERSONNES

Prép. 20 min ◆ **Cuisson** 30 min

- 6 gros poivrons (rouges, jaunes, orange ou verts)
- 1 cuill. à soupe d'huile
- 1 petite courgette finement hachée
- 2 gousses d'ail hachées
- 1 cuill. à soupe de jus de citron
- 2 tasses de couscous cuit
- 1 boîte de 425 ml (15 oz) de pois chiches
- 1 tomate mûre en petits morceaux
- 1 cuill. à thé d'origan séché en poudre
- ½ cuill. à thé de sel
- ½ cuill. à thé de poivre
- ½ tasse de feta émiettée

1 Coupez le chapeau des poivrons. Épépinez et évidez-les. Plongez les poivrons et les chapeaux dans une grande casserole d'eau bouillante salée, couvrez et laissez bouillir 5 min. Égouttez.

2 Allumez le four à 350 °F (180 °C).

3 Réchauffez l'huile à feu moyen dans une poêle. Faites sauter 2 min la courgette et l'ail. Ajoutez le jus de citron. Laissez cuire 1 min et retirez du feu. Ajoutez le couscous, les pois chiches, la tomate, l'origan, le sel, le poivre et enfin la feta.

4 Remplissez les poivrons avec cette préparation. Disposez-les bien droits dans un plat à four. Posez les chapeaux dessus. Faites cuire environ 20 min – la farce doit être bien chaude.

Pour 1 personne : 231 calories. Protéines : 10,5 g – Glucides : 36 g – Lipides : 5 g (dont saturés : 1,5 g) – Cholestérol : 6 mg – Fibres : 8,5 g – Potassium : 570 mg.

Risotto d'orge perlé, asperges et champignons

Dans ce risotto original, champignons et asperges apportent leur richesse en vitamines B, en fibres et en minéraux.

POUR 4 PERSONNES

Prép. 15 min ◆ **Cuisson** 40 min

- 4 tasses de bouillon de légumes
- 2 cuill. à soupe d'huile d'olive
- 1 oignon finement haché
- 250 g (8 oz) de champignons variés, hachés
- 2 gousses d'ail émincées
- 1 tasse d'orge perlé
- 250 g (8 oz) d'asperges en petits tronçons, pointes à part
- ½ tasse de parmesan râpé

1 Faites frémir le bouillon et 2 tasses d'eau dans une casserole. Plongez-y les pointes d'asperge 2 min. Réservez-les sur une assiette et gardez le bouillon au chaud.

2 Faites fondre l'oignon 3 min dans l'huile dans une grande poêle antiadhésive. Ajoutez les champignons et l'ail. Faites sauter 5 min. Ajoutez l'orge et versez 2 tasses de bouillon chaud en remuant. Couvrez et laissez frémir 15 min.

3 Ajoutez du bouillon chaud au mélange d'orge, ½ tasse à la fois, en remuant constamment. Attendez que le bouillon soit absorbé avant d'en verser à nouveau. Ajoutez les tronçons d'asperge en même temps que le reste du bouillon. Incorporez le parmesan. Décorez avec les pointes d'asperge.

Pour 1 personne : 302 calories. Protéines : 14 g – Glucides : 39 g – Lipides : 10 g (dont saturés : 3 g) – Cholestérol : 10 mg – Fibres : 5 g – Potassium : 590 mg.

Pâté aux légumes

Vous ne regretterez pas la viande en dégustant ce savoureux pâté de légumes enrichis de fromage.

POUR 6 PERSONNES

Prép 20 min ◆ **Cuisson** 55 min

- 2 cuill. à soupe de beurre
- 2 branches de céleri hachées grossièrement
- 1 gros oignon jaune haché grossièrement
- 1 grosse carotte hachée grossièrement
- 1 petit poivron rouge haché grossièrement
- ¾ cuill. à thé de thym séché émietté
- 3 cuill. à soupe de farine
- 1 tasse de bouillon de légumes
- 1 tasse de fleurettes de brocoli
- 1 tasse de fleurettes de chou-fleur
- 1 tasse de petits oignons congelés
- 60 g (2 oz) de cheddar en petit dés
- Abaisse de 22 cm (9 po) de pâte brisée

1 Laissez fondre le beurre à feu moyen dans une grande casserole antiadhésive. Faites-y revenir le céleri, l'oignon, la carotte, le poivron et le thym pendant 10 min pour les attendrir.

2 Incorporez la farine. Versez le bouillon. Augmentez la chaleur. Ajoutez le brocoli, le chou-fleur et les petits oignons. Portez à ébullition, baissez le feu et laissez mijoter 15 min sans couvrir. Retirez la casserole du feu. À cette étape, vous pouvez réfrigérer la préparation après l'avoir laissé refroidir et couverte.

3 Allumez le four à 400 °F (200 °C).

4 Étendez la préparation dans une assiette à tarte en verre ou en céramique. Parsemez de fromage. Recouvrez avec la pâte abaissée, et ajourée si vous le désirez (sinon, ménagez des grandes entailles). Déposez le tout sur une plaque à pâtisserie.

5 Enfournez et faites cuire de 25 à 30 min pour que la garniture bouillonne et que la pâte blondisse. Laissez reposer 10 min avant de servir.

Pour 1 personne : 296 calories. Protéines : 7 g – Glucides : 32 g – Lipides : 17 g (dont saturés : 8 g) – Cholestérol : 27 mg – Fibres : 4 g – Sodium : 408 mg.

TOUR DE MAIN

Pour une croûte ajourée, abaissez la pâte en formant un rectangle d'une largeur de 12 cm (5 po) et un peu plus long que le diamètre de l'assiette à tarte. Découpez 10 lanières. Placez-en 5 à la verticale, 5 à l'horizontale, en soulevant les premières pour entrelacer les secondes.

LÉGUMES SANTÉ, LÉGUMES SAVEUR

Soufflé carottes-courgettes

Nul ne résiste à cette savoureuse façon de déguster les carottes, si riches en provitamine A antioxydante.

POUR 4 PERSONNES

Prép. 15 min ◆ **Cuisson** 1 h 5

- **500 g (1 lb) de carottes en rondelles de 1 cm (½ po)**
- **2 cuill. à thé de beurre**
- **2 cuill. à soupe d'huile**
- **4 cuill. à soupe d'oignon grossièrement haché**
- **2 cuill. à soupe de farine**
- **½ tasse de lait à 1 % de m.g.**
- **4 gros œufs, jaunes et blancs séparés**
- **1 courgette moyenne râpée**
- **3 pincées de noix de muscade**
- **½ cuill. à thé de sel**
- **¼ cuill. à thé de poivre noir**

1 Dans une casserole moyenne, faites cuire les carottes environ 20 min avec 4 cuill. à soupe d'eau, à couvert, jusqu'à ce qu'elles soient tendres. Passez-les au robot.

2 Allumez le four à 400 °F (200 °C). Beurrez soigneusement un moule à soufflé.

3 Réchauffez l'huile dans une petite poêle à feu moyen. Faites-y fondre l'oignon 5 min. Saupoudrez de farine, laissez cuire 1 min en remuant. Sans cesser de remuer, versez le lait et portez à ébullition. Transvasez dans un grand bol. Toujours en remuant, ajoutez les carottes et les jaunes d'œufs, puis la courgette, la noix de muscade, le sel et le poivre.

4 Battez les blancs d'œufs en neige très ferme. Incorporez-les délicatement – un tiers à la fois – à la préparation de légumes, puis versez le tout dans le moule.

5 Mettez au four et laissez cuire 30 à 40 min sans ouvrir le four, jusqu'à ce que le soufflé soit monté et doré. Servez immédiatement.

Pour 1 personne : 252 calories. Protéines : 11,2 g – Glucides : 18 g – Lipides : 15 g (dont saturés : 4,4 g) – Cholestérol : 258 mg – Fibres : 4,4 g – Potassium : 640 mg.

LE SAVIEZ-VOUS?

La présence de beurre, d'huile ou de jaune d'œuf, même en petite quantité, empêche les blancs battus en neige de devenir fermes. Et n'oubliez pas qu'il ne faut jamais ouvrir la porte du four pendant la cuisson d'un soufflé : l'arrivée d'air froid ferait retomber les blancs.

Pudding brocoli-maïs

Le maïs doit sa couleur jaune à la zéaxanthine, un pigment antioxydant qui protège l'organisme des dommages liés à l'excès de radicaux libres.

POUR 4 PERSONNES

Prép. 15 min ◆ **Cuisson** 1 h 15

- **1 brocoli en petits bouquets**
- **2 cuill. à soupe d'huile**
- **1 petit oignon finement haché**
- **2 cuill. à soupe de farine**
- **1 tasse de lait concentré partiellement écrémé**
- **1 tasse de lait à 1 % de m.g.**
- **3 gros œufs légèrement battus**
- **½ tasse de cheddar allégé râpé**
- **1 boîte de 425 ml (15 oz) de maïs en grains**
- **¾ cuill. à thé de sel**
- **⅛ cuill. à thé de poivre noir**
- **2 pincées de piment de la Jamaïque**

1 Allumez le four à 350 °F (180 °C). Faites cuire le brocoli avec 4 cuill. à soupe d'eau 4 min au micro-ondes à pleine puissance. Laissez refroidir. Égouttez le brocoli et hachez-le grossièrement.

2 Réchauffez l'huile à feu doux dans un poêlon antiadhésif. Ajoutez l'oignon. Couvrez, laissez fondre 6 min. Poudrez de farine et remuez. Versez le lait concentré et le lait en remuant sans cesse. Laissez épaissir 3 à 4 min, en remuant. Retirez du feu. Incorporez au fouet les œufs et le fromage. Ajoutez le brocoli, le maïs, le sel, le poivre et le piment.

3 Versez la préparation dans le plat. Placez ce plat dans une lèchefrite et versez-y de l'eau bouillante à mi-hauteur. Faites cuire de 55 min à 1 h.

Pour 1 personne : 325 calories. Protéines : 14,6 g – Glucides : 28,6 g – Lipides : 16,8 g (dont saturés : 6,1 g) – Cholestérol : 189 mg – Fibres : 4 g – Potassium : 687 mg.

Riz sauté au tofu et aux légumes

Le tofu est l'une des sources de protéines végétales les mieux équilibrées. Préparé comme ici en marinade et servi avec des légumes variés, il est très savoureux.

POUR 4 PERSONNES

Prép. 20 min ◆ **Marinage** 1 h ◆ **Cuisson** 20 min

- 1 tasse de vin blanc sec ou de bouillon de poulet
- 4 cuill. à soupe de sauce de soja
- 2 cuill. à soupe de miel
- 1 cuill. à soupe de gingembre frais râpé
- 375 g (12 oz) de tofu extraferme en cubes de 2,5 cm (1 po)
- 1 tasse de riz blanc long
- 2 gousses d'ail émincées
- 1 paquet (500 g/16 oz) de mélange de légumes asiatique surgelé, légèrement décongelé
- 3 oignons verts en tronçons de 5 cm (2 po)
- 1 gros œuf légèrement battu
- Sel, poivre

1 Dans un grand sac en plastique muni d'une fermeture à glissière, mélangez le vin, 1 cuill. à soupe de sauce de soja, le miel et 1 cuill. à thé de gingembre. Ajoutez le tofu, appuyez pour faire sortir l'air, fermez le sac et secouez-le doucement. Faites mariner 1 h au réfrigérateur en retournant le sac de temps en temps.

2 Faites cuire le riz à l'eau bouillante salée en suivant les indications sur l'emballage. Réservez-le au chaud. Huilez légèrement un wok ou un poêlon et faites-le chauffer à feu vif.

3 Faites frire l'ail et le reste du gingembre dans le wok pendant 1 min. Ajoutez le mélange de légumes, la moitié des oignons verts, le riz, le reste de sauce de soja et du poivre. Faites frire en remuant environ 4 min, pour que les légumes soient bien chauds. Poussez les ingrédients sur un côté du wok, puis versez l'œuf battu au centre. Quand il est pris, coupez-le en lamelles avec une spatule.

4 Versez la marinade dans une petite casserole et faites-la bouillir à feu vif 2 min. Mettez le tofu et la marinade dans le wok. Faites frire en remuant 4 min, jusqu'à ce que le tofu soit bien chaud. Parsemez avec le reste des oignons verts.

Pour 1 personne : 352 calories. Protéines : 17,5 g – Glucides : 56 g – Lipides : 6,5 g (dont saturés : 1,2 g) – Cholestérol : 62 mg – Fibres : 4 g – Potassium : 675 mg.

Légumes à la thaïlandaise

L'association savoureuse du gingembre, de piment rouge, d'ail et d'oignon vert apporte des antioxydants puissants qui renforcent les défenses naturelles.

POUR 4 PERSONNES

Prép. 15 min ◆ **Cuisson** 6 min

- ½ tasse de bouillon de légumes
- 4 cuill. à soupe de jus de lime
- 2 cuill. à soupe de sauce de soja
- 2 cuill. à thé de fécule de maïs
- 2 cuill. à soupe d'huile
- 4 gousses d'ail hachées
- 1 cuill. à soupe de gingembre frais haché fin
- 1 petit piment rouge (serrano ou jalapeño) épépiné et haché fin
- 1 poivron rouge en carrés de 1 cm (½ po)
- 4 oignons verts en fines rondelles
- 1 courgette en dés
- 12 épis de maïs miniatures en boîte
- 250 g (½ lb) de pak-choï ou de pé-tsaï râpé
- 500 g (1 lb) de tofu ferme en cubes de 1 cm (½ po)

1 Mélangez au fouet le bouillon, le jus de lime, la sauce de soja et la fécule.

2 Dans un poêlon ou un wok, faites frire 30 s l'ail, le gingembre et le piment dans 2 cuill. à thé d'huile, en remuant. Ajoutez au mélange à base de bouillon.

3 Réchauffez le reste de l'huile dans le poêlon. Ajoutez le poivron, les oignons verts et la courgette. Laissez frire de 2 à 3 min en remuant. Ajoutez le maïs et le chou. Faites frire en remuant 1 min. Ajoutez le tofu et le mélange de bouillon. Couvrez et laissez mijoter 2 min. Servez sans attendre.

Pour 1 personne : 270 calories. Protéines : 18 g – Glucides : 21,5 g – Lipides : 12,5 g (dont saturés : 1,8 g) – Cholestérol : 0 mg – Fibres : 4,8 g – Potassium : 590 mg.

LE SAVIEZ-VOUS?

Le tofu est parfois surnommé le fromage de l'Asie. En fait, on l'obtient en coagulant du « lait » de soja, lui-même obtenu à partir de haricots de soja. Le tofu ressemble à du fromage blanc mais, nature, il est de saveur neutre et on peut l'aromatiser de multiples façons.

Panaché de haricots, légumes et épices

Ce plat à base de légumes frais et de légumineuses est un véritable cocktail de nutriments protecteurs :
vitamine C, provitamine A et autres antioxydants, fibres et minéraux (dont le potassium), qui tous contribuent
à renforcer les défenses de l'organisme.

POUR 6 PERSONNES

Prép. 15 min ◆ **Cuisson** 50 min

- 2 cuill. à soupe d'huile
- 1 gros oignon finement haché
- 1 poivron rouge coupé grossièrement
- 1 petite carotte en dés
- 1 petite branche de céleri hachée
- 4 gousses d'ail hachées
- 1 cuill. à soupe d'assaisonnement au chile
- 2 cuill. à soupe de paprika doux
- 2 cuill. à thé d'origan séché émietté
- 1 cuill. à thé de cumin moulu
- 2 boîtes de 850 ml (28 oz) de tomates entières, hachées, avec leur jus
- 2 boîtes de 425 ml (15 oz) de cannellinis
- 1 boîte de 425 ml (15 oz) de haricots rouges
- 4 cuill. à soupe de sauce de soja
- 1 boîte de 425 ml (15 oz) de maïs en grains

1 Réchauffez l'huile à feu assez vif dans une grande poêle antiadhésive. Ajoutez l'oignon, le poivron, la carotte, le céleri et l'ail. Laissez cuire 5 min – les légumes doivent être tendres. Incorporez l'assaisonnement au chile, le paprika, l'origan et le cumin en remuant. Laissez cuire encore 1 min.

2 Ajoutez les tomates, les haricots, 1 tasse d'eau et la sauce de soja. Laissez mijoter 30 min sans couvrir et en remuant de temps en temps. Ajoutez le maïs, mélangez bien. Laissez mijoter encore 10 min.

Pour 1 personne : 264 calories. Protéines : 13,5 g – Glucides : 39 g – Lipides : 6 g
(dont saturés : 0,5 g) – Cholestérol : 0 mg – Fibres : 14 g – Potassium : 1 040 mg.

au menu

Pour un menu végétarien, accompagnez
ce panaché de légumes très nourrissant
de Pain de maïs à la carotte (voir p. 269).
Terminez par une salade verte et un laitage.

IDÉES FRAÎCHES

Haricots rouges, haricots blancs et maïs
constituent une base solide pour ce plat
végétarien riche en protéines. En fait,
n'importe quelle variété de haricots convient,
et les haricots peuvent même être remplacés
par des lentilles. Si vous choisissez des lentilles
en conserve, ajoutez-les en même temps
que le maïs et laissez-les mijoter pendant
les 10 dernières minutes.

Chile sin carne garni de polenta

Difficile de trouver un plat plus riche en fibres ! Celles-ci sont fournies par les haricots et le maïs, tandis que les légumes contribuent les vitamines, les folates et les antioxydants.

POUR 6 PERSONNES

Prép. 16 min ◆ **Cuisson** 50 min

- 1 **cuill. à soupe d'huile**
- 1 **oignon haché fin**
- 1 **poivron rouge haché grossièrement**
- 3 **gousses d'ail émincées**
- 2 **carottes en tout petits dés**
- 2 **petites courgettes en fines demi-tranches**
- 2 **cuill. à soupe d'assaisonnement au chile**
- 2 **cuill. à thé de cumin en poudre**
- 1 **boîte de 850 ml (28 oz) de tomates concassées réduites en purée**
- 1 **boîte de haricots noirs rincés et égouttés**
- 1 **boîte de haricots rouges rincés et égouttés**
- 1 **boîte de haricots pintos rincés et égouttés**
- 1 **boîte de pois chiches rincés et égouttés**
- 5 **tasses d'eau**
- 1½ **tasse de polenta ou de semoule de maïs**
- ½ **cuill. à thé de sel**
- 1½ **tasse de cheddar allégé râpé**

1 Réchauffez l'huile à feu moyen dans une grande casserole ou une marmite. Faites-y revenir l'oignon et le poivron pendant 5 min pour les attendrir. Ajoutez l'ail et, après 30 s, les carottes. Couvrez et laissez cuire 2 min. Ajoutez les courgettes, l'assaisonnement au chile et le cumin ; laissez cuire 1 min. Incorporez les tomates, ramenez l'ébullition, baissez le feu et laissez cuire 15 min en couvrant partiellement et en remuant de temps en temps.

2 Ajoutez les trois variétés de haricots et les pois chiches, le temps de les réchauffer. Divisez le plat en deux et faites-en congeler la moitié dans un contenant étanche pour usage ultérieur.

3 Allumez le four à 400 °F (200 °C).

4 Faites bouillir 4 tasses d'eau dans une casserole de taille moyenne. Mélangez dans un bol 1 tasse d'eau, la polenta et le sel. Incorporez progressivement la polenta humide à l'eau bouillante. Laissez mijoter environ 5 min à petit feu, en remuant constamment, jusqu'à ce que la polenta ait acquis du velouté.

5 Étalez la moitié de la polenta au fond d'un plat à four de 20 x 20 x 5 cm (8 x 8 x 2 po). Déposez le chile sur la polenta. Saupoudrez le fromage en conservant 2 cuill. à soupe pour la surface. Étalez l'autre moitié de la polenta et le reste du fromage.

6 Enfournez et laissez cuire 20 min pour que le mélange bouillonne et que la surface soit dorée. Laissez refroidir 15 min avant de détailler en rectangles.

Pour 1 personne : 436 calories. Protéines : 24 g – Glucides : 71 g – Lipides : 7 g (dont saturés : 2 g) – Cholestérol : 6 mg – Fibres : 17 g – Sodium : 942 mg.

LÉGUMES SANTÉ, LÉGUMES SAVEUR

Pizza-salade

Au lieu de servir la salade pour accompagner la pizza, voici une façon insolite de combiner les deux.

POUR 4 PERSONNES

Prép. 20 min ◆ **Cuisson** 20 min

500 g (1 lb) de pâte à pizza ou à pain
  2 cuill. à soupe de semoule de maïs jaune
  ¼ tasse de parmesan râpé
  2 cuill. à soupe de vinaigre balsamique
  1 cuill. à soupe de moutarde de Dijon
  1 cuill. à thé de cassonade blonde
  ¼ cuill. à thé de sel
375 g (¾ lb) de tomates italiennes en quartiers
  1 oignon rouge en demi-tranches minces
  2 tasses de mozzarella allégée râpée (250 g/8 oz)
  6 tasses de mesclun déchiqueté en bouchées

1 Allumez le four à 425 °F (220 °C). Abaissez la pâte sur une surface non farinée pour former un carré de 30 cm (12 po) de côté. Saupoudrez de semoule une plaque à pâtisserie et placez-y l'abaisse. Étalez le parmesan. Enfournez et faites cuire environ 15 min pour que la pâte gonfle légèrement et que le parmesan blondisse.

2 Pendant ce temps, mélangez dans un grand bol le vinaigre, la moutarde, la cassonade et le sel. Ajoutez les tomates et l'oignon et mélangez de nouveau.

3 Étendez la mozzarella sur la pizza et remettez celle-ci au four environ 5 min pour fondre le fromage et dorer le fond de la pizza.

4 Incorporez le mesclun aux tomates assaisonnées. Étalez-les sur la pizza chaude et servez.

Pour 1 personne : 330 calories. Protéines : 22 g – Glucides : 49 g – Lipides : 4 g (dont saturés : 1 g) – Cholestérol : 10 mg – Fibres : 3 g – Sodium : 1 040 mg.

Légumes grillés sur canapé

Les asperges et les champignons fournissent une vaste gamme de vitamines B dont l'organisme a besoin pour produire de l'énergie.

POUR 4 PERSONNES

Prép. 15 min ◆ **Cuisson** 14 min

  2 cuill. à soupe d'huile d'olive
  1 cuill. à soupe de vinaigre balsamique
  ¼ cuill. à thé de sel
  2 pincées de poivre
  4 champignons portobellos, sans les pieds
  1 petite botte d'asperges
    parées et coupées en 2
  1 gros poivron rouge coupé en 2
  4 tranches de ciabata
100 g (3 oz) de fromage de chèvre

1 Allumez le gril.

2 Dans un petit bol, mélangez l'huile, le vinaigre, le sel et le poivre. À l'aide d'un pinceau, enduisez les champignons, les asperges et le poivron de ce mélange.

3 Placez les légumes à 10 cm (4 po) de la source de chaleur et faites-les griller jusqu'à ce qu'ils soient tendres, environ 10 min pour les asperges et les poivrons, 12 min pour les champignons. Tournez-les une fois. Dès qu'il est manipulable, pelez le poivron et découpez-le en tranches.

4 Éteignez le gril. Placez le pain sur la grille pour le réchauffer environ 2 min.

5 Tartinez le pain avec le fromage de chèvre. Déposez des champignons sur chaque tranche, puis les poivrons et les asperges. Servez chaud.

Pour 1 personne : 274 calories. Protéines : 11 g – Glucides : 26 g – Lipides : 15 g (dont saturés : 6 g) – Cholestérol : 17 mg – Fibres : 4 g – Sodium : 443 mg.

au menu

Cet élégant canapé aux champignons, asperge et fromage de chèvre se marie
très bien à une salade de cresson et de jeunes pousses d'épinard, agrémentée
d'une vinaigrette à l'orange. Et quoi de mieux qu'un cappuccino pour dessert?

Tarte provençale aux légumes

La pâte de cette délicieuse tarte est remarquablement digeste, car très peu grasse, et agréablement parfumée au thym. Sa garniture à base de tomates est riche en antioxydants (bêta-carotène et lycopène) qui aident à lutter contre le cancer et les maladies cardiovasculaires.

POUR 4 PERSONNES

Prép. 20 min ◆ **Cuisson** 47 min

- 1 cuill. à thé + 2 cuill. à soupe d'huile d'olive
- 2 gros oignons doux en fines rondelles
- 2 courgettes de 250 g (8 oz)
- 1½ tasse de farine tout usage
- 1½ cuill. à thé de thym frais haché
- ½ cuill. à thé de sel
- ⅓ tasse d'eau glacée
- 4 tomates moyennes en tranches de 5 mm (¼ po)
- 2 cuill. à soupe de parmesan râpé

1 Réchauffez 1 cuill. à thé d'huile dans un grand poêlon. Faites-y dorer les oignons 20 min à feu plutôt doux, jusqu'à ce qu'ils soient tendres. Réservez sur une assiette.

2 Coupez les courgettes en diagonale pour obtenir des rondelles de 2,5 cm (1 po) d'épaisseur. Faites-les sauter à feu assez vif dans le poêlon, de 5 à 7 min, jusqu'à ce qu'elles soient dorées.

3 Allumez le four à 400 °F (200 °C). Dans un grand bol, mélangez la farine, le thym et ¼ cuill. à thé de sel. Ajoutez 3 cuill. à soupe d'eau glacée et les 2 cuill. d'huile. Mélangez pour obtenir une pâte homogène. Étalez la pâte en un rectangle de 40 x 25 cm (16 x 10 po) ou un disque de 32,5 cm (13 po) de diamètre. Pliez la pâte en deux et placez-la dans un moule rectangulaire de 30 x 15 cm (12 x 6 po) ou un moule rond de 22 cm (9 po) à fond amovible. Coupez la pâte qui dépasse sur les bords.

4 Disposez les courgettes, les tomates et les oignons sur la pâte en les faisant chevaucher légèrement. Saupoudrez avec le parmesan. Salez. Mettez au four et laissez cuire 20 min jusqu'à ce que la croûte soit dorée. Servez chaud, tiède ou à température ambiante.

Pour 1 personne : 312 calories. Protéines : 11 g – Glucides : 46,5 g – Lipides : 9,5 g (dont saturés : 2 g) – Cholestérol : 5 mg – Fibres : 5 g – Potassium : 670 mg.

LE SAVIEZ-VOUS ?

Les herbes de Provence sont des plantes qui poussent spontanément sur les terres sèches et ensoleillées du midi de la France, plus particulièrement le romarin, le serpolet – variété sauvage du thym cultivé – et la marjolaine – variété sauvage de l'origan. Mieux vaut acheter ces herbes séparément pour doser le mélange à votre goût.

Comme
légumes
D'ACCOMPAGNEMENT

Asperges vertes et poivron grillés, copeaux de parmesan

Ce plat riche en légumes frais est bourré d'antioxydants puissants et de vitamines qui aident à lutter contre les maladies chroniques comme le cancer et les problèmes cardiaques.

POUR 4 PERSONNES

Prép. 10 min ◆ **Cuisson** 12 min

500 g (1 lb) d'asperges vertes

1 poivron rouge en fines lamelles dans le sens de la longueur

1 cuill. à soupe d'huile d'olive

1 cuill. à soupe de vinaigre balsamique

30 g (1 oz) de parmesan en un seul morceau

¼ cuill. à thé de poivre noir

1 Allumez le four à 500 °F (250 °C).

2 Disposez les asperges et le poivron dans un grand plat de cuisson peu profond et salez légèrement. Arrosez-les avec l'huile. Retournez les légumes plusieurs fois pour bien les imprégner d'huile.

3 Mettez au four et laissez cuire de 10 à 12 min ; les légumes doivent rester croquants. Déposez-les dans un plat de service avec précaution pour ne pas casser les asperges.

4 Arrosez les légumes de quelques gouttes de vinaigre. Retournez-les et répétez l'opération. Coupez le parmesan en lamelles, avec un couteau économe, au-dessus des légumes. Poivrez.

Pour 1 personne : 77 calories. Protéines : 5 g – Glucides : 3 g – Lipides : 5 g (dont saturés : 1,7 g) – Cholestérol : 6 mg – Fibres : 1,6 g – Potassium : 200 mg.

TOUR DE MAIN

Les légumes apprêtés de cette façon accompagnent bien la viande ou le poulet rôtis. Préparez-les pendant que la viande cuit au four. Quand vous sortez la viande du four, couvrez-la d'une feuille d'aluminium. Augmentez la température du four et mettez-y les légumes. Ils ont le temps de cuire pendant que la viande repose en attendant d'être découpée. Retournez les légumes une ou deux fois dans le four pour les dorer uniformément.

Asperges vertes et pois mange-tout sautés

Ce mélange de légumes frais est particulièrement bien pourvu en folates (vitamine B$_9$), indispensables en grande quantité aux femmes enceintes afin de prévenir certaines anomalies congénitales.

POUR 4 PERSONNES

Prép. 10 min ◆ **Cuisson** 5 min

1 cuill. à soupe d'huile d'olive

500 g (1 lb) d'asperges vertes en tronçons de 2,5 cm (1 po), plus les pointes

125 g (¼ lb) de pois mange-tout

4 oignons verts en fines rondelles

¼ cuill. à thé de sel

2 pincées de poivre

1 petite gousse d'ail émincée

1 cuill. à thé de zeste de citron râpé

2 cuill. à soupe de persil plat finement haché

Dans une grande poêle antiadhésive ou un wok, réchauffez l'huile à feu assez vif. Ajoutez les asperges, les pois mange-tout, les oignons verts, le sel et le poivre. Faites revenir 3 à 4 min en remuant pour que les légumes restent croquants. Ajoutez l'ail, le zeste de citron râpé et le persil. Faites frire 1 min en remuant. Servez sans attendre.

Pour 1 personne : 64 calories. Protéines : 3 g – Glucides : 6,3 g – Lipides : 3 g (dont saturés : 0,5 g) – Cholestérol : 0 mg – Fibres : 1,3 g – Potassium : 250 mg.

LÉGUMES SANTÉ, LÉGUMES SAVEUR

Betteraves au vinaigre balsamique et pacanes rôties

Aucun légume ne donne de l'énergie comme la betterave, riche en sucres naturels.

POUR 4 PERSONNES

Prép. 10 min ◆ **Cuisson** 10 min

- **3 cuill. à soupe de pacanes hachées**
- **2 cuill. à soupe de vinaigre balsamique**
- **1 cuill. à thé de sucre**
- **2 cuill. à thé de beurre ou de margarine**
- **3 betteraves moyennes cuites à la vapeur, pelées et tranchées, ou 1 bocal de 425 ml (15 oz) de betteraves tranchées, bien égouttées**

1 Faites griller les pacanes 4 min à feu modéré en agitant le poêlon. Réservez-les sur une assiette.

2 Dans le même poêlon, réchauffez le vinaigre, le sucre et le beurre à feu assez bas. Ajoutez les betteraves. Laissez-les cuire 5 min en remuant souvent jusqu'à ce qu'elles soient bien chaudes et que le liquide soit presque évaporé. Décorez avec les pacanes et servez immédiatement.

Pour 1 personne : 86 calories. Protéines : 1 g – Glucides : 8 g – Lipides : 6 g (dont saturés : 2 g) – Cholestérol : 5 mg – Fibres : 2 g – Sodium : 140 mg.

Brocoli et chou-fleur en sauce crémeuse

L'ingrédient secret de cette recette est le jus de carotte, un antioxydant qui rend la sauce aussi nutritive que les légumes.

POUR 4 PERSONNES

Prép. 10 min ◆ **Cuisson** 13 min

- **½ tasse de jus de carotte**
- **3 cuill. à soupe de crème sure allégée**
- **2 tasses de bouquets de brocoli**
- **2 tasses de bouquets de chou-fleur**

1 Dans une petite casserole, faites bouillir le jus de carotte à feu vif environ 8 min pour qu'il réduise de moitié. Hors du feu, incorporez la crème sure.

2 Faites cuire le brocoli et le chou-fleur à la vapeur, pour qu'ils restent croquants. Déposez-les sur un plat de service. Nappez de sauce à la crème sure.

Pour 1 personne : 44 calories. Protéines : 3 g – Glucides : 6 g – Lipides : 2 g (dont saturé : 1 g) – Cholestérol : 4 mg – Fibres : 2 g – Sodium : 45 mg.

TOUR DE MAIN

Les betteraves resteront bien rouges si vous ajoutez du jus de citron ou du vinaigre à leur eau de cuisson. Les taches de betteraves sont impossibles à éliminer sur la planche à découper. Pour les prévenir, épluchez les betteraves sous l'eau froide, en commençant par parer les extrémités. Au moment de les trancher, vaporisez un peu d'huile sur la planche. Cela diminue les risques de taches sans les empêcher complètement.

au menu

Vous pouvez napper le brocoli et le chou-fleur de jolie sauce crémeuse, ou servir celle-ci
à part et laissez les gens y plonger leurs légumes comme dans une trempette.

Purée de pommes de terre et brocoli

Cette purée prend une saveur, une couleur et une valeur nutritive particulières avec le brocoli,
riche en phytocomposants bénéfiques. En utilisant une partie de l'eau de cuisson pour confectionner la purée,
vous retrouvez dans le plat une bonne partie des minéraux des légumes.

POUR 6 PERSONNES

Prép. et **cuisson** 15 min

500 g (1 lb) de brocoli haché
très grossièrement
250 g (½ lb) de pommes de terre en dés
1 oignon en tranches fines
1 cuill. à thé de sel
¼ cuill. à thé de poivre
2 cuill. à soupe de beurre
4 cuill. à soupe de jus de citron

1 Faites bouillir 6 tasses d'eau, plongez-y
le brocoli, les pommes de terre et l'oignon et laissez
cuire environ 15 min, jusqu'à ce que les légumes
soient bien tendres. Égouttez-les en réservant ½ tasse
d'eau de cuisson.

2 Au robot ou au mélangeur, réduisez les
légumes en purée avec l'eau de cuisson réservée
jusqu'à obtention d'une purée onctueuse. Salez et
poivrez. Ajoutez le beurre en dés et le jus de citron.
Servez immédiatement.

Pour 1 personne : 95 calories. Protéines : 3,5 g – Glucides : 10 g – Lipides : 4,5 g
(dont saturés : 2,6 g) – Cholestérol : 13 mg – Fibres : 3,4 g – Potassium : 565 mg.

LE SAVIEZ-VOUS?

Trop cuit, le brocoli dégage des composés
soufrés (reconnaissables à leur forte odeur)
et peut occasionner des flatulences.

IDÉES FRAÎCHES

Vous pouvez remplacer le brocoli par
des épinards ou du chou frisé. Faites fondre
les épinards à part dans une casserole,
sans eau, pendant 5 min.

Rapinis braisés à l'ail et au parmesan

Le rapini a les mêmes valeurs nutritives que le brocoli. Cette recette donne la façon de l'accommoder comme on le fait dans le sud de l'Italie.

POUR 4 PERSONNES

Prép. 10 min ◆ **Cuisson** 25 min

- **1 cuill. à soupe d'huile d'olive**
- **4 gousses d'ail finement émincées**
- **1 kg (2 lb) de rapinis débarrassés de leurs grosses tiges**
- **1 cuill. à thé de sel**
- **¼ cuill. à thé de flocons de piment écrasés**
- **2 tasses d'eau**
- **3 cuill. à soupe de parmesan râpé**

1 Réchauffez l'huile à feu assez doux dans une grande poêle antiadhésive. Ajoutez l'ail et faites-le attendrir 5 min en remuant. Il ne faut pas qu'il brûle.

2 Ajoutez les rapinis, le sel, les flocons de piment et l'eau. Mettez un couvercle et faites mijoter 8 min. Ôtez le couvercle et poursuivez la cuisson encore 7 min. Égouttez au besoin.

3 Décorez de parmesan et servez immédiatement.

Pour 1 personne : 84 calories. Protéines : 6 g – Glucides : 8 g – Lipides : 5 g (dont saturés : 1 g) – Cholestérol : 3 mg – Fibres : 0 g – Sodium : 684 mg.

LE SAVIEZ-VOUS ?

L'huile d'olive extravierge est une huile extraite à la première pression, donc très peu acide. Elle a aussi un goût plus prononcé, ce qui fait qu'une huile étiquetée « vierge » ou « pure », au goût moins prédominant, est préférable en cuisson. Évitez les huiles d'olive de troisième pression, dont l'étiquette porte la mention « pomerace ». Vous les trouverez nettement déplaisantes. Au même prix, les huiles végétales comme l'huile de canola, ont l'avantage d'être neutres.

au menu

Servez les rapinis avec de la saucisse italienne douce, grillée à la poêle avec des raisins sans pépins. Une tranche de baguette vous permettra de déguster les jus de cuisson. Terminez ce repas avec un sorbet au citron.

LÉGUMES SANTÉ, LÉGUMES SAVEUR

Pak-choï sauté aux pois mange-tout

Le pak-choï est bien pourvu en antioxydants et en dérivés soufrés protecteurs. Il est également pauvre en calories, mais riche en fibres et en vitamine C.

POUR 4 PERSONNES

Prép. 10 min ♦ **Cuisson** 10 min

    2 **cuill. à thé d'huile d'olive**
    1 **carotte en allumettes**
    1 **cuill. à soupe de gingembre frais haché fin**
  500 g **(1 lb) de pak-choï en tranches
    de 1,5 cm (½ po)**
  250 g **(½ lb) de pois mange-tout**
    3 **cuill. à soupe de jus d'orange**
    1 **cuill. à soupe de cassonade blonde**
    1 **cuill. à soupe de sauce de soja**
    ½ **cuill. à thé de sel**
    1 **cuill. à thé de fécule de maïs délayée
    dans 1 cuill. à soupe d'eau**

1 Dans une poêle antiadhésive, réchauffez l'huile et 4 cuill. à soupe d'eau à feu moyen. Ajoutez carotte et gingembre et laissez cuire 3 min en remuant. La carotte doit rester croquante.

2 Ajoutez le pak-choï, les pois, le jus d'orange, la cassonade, la sauce de soja et le sel. Couvrez, laissez cuire 3 min, jusqu'à ce que le chou commence à fondre.

3 Découvrez et laissez cuire encore environ 2 min en remuant. Incorporez la fécule et poursuivez la cuisson 1 min en remuant pour que la sauce épaississe et que les légumes soient bien enrobés.

Pour 1 personne : 82 calories. Protéines : 4,1 g – Glucides : 12 g – Lipides : 2 g (dont saturés : 0,2 g) – Cholestérol : 0 mg – Fibres : 6,5 g – Potassium : 595 mg.

Choux de Bruxelles et pommes de terre nouvelles à la moutarde

Les phytocomposants protecteurs du cancer sont abondants dans les choux de Bruxelles, et les pommes de terre nouvelles assurent un complément de vitamine C.

POUR 4 PERSONNES

Prép. 10 min ♦ **Cuisson** 15 min

  400 g **(12 oz) de petites pommes de terre
    nouvelles non pelées, coupées en 2**
  300 g **(10 oz) de choux de Bruxelles
    coupés en 2 s'ils sont gros**
    1 **cuill. à soupe d'huile d'olive**
    1 **cuill. à soupe d'échalote
    ou d'oignon haché**
    1 **tranche de jambon maigre ou
    de prosciutto détaillée en dés**
    2 **cuill. à thé de moutarde de Dijon**
    ¼ **cuill. à thé de sel**
    2 **pincées de poivre**

1 Faites cuire les pommes de terre et les choux de Bruxelles de 10 à 12 min à la vapeur. Égouttez-les.

2 Dans une grande poêle antiadhésive, réchauffez l'huile à feu moyen. Faites-y fondre l'échalote pendant 3 min. Ajoutez le jambon et la moutarde ; mélangez. Terminez avec les pommes de terre et les choux de Bruxelles. Salez et poivrez, mélangez bien et laissez cuire encore 2 min. Servez sans attendre.

Pour 1 personne : 138 calories. Protéines : 7,6 g – Glucides : 19 g – Lipides : 3,5 g (dont saturés : 0,5 g) – Cholestérol : 6 mg – Fibres : 5 g – Potassium : 875 mg.

IDÉES 🍃 FRAÎCHES

La sauce moutarde de cette recette peut être utilisée pour toutes les variétés de choux – brocoli, choux de Bruxelles, pak-choï ou chou-fleur –, cuits à la vapeur et accompagnés de pommes de terre.

au menu

Les Choux de Bruxelles et pommes de terre nouvelles à la moutarde peuvent accompagner un rôti de porc cuit en cocotte ou des côtes de porc poêlées. Servez des crudités ou une salade verte en entrée et un laitage pour le dessert.

LÉGUMES SANTÉ, LÉGUMES SAVEUR

au menu

Le Chou braisé aux pommes et au cumin est idéal pour accompagner des côtes de porc ou un filet rôti. Pour le dessert, prévoyez une tarte au citron.

Chou braisé aux pommes et au cumin

Un plat très maigre, pour une association réussie et savoureuse de légumes et de fruits bénéfiques : choux et oignons protègent du cancer, tandis que pommes et noix sont bénéfiques pour la santé cardiovasculaire.

POUR 6 PERSONNES

Prép. et **cuisson** 15 min

- 2 cuill. à thé d'huile
- 1 petit oignon finement haché
- ¾ cuill. à thé de graines de cumin
- 500 g (1 lb) de chou vert finement haché (6½ tasses)
- 1 cuill. à soupe de vinaigre de cidre
- ½ cuill. à thé de sel
- 2 pommes rouges (gala ou empire) non pelées, en petits cubes
- 1 cuill. à thé de miel
- 2 cuill. à soupe de noix hachées grillées
  (facultatif)

1 Dans une grande poêle antiadhésive, réchauffez l'huile à feu moyen. Ajoutez l'oignon et les graines de cumin. Faites revenir 5 min, pour attendrir l'oignon.

2 Ajoutez chou et vinaigre. Couvrez. Laissez cuire 4 min, jusqu'à ce que le chou fonde et diminue de volume. Salez. Portez à feu vif à découvert. Ajoutez les pommes et le miel. Laissez cuire 4 à 6 min en remuant souvent, jusqu'à ce que les pommes soient croquantes et que le liquide réduise. Versez dans un plat de service. Parsemez éventuellement de noix. Servez.

Le cumin est un parfait compagnon du chou, dont il facilite la digestion. Si vous ne souhaitez pas croquer les graines, remplacez-les par du cumin en poudre.

Pour 1 personne : 49 calories. Protéines : 1,5 g – Glucides : 7,5 g – Lipides : 1,4 g (dont saturés : 0,2 g) – Cholestérol : 0 mg – Fibres : 3,3 g – Potassium : 760 mg.

LE SAVIEZ-VOUS❓

Presque toutes les pommes sont bonnes crues ou cuites, mais il existe des variétés qui conviennent mieux à certaines recettes qu'à d'autres. La granny smith, la rome beauty et la cortland sont plus fermes et ne se défont pas à la cuisson, ce qui est une qualité importante lorsqu'on fait une tarte ou des pommes au four.

Chou rouge à la vigneronne

Le chou cuit reste une source appréciable de vitamine C et il est aussi efficace que le chou cru dans la lutte contre le cancer, car ses phytocomposants protecteurs ne sont pas détruits par la cuisson.

POUR 6 PERSONNES

Prép. 5 min ◆ **Cuisson** 30 min

- 1 cuill. à soupe d'huile
- 1 oignon moyen finement haché
- 1 petit chou rouge grossièrement râpé
- ½ tasse de vin rouge
- 4 grains de piment de la Jamaïque (clous ronds)
- 2 cuill. à soupe de vinaigre de vin rouge
- 1 cuill. à soupe de cassonade blonde
- ½ cuill. à thé de sel

1 Réchauffez l'huile à feu assez vif dans une grande casserole antiadhésive. Ajoutez l'oignon. Faites-le fondre 5 min. Ajoutez le chou, le vin rouge et le piment de la Jamaïque. Couvrez. Laissez cuire environ 20 min à feu plutôt doux.

2 Ajoutez le vinaigre et la cassonade. Salez. Portez à ébullition puis laissez cuire 5 min à découvert, en remuant de temps en temps jusqu'à évaporation presque complète du liquide de cuisson. Servez chaud avec un rôti de bœuf ou de porc, des côtelettes ou du jambon.

Pour 1 personne : 55 calories. Protéines : 1,7 g – Glucides : 7,5 g – Lipides : 2 g (dont saturés : 0,3 g) – Cholestérol : 0 mg – Fibres : 3,2 g – Potassium : 370 mg.

Chou chinois au gingembre

Tous les membres de la famille des choux renferment des phytochimiques qui aident à combattre le cancer.

POUR 4 PERSONNES

Prép. 10 min ◆ **Cuisson** 6 min

- 1 **cuill. à soupe d'huile**
- 1 **cuill. à soupe de gingembre frais haché fin**
- 6 **tasses de chou chinois (pé-tsaï) ou de pak-choï**
- ¼ **cuill. à thé de sel**
- ¼ **tasse de bouillon de poulet hyposodique ou de bouillon de légumes**
- 1 **cuill. à soupe d'arachides rôties hachées**

1 Chauffez une grande poêle ou un wok à feu vif. Réchauffez l'huile et le gingembre 30 s. Faites sauter le chou 2 min. Ajoutez le sel et le bouillon. Couvrez. Laissez cuire 2 min pour faire tomber le chou.

2 Retirez la poêle du feu. Laissez-la reposer 1 min avec son couvercle. Décorez le plat d'arachides et servez immédiatement.

Pour 1 personne : 70 calories. Protéines : 2 g – Glucides : 4 g – Lipides : 5 g (dont saturés : 1 g) – Cholestérol : 0 mg – Fibres : 2 g – Sodium : 240 mg.

au menu

Les Carottes au parmesan sont un bon choix pour une réception élégante. Elles sont délicieuses avec le jambon rôti, accompagnées de petites pommes de terre à l'aneth. Pour dessert, servez des fraises et de l'ananas frais.

Carottes au parmesan

Grâce aux carottes, ce plat fournit beaucoup de bêta-carotène antioxydant, qui peut se transformer en vitamine A dans l'organisme.

POUR 4 PERSONNES

Prép. 6 min ◆ **Cuisson** 30 min

- 2 **cuill. à soupe d'huile d'olive**
- 500 **g (1 lb) de carottes tranchées de biais sur 5 mm (¼ po) d'épaisseur**
- ¼ **cuill. à thé de sel**
- ¼ **cuill. à thé de poivre**
- 2 **cuill. à soupe de parmesan râpé**

1 Réchauffez l'huile à feu assez doux dans une casserole antiadhésive. Ajoutez les carottes. Couvrez. Laissez cuire 15 min, jusqu'à ce que les carottes soient tendres.

2 Ôtez le couvercle, augmentez le feu et faites dorer les carottes 15 min à feu moyen, en remuant de temps en temps. Salez et poivrez. Saupoudrez de parmesan juste avant de servir.

Pour 1 personne : 115 calories. Protéines : 3,2 g – Glucides : 8,2 g – Lipides : 7,7 g (dont saturés : 1,9 g) – Cholestérol : 5 mg – Fibres : 3,8 g – Potassium : 380 mg.

TOUR DE MAIN

Pour couper les carottes en biais, posez-les à plat sur le plan de travail, supprimez l'extrémité du côté le plus épais (côté du collet), en tranchant largement en biais, et continuez à trancher parallèlement à cette première coupe. Vous pouvez aussi, une fois l'entame faite, continuer la coupe avec une râpe à croustilles.

Carottes, céleri et fenouil braisés

Le céleri et le fenouil donnent à cette recette une saveur incomparable et, associés à la carotte, ils en font un vrai plat de santé.

POUR 4 PERSONNES

Prép. 10 min ◆ **Cuisson** 18 min

- 1¾ **tasse de bouillon de poulet dégraissé**
- 4 **carottes, fendues en 2, puis découpées en bâtonnets de 6 cm x 5 mm (2½ x ¼ po)**
- 3 **branches de céleri en bâtonnets de 6 cm x 5 mm (2½ x ¼ po)**
- 1 **petit oignon rouge finement haché**
- ½ **bulbe de fenouil en fines tranches**
  Sel, poivre
- 2 **cuill. à thé de beurre**

1 Portez le bouillon à ébullition dans une grande casserole. Ajoutez les carottes, le céleri, l'oignon et le fenouil. Couvrez et laissez cuire à feu assez vif pendant 15 min environ, jusqu'à ce que l'ensemble soit tendre.

2 Ôtez le couvercle. Laissez bouillir de 2 à 3 min, jusqu'à ce que le liquide réduise légèrement. Salez et poivrez. Incorporez le beurre et servez.

Pour 1 personne : 81 calories. Protéines : 2,5 g – Glucides : 12 g – Lipides : 2,5 g (dont saturés : 1,4 g) – Cholestérol : 6 mg – Fibres : 6,4 g – Potassium : 775 mg.

TOUR DE MAIN

Quels que soient les légumes que vous braisez, choisissez-en qui ont le même temps de cuisson – panais et carottes ou courgettes et tomates, par exemple. Faites précuire les légumes qui nécessitent une cuisson plus longue, comme les pommes de terre lorsque vous les associez aux poireaux, ou coupez-les en très petits morceaux –, ce que vous pouvez également faire pour les aubergines lorsqu'elles accompagnent des poivrons verts. Veillez à ce que l'assaisonnement convienne à tous les légumes du mélange.

Carottes rôties au romarin

Ce plat est aussi sain que savoureux et particulièrement simple et rapide à réaliser.

POUR 4 PERSONNES

Prép. 10 min ◆ **Cuisson** 20 min

- 500 g (1 lb) **de grosses carottes en bâtonnets de 5 cm x 5 mm (2 x ¼ po)**
- 1½ **cuill. à thé d'huile d'olive**
  Sel
- 1 **cuill. à thé de romarin frais haché ou ½ cuill. à thé de romarin séché émietté**

1 Allumez le four à 400 °F (200 °C).

2 Déposez les carottes sur la plaque du four. Salez-les, ajoutez l'huile et remuez délicatement. Étalez les carottes sur la plaque, en une seule couche.

3 Mettez au four et faites cuire 10 min. Parsemez de romarin. Laissez cuire encore 7 à 10 min pour que les carottes soient tendres et un peu dorées par endroits.

Pour 1 personne : 50 calories. Protéines : 1 g – Glucides : 8,2 g – Lipides : 1,5 g (dont saturés : 0,2 g) – Cholestérol : 0 mg – Fibres : 4 g   Potassium : 375 mg.

au menu

Ces savoureuses carottes peuvent accompagner une côte de bœuf rôtie ou une dinde rôtie, farcie de cubes de pain, saucisse et marrons. Prévoyez pour l'entrée une salade de légumes grillés (voir p. 245), et un sorbet servi avec des fruits frais pour le dessert.

LÉGUMES SANTÉ, LÉGUMES SAVEUR

Mini-légumes braisés

Braisés lentement, les mini-légumes entiers gardent tous leurs minéraux et phytocomposants protecteurs ainsi que leur saveur. En faisant réduire les jus de cuisson dans les dernières étapes de la cuisson, on crée une sauce saine à la belle apparence glacée.

POUR 4 PERSONNES

Prép. 15 min   ◆   **Cuisson** 25 à 30 min

- 2 cuill. à soupe de beurre
- 4 mini-poireaux (250 g/8 oz) fendus en 2
- 250 g (8 oz) de mini-navets coupés en 2
- 250 g (8 oz) de mini-carottes
- 8 petits oignons grelots
- ¼ tasse de bouillon de légumes
- 1 cuill. à thé de sucre
- 1 feuille de laurier
  Poivre

1 Faites fondre le beurre à feu moyen dans une grande casserole. Ajoutez les poireaux, les navets, les carottes et les petits oignons. Versez le bouillon en remuant, ajoutez le sucre, la feuille de laurier et du poivre. Portez à ébullition.

2 Couvrez. Laissez cuire 10 min à feu très doux ou jusqu'à ce que les légumes soient tout juste tendres. Retirez le couvercle et laissez bouillir de 2 à 3 min, jusqu'à obtention d'une sauce sirupeuse. Enrobez bien les légumes de cette sauce, enlevez la feuille de laurier et servez sans attendre.

Pour 1 personne : 120 calories. Protéines : 2,5 g – Glucides : 10,6 g – Lipides : 7,5 g (dont saturés : 4 g) – Cholestérol : 19 mg – Fibres : 5 g – Potassium : 550 mg.

Purée de carottes et panais

Ces deux légumes sont particulièrement riches en provitamine A et en fibres, ce qui fait de ce plat un concentré de nutriments bénéfiques.

POUR 4 PERSONNES

Prép. 10 min   ◆   **Cuisson** 20 min

- 3 grosses carottes hachées grossièrement
- 1 gros panais haché grossièrement
- ½ cuill. à thé de sel
- 1 cuill. à soupe de beurre
- 1 cuill. à thé de zeste d'orange râpé

1 Mettez les carottes et le panais dans une casserole. Couvrez-les d'eau. Salez. Laissez mijoter environ 20 min sans couvrir, jusqu'à ce que les légumes soient bien tendres et que la plus grande partie du liquide se soit évaporée.

2 Égouttez les légumes. Au mélangeur ou au robot, réduisez-les en purée. Incorporez le beurre et le zeste d'orange pour former une purée onctueuse. Servez sans attendre.

Pour 1 personne : 92 calories. Protéines : 1,5 g – Glucides : 12,3 g – Lipides : 4,1 g (dont saturés : 2,6 g) – Cholestérol : 12 mg – Fibres : 4,8 g – Potassium : 525 mg.

IDÉES 🌿 FRAÎCHES

- *Pour parfumer vos légumes braisés, ajoutez au bouillon un zeste râpé et le jus d'une orange, ou incorporez de la ciboulette fraîche ou du persil hachés avant de servir.*
- *En l'absence de mini-légumes, utilisez des légumes coupés en morceaux.*

LE SAVIEZ-VOUS ?

Les mini-légumes, aussi appelés légumes nains, peuvent être des variétés de légumes miniatures à maturité, ou des variétés précoces récoltées un peu avant maturité. Tous sont aussi nutritifs et la plupart sont plus tendres que leurs équivalents de taille normale. Attention ! leur durée de vie est aussi pratiquement réduite de moitié.

au menu

Servez cette Purée de carottes et panais avec un rôti de veau ou un poisson grillé ou poché. Préparez une salade de pois mange-tout en entrée et une tarte aux poires pour le dessert.

Chou-fleur entier à la sauce yogourt-ciboulette

Comme le brocoli, le chou et autres plantes crucifères, le chou-fleur contient des phytocomposants qui aident à prévenir le cancer et beaucoup de vitamine C et de folates (vitamine B$_9$).

POUR 6 PERSONNES

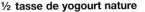

Prép. 10 min ◆ **Cuisson** 35 min

- ½ **tasse de yogourt nature**
- 4 **cuill. à soupe de ciboulette hachée**
- ½ **cuill. à soupe de moutarde de Dijon**
- 1 **chou-fleur de 600 g (1¼ lb)**
- 2 **cuill. à thé d'huile d'olive**
- 1 **grosse échalote hachée**
- ½ **cuill. à thé d'origan séché émietté**
- 1¼ **tasse de chapelure**
- **Sel**

1 Passez au mélangeur le yogourt, la ciboulette et la moutarde. Réservez cette sauce au réfrigérateur.

2 Allumez le four à 350 °F (180 °C).

3 Retirez les feuilles à la base du chou-fleur et coupez le trognon, mais laissez la tête entière. Plongez-la dans une grande casserole d'eau bouillante salée et laissez-la cuire environ 10 min, pour qu'elle soit croquante. Égouttez. Laissez refroidir légèrement.

4 Réchauffez l'huile à feu moyen dans un poêlon antiadhésif et faites-y revenir l'échalote et l'origan pendant 2 min. Incorporez la chapelure. Mélangez bien. Laissez cuire 2 min en remuant.

5 Égalisez le haut du chou-fleur au besoin pour qu'il tienne à l'envers, tiges en l'air dans un petit plat à gratin. Recouvrez-le de préparation à base de chapelure.

6 Enfournez et laissez cuire de 20 à 25 min, jusqu'à ce que la chapelure soit dorée et le chou-fleur tendre. Présentez avec la sauce au yogourt à part.

*Pour 1 personne : **141 calories. Protéines : 6,5 g – Glucides : 22 g – Lipides : 3 g (dont saturés : 0,3 g) – Cholestérol : 2 mg – Fibres : 3,5 g – Potassium : 420 mg.***

au menu

Un chou-fleur entier recouvert de chapelure fait un bel effet sur la table. Servez-le avec du veau ou un poisson grillé, suivi d'une salade verte et, pour le dessert, d'une crème glacée à la pistache.

Gratin de chou vert au riz et au jambon

Les ingrédients variés de ce plat fournissent des vitamines ainsi que des minéraux et des phytocomposants, qui protègent le cœur et aident l'organisme à lutter contre le cancer et d'autres maladies chroniques.

POUR 6 PERSONNES

Prép. 10 min ◆ **Cuisson** 50 min

- 1½ **cuill. à soupe d'huile**
- 1 **petit oignon en morceaux de 1 cm (½ po)**
- 4 **gousses d'ail grossièrement hachées**
- 125 g (4 oz) **de jambon cuit, détaillé en morceaux de 5 mm (¼ po)**
- 4 **tasses de chou vert cuit à la vapeur, égoutté et haché**
- 2 **tasses de riz blanc cuit**
- 1 **boîte de 425 ml (15 oz) de tomates hachées et égouttées, le jus réservé**
- 1 **gros œuf légèrement battu**
- ¾ **tasse de gruyère allégé râpé**
- ½ **cuill. à thé de tabasco**

1 Allumez le four à 350 °F (180 °C). Huilez légèrement un plat à gratin.

2 Réchauffez 1 cuill. à soupe d'huile à feu moyen dans un poêlon antiadhésif. Ajoutez l'oignon et l'ail. Faites-les revenir 5 min. Ajoutez le jambon et le chou. Faites sauter 2 min.

3 Mélangez la préparation de chou, le riz, les tomates et ¾ tasse du jus que vous avez gardé (ou l'équivalent d'eau), l'œuf, ½ tasse de gruyère et le tabasco. Versez le tout dans le plat à gratin en une couche uniforme. Parsemez avec le reste de gruyère.

4 Couvrez d'une feuille d'aluminium, mettez au four et faites cuire 40 min. Laissez reposer 5 min avant de servir.

Pour 1 personne : 233 calories. Protéines : 13,3 g – Glucides : 30 g – Lipides : 6,6 g (dont saturés : 2,3 g) – Cholestérol : 61 mg – Fibres : 2,6 g – Potassium : 310 mg.

IDÉES 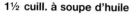 FRAÎCHES

Faites ce plat de préférence en hiver, quand le chou vert est bien tendre. Retirez les côtes épaisses et dures. Faites cuire ces côtes plus longuement que les feuilles et hachez-les finement.

LE SAVIEZ-VOUS ?

Il y a deux méthodes pour préparer du jambon : la plus courante est l'injection de saumure avant ou après désossage. La salaison suivie du séchage donne les jambons de pays, comme le jambon de Bayonne ou de Parme (prosciutto), mais ce type de jambon peut aussi être fumé.

Purée de pommes de terre au chou vert et poireaux

Le chou et les poireaux offrent leur saveur à cette purée de pommes de terre et lui apportent leurs nutriments protecteurs pour la santé.

POUR 8 PERSONNES

Prép. 15 min ◆ **Cuisson** 25 min

1 kg (2 lb) de pommes de terre coupées en 4
4 tasses de bouillon de poulet
500 g (1 lb) de poireaux en fines lamelles
1 tasse de lait
3 gousses d'ail hachées
1 feuille de laurier
500 g (1 lb) de chou vert en fines tranches
3 pincées de noix de muscade
¼ cuill. à thé de sel
¼ cuill. à thé de poivre blanc
2 cuill. à soupe de beurre
4 cuill. à soupe de ciboulette ciselée

1 Mettez les pommes de terre dans une grande casserole avec le bouillon. Complétez avec juste assez d'eau pour couvrir les pommes de terre. Laissez bouillir de 20 à 25 min.

2 Pendant ce temps, dans une autre grande casserole, mettez les poireaux, le lait, l'ail et le laurier. Couvrez. Laissez bouillir doucement 15 à 20 min pour que les poireaux soient tendres. Enlevez la feuille de laurier. Égouttez les poireaux en conservant le lait de cuisson et l'ail séparément.

3 Dans la même casserole, mettez le chou et 4 cuill. à soupe d'eau. Couvrez. Laissez bouillir doucement de 10 à 15 min. Égouttez le chou et pressez-le pour en extraire le liquide de cuisson. Hachez-le finement.

4 Égouttez les pommes de terre et mettez-les dans un grand plat creux. Ajoutez le lait des poireaux et l'ail. Écrasez-les pour les réduire en purée. Ajoutez les poireaux, le chou, la noix de muscade, le sel, le poivre et le beurre. Saupoudrez de ciboulette.

Pour 1 personne : 167 calories. Protéines : 5,6 g – Glucides : 25 g – Lipides : 5 g (dont saturés : 3 g) – Cholestérol : 15 mg – Fibres : 5,5 g – Potassium : 1 010 mg.

LE SAVIEZ-VOUS ?

Couleur et parfum du poivre dépendent de l'arbre qui le produit et de la maturité de la graine. Seul le poivre blanc est cueilli à maturité. Le poivre noir et le poivre vert sont récoltés avant maturité ; le premier est séché au soleil, le second est conservé en saumure ou séché. On utilise plutôt le poivre blanc sur les aliments de couleur claire.

Gratin de pommes de terre et de citrouille

Ce plat apporte de nombreux éléments nutritifs provenant des légumes : fibres, vitamine C (dans les pommes de terre, les tomates et l'oignon), bêta-carotène (dans la citrouille). Et le fromage l'enrichit efficacement en calcium et en protéines.

POUR 4 PERSONNES

Prép. 45 min ◆ **Cuisson** 35 à 40 min

- **500 g (1 lb) de petites pommes de terre coupées en 2**
- **750 g (1½ lb) de citrouille**
- **½ tasse de cidre**
- **1⅓ tasse de bouillon de légumes**
- **1 petit brin de romarin frais**
- **1 gros oignon rouge en fines lamelles**
- **3 grosses tomates en tranches épaisses**
- **2 branches d'origan frais**
- **½ tasse de parmesan râpé**
- **1 tasse de chapelure**
- **Sel, poivre**

1 Allumez le four à 350 °F (180 °C). Mettez les pommes de terre dans une casserole et couvrez-les d'eau. Portez à ébullition. Laissez-les cuire 20 min. Égouttez.

2 Mélangez la citrouille, le cidre et le bouillon dans une grande casserole. Ajoutez le romarin. Portez à ébullition en couvrant à moitié et laissez cuire doucement 15 min. Ajoutez l'oignon et laissez cuire encore 10 min. Enlevez le romarin ; salez, poivrez.

3 Coupez les pommes de terre en tranches et disposez-en la moitié au fond d'un plat à gratin. Disposez la moitié des tomates sur les pommes de terre et parsemez avec la moitié des feuilles d'origan. Salez et poivrez. Saupoudrez avec la moitié du fromage.

4 Recouvrez avec la citrouille, puis ajoutez tout son liquide de cuisson. Recouvrez avec le reste des pommes de terre, des tomates et de l'origan. Mélangez le reste du fromage avec la chapelure et couvrez-en les légumes.

5 Faites cuire au four 35 à 40 min, jusqu'à ce que le gratin soit doré. Servez chaud.

Pour 1 personne : 445 calories. Protéines : 20 g – Glucides : 64,5 g – Lipides : 8,5 g (dont saturés : 4,2 g) – Cholestérol : 20 mg – Fibres : 10 g – Potassium : 1 730 mg.

IDÉES 🌿 FRAÎCHES

Vous pouvez remplacer la citrouille par 250 g (8 oz) de champignons, en supprimant le cidre, le bouillon, le romarin et l'oignon. Coupez les champignons en lamelles et mélangez-les avec 3 échalotes coupées finement et fondues 3 min à la poêle, puis disposez les légumes en couches comme ci-contre. Laissez au four de 45 à 50 min. Les champignons rendent du jus pendant la cuisson et humidifient légèrement le gratin.

LÉGUMES SANTÉ, LÉGUMES SAVEUR

au menu

Les « frites » de patates douces accompagnent tout particulièrement bien les hamburgers végétariens ou tout ce qui a trait au porc : rôti, côtelettes, jambon, saucisses.

Patates douces « frites » au four

Ces « frites » sont idéales pour ceux qui cherchent à réduire les calories. Cela ne les empêche pas d'être tout à fait délicieuses.

POUR 4 PERSONNES

Prép. 7 min ◆ **Cuisson** 20 min

- **500 g (1 lb) de patates douces pelées et détaillées en bâtonnets de 1 cm (½ p)**
- **1 cuill. à soupe d'huile**
- **2 pincées de sel**
- **2 pincées de poivre noir**

1 Allumez le four à 425 °F (220 °C). Vaporisez d'huile une plaque à four antiadhésive.

2 Dans un grand bol, mettez les patates douces avec l'huile, le sel et le poivre et retournez-les pour bien les enduire. Répartissez les frites sur la plaque en une seule couche.

3 Faites cuire 10 min. Retournez les frites. Faites-les cuire 10 min de plus pour qu'elles deviennent tendres et légèrement dorées.

Pour 1 personne : 102 calories. Protéines : 1 g – Glucides : 17 g – Lipides : 4 g (dont saturé : 0 g) – Cholestérol : 0 mg – Fibres : 2 g – Sodium : 152 mg.

TOUR DE MAIN

Cela peut surprendre, mais le « vrai » sirop d'érable est moins sucré que toutes ses imitations, généralement confectionnées à base de sirop de maïs. Celles-ci sont peut-être moins cher, mais leur goût est beaucoup moins fin. Pour la cuisson, vous pouvez opter pour une catégorie inférieure de sirop d'érable. Et si vous le faites chauffer, le sirop durera plus longtemps. Dès que le contenant est ouvert, il faut le conserver au réfrigérateur.

Purée de patates douces à la cannelle et au sirop d'érable

Cet accompagnement subtilement épicé est une source phénoménale de bêta-carotène, qui aide à réduire les risques de maladie cardiaque, d'AVC et de cancer.

POUR 6 PERSONNES

Prép. 10 min ◆ **Cuisson** 20 min

- **1 kg (2 lb) de patates douces, pelées et hachées**
- **½ cuill. à thé de sel**
- **1 bâton de cannelle**
- **2 cuill. à soupe de sirop d'érable**
- **1½ cuill. à soupe de beurre ou d'huile**

1 Dans une casserole moyenne, mettez les patates douces, le sel, le bâton de cannelle et suffisamment d'eau pour couvrir les patates. Faites bouillir 20 min à découvert, en remuant de temps en temps pour que les patates n'attachent pas. Égouttez. Retirez le bâton de cannelle.

2 Remettez les patates dans la casserole. Ajoutez le beurre et 1½ cuillerée de sirop. Réduisez les patates en purée onctueuse. Arrosez avec le reste du sirop au moment de servir.

Pour 1 personne : 166 calories. Protéines : 2 g – Glucides : 33 g – Lipides : 3 g (dont saturés : 2 g) – Cholestérol : 8 mg – Fibres : 2 g – Sodium : 210 mg.

Patates douces épicées au gingembre

Dans une seule portion de ce plat, vous avez deux fois l'apport quotidien recommandé en vitamine A.

POUR 4 PERSONNES

Prép. 10 min ◆ **Cuisson** 25 min

2	cuill. à soupe de miel
1½	cuill. à soupe d'huile
500	g (1 lb) de patates douces pelées et coupées en morceaux de 2,5 cm (1 po)
½	cuill. à thé de zeste de citron
½	cuill. à thé de gingembre frais râpé
¼	cuill. à thé de sel

1 Dans une casserole moyenne à feu modéré, réchauffez le miel et l'huile jusqu'à ce qu'ils bouillonnent, environ 1 min. Ajoutez les patates douces et couvrez la casserole. Laissez cuire à feu doux 5 min pour que les patates rendent de leur eau. Ajoutez le zeste de citron et le gingembre. Remettez le couvercle et poursuivez la cuisson de 10 à 15 min jusqu'à ce que les patates soient tendres. Ne poussez pas trop la cuisson, car elles deviennent vite farineuses.

2 Enlevez le couvercle. Salez. Faites bouillir encore 5 min pour qu'il se forme une glaçure sur les patates.

Pour 1 personne : 172 calories. Protéines : 2 g – Glucides : 30 g – Lipides : 6 g (dont saturés : 0 g) – Cholestérol : 0 mg – Fibres : 2 g – Sodium : 157 mg.

Patates douces farcies dorées au four

En combinant le beurre et l'huile, vous conservez la saveur riche tout en réduisant le gras saturé dommageable pour le cœur.

POUR 4 PERSONNES

Prép. 10 min ◆ **Cuisson** 1 h 10 min

2	grosses patates douces (750 g/1½ lb en tout)
1	boîte de 225 ml (8 oz) d'ananas broyés, bien égouttés
1	cuill. à soupe d'huile
1	cuill. à soupe de beurre
1	cuill. à soupe de cassonade
1	cuill. à thé de zeste d'orange râpé
½	cuill. à thé de sel
2	cuill. à soupe de pacanes hachées

1 Allumez le four à 350 °F (180 °C). Percez deux fois chaque patate avec la pointe d'un couteau.

2 Faites cuire les patates 50 min ou jusqu'à ce qu'elles soient bien tendres. Laissez-les refroidir suffisamment pour les manipuler. Baisser le four à 325 °F (160 °C).

3 Coupez les patates en deux sur la longueur. Retirez la chair à l'aide d'une cuillère et mettez-la dans un bol. Laissez suffisamment de chair à l'intérieur pour ne pas percer la peau. Réservez ces coquilles. À la chair des patates, ajoutez les ananas, l'huile, le beurre, la cassonade, le zeste et le sel. Fouettez le tout au batteur ou au fouet pour obtenir une purée légère.

4 Déposez les coquilles sur une plaque à pâtisserie. Remplissez-les avec la chair en formant un petit monticule au centre. Enfournez et faites cuire 15 min. Parsemez de pacanes. Faites cuire 5 min de plus.

Pour 1 personne : 236 calories. Protéines : 2 g – Glucides : 38 g – Lipides : 9 g (dont saturés : 2 g) – Cholestérol : 8 mg – Fibres : 4 g – Sodium : 303 mg.

TOUR DE MAIN

Les patates douces farcies et dorées au four se préparent à l'avance. Exécutez les trois premières étapes de la recette. Farcissez les coquilles et déposez-les sur un plat peu profond pour les réfrigérer. Sortez-les 30 min avant de reprendre la recette à l'étape 4.

au menu

Les épinards ont une affinité naturelle pour le sésame. Ce simple plat d'épinards devient un mets tout à fait raffiné quand on lui ajoute des graines de sésame légèrement grillées et quelques gouttes d'huile de sésame.

Épinards au sésame

Ce plat simple mais savoureux apporte des phyto-composants qui préservent la santé des yeux et aident l'organisme à lutter contre les agressions.

POUR 4 PERSONNES

Prép. 10 min ◆ **Cuisson** 5 min

500 g (1 lb) d'épinards lavés et égouttés
2 pincées de flocons de piment
½ cuill. à thé d'huile de sésame vierge
1 cuill. à thé de sel
1 cuill. à thé de jus de citron
1 cuill. à soupe de graines de sésame grillées

1 Faites cuire les épinards à la vapeur avec les flocons de piment environ 5 min, jusqu'à ce qu'ils soient tendres. Transvasez-les dans un plat creux de service.

2 Ajoutez l'huile de sésame, le sel et le jus de citron. Mélangez. Saupoudrez de graines de sésame. Servez immédiatement.

Pour 1 personne : 47 calories. Protéines : 4 g – Glucides : 1,5 g – Lipides : 2,8 g (dont saturés : 0,3 g) – Cholestérol : 0 mg – Fibres : 3,6 g – Potassium : 685 mg.

IDÉES FRAÎCHES

Pour équilibrer saveurs et textures, respectez quelques règles simples. Choisissez les garnitures de légumes en fonction des saveurs et du style du plat principal, sans oublier l'équilibre nutritionnel entre les deux. Restez dans le même domaine culinaire – méditerranéen ou asiatique par exemple – pour ne pas contrarier des saveurs typiques. Pensez aux couleurs : si le plat de légumes est vert, complétez avec un autre plat contenant de l'orange, du rouge, du jaune ou du blanc… Jouez sur le contraste des textures : si un mets est moelleux et lisse, l'autre peut être croquant et croustillant.

Tomates confites à l'ail et aux herbes

Cuites lentement dans l'huile d'olive, les tomates concentrent le lycopène, anticancérigène, et rendent ce dernier mieux assimilable par l'organisme.

POUR 4 PERSONNES

Prép. 10 min ◆ **Cuisson** 3 h

1,5 kg (3 lb) de tomates italiennes fendues en 2
2 cuill. à soupe d'huile d'olive
5 gousses d'ail finement hachées
4 cuill. à soupe de basilic finement haché
2 cuill. à soupe de romarin frais haché
1 cuill. à thé de sucre
1 cuill. à thé de sel

1 Allumez le four à 250 °F (120 °C).

2 Dans un grand plat creux, mélangez tomates, huile, ail, basilic, romarin, sucre et sel. Disposez les demi-tomates de côté, sur une plaque à revêtement antiadhésif. Mettez au four et laissez cuire pendant 3 h, jusqu'à ce que les tomates soient tombées et que leur peau soit fripée. Entrouvrez une ou deux fois la porte du four pendant la cuisson pour faire évaporer l'humidité.

3 Servez à température ambiante, ou réfrigérez.

Pour 1 personne : 131 calories. Protéines : 3 g – Glucides : 14 g – Lipides : 7 g (dont saturés : 0,9 g) – Cholestérol : 0 mg – Fibres : 4,5 g – Potassium : 850 mg.

IDÉES FRAÎCHES

Ces tomates peuvent être conservées plusieurs jours au réfrigérateur. Mangez-les telles quelles, à l'apéritif, ajoutez-les à une salade ou bien aux ingrédients d'une sauce.

Courgettes à l'ail, au persil et au citron

Ce plat léger et digeste contribue à renforcer les apports en fibres et en minéraux.

POUR 4 PERSONNES

Prép. 5 min   ◆   **Cuisson** 8 min

> 2 cuill. à thé d'huile d'olive
> 600 g (1¼ lb) de courgettes fendues en 2
>   et taillées de biais en demi-rondelles
>   de 1 cm (½ po)
> 1 cuill. à soupe d'ail haché
> ½ cuill. à thé de sel
> 2 cuill. à soupe de persil plat haché
> 2 cuill. à soupe de jus de citron

1 Dans une grande poêle antiadhésive, réchauffez l'huile à feu assez vif. Ajoutez les courgettes. Faites-les sauter 3 min. Ajoutez l'ail. Faites sauter le tout 5 min : les courgettes doivent rester un peu croquantes.

2 Retirez la poêle du feu. Salez. Ajoutez le persil et le jus de citron. Mélangez. Servez chaud ou à température ambiante.

Pour 1 personne : 41 calories. Protéines : 2,7 g – Glucides : 3 g – Lipides : 2 g (dont saturés : 0,3 g) – Cholestérol : 0 mg – Fibres : 1,8 g – Potassium : 375 mg.

Légumes grillés au vinaigre balsamique

Ces légumes variés fournissent un apport de vitamines B et C, ainsi que de bêta-carotène et de phytocomposants protecteurs.

POUR 4 PERSONNES

Prép. 10 min   ◆   **Cuisson** 14 min

> 1 gros poivron rouge en lanières
>   de 2,5 cm (1 po) de large
> 1 courgette moyenne en rondelles
>   de 1 cm (½ po)
> 1 oignon rouge moyen en rondelles
>   de 1 cm (½ po)
> 4 gros chapeaux de champignons
>   en lamelles de 1,5 cm (¾ po)
> 2 cuill. à soupe d'huile d'olive extravierge
> 1 cuill. à thé d'origan séché émietté
> 1 cuill. à soupe de vinaigre balsamique
> ¼ cuill. à thé de sel
> ¼ cuill. à thé de poivre

1 Allumez le gril du four ou un gril de contact. Huilez légèrement une plaque à revêtement antiadhésif, ou le gril de contact.

2 Dans un grand plat creux, mélangez le poivron, la courgette, l'oignon, les champignons, l'huile et l'origan. Disposez ensuite les légumes en une seule couche sur la plaque du four ou le gril. Glissez la plaque à 5 cm (2 po) de la source de chaleur.

3 Laissez cuire de 6 à 8 min, jusqu'à ce que les légumes soient croquants et légèrement brunis. Retournez-les avec une spatule et laissez-les cuire encore de 4 à 6 min.

4 Disposez les légumes sur un plat. Mélangez vinaigre, sel et poivre. Badigeonnez-en les légumes. Servez chaud ou à température ambiante.

Pour 1 personne : 84 calories. Protéines : 2,4 g – Glucides : 5 g – Lipides : 6 g (dont saturés : 1 g) – Cholestérol : 0 mg – Fibres : 2,6 g – Potassium : 370 mg.

TOUR DE MAIN

Coupez les légumes en morceaux de taille suffisante, mais sans dépasser 2,5 cm (1 po), afin qu'ils cuisent tous rapidement et de façon homogène. Pour qu'ils ne se dessèchent pas, faites-les tremper dans de l'eau froide environ 10 min avant de les badigeonner d'huile et de les faire griller.

au menu

Les légumes grillés sont parfaits pour accompagner du thon ou du bar grillés,
mais aussi les viandes ou les volailles grillées (entrecôtes, faux-filet, cuisses
de poulet, etc.). La cuisson au gril intensifie les saveurs. Terminez le repas
par une tarte aux bleuets surmontée d'une boule de crème glacée à la vanille.

Légumes printaniers sautés à l'estragon

Les légumes printaniers comprennent les asperges, la courgette jaune et les pois mange-tout, tous délicieux et nourrissants quand ils apparaissent enfin sur le marché.

POUR 4 PERSONNES

Prép. 15 min ◆ **Cuisson** 4 min

- 1 **cuill. à soupe de beurre**
- 1 **cuill. à soupe d'huile**
- 1 **botte d'oignons verts en tronçons de 5 cm (2 po)**
- 1 **courgette jaune non pelée, en tranches de 5 mm (¼ po)**
- 125 **g (¼ lb) de pois mange-tout blanchis**
- 1 **petite botte d'asperges parées, coupées en tronçons de 10 cm (4 po) et blanchies**
- ½ **cuill. à thé de sel**
- ¼ **cuill. à thé de poivre noir**
- 1 **cuill. à thé d'estragon frais ciselé ou ½ cuill. à thé d'estragon séché émietté**

1 Faites fondre le beurre avec l'huile dans une grande poêle à feu assez vif. Ajoutez les oignons verts et la courgette. Faites-les revenir 1 min.

2 Ajoutez les pois mange-tout, les asperges, le sel et le poivre. Couvrez. Attendez 2 min que les légumes soient chauds. Décorez d'estragon. Servez immédiatement.

Pour 1 personne : 96 calories. Protéines : 3 g – Glucides : 8 g – Lipides : 7 g (dont saturés : 2 g) – Cholestérol : 8 mg – Fibres : 3 g – Sodium : 310 mg.

IDÉES 🌿 FRAÎCHES

Ce mélange de légumes sautés peut servir à napper des pâtes. Dans ce cas, doublez la quantité d'huile et de beurre et coupez les légumes en plus petits morceaux. Suivez les mêmes directives et, à la toute fin, mélangez les légumes à de fines pâtes cuites, comme des linguines ou des fusillis.

au menu

Pour un repas léger, servez ces légumes printaniers sur du riz parfumé au zeste de citron, avec des tranches de jambon chaud.

Légumes sautés à la thaïlandaise

Lorsqu'on sert des légumes variés en accompagnement, on enrichit le repas d'une grande variété de nutriments essentiels et d'antioxydants protecteurs. Ici, la sauce de soja, la sauce d'huître, le jus de lime, l'ail, le gingembre et le basilic frais donnent à ces légumes variés un parfum d'Orient.

POUR 6 PERSONNES

Prép. 20 min ◆ **Cuisson** 6 min

1	cuill. à soupe de sauce de soja hyposodique
1	cuill. à soupe de sauce d'huître
2	cuill. à soupe de jus de lime frais
1	cuill. à soupe de sucre
2	cuill. à soupe d'huile
4	gousses d'ail émincées
2	piments serranos ou jalapeños, épépinés et tranchés fin de biais
3	oignons verts tranchés en filaments
1	poivron rouge en tout petits dés
125	g (4 oz) de pois mange-tout
1	aubergine japonaise, en tout petits dés
125	g (4 oz) de chapeaux de champignons, coupés en quartiers
1	cuill. à soupe de gingembre frais haché fin
3	petits pak-choïs parés et tranchés en filaments
½	**tasse de feuilles de basilic finement ciselées**

1 Dans un petit bol, confectionnez une sauce avec la sauce de soja, la sauce d'huître, le jus de lime et le sucre.

2 Réchauffez l'huile à feu assez vif dans une grande poêle ou un wok antiadhésif. Faites-y sauter l'ail et le piment 30 s. Ajoutez les oignons verts, le poivron rouge, les pois mange-tout, l'aubergine, les champignons et le gingembre. Faites-les sauter 2 min. Ajouter le pak-choï et faites-le sauter 1 min pour l'attendrir. Versez la sauce sur les légumes et faites-les sauter 1 min de plus. Parsemez de basilic et servez immédiatement.

Pour 1 personne : 78 calories. Protéines : 3 g – Glucides : 9 g – Lipides : 4 g (dont saturés : 0 g) – Cholestérol : 0 mg – Fibres : 4 g – Sodium : 128 mg.

LE SAVIEZ-VOUS ?

La sauce d'huître dont les Asiatiques raffolent est faite d'huîtres bouillies et n'a aucun goût de poisson. Il existe néanmoins sur le marché des versions végétariennes à base de champignons.

Boulgour aux légumes de printemps

Avec son petit goût de noisette, le boulgour met en valeur les légumes de printemps. Il contient de nombreux nutriments utiles à l'équilibre alimentaire, notamment des glucides complexes, des protéines végétales, des minéraux variés et des fibres en abondance.

POUR 6 PERSONNES

Prép. 45 min ◆ **Repos** 30 min ◆ **Cuisson** 15 min ♥

- 1¼ **tasse de boulgour**
- 3½ **tasses d'eau bouillante**
- 2 **cuill. à soupe d'huile d'olive**
- 3 **cuill. à soupe de jus de citron**
- 1 **cuill. à thé de sel**
- ½ **cuill. à thé de poivre**
- 2 **poireaux fendus en 2 et coupés de biais en tronçons de 2,5 cm (1 po)**
- 2 **gousses d'ail hachées**
- 12 **asperges vertes en tronçons de 5 cm (2 po)**
- 1 **tasse de petits pois surgelés**
- 4 **cuill. à soupe de menthe fraîche hachée**

1 Dans un grand plat résistant à la chaleur, mélangez le boulgour et l'eau bouillante. Laissez gonfler 30 min. Remuez au bout de 15 min. Égouttez le boulgour dans une passoire fine.

2 Dans un grand récipient creux, mélangez 1 cuill. à soupe d'huile, le jus de citron, le sel et le poivre. Ajoutez le boulgour égoutté et égrenez-le à la fourchette.

3 Dans un poêlon moyen, réchauffez le reste de l'huile à feu doux. Ajoutez les poireaux et l'ail et laissez cuire 8 min, jusqu'à ce que les poireaux soient tendres. Ajoutez-les au boulgour.

4 Faites cuire les asperges et les petits pois à la vapeur, environ 8 min, selon leur grosseur et votre goût. Ajoutez ces légumes au boulgour avec la menthe, et mélangez. Servez à température ambiante ou très frais.

Pour 1 personne : 187 calories. Protéines : 8,2 g – Glucides : 31 g – Lipides : 4,5 g (dont saturés : 0,6 g) – Cholestérol : 0 mg – Fibres : 5,2 g – Potassium : 480 mg.

au menu

Servez ce plat savoureux avec une assiette de viandes froides et des poivrons rouges grillés. Pour le dessert, prévoyez un yogourt, puis des figues fraîches ou un autre fruit de saison.

Légumes d'automne rôtis

Cette combinaison de légumes est particulièrement riche en fibres, en potassium et en bêta-carotène.

POUR 4 PERSONNES

Prép. 20 min ◆ **Cuisson** 45 min

- 3 **cuill. à soupe d'huile d'olive**
- 6 **gousses d'ail finement émincées**
- 3 **tasses de courge butternut en morceaux de 2,5 cm (1 po)**
- 300 **g (10 oz) de choux de Bruxelles parés et fendus en 2**
- 225 **g (8 oz) de champignons shiitake sans les pieds, en tranches minces**
- 2 **grosses pommes rouges non pelées, en morceaux de 2,5 cm (1 po)**
- ¼ **tasse de tomates séchées conservées dans l'huile, égouttées et tranchées mince**
- 1 **cuill. à thé de romarin séché**
- ½ **cuill. à thé de sel**
- ¼ **tasse de parmesan râpé**

1 Allumez le four à 400 °F (200 °C). Mettez l'huile d'olive et l'ail au fond d'une lèchefrite et réchauffez-les au four 3 min. Ajoutez la courge, les choux de Bruxelles, les champignons, les pommes, les tomates séchées, le romarin et le sel. Mélangez soigneusement le tout.

2 Faites rôtir les légumes 35 min, jusqu'à ce qu'ils soient tendres, en les retournant toutes les 10 min. Saupoudrez de parmesan et laissez rôtir encore 5 min.

Pour 1 personne : 292 calories. Protéines : 8 g – Glucides : 39 g – Lipides : 14 g (dont saturés : 17 g) – Cholestérol : 4 mg – Fibres : 9,3 g – Sodium : 464 mg.

Riz aux petits pois et tomates séchées

Le riz et les petits pois fournissent des protéines végétales sans aucune présence de lipides (graisses), ce qui est intéressant pour l'équilibre alimentaire.

POUR 6 PERSONNES

Prép. 10 min ◆ **Cuisson** 20 min

- **1¾ tasse de bouillon de légumes**
- **1½ tasse de petits pois frais ou surgelés**
- **½ tasse de tomates séchées en fines lamelles**
- **¼ cuill. à thé de sel**
- **1 tasse de riz blanc long**

1 Dans un récipient moyen, portez le bouillon à ébullition. Ajoutez les petits pois et les tomates. Salez. Laissez reprendre l'ébullition. Ajoutez le riz et remuez. Couvrez. Réduisez le feu et laissez frémir pendant 15 min environ, jusqu'à absorption complète du liquide de cuisson par le riz (qui doit être tendre).

2 Retirez le récipient du feu. Laissez reposer 10 min. Ôtez le couvercle et égrenez le riz à la fourchette avant de servir.

Pour 1 personne : 205 calories. Protéines : 7,2 g – Glucides : 43 g – Lipides : 0,5 g (dont saturés : 0 g) – Cholestérol : 0 mg – Fibres : 5 g – Potassium : 530 mg.

Ragoût de haricots blancs et de bettes

Les haricots protègent le cœur grâce à leurs fibres solubles qui abaissent le taux de cholestérol.

POUR 6 PERSONNES

Prép. 10 min ◆ **Cuisson** 25 min

- **1 petite botte de bettes (environ 225 g/8 oz)**
- **2 cuill. à soupe d'huile d'olive**
- **1 petit oignon haché fin**
- **1 carotte pelée hachée fin**
- **1 cuill. à thé d'origan séché écrasé**
- **1 feuille de laurier**
- **2 gousses d'ail émincées**
- **1 tasse de bouillon de poulet maigre sans sel ajouté**
- **2 boîtes de 600 ml (19 oz) de cannellinis, rincés et égouttés**
- **½ cuill. à thé de sel**
- **2 pincées de poivre noir**
- **½ tasse de parmesan râpé**

1 Ôtez les tiges des bettes et hachez-les finement. Hachez les feuilles grossièrement.

2 Réchauffez l'huile à feu moyen dans une grande poêle antiadhésive. Faites-y revenir l'oignon et la carotte, l'origan et le laurier pendant 8 min pour attendrir les légumes. Ajoutez l'ail et faites-le revenir 30 s.

3 Ajoutez les bettes et mouillez avec le bouillon. Faites cuire environ 2 min en remuant de temps en temps, le temps que les feuilles flétrissent. Ajoutez les haricots. Couvrez la poêle et laissez mijoter le tout pendant 10 min. Enlevez le couvercle et poursuivez la cuisson 5 min pour que les bettes soient bien tendres. Salez et poivrez. Supprimez la feuille de laurier. Saupoudrez de parmesan et servez immédiatement.

Pour 1 personne : 139 calories. Protéines : 7 g – Glucides : 16 g – Lipides : 5 g (dont saturés : 1 g) – Cholestérol : 4 mg – Fibres : 5 g – Sodium : 482 mg.

IDÉES ✿ FRAÎCHES

Pour varier, remplacez les bettes par des épinards ou des feuilles de betteraves qui ont le même goût subtil. Au lieu des cannellinis, essayez des pois chiches ou des haricots roses. Faites l'essai avec d'autres fines herbes, comme le thym, le persil ou le cerfeuil.

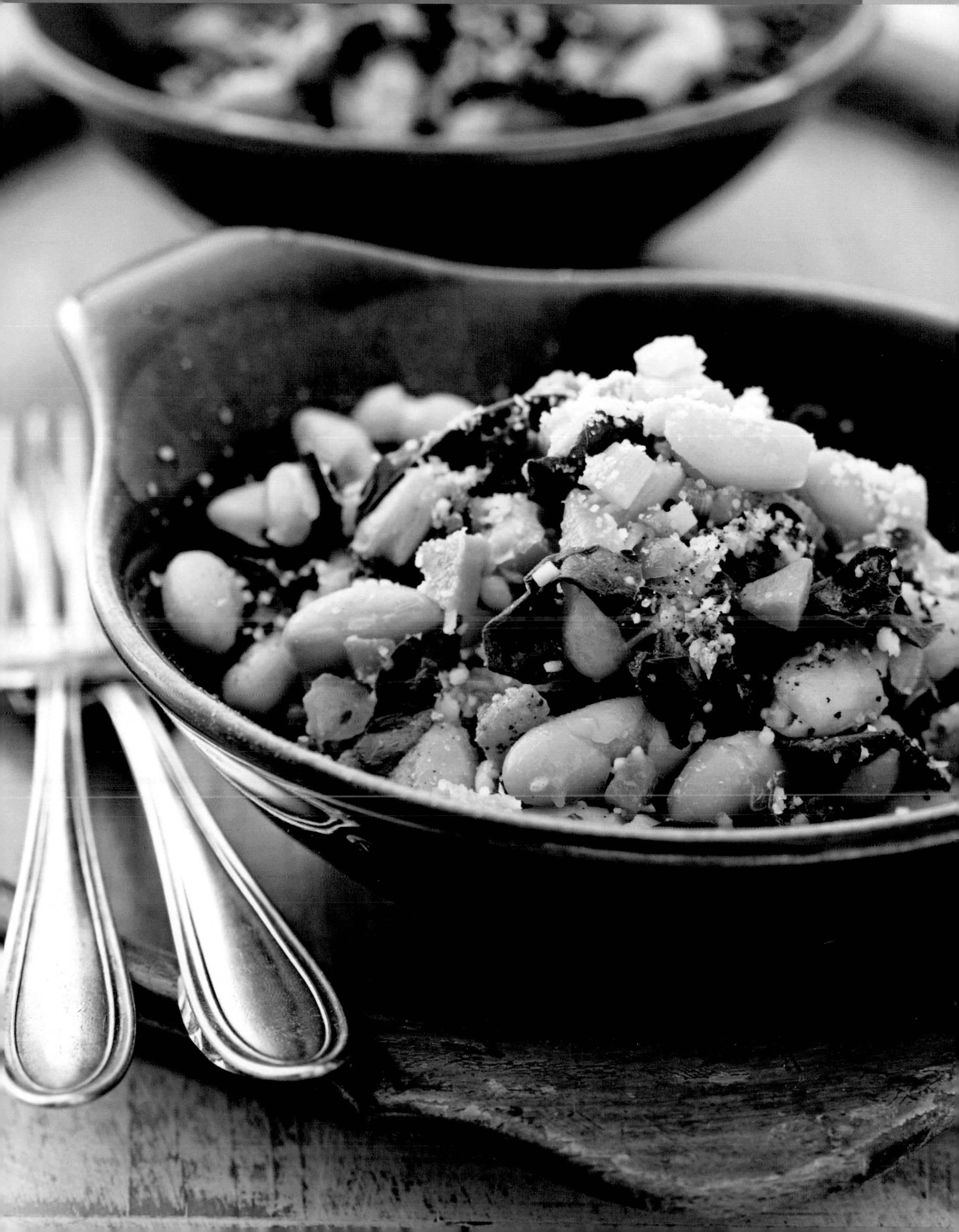

au menu

Ce légume d'accompagnement peut devenir un plat principal
si on y ajoute des dés de jambon, de poulet, de dinde,
de porc ou des œufs brouillés.

Riz sauté aux légumes

Carottes, poivrons, chou et champignons apportent ici un mélange bien équilibré de vitamines, de minéraux et de phytocomposants protecteurs.

POUR 6 PERSONNES

Prép. et **cuisson** 25 min

- **4** cuill. à soupe de bouillon de légumes ou de bouillon de poulet dégraissé
- **2½** cuill. à soupe de sauce de soja
- **½** cuill. à thé d'huile de sésame vierge
- **1½** cuill. à soupe d'huile
- **2** carottes en allumettes
- **1** poivron rouge haché grossièrement
- **4** oignons verts coupés finement, partie vert foncé réservée pour la garniture
- **1** tasse de champignons shiitake sans les pieds, découpés en quartiers
- **2** gousses d'ail émincées
- **1** chou chinois détaillé en lanières
- **¼** cuill. à thé de sel
- **3** tasses de riz blanc long cuit et froid

1 Mélangez dans un bol le bouillon, la sauce de soja et l'huile de sésame.

2 Dans une grande poêle antiadhésive ou un wok, réchauffez l'huile à feu assez vif. Ajoutez les carottes, le poivron et les oignons verts. Laissez cuire environ 5 min en remuant, jusqu'à ce que le tout soit tendre mais croquant.

3 Ajoutez les champignons et l'ail. Laissez cuire 5 min en remuant de temps en temps. Ajoutez le chou et salez. Laissez cuire 3 min en remuant pour que le chou soit al dente. Incorporez le riz et le mélange de sauce de soja. Laissez cuire environ 5 min, en remuant de temps en temps. Hachez la partie vert foncé des oignons verts et parsemez-en le riz avant de servir.

Pour 1 personne : 240 calories. Protéines : 5 g – Glucides : 46 g – Lipides : 4 g (dont saturés : 0,4 g) – Cholestérol : 0 mg – Fibres : 4,4 g – Potassium : 410 mg.

IDÉES FRAÎCHES

Vous pouvez, si vous en aimez la saveur, ajouter 2 cuill. à soupe de gingembre frais finement haché à l'étape 2, en même temps que les carottes et les oignons verts.

Riz basmati, chou frisé et courge butternut

La courge butternut et le chou frisé sont imbattables pour leur richesse en fibres et en antioxydants.

POUR 6 PERSONNES

Prép. 15 min ◆ **Cuisson** 16 min

- **½** tasse de riz basmati
- **1** cuill. à soupe de poudre de cari
- **500** g (1 lb) de chou frisé, sans les côtes, blanchi 5 min à l'eau bouillante
- **250** g (½ lb) de chair de courge butternut en morceaux de 1,5 cm (¾ po)
- **4** cuill. à soupe de raisins secs
- **1** tasse de lait de coco
- **¾** tasse d'eau
- **1** cuill. à thé de sel

1 Réchauffez une poêle antiadhésive de 30 cm (12 po) à feu assez doux. Ajoutez le riz. Faites-le revenir environ 3 min en remuant fréquemment, jusqu'à ce que le riz prenne une couleur dorée et translucide. Ajoutez la poudre de cari. Laissez cuire 1 min en remuant.

2 Ajoutez le chou, la courge, les raisins secs, le lait de coco, l'eau et le sel. Couvrez et laissez mijoter doucement pendant 18 min environ, jusqu'à ce que tout le liquide ait été absorbé et que le riz et la courge soient tendres. Retirez du feu. Laissez reposer couvert pendant 5 min avant de servir.

Pour 1 personne : 181 calories. Protéines : 3 g – Glucides : 25,3 g – Lipides : 7,5 g (dont saturés : 6,2 g) – Cholestérol : 0 mg – Fibres : 4 g – Potassium : 525 mg.

Chutney de tomates

Les tomates cuites sont l'une des meilleures sources de lycopène, pigment rouge qui possède une action anticancérigène reconnue.

POUR 3 TASSES ENVIRON

Prép. 20 min ◆ **Cuisson** 25 min

- **800 g (1¾ lb)** de tomates italiennes épépinées et coupées grossièrement
- **2** branches de céleri hachées grossièrement
- **1** oignon rouge haché grossièrement
- **4** cuill. à soupe de raisins blonds secs
- **7** cuill. à soupe de cassonade blonde
- **7** cuill. à soupe de vinaigre de cidre
- **2** cuill. à soupe de gingembre frais haché fin
- **3** pincées d'assaisonnement au chile
- **½** cuill. à thé de piment de la Jamaïque moulu
- **¼** cuill. à thé de sel
- **14** petites tomates cerises coupées en 4

1 Dans une grande casserole en acier inoxydable, mélangez les tomates, le céleri, l'oignon, les raisins secs, la cassonade, le vinaigre, le gingembre, l'assaisonnement au chile, le piment de la Jamaïque et le sel. Portez à ébullition et laissez mijoter de 20 à 25 min sans couvrir, en remuant de temps en temps, jusqu'à ce que les ingrédients soient tendres et que presque tout le liquide se soit évaporé.

2 Retirez la casserole du feu. Incorporez les tomates cerises. Laissez refroidir à température ambiante. Mettez dans un bocal, fermez et entreposez 24 h au réfrigérateur. Vous pourrez conserver ce chutney jusqu'à 1 semaine.

Pour 4 cuill. à soupe : 81 calories. Protéines : 1,2 g – Glucides : 19 g – Lipides : 0 g – Cholestérol : 0 mg – Fibres : 2 g – Potassium : 330 mg.

Citrouille marinée

Tout comme les patates douces et la plupart des courges d'hiver, la citrouille regorge de bêta-carotène, un antioxydant qui protège contre toutes sortes de maladies chroniques. Le gingembre, la cannelle et les grains de poivre, tout en lui ajoutant une note épicée et sucrée, ont eux-mêmes des propriétés phytochimiques.

POUR 6 À 8 PETITS BOCAUX

Prép. 25 min ◆ **Cuisson** 20 min

- **1** citron
- **5** tasses de sucre
- **3** tasses de vinaigre de cidre
- **¼** tasse de gingembre frais haché fin
- **2** bâtons de cannelle
- **20** grains de poivre
- **1** cuill. à soupe de sel
- **1** citrouille de 1,5 à 2 kg (3-4 lb), parée, pelée et débitée en morceaux de 3 x 2 x 2 cm (1½ x ¾ x ¾ po)

1 Avec un couteau éplucheur, détachez le zeste du citron en lanières. Dans une grande casserole inoxydable, mettez le zeste, le sucre, le vinaigre, le gingembre, les bâtons de cannelle, les grains de poivre et le sel. Faites mijoter le tout 5 min à feu doux pour faire fondre le sucre. Ajouter la citrouille. Laissez mijoter 15 min en remuant de temps en temps pour que la citrouille s'attendrisse mais reste croquante.

2 Avec une cuillère à trous, transférez les morceaux de citrouille dans des bocaux stérilisés (4 bocaux de 500 ml [16 oz] ou 8 bocaux de 250 ml [8 oz]). Remplissez les bocaux avec le jus de cuisson jusqu'à 1 cm (¼ po) du bord. Mettez les couvercles. Réfrigérez les bocaux que vous comptez utiliser dans la semaine. Pour le reste, suivez les directives du fabricant afin d'assurer une longue conservation.

Pour ½ tasse : 30 calories. Protéines : 1 g – Glucides : 8 g – Lipides : 0 g (dont saturés : 0 g) – Cholestérol : 0 mg – Fibres : 1 g – Sodium : 208 mg.

IDÉES 🌿 FRAÎCHES

Il existe plusieurs types de chutney, mais il s'agit généralement d'un légume ou d'un fruit unique, confit dans un sirop épicé. Dans la recette ci-contre, on peut remplacer la tomate par 2 tasses de mangue non mûrie (dure) en supprimant le céleri et les tomates cerises. Le chutney accompagne les viandes grillées et les plats de curry. Il se sert aussi en apéritif sur des craquelins tartinés de fromage à la crème.

au menu

Ce condiment peu banal accompagne bien un repas d'automne ou d'hiver,
et peut faire un joli cadeau à l'hôtesse.

Relish de maïs et poivron

*Pour un condiment vite fait, utilisez du maïs en boîte auquel le poivron jaune et rouge
donnera un bon goût frais, de la couleur et des vitamines. Le maïs en conserve contient
pour sa part de l'acide férulique, un antioxydant qui détruit les toxines naturelles de l'organisme.*

POUR 6 PERSONNES

Prép. 10 min ◆ **Cuisson** 5 min

1½ **tasse de vinaigre blanc**
¼ **tasse de sucre**
¾ **cuill. à thé de moutarde sèche**
¼ **cuill. à thé de sel**
2 **oignons verts en fines rondelles**
½ **petit poivron orange en petits dés**
½ **petit poivron jaune en petits dés**
1 **boîte de 425 ml (15 oz) de maïs en grains
égoutté**

1 Dans une petite casserole inoxydable, mettez le
vinaigre, le sucre, la moutarde sèche et le sel. Faites
mijoter 5 min à feu doux. Retirez la casserole du feu.

2 Ajoutez les oignons verts, les poivrons et le
maïs. Laissez refroidir. Ce condiment se conserve
1 semaine au réfrigérateur dans un contenant bien
fermé. Servez-le froid ou à la température ambiante.

*Pour 1 personne : 70 calories. Protéines : 1 g – Glucides : 16 g – Lipides : 0 g
(dont saturés : 0 g) – Cholestérol : 0 mg – Fibres : 1 g – Sodium : 236 mg.*

IDÉES 🌿 FRAÎCHES

*Pour épicer cette relish, ajoutez-lui une
cuillerée à soupe ou deux de piment doux,
comme du jalapeño, haché fin.*

au menu

*Le maïs étant un légume d'été, les relishs
de maïs accompagnent généralement les
barbecues et les pique-niques. Avec du
maïs en boîte, comme ici, vous obtenez un
condiment qui se sert à longueur d'année
avec une viande rôtie, une volaille ou
des fruits de mer.*

Dans les
salades

Salade d'avocats, de jicama et d'oranges

Cette salade santé, populaire dans le sud-ouest des États-Unis, fournit toutes les vitamines antioxydantes qui protègent votre cœur en plus d'une bonne dose de fibres.

POUR 6 PERSONNES

Prép. 10 min ◆ **Réfrigération** 15 min

- 3 cuill. à soupe d'huile d'olive
- 1 cuill. à soupe de jus de lime
- 1 gousse d'ail passée au presse-ail
- 2 cuill. à thé de vinaigre de vin blanc
- ¼ cuill. à thé de cumin en poudre
- 1 pincée d'assaisonnement au chile
- 1 pincée de sel
- 225 g (8 oz) de jicama frais, pelé, en bâtonnets de 7 x 0,5 cm (3 x ¼ po)
- 3 oranges pelées à vif, en quartiers
- 2 petits avocats pelés, en morceaux
- 1 petit oignon rouge en fines lamelles
- 1 salade romaine taillée en chiffonnade

1 Dans un bol, battez à la fourchette l'huile, le jus de lime, l'ail, le vinaigre, le cumin, l'assaisonnement au chile et le sel. Dans un saladier, mettez le jicama, les quartiers d'orange, les morceaux d'avocat et les lamelles d'oignon. Arrosez avec la vinaigrette et mélangez. Laissez 15 min au réfrigérateur.

2 Pour servir, tapissez les assiettes avec les feuilles de romaine et répartissez la salade dessus.

Pour 1 personne : 185 calories. Protéines : 2,3 g – Glucides : 14,1 g – Lipides : 13,3 g (dont saturés : 2,3 g) – Cholestérol : 0 mg – Fibres : 4,2 g – Potassium : 645 mg.

TOUR DE MAIN

Pour peler une orange à vif, retirez une rondelle d'écorce à chaque extrémité du fruit, posez celui-ci debout et tranchez l'écorce et la peau blanche en suivant la courbure du fruit, avec un couteau-scie ou un couteau à lame large. Détachez ensuite les segments (quartiers) en passant la lame du couteau le long des membranes blanches ou, selon la recette, coupez le fruit en rondelles.

Salade de brocoli à l'orange

Le brocoli apporte du sulforaphane et d'autres composés soufrés, qui aident à prévenir le développement de certains cancers.

POUR 6 PERSONNES

Prép. 15 min ◆ **Cuisson** 5 min

- 1 brocoli divisé en petits bouquets
- 2 cuill. à soupe de jus d'orange
- 2 cuill. à thé de miel
- 2 cuill. à thé de sauce de soja
- 1 cuill. à thé de vinaigre de cidre
- 2 cuill. à soupe d'huile d'olive
- 1 cuill. à soupe de coriandre fraîche hachée
- 1 orange pelée, épépinée, en demi-rondelles de 5 mm (¼ po)
- ½ petit oignon rouge en demi-anneaux
- 2 boîtes de châtaignes d'eau coupées en lamelles
- 2 pincées de poivre

1 Faites cuire le brocoli 5 min dans de l'eau bouillante salée. Il doit rester croquant. Égouttez-le et rincez-le sous l'eau froide.

2 Dans un bol, mélangez le jus d'orange, le miel, la sauce de soja et le vinaigre. Incorporez l'huile. Ajoutez la coriandre.

3 Dans un saladier, mélangez brocoli, rondelles d'orange et vinaigrette. Répartissez dans les assiettes. Ajoutez les oignons et les châtaignes d'eau. Poivrez.

Tous les ingrédients peuvent être préparés à l'avance et mis au réfrigérateur ; la sauce aussi, mais à part. Laissez revenir à température ambiante avant de mélanger.

Pour 1 personne : 119 calories. Protéines : 4,5 g – Glucides : 15 g – Lipides : 4,6 g (dont saturés : 0,6 g) – Cholestérol : 0 mg – Fibres : 3,3 g – Potassium : 475 mg.

Salade d'endives, pommes et cresson aux amandes

Le cresson renferme beaucoup de bêta-carotène (provitamine A), de folates (vitamine B₉) et de vitamine C, ainsi que des bioflavonoïdes antioxydants et des substances soufrées qui protègent du cancer.

POUR 6 PERSONNES

Prép. 10 min

- ⅓ **tasse de yogourt nature allégé**
- 1 **cuill. à soupe de mayonnaise légère**
- 2 **cuill. à thé de miel**
- 1 **cuill. à thé de moutarde de Dijon**
- ½ **cuill. à thé de poudre de cari**
- 1 **botte de cresson**
- 2 **endives en demi-rondelles minces**
- 2 **pommes en fines lamelles**
- 2 **cuill. à soupe d'amandes effilées grillées**

1 Dans un petit bol, mélangez le yogourt, la mayonnaise, le miel, la moutarde et le cari.

2 Coupez les tiges du cresson au ras du lien. Lavez-le soigneusement et essorez-le. Dans un grand saladier, mélangez le cresson, les endives, les pommes et la sauce. Parsemez d'amandes grillées.

Pour 1 personne : 74 calories. Protéines : 3,2 g – Glucides : 10,3 g – Lipides : 2,2 g (dont saturé : 0,3 g) – Cholestérol : 2 mg – Fibres : 4 g – Potassium : 375 mg.

TOUR DE MAIN

Grillez les amandes dans une poêle à revêtement antiadhésif, à feu moyen, en secouant souvent, jusqu'à ce qu'elles soient dorées. Laissez-les refroidir avant de les utiliser.

Salade de pois mange-tout, concombre et radis

Les pois mange-tout sont une excellente source de folates (vitamine B₉) et de fibres, des composants protecteurs pour le système cardiovasculaire.

POUR 4 PERSONNES

Prép. 10 min ◆ **Cuisson** 5 min

- 200 g (6 oz) **de pois mange-tout effilés**
- 1 **cuill. à soupe de vinaigre de riz**
- 2 **cuill. à thé de sucre**
- 1 **cuill. à soupe de sauce de soja**
- 1 **cuill. à soupe d'huile d'arachide**
- 1 **cuill. à thé d'huile de sésame vierge**
- ⅛ **cuill. à thé de sel**
- 1 **concombre en fines rondelles**
- 1 **botte de radis en fines rondelles**
- 1 **cuill. à soupe de graines de sésame grillées** *(facultatif)*

1 Faites cuire les pois mange-tout 5 min dans de l'eau bouillante salée. Égouttez-les. Rincez-les sous l'eau froide.

2 Dans un bol, mélangez le vinaigre, le sucre, la sauce de soja, l'huile d'arachide, l'huile de sésame et le sel.

3 Dans un grand saladier, mettez les pois mange-tout, le concombre et les radis. Arrosez avec la sauce, mélangez et parsemez au goût de graines de sésame.

Pour 1 personne : 90 calories. Protéines : 3,3 g – Glucides : 8,3 g – Lipides : 4,8 g (dont saturés : 0,8 g) – Cholestérol : 0 mg – Fibres : 4,2 g – Potassium : 305 mg.

LE SAVIEZ-VOUS ?

Les premiers radis furent cultivés en Chine, il y a des milliers d'années. Dans la Grèce antique, on les appréciait tellement qu'on les reproduisait en or.

au menu

*Après cette entrée fraîche, servez un poulet rôti avec de la semoule
de couscous et terminez le repas par un fruit frais.*

Salade d'asperges, pois mange-tout et tomates

Cette salade d'inspiration asiatique est une bonne source de folates (vitamine B$_9$), de bêta-carotène (provitamine A) et de vitamine C, des phytocomposants jouant un rôle clé dans la prévention du cancer et des maladies cardiovasculaires.

POUR 6 PERSONNES

Prép. 10 min ◆ **Cuisson** 10 min

1	**cuill. à soupe de sauce de soja**
2	**cuill. à thé de vinaigre de riz**
2	**cuill. à thé de jus de citron**
1	**cuill. à thé d'huile de sésame vierge**
3	**cuill. à soupe d'huile d'arachide**
2	**oignons verts finement hachés**
1	**cuill. à soupe de gingembre frais pelé et finement haché**
125 g	**(4 oz) de pois mange-tout parés**
500 g	**(1 lb) de petites asperges**
1	**cœur de romaine en feuilles**
4	**tomates italiennes en quartiers**
4	**cuill. à soupe de noix grillées et hachées grossièrement**

1 Dans un bol, mélangez la sauce de soja, le vinaigre de riz, le jus de citron et l'huile de sésame. Incorporez l'huile d'arachide, puis les oignons verts et le gingembre.

2 Faites cuire les pois mange-tout 5 min dans de l'eau bouillante légèrement salée. Égouttez-les en conservant leur eau de cuisson et rincez-les sous l'eau froide.

3 Plongez les asperges dans l'eau de cuisson des pois ramenée à ébullition. Laissez-les cuire 5 min pour qu'elles soient légèrement croquantes. Égouttez-les et rincez-les sous l'eau froide. Mettez les pois mange-tout dans un grand bol, arrosez-les de sauce, mélangez, retirez-les avec une écumoire, passez ensuite les asperges dans la sauce.

4 Tapissez chaque assiette de romaine. Recouvrez avec les pois, les asperges et les tomates. Garnissez de noix. Arrosez avec le reste de la vinaigrette.

Pour 1 personne : 128 calories. Protéines : 2,5 g – Glucides : 8,5 g – Lipides : 9,3 g (dont saturés : 1,6 g) – Cholestérol : 0 mg – Fibres : 5 g – Potassium : 470 mg.

Salade de pâtes à la viande

Une salade de belle apparence qui regorge de saveurs.

POUR 4 PERSONNES

Prép. 25 min ◆ **Cuisson** 20 min

225 g	**(8 oz) de rotelles ou autres petites pâtes**
6	**tasses de bouquets de brocoli**
300 g	**(10 oz) de steak de surlonge**
1¼	**tasse de yogourt nature écrémé**
3	**cuill. à soupe de mayonnaise légère**
1	**cuill. à soupe de vinaigre balsamique**
¾	**tasse de feuilles de basilic non tassées**
1	**cuill. à thé de sel**
500 g	**(1 lb) de tomates italiennes coupées en 4**
1	**oignon rouge en demi-tranches fines**

1 Faites cuire les pâtes à l'eau bouillante en suivant les directives sur l'emballage. Plongez les brocoli dans la casserole pour les 2 dernières minutes de cuisson. Égouttez.

2 Pendant ce temps, allumez le gril. Faites griller le steak à 10 cm (4 po) de la source de chaleur, 4 min de chaque côté pour une viande mi-saignante, moins ou plus longtemps selon le goût. Sur une planche, débitez-le de biais en fines tranches.

3 Travaillez au robot le yogourt, la mayonnaise, le vinaigre, le basilic et le sel pour obtenir une sauce onctueuse. Versez-la dans un grand bol de service.

4 Ajoutez le steak et son jus à la sauce et mélangez le tout. Ajoutez les pâtes, le brocoli, les tomates et l'oignon, et mélangez à nouveau. (Ce plat se conserve au réfrigérateur, mais il faut le ramener à la température ambiante avant de le servir.)

Pour 1 personne : 471 calories. Protéines : 29 g – Glucides : 58 g – Lipides : 15 g (dont saturés : 4,5 g) – Cholestérol : 50 mg – Fibres : 7 g – Sodium : 781 mg.

LÉGUMES SANTÉ, LÉGUMES SAVEUR

Salade de légumes verts à l'ail et au gingembre

Ces légumes à peine cuits à la vapeur et délicatement parfumés se dégustent froids ou chauds.

POUR 4 PERSONNES

Prép. 20 min ◆ **Cuisson** 3-4 min

- 250 g (½ lb) de brocoli
- 250 g (½ lb) de pak-choï
- 4 oignons verts
- 125 g (4 oz) de pois sugar snap
- 1 petite gousse d'ail écrasée
- 1 cuill. à thé de gingembre frais râpé fin
- 1 cuill. à thé de cassonade foncée
- 1 cuill. à soupe de sauce de poisson thaïlandaise

1 Détaillez le brocoli en petits bouquets en ramenant les tiges à 1 cm (½ po). Pelez le reste des tiges et taillez-les de biais en tronçons de 1 cm (½ po). Parez le pak-choï et détaillez-le en tronçons. Détaillez l'oignon vert de biais en tronçons.

2 Remplissez une casserole d'eau de manière à y placer une marguerite à sec. Portez l'eau à ébullition.

3 Dans un grand bol, mettez le brocoli, le pak-choï, les oignons verts et les pois. Ajoutez l'ail et le gingembre et mêlez bien. Versez le tout dans la marguerite, couvrez et laissez cuire 3 ou 4 min à la vapeur. Les légumes doivent rester un peu croquants.

4 Dans une tasse, faites dissoudre la cassonade dans la sauce de poisson. Disposez les légumes sur le plat de service et arrosez-le de cette sauce. Ce plat se sert chaud ou à la température ambiante.

Pour 1 personne : 50 calories. Protéines : 4 g – Glucides : 9 g – Lipides : 0 g (dont saturés : 0 g) – Cholestérol : 0 mg – Fibres : 3 g – Sodium : 400 mg.

Romaine, vinaigrette aux tomates concassées

La sauce enrichie de tomates crues concassées représente un complément appréciable de vitamines et de phytocomposants protecteurs.

POUR 6 PERSONNES

Prép. 10 min

- 2 grosses tomates mûres, coupées grossièrement
- ⅓ tasse de feuilles de basilic pas trop tassées
- 2 cuill. à soupe d'huile d'olive
- 1 cuill. à soupe de vinaigre balsamique
- 1 gousse d'ail émincée
- 1 salade romaine défaite en petites bouchées
- 2 cuill. à soupe de feta émiettée
- 2 cuill. à soupe de tomates séchées conservées dans l'huile, en morceaux
  Sel

Mettez dans le bol du mélangeur les tomates fraîches, le basilic, l'huile, le vinaigre, l'ail et du sel. Travaillez-les par pulsions : les tomates doivent être concassées mais pas réduites en purée. Dans un grand saladier, mélangez la romaine et la sauce. Ajoutez la feta et les tomates séchées. Servez sans attendre.

Pour 1 personne : 82 calories. Protéines : 2,5 g – Glucides : 4 g – Lipides : 6,2 g (dont saturés : 1,5 g) – Cholestérol : 5 mg – Fibres : 1,5 g – Potassium : 265 mg.

IDÉES 🌿 FRAÎCHES

La vinaigrette aux tomates concassées accompagne aussi bien le poulet grillé que les pâtes. Vous pouvez la préparer à l'avance et la conserver au réfrigérateur. Avec les pâtes, ajoutez si vous le voulez de la mozzarella et des olives noires en copeaux.

au menu

Parfumée au cari, cette salade accompagne particulièrement bien le poisson ou le poulet grillés. Ajoutez du pain indien pour renforcer la touche asiatique, et terminez le repas sur une note fraîche avec un sorbet aux fruits.

Salade aux trois légumes parfumée au cari

Les indoles, ces phytochimiques qu'on retrouve dans le chou-fleur et d'autres crucifères, constitueraient, croit-on, une protection contre les cancers d'origine hormonale. Les haricots apportent de la vitamine A pour entretenir la vision et, tout comme le maïs, ils regorgent de folate, essentiel à la reproduction des cellules.

POUR 4 PERSONNES

Prép. 10 min ◆ **Cuisson** 7 min

2 cuill. à thé de poudre de cari
¼ tasse de jus de lime frais
¼ cuill. à thé de sel
3 cuill. à soupe d'huile
250 g (½ lb) de haricots verts parés, coupés en 2
1 petit chou-fleur paré, détaillé en petits bouquets
1 tasse de grains de maïs frais ou décongelés

1 Dans un poêlon, faites griller la poudre de cari 1 min à feu assez bas, en remuant fréquemment, pour qu'elle dégage son arôme. Dans un petit bol, mélangez-la au jus de lime et au sel. Incorporez l'huile pour compléter la vinaigrette.

2 Dans une grande casserole d'eau bouillante salée, plongez les haricots verts et laissez-les cuire 3 min. Retirez-les avec une cuiller à trous et laissez-les s'égoutter dans une passoire.

3 Dans la même eau bouillante, plongez les bouquets de chou-fleur et laissez-les cuire 4 min. Ajoutez-les à la passoire et faites couler l'eau froide pour refroidir les légumes.

4 Dans un grand bol, mélangez les haricots verts, le chou-fleur et le maïs avec la vinaigrette. Servez cette salade froide ou à température ambiante.

Pour 1 personne : 197 calories. Protéines : 6 g – Glucides : 22 g – Lipides : 12 g (dont saturé : 1 g) – Cholestérol : 0 mg – Fibres : 9 g – Sodium : 758 mg.

TOUR DE MAIN

Le fait de griller la poudre de cari la rend plus subtile tout en accentuant son goût. D'autres épices comme le cumin et l'assaisonnement au chile gagnent aussi à être grillées quand on veut les ajouter à des plats qui ne subiront aucune cuisson.

Salade de carottes aux amandes

Le bêta-carotène, pigment végétal qui donne sa couleur à la carotte, a une action antioxydante et intervient dans la fonction immunitaire.

POUR 4 PERSONNES

Prép. 15 min ◆ **Cuisson** 8 min

2 cuill. à soupe de vinaigre à la framboise
1 cuill. à soupe d'huile d'olive
1 cuill. à soupe de miel
¼ cuill. à thé de sel
¼ cuill. à thé de poivre
500 g (1 lb) de carottes pelées, en rondelles de 5 mm (¼ po) d'épaisseur
2 cuill. à soupe d'amandes effilées
1 oignon vert raccourci à 15 cm (6 po), puis détaillé en fines demi-rondelles

1 Dans un bol, mélangez le vinaigre, l'huile, le miel avec le sel et le poivre. Faites cuire les carottes 8 min à la vapeur. Rincez-les sous l'eau froide. Égouttez-les.

2 Dans un plat creux, mélangez les carottes, les amandes, l'oignon vert et la vinaigrette.

Pour 1 personne : 106 calories. Protéines : 2 g – Glucides : 12,5 g – Lipides : 5,3 g (dont saturés : 0,5 g) – Cholestérol : 0 mg – Fibres : 3 g – Potassium : 330 mg.

Salade de légumes grillés

Voici un mélange méditerranéen riche en vitamines et phytocomposants bénéfiques, qui enchantera vos papilles tout en protégeant votre cœur.

POUR 6 PERSONNES

Préparation et **cuisson** 30 min

- 1 **aubergine de 350 g (12 oz)**
- 1 **petit bulbe de fenouil de 200 g (6 oz)**
- 1 **courgette jaune**
- 1 **courgette verte**
- **Huile d'olive**
- ½ **cuill. à thé + 2 pincées de sel**
- 1 **poivron rouge coupé en 2**
- 3 **tomates italiennes coupées en 2 et épépinées**
- 2 **gousses d'ail émincées**
- 1 **cuill. à thé d'origan frais ou ½ cuill. à thé d'origan séché**
- 1½ **cuill. à soupe de vinaigre balsamique**

1 Faites chauffer le gril à chaleur moyenne. Coupez l'aubergine, le fenouil et les courgettes dans le sens de la longueur en tranches de 1 cm (½ po) d'épaisseur. Badigeonnez-les d'huile avec un pinceau. Saupoudrez-les de sel.

2 Posez le poivron rouge sur le gril 4 ou 5 min, côté peau sur le dessus, jusqu'à ce que celle-ci noircisse et se boursoufle.

3 Faites griller l'aubergine, le fenouil et les courgettes environ 4 min, jusqu'à ce que les marques du gril se voient sur les légumes encore fermes. Retournez les légumes et laissez-les griller encore 3 min pour les courgettes, 5 à 6 min pour l'aubergine et le fenouil.

4 Huilez légèrement les tomates et faites-les griller peau dessus pendant 3 min, jusqu'à ce que les marques du gril apparaissent.

5 Dans une petite poêle, faites chauffer 2 cuill. à soupe d'huile à feu moyen. Ajoutez l'ail, l'origan et 2 pincées de sel. Faites sauter pendant 1 min. Laissez tiédir. Ajoutez le vinaigre.

6 Pelez le poivron grillé. Coupez-le en lanières. Coupez les autres légumes en petits morceaux. Mettez-les tous dans un saladier. Ajoutez la vinaigrette. Remuez. Servez à température ambiante.

Pour 1 personne : 90 calories. Protéines : 2,4 g – Glucides : 6 g – Lipides : 6,3 g (dont saturés : 1 g) – Cholestérol : 0 mg – Fibres : 3,4 g – Potassium : 500 mg.

Salade d'épinards

Les pousses d'épinard consommées crues sont un concentré de nutriments protecteurs (vitamines, substances flavonoïdes antioxydantes) et une source non négligeable de fibres.

POUR 4 PERSONNES

Prép. 5 min ◆ **Cuisson** 5 min

- 8 **tasses de jeunes pousses d'épinard rincées et essorées**
- 2 **cuill. à soupe d'huile d'olive**
- 1 **oignon rouge en fines lamelles**
- ¼ **tasse de jus de tomate**
- 1 **cuill. à soupe de jus de citron**
- 1 **cuill. à thé de moutarde de Dijon**
- 1 **gousse d'ail passée au presse-ail**
- ¼ **cuill. à thé de sel**
- ⅛ **cuill. à thé de poivre**
- 2 **tranches de bacon de dinde, cuit et émietté**
- 2 **tranches de pain complet grillées sans la croûte, en cubes de 1 cm (½ po)**

1 Mettez les pousses d'épinard dans un grand saladier. Réchauffez l'huile d'olive à feu moyen dans une petite poêle. Faites-y revenir l'oignon 1 min. Ajoutez en remuant le jus de tomate, le jus de citron, la moutarde, l'ail, le sel et le poivre. Retirez du feu quand le tout commence à bouillir.

2 Versez l'assaisonnement chaud sur les épinards. Éparpillez les dés de bacon et les cubes de pain dessus. Servez chaud.

Pour 1 personne : 145 calories. Protéines : 9,5 g – Glucides : 11 g – Lipides : 7 g (dont saturés : 1 g) – Cholestérol : 10 mg – Fibres : 3,6 g – Potassium : 700 mg.

Salade de patates douces aux raisins secs, sauce à l'orange

Un mélange de saveurs étonnant, pour une salade qui vous permet de faire le plein de vitamine C et de provitamine A, des antioxydants précieux pour les défenses immunitaires et la lutte contre les radicaux libres.

POUR 4 PERSONNES

Prép. 10 min ◆ **Cuisson** 20 min

- **500 g (1 lb) de patates douces pelées, découpées en 4 dans le sens de la longueur puis de biais en tranches de 1 cm (½ po) d'épaisseur**
- **3 cuill. à soupe d'huile d'olive**
- **1 cuill. à soupe de jus de citron**
- **1 cuill. à soupe de jus d'orange**
- **1 cuill. à thé de miel**
- **¼ cuill. à thé de sel**
- **¼ cuill. à thé de poivre**
- **1 botte de roquette en chiffonnade**
- **1 orange pelée à vif, en segments** *(voir encadré, p. 235)*
- **½ petit oignon rouge en lamelles**
- **3 cuill. à soupe de raisins secs**

1 Allumez le four à 400 °F (200 °C). Mettez les patates douces sur une plaque antiadhésive. Arrosez-les avec 1 cuill. à soupe d'huile d'olive, mélangez, puis disposez-les en une seule couche. Faites-les cuire environ 20 min au four, jusqu'à ce qu'elles soient tendres et légèrement brunes.

2 Dans un bol, mélangez 2 cuill. à soupe d'huile d'olive, le jus de citron, le jus d'orange, le miel, le sel et le poivre. Goûtez l'assaisonnement et ajoutez 1 cuill. à soupe de jus de citron si nécessaire.

3 Dans un saladier, mélangez les patates douces chaudes avec l'assaisonnement. Ajoutez la roquette, les segments d'orange, l'oignon et les raisins secs. Mélangez et servez.

Pour 1 personne : 257 calories. Protéines : 3,2 g – Glucides : 40 g – Lipides : 9,4 g (dont saturé : 1,3 g) – Cholestérol : 0 mg – Fibres : 6 g – Potassium : 775 mg.

IDÉES 🌿 FRAÎCHES

Pour ajouter aux assiettes d'aubergines et tomates grillées quelques protéines et en faire un plat principal, intercalez des tranches de mozzarella avant de verser l'assaisonnement et servez avec du proscuitto ou du salami.

Assiettes d'aubergines et tomates grillées

Riches en fibres, les aubergines favorisent le transit intestinal et sont beaucoup plus digestes simplement grillées que cuites dans la friture.

POUR 4 PERSONNES

Prép. 10 min ◆ **Cuisson** 20 min

- **500 g (1 lb) d'aubergines en tranches de 1 cm (½ po) d'épaisseur**
- **500 g (1 lb) de tomates italiennes en tranches de 1 cm (½ po) d'épaisseur**
- **3 cuill. à soupe d'huile d'olive**
- **¼ cuill. à thé de sel**
- **¼ cuill. à thé de poivre**
- **1 gousse d'ail**
- **1 cuill. à soupe de vinaigre de vin rouge**
- **15 petites feuilles de basilic**

1 Allumez le four à 500 °F (240 °C). Tapissez une plaque de papier aluminium et vaporisez-le d'huile. Déposez-y les aubergines et les tomates en une seule couche. Badigeonnez-les au pinceau avec 1 cuill. à soupe d'huile. Saupoudrez le sel et le poivre.

2 Faites cuire les légumes au four 20 min, jusqu'à ce que les aubergines soient tendres et dorées. Laissez refroidir.

3 Pressez l'ail au-dessus d'un petit bol. Ajoutez-y 2 cuill. à soupe d'huile d'olive et le vinaigre. Mélangez. Pour servir, disposez des tranches de tomate et d'aubergine sur les assiettes en les faisant chevaucher légèrement. Intercalez des feuilles de basilic. Arrosez de vinaigrette.

Pour 1 personne : 125 calories. Protéines : 2,2 g – Glucides : 7,4 g – Lipides : 9,6 g (dont saturé : 1,3 g) – Cholestérol : 0 mg – Fibres : 4,5 g – Potassium : 610 mg.

LÉGUMES SANTÉ, LÉGUMES SAVEUR

Salade de pommes de terre à l'italienne

En cuisant les pommes de terre avec leur peau, vous limitez au maximum les pertes de vitamines et de minéraux.

POUR 4 PERSONNES

Prép. 10 min ◆ **Cuisson** 15 min

- **750 g (1½ lb) de petites pommes de terre rouges non pelées, coupées en deux**
- **2 cuill. à soupe de mayonnaise légère**
- **2 cuill. à thé de moutarde de Dijon**
- **¼ tasse de babeurre**
- **2 oignons verts en rondelles fines**
- **¼ tasse de tomates séchées hachées (pas conservées dans l'huile)**
- **8 feuilles de basilic ciselées**
- **½ cuill. à thé de sel**
- **¼ cuill. à thé de poivre**

1 Plongez les pommes de terre dans de l'eau bouillante salée et laissez-les cuire environ 15 min, jusqu'à ce qu'elles soient tendres. Égouttez-les.

2 Dans un bol, mélangez la mayonnaise et la moutarde. Incorporez le babeurre.

3 Dans un saladier, mélangez les pommes de terre, les oignons verts, les tomates séchées et le basilic. Salez et poivrez. Ajoutez la sauce à la mayonnaise épicée. Mélangez délicatement.

Pour 1 personne : 129 calories. Protéines : 4,3 g – Glucides : 23 g – Lipides : 2,2 g (dont saturés : 0,3 g) – Cholestérol : 3 mg – Fibres : 3,1 g – Potassium : 770 mg.

Salade de carotte et brocoli râpés

Cette salade délicieuse et simple à réaliser réunit trois végétaux réputés pour leurs qualités nutritionnelles : le brocoli, légume «prévention» par excellence ; la carotte, championne pour la provitamine A ; et les amandes, exceptionnellement riches en vitamine E et en acides gras polyinsaturés protecteurs pour le cœur.

POUR 4 PERSONNES

Prép. 10 min

- **4 cuill. à soupe de mayonnaise légère**
- **1 cuill. à soupe de vinaigre de vin blanc**
- **1 gros brocoli**
- **3 carottes moyennes pelées et taillées en julienne**
- **2 cuill. à soupe d'amandes effilées grillées**
- **3 cuill. à soupe de persil plat haché**
- **2 pincées de poivre**

1 Dans un bol, mélangez la mayonnaise et le vinaigre.

2 Coupez les fleurs de brocoli et gardez-les pour une autre préparation. Pelez les tiges et taillez-les en fine julienne, au robot ou à la main.

3 Dans un saladier, mélangez le brocoli, les carottes et l'assaisonnement. Ajoutez les amandes et le persil. Poivrez.

Pour 1 personne : 84 calories. Protéines : 3,3 g – Glucides : 7,5 g – Lipides : 4,5 g (dont saturés : 1 g) – Cholestérol : 7 mg – Fibres : 4,3 g – Potassium : 320 mg.

IDÉES 🌿 FRAÎCHES

Les recettes de légumes crus râpés comme la Salade de carotte et brocoli râpés sont très appréciées. On peut facilement improviser à partir de ce type de salade en variant les ingrédients et les sauces. Celle-ci pourrait être une vinaigrette, du yogourt assaisonné, de la mayonnaise ou une combinaison des trois.

MAIN **TOUR DE MAIN** TOUR DE MAIN TOUR DE MAIN TOUR DE MAIN TOUR DE MAIN

Ces deux salades sont de bons éléments pour un pique-nique. Mais, pour que la mayonnaise se conserve bien, il faut la conserver au frais jusqu'au moment de servir. Laissez les salades au réfrigérateur le plus longtemps possible avant de les enfermer dans des récipients hermétiques. Mettez-les dans une glacière ou dans un sac de pique-nique isotherme. Laissez le tout à l'ombre.

Salade de maïs, tomates et basilic

*Le maïs renferme un pigment jaune spécifique, la lutéine,
qui protège les yeux de la dégénérescence maculaire, maladie
chronique liée à l'âge et pouvant aboutir à la cécité.*

POUR 4 PERSONNES

Prép. 10 min

- 2 **cuill. à soupe d'huile d'olive**
- 1 **cuill. à thé de vinaigre balsamique**
- ¼ **cuill. à thé de sel**
- 2 **tasses de maïs en grains, frais ou décongelés**
- 2 **grosses tomates mûres, épépinées et hachées**
- ½ **tasse de basilic finement haché**
- ¼ **tasse d'oignon doux ou d'oignon rouge émincé**

Dans un saladier, mélangez l'huile, le vinaigre
et le sel. Si vous utilisez du maïs frais, faites d'abord
blanchir les grains 30 s dans une casserole d'eau
bouillante. Versez les grains de maïs dans le saladier,
avec les tomates, le basilic et l'oignon. Mélangez
doucement. Servez sans attendre.

*Pour 1 personne : 122 calories. Protéines : 2,3 g – Glucides : 13 g – Lipides : 6,8 g
(dont saturés : 1 g) – Cholestérol : 0 mg – Fibres : 2,4 g – Potassium : 305 mg.*

IDÉES FRAÎCHES

*Tous les légumes, toutes les fines herbes et toutes
les vinaigrettes sont possibles dans ce type de
salade. Achetez ce qui vous tente au marché
et n'oubliez pas de précuire les légumes si c'est
nécessaire. Voici quelques suggestions
de mélanges :*

- *carottes, céleri, oignons verts et cerfeuil ;*
- *petits pois, navets, poivrons, ciboulette ;*
- *pommes de terre, radis, oignon rouge et persil.*

au menu

*Après cette salade fraîche, servez un poisson ou une volaille grillés avec
des Patates douces « frites » au four (voir p. 215). Terminez le repas
par une tranche de Gâteau à la carotte et à l'ananas (voir p. 270) et
une petite tasse d'espresso.*

Dans les pains

MUFFINS ET BISCUITS

LÉGUMES SANTÉ, LÉGUMES SAVEUR

Muffins carotte-raisins secs

Les graines de tournesol ajoutent du magnésium et de la vitamine E, excellente pour le cœur.

12 MUFFINS

Prép. 10 min ◆ **Cuisson** 15 min

- 1 **tasse de farine de blé**
- ½ **tasse de farine complète**
- ½ **tasse de sucre**
- 2 **cuill. à thé de levure chimique**
- ½ **cuill. à thé de sel**
- ½ **cuill. à thé de cannelle**
- ¼ **cuill. à thé chacune de piment de la Jamaïque et de muscade moulue**
- ¼ **tasse de compote de pommes non sucrée**
- 4 **cuill. à soupe d'huile**
- 2 **gros œufs légèrement battus**
- 1 **grosse carotte pelée et finement râpée**
- ½ **tasse de raisins secs**
- 2 **cuill. à soupe de graines de tournesol décortiquées non salées**

1 Préchauffez le four à 400 °F (200 °C). Huilez légèrement les moules à muffins. Tamisez ensemble les farines, le sucre, la levure, le sel, la cannelle, le piment de la Jamaïque et la muscade. Mélangez.

2 Dans un saladier, mélangez compote, huile et œufs, puis incorporez la carotte, les raisins secs et le mélange de farine. Mélangez. Remplissez les moules aux deux tiers. Saupoudrez de graines de tournesol.

3 Faites cuire les muffins 15 min au four (une lame de couteau plantée au milieu doit ressortir propre). Laissez-les reposer sur une grille avant de les démouler. Servez tiède ou à température ambiante.

Pour 1 muffin : 208 calories. Protéines : 3,4 g – Glucides : 35 g – Lipides : 6 g (dont saturés : 1 g) – Cholestérol : 42 mg – Fibres : 2 g – Potassium : 140 mg.

Muffins à la patate douce avec croquant de pacanes

Peu importe, pour l'apport en bêta-carotène, que la purée de patate douce soit fraîche ou en conserve.

12 MUFFINS

Prép. 20 min ◆ **Cuisson** 22 min

CROQUANT AUX PACANES
- ¼ **tasse de cassonade blonde**
- ¼ **tasse de farine tout usage**
- ½ **cuill. à thé de cannelle moulue**
- ⅛ **cuill. à thé de sel**
- 2 **cuill. à soupe de beurre en petits morceaux**
- ⅓ **tasse de pacanes hachées**

MUFFINS
- 1¾ **tasse de farine tout usage**
- 1 **cuill. à thé de levure chimique**
- 1 **cuill. à thé de bicarbonate de soude**
- 1 **cuill. à thé de cannelle moulue**
- ¾ **cuill. à thé de gingembre moulu**
- ½ **cuill. à thé de sel**
- 1 **tasse de purée de patates douces**
- ⅓ **tasse de cassonade bien tassée**
- ¼ **tasse de miel**
- ¼ **tasse d'huile**
- 1 **cuill. à thé de zeste d'orange râpé fin**
- 2 **gros œufs battus à la fourchette**
- ½ **tasse de babeurre**

1 Pour le croquant aux pacanes, mélangez cassonade, farine, cannelle et sel. Avec un coupe-pâte, écrasez le beurre dans la farine. Incorporez les pacanes. Réservez au réfrigérateur.

2 Allumez le four à 350 °F (180 °C). Vaporisez d'huile les 12 alvéoles d'un moule à muffins standard. Dans un petit bol, mélangez farine, levure chimique, bicarbonate de soude, cannelle, gingembre et sel.

3 Dans un bol plus grand, mettez la purée de patates douces, la cassonade, le miel, l'huile et le zeste. Incorporez au fouet les œufs et le babeurre. Versez le tout sur le mélange de farine et liez à la cuillère de bois. Remplissez les moules aux deux tiers. Couvrez la surface du croquant aux pacanes.

4 Enfournez et faites cuire de 20 à 22 min, jusqu'à ce que la surface du muffin rebondisse quand on l'enfonce. Laissez refroidir le moule sur une grille avant de démouler. Servez les muffins chauds ou tièdes.

Pour 1 muffin : 253 calories. Protéines : 4 g – Glucides : 38 g – Lipides : 10 g (dont saturés : 2 g) – Cholestérol : 41 mg – Fibres : 2 g – Sodium : 286 mg.

LE SAVIEZ-VOUS ?

Vous pouvez préparer la pâte à muffins la veille, la verser dans les
moules et la réfrigérer pendant la nuit. Le lendemain, il ne restera qu'à
les glisser au four pour avoir des muffins tout chauds au déjeuner.

Biscuits à la tomate

Les parcelles de tomate insèrent des antioxydants dans ces biscuits, tandis que le yogourt leur apporte du calcium.

12 BISCUITS

Prép. 12 min ◆ **Cuisson** 12 min

- 1 **tomate moyenne, épépinée et hachée fin**
- 2 **tasses de farine tout usage**
- 1 **cuill. à soupe de levure chimique**
- ½ **cuill. à thé de sel**
- 1 **tasse de yogourt nature allégé**
- ⅓ **tasse d'huile d'olive**
- 2 **cuill. à soupe d'oignon vert haché fin**
- 1 **cuill. à soupe de tomate séchée hachée fin**

1 Allumez le four à 450 °F (230 °C). Vaporisez légèrement d'huile une plaque à biscuits. Laissez égoutter la tomate hachée sur du papier absorbant.

2 Mettez dans un bol la farine, la levure chimique et le sel. Dans un bol plus petit, mélangez le yogourt à l'huile et versez-les sur la farine pour bien l'humecter.

3 Ajoutez au mélange de farine les tomates égoutées, l'oignon vert et la tomate séchée. Déposez par monticules sur la plaque l'équivalent de ¼ tasse de la préparation, ce qui devrait donner 12 biscuits au total.

4 Enfournez et faites cuire 12 min pour que la surface prenne une teinte dorée. Ces biscuits se mangent chauds.

Pour 1 biscuit : 145 calories. Protéines : 3 g – Glucides : 18 g – Lipides : 7 g (dont saturés : 1 g) – Cholestérol : 1 mg – Fibres : 1 g – Sodium : 111 mg.

IDÉES 🌿 FRAÎCHES

La levure chimique, l'huile végétale et le yogourt sont les ingrédients d'un biscuit léger et moelleux. Pour lui donner plus de couleur, on peut enduire la surface de lait ou d'huile avant d'enfourner. Pour lui donner plus de saveur, on ajoutera à la pâte quelques cuillerées de jambon haché fin, de ciboulette ou de petits piments doux.

MAIN **TOUR DE MAIN** TOUR DE MAIN TOUR DE

Pour rendre ces biscuits à la tomate encore meilleurs pour le cœur, remplacer l'œuf par deux blancs d'œufs, et une partie de la farine tout usage par de la farine complète.

Biscuits à la patate douce

Ces biscuits, dans lesquels l'huile remplace le beurre, sont bons pour le cœur parce que faibles en gras saturés.

12 BISCUITS

Prép. 12 min ◆ **Cuisson** 15 min

- 1¾ **tasse de farine tout usage**
- ¼ **cuill. à thé de sel**
- 4 **cuill. à thé rases de levure chimique**
- 1 **pincée de muscade**
- 1 **tasse de purée de patates douces**
- ¼ **tasse d'huile végétale**
- ¼ **tasse de lait à 1 % de m.g.**
- 1 **gros œuf battu à la fourchette**
- 2 **cuill. à soupe de cassonade blonde**

1 Allumez le four à 425 °F (210 °C).

2 Dans un petit bol, tamisez ensemble la farine, le sel, la levure et la muscade.

3 Dans un bol plus grand, mélangez la purée de patates douces, l'huile, le lait, l'œuf et la cassonade. Incorporez la farine sans trop mélanger.

4 Sur une planche bien farinée, pétrissez la pâte pour lui donner une forme ronde sur 2 cm (¾ po) d'épaisseur. Découpez des biscuits à l'emporte-pièce. Étalez-les sur une plaque à 2,5 cm (1 po) d'intervalle. Rassembler les reliefs et refaites l'opération jusqu'à épuisement de la pâte.

5 Enfournez et faites cuire les biscuits de 12 à 15 min pour les dorer. Servez-les quand ils sont encore chauds.

Pour 1 biscuit : 143 calories. Protéines : 3 g – Glucides : 21 g – Lipides : 6 g (dont saturés : 1 g) – Cholestérol : 18 mg – Fibres : 1 g – Sodium : 186 mg.

LÉGUMES SANTÉ, LÉGUMES SAVEUR

Scones à la carotte

Avec l'ajout de la carotte, ce classique de la cuisine anglaise acquiert du bêta-carotène.

8 SCONES

Prép. 15 min ◆ **Cuisson** 20 min

1½ **tasse de farine tout usage**
¼ **tasse + 2 cuill. à thé de sucre**
1½ **cuill. à thé de levure chimique**
½ **cuill. à thé de sel**
¼ **cuill. à thé de bicarbonate de soude**
2 **cuill. à soupe de gingembre cristallisé**
6 **cuill. à soupe de beurre froid en morceaux**
1 **grosse carotte pelée**
½ **tasse de babeurre**

1 Allumez le four à 400 °F (200 °C). Dans le bol du robot, mettez la farine, ¼ tasse de sucre, la levure, le sel et le bicarbonate. Actionnez. Ajoutez le gingembre. Actionnez pour le hacher fin. Ajoutez le beurre. Actionnez pour obtenir une semoule grossière. Versez la préparation dans un bol.

2 Râpez la carotte au robot. Ajoutez-la à la préparation. Humectez avec le babeurre.

3 Sur une planche bien farinée, pétrissez la pâte pour lui donner une forme ronde sur 2,5 cm (1 po) d'épaisseur. Saupoudrez le reste de sucre.

4 Découpez la pâte en 8 pointes. Disposez-les à 2,5 cm (1 po) d'intervalle sur une plaque huilée.

5 Enfournez les scones et faites-les cuire 18 à 20 min pour les dorer. Laissez refroidir sur une grille.

Pour 1 personne : 203 calories. Protéines : 3 g – Glucides : 28 g – Lipides : 9 g (dont saturés : 5 g) – Cholestérol : 24 mg – Fibres : 1 g – Sodium : 278 mg.

Pain de citrouille, noix et canneberges

Les noix et l'huile de noix fournissent beaucoup d'oméga-3, de « bonnes graisses » qui protègent les artères et le cœur.

1 PAIN (ENVIRON 16 TRANCHES)

Prép. 15 min ◆ **Cuisson** 45 min

1¼ **tasse de farine**
1 **cuill. à thé de gingembre en poudre**
1 **cuill. à thé de cannelle**
¾ **cuill. à thé de levure chimique**
¼ **cuill. à thé de sel**
1 **tasse de purée de citrouille non sucrée**
⅔ **tasse de cassonade brune bien tassée**
4 **cuill. à soupe d'huile de noix**
2 **gros œufs légèrement battus**
1 **cuill. à thé de vanille**
½ **tasse de noix grossièrement hachées**
½ **tasse de canneberges séchées**

1 Préchauffez le four à 350 °F (180 °C). Huilez légèrement un moule de 22 x 12 cm (9 x 5 po).

2 Tamisez ensemble la farine, le gingembre, la cannelle, la levure et le sel. Mélangez.

3 Dans un bol, mélangez la citrouille, la cassonade, l'huile, les œufs et la vanille jusqu'à ce que le mélange soit homogène. Ajoutez le mélange de farine. Incorporez les noix et les canneberges. Versez dans le moule.

4 Laissez cuire au four environ 45 min (la lame d'un couteau insérée au centre doit ressortir propre). Démoulez sur une grille. Laissez refroidir.

Pour 1 tranche : 175 calories. Protéines : 3 g – Glucides : 25 g – Lipides : 7 g (dont saturés : 1 g) – Cholestérol : 32 mg – Fibres : 1,5 g – Potassium : 110 mg.

LE SAVIEZ-VOUS **?**

L'huile de noix, très parfumée, est très riche en acides gras polyinsaturés. Elle s'utilise dans les salades, en mélange à parts égales avec une autre huile – d'olive ou d'arachide. Mais elle rancit très rapidement : achetez-la en petite quantité et conservez-la à l'abri de la lumière.

IDÉES FRAÎCHES

Les pains vite faits comme ce pain de citrouille, noix et canneberges, font d'excellents cadeaux à l'hôtesse. Comme il n'y entre pas de levure, on n'a pas à attendre que la pâte lève.

Pain de maïs à la carotte

La carotte râpée apporte un agréable goût fruité à ce pain de maïs, tout en l'enrichissant en bêta-carotène, en fibres et en potassium.

9 PARTS

Prép. 10 min ◆ **Cuisson** 25 min

- **2 cuill. à soupe d'huile**
- **2 tasses de semoule de maïs blanche ou jaune**
- **⅓ tasse de farine tout usage**
- **2 cuill. à thé de levure chimique**
- **1 cuill. à thé de bicarbonate de soude**
- **2 cuill. à soupe de sucre**
- **1 cuill. à thé de sel**
- **1¾ tasse de babeurre**
- **1 gros œuf battu à la fourchette**
- **2 carottes moyennes pelées et finement râpées**

1 Préchauffez le four à 400 °F (200 °C). Versez l'huile dans un moule carré de 20 cm (8 po) que vous glisserez au four 5 min pendant le préchauffage.

2 Pendant ce temps, mélangez la semoule, la farine, la levure, le bicarbonate, le sucre et le sel dans un grand bol. Ajoutez le babeurre, l'œuf et la carotte râpée. Incorporez délicatement l'huile chaude. Mélangez soigneusement. Versez la pâte dans le moule chaud.

3 Laissez cuire au four 25 min (la lame d'un couteau insérée au centre doit ressortir propre). Laissez reposer 10 min, puis démoulez sur une grille. Attendez quelques minutes avant de le découper. Servez chaud.

Pour 1 part : 217 calories. Protéines : 7 g – Glucides : 36 g – Lipides : 5 g (dont saturés : 1 g) – Cholestérol : 30 mg – Fibres : 3 g – Potassium : 250 mg.

LE SAVIEZ-VOUS **?**

La recette traditionnelle du pain de maïs dans le sud des États-Unis ne comporte que de la farine de maïs. On y ajoute parfois du gras de bacon ou des couennes de porc rissolées pour en enrichir le goût et la texture. Dans le nord des États-Unis, on fait ce pain avec un mélange de farine de maïs et de farine ordinaire, comme ci-dessus – il a plutôt l'air d'un gâteau que d'un pain.

Pain à la cuillère aux poivrons et piments

Qu'il soit frais, congelé ou en conserve, le maïs recèle de puissants antioxydants qui préviennent la dégénérescence maculaire.

POUR 6 PERSONNES

Prép. 20 min ◆ **Cuisson** 55 min

- **1 tasse de semoule de maïs jaune**
- **1 tasse de lait à 1 % de m.g.**
- **1 cuill. à thé de sel**
- **1 cuill. à soupe de beurre**
- **1 petite boîte de jalapeños, rincés et égouttés**
- **1 poivron rouge haché fin**
- **1 tasse de grains de maïs**
- **3 gros œufs, jaunes et blancs séparés**

1 Allumez le four à 375 °F (190 °C). Vaporisez d'huile un moule à soufflé de 8 tasses.

2 Dans une petite casserole, amenez à ébullition 1½ tasse d'eau avec la semoule. Baissez le feu et laissez mijoter 3 min en remuant. Transférez la semoule dans un bol. Ajoutez-y le lait, le sel, le beurre, les piments, le poivron et le maïs. Remuez pour faire fondre le beurre. Laissez refroidir avant d'ajouter les jaunes d'œufs légèrement battus.

3 Dans un bol, fouettez les blancs d'œufs pour qu'ils forment des pics fermes. Incorporez-les à la semoule. Versez le tout dans le moule préparé.

4 Enfournez et laissez cuire environ 50 min pour que le pain soit ferme au centre et doré en surface. Servez immédiatement.

Pour 1 personne : 183 calories. Protéines : 7 g – Glucides : 27 g – Lipides : 5 g (dont saturés : 2 g) – Cholestérol : 113 mg – Fibres : 3 g – Sodium : 474 mg.

LÉGUMES SANTÉ, LÉGUMES SAVEUR

Pain complet à la courge butternut

Ce pain savoureux, adouci par le miel, est d'une haute valeur nutritionnelle. La farine de blé complet, qui a conservé le germe de blé et le son des grains, est en effet une excellente source de fibres et de vitamine E antioxydante.

2 MICHES (ENVIRON 12 TRANCHES CHACUNE)

Prép. 25 min ◆ **Repos** 2 h ◆ **Cuisson** 30 min

3½ **tasses de farine de blé complet**

3 à 3¼ **tasses de farine tout usage**

2 **cuill. à soupe de levure sèche active**

⅔ **tasse de lait à 1 % de m.g.**

½ **tasse d'eau**

½ **tasse de miel liquide**

2 **cuill. à thé de sel**

2 **gros œufs battus à la fourchette**

1½ **tasse de courge d'hiver en purée**

2 **cuill. à soupe d'huile d'olive**

2 **tasses d'oignons verts grossièrement hachés**

2 **cuill. à soupe de romarin frais haché**

1 **tasse de graines de tournesol décortiquées non salées**

1 Dans un grand bol, mélangez la farine de blé complet avec 3 tasses de farine tout usage. Versez la moitié de ce mélange dans le bol du malaxeur. Ajoutez-y la levure.

2 Faites chauffer le lait et le miel avec l'eau jusqu'à 50 °C (105-115 °F). Versez ce liquide chaud sur le mélange de farine et de levure et mélangez. Ajoutez le sel et les œufs. Fouettez 30 s à vitesse réduite, puis 3 min à grande vitesse.

3 Ajoutez la purée de courge, l'huile, les oignons verts, le romarin, les graines de tournesol et le reste des deux farines mélangées. Battez jusqu'à ce que la préparation soit homogène.

4 Sur une surface légèrement farinée, pétrissez la pâte 6 à 8 min en ajoutant un peu de farine pour l'empêcher de coller. Huilez la boule de pâte, couvrez-la d'un linge et laissez doubler de volume pendant 1 heure dans un endroit chaud.

5 Dégonflez la pâte avec le poing. Séparez-la en deux. Laissez reposer 10 min.

6 Huilez 2 moules à pain de 22 x 12 cm (9 x 5 po). Mettez une portion de pâte dans chacun. Couvrez, laissez doubler de volume dans un endroit chaud pendant 5 min environ.

7 Préchauffez le four à 375 °F (190 °C).

8 Faites cuire environ 30 min, jusqu'à ce que les miches sonnent creux quand on les tape avec l'index replié. Démoulez et laissez refroidir sur une grille.

Pour 1 tranche : 205 calories. Protéines : 6,5 g – Glucides : 35 g – Lipides : 4,3 g (dont saturés : 0,5 g) – Cholestérol : 21 mg – Fibres : 3,3 g – Potassium : 190 mg.

TOUR DE MAIN

La farine de blé complet donne au pain le goût de la céréale d'origine, un goût que la farine blanche a tout à fait perdu. Rien ne vous empêche de vous servir de farine tout usage ou de farine à pain pour confectionner ce pain à la levure. Si par ailleurs vous recherchez un pain à haute teneur nutritionnelle, il vous faut une farine qui renferme au moins 12 à 14 g de protéines par tasse, ou un mélange de farines avec une moyenne de 14 g de protéines ou plus. Pour connaître la teneur en protéines de votre farine, il suffit d'en vérifier le contenu nutritionnel inscrit sur l'emballage.

La farine complète et les farines aux céréales, plus riches en graisse que la farine ordinaire, ont tendance à rancir avec le temps : mettez-les au réfrigérateur pour les conserver jusqu'à 6 mois maximum, ou au congélateur pendant 1 an. Il faut néanmoins les ramener à la température ambiante avant de les utiliser.

Pain de seigle à la tomate, au romarin et à l'ail

Le jus de tomate et, plus encore, les tomates séchées colorent ce pain et lui apportent du lycopène, un phytocomposant qui aide à lutter contre les radicaux libres en excès et le cancer de la prostate.

1 MICHE (ENVIRON 12 TRANCHES)

au menu

Utilisez les tranches de cet excellent pain pour faire des sandwichs au jambon ou jambon-fromage. Si vous avez des invités, vous pouvez enlever la croûte au besoin, découper les tranches en quatre triangles, garnir de cresson et présentez ces sandwichs à l'apéritif.

Prép. 30 min ◆ **Repos** 2 h ◆ **Cuisson** 50 min

½ tasse de jus de tomate
1 cuill. à soupe d'huile d'olive
1 cuill. à thé de sel
½ cuill. à thé de romarin séché émietté
2 gousses d'ail émincées
1 sachet de levure sèche active
¾ tasse de farine de seigle
2 à 2¼ tasses de farine tout usage
⅓ tasse de tomates séchées au soleil
(pas conservées dans l'huile), hachées fin

1 Dans une casserole, faites frémir le jus de tomate avec ½ tasse d'eau froide, l'huile, le sel, le romarin et l'ail. Transvasez dans un bol. Laissez tiédir.

2 Versez ½ tasse d'eau chaude dans un bol, saupoudrez la levure. Laissez mousser 5 min, puis mélangez.

3 Incorporez la levure au jus de tomate assaisonné. Ajoutez petit à petit la farine de seigle. Incorporez 2 tasses de farine tout usage en pétrissant, jusqu'à ce que la pâte soit malléable (elle restera collante). Sur une surface farinée, pétrissez-la encore 1 min. Laissez reposer 10 min.

4 Pétrissez à nouveau la pâte pour qu'elle devienne lisse et élastique (environ 10 min) en lui ajoutant de la farine tout usage au besoin (elle doit rester collante). Roulez-la en boule, enduisez-la légèrement d'huile, mettez-la dans un bol, couvrez d'un linge et laissez doubler de volume environ 1 h dans un endroit chaud.

5 Dégonflez la pâte avec le poing. Enduisez d'huile d'olive un moule à pain de 22 x 12 cm (9 x 5 po). Étalez la pâte, en l'enfonçant bien dans les coins. Couvrez et laissez doubler de volume dans un endroit chaud (la pâte doit dépasser du moule).

6 Préchauffez le four à 375 °F (190 °C).

7 Faites cuire de 40 à 50 min. Le dessous de la miche doit sonner creux quand on le tape avec l'index replié. Démoulez et laissez refroidir sur une grille.

Pour 1 tranche : 133 calories. Protéines : 4 g – Glucides : 27 g – Lipides : 1 g (dont saturés : 0,2 g) – Cholestérol : 0 mg – Fibres : 3 g – Potassium : 270 mg.

Pain de pomme de terre aux graines de pavot

Les graines de pavot donnent un bel aspect à la croûte du pain et l'enrichissent en magnésium,
mais c'est la farine de blé et les pommes de terre qui lui apportent sa haute teneur en fibres et en potassium.

1 MICHE (12 TRANCHES)

Prép. 25 min ◆ **Repos** 2 h ◆ **Cuisson** 45 min

- 3 cuill. à soupe de sucre
- 1 sachet de levure sèche active
- 1 tasse de purée de pomme de terre
- 1 tasse de lait à 1 % de m.g.
- 2 cuill. à soupe de beurre
- 1½ cuill. à thé de sel
- 4 à 4½ tasses de farine tout usage
- 1 œuf battu avec 1 cuill. à soupe de lait, pour la dorure
- 2 cuill. à thé de graines de pavot

1 Dans un bol, mettez 1 cuill. à soupe de sucre dans 4 cuill. à soupe d'eau chaude. Saupoudrez de levure. Laissez mousser puis remuez pour diluer la levure.

2 Dans une petite casserole, mélangez la purée de pomme de terre, le lait, le reste de sucre, le beurre et le sel. Mettez sur le feu pour faire fondre le beurre. Passez le tout dans une passoire en appuyant avec une spatule, au-dessus d'un grand bol, pour éliminer les grumeaux. Ajoutez la levure et 3 tasses de farine, et mélangez.

3 Saupoudrez 1 tasse de farine sur la surface de travail. Pétrissez-y la pâte environ 10 min, en ajoutant de la farine pour l'empêcher de coller, jusqu'à ce qu'elle soit lisse et élastique. Mettez-la dans un bol et enrobez-la légèrement d'huile. Couvrez le bol avec un linge. Laissez doubler de volume dans un endroit chaud, environ 1 h 15.

4 Huilez un moule à pain de 22 x 12 cm (9 x 5 po). Dégonflez la pâte avec le poing et pétrissez-la brièvement. Mettez-la dans le moule. Couvrez et laissez à nouveau doubler de volume dans un endroit chaud, environ 45 min.

MAIN TOUR DE MAIN TOUR DE MAIN TOUR DE

Utilisez un couteau-scie pour couper les tranches, surtout si le pain est très frais. Et prenez une planche à découper en bois, qui abîme moins les dents du couteau qu'une planche en plastique dur.

5 Allumez le four à 350 °F (180 °C). Étalez la dorure au pinceau. Saupoudrez de graines de pavot. Avec un couteau-scie, entaillez la surface à 1 cm (½ po) de profondeur.

6 Faites cuire au four de 40 à 45 min, jusqu'à ce que la miche se détache légèrement des parois du moule. Démoulez sur une grille et laissez refroidir au moins 1 h avant de découper.

Pour 1 tranche : 247 calories. Protéines : 7 g – Glucides : 47 g – Lipides : 3,5 g (dont saturés : 1,5 g) – Cholestérol : 27 mg – Fibres : 2,3 g – Potassium : 225 mg.

Petits pains complets à la citrouille, au miel et aux graines de citrouille

La farine de blé complet et la citrouille apportent des vitamines antioxydantes et beaucoup de fibres, et les graines de citrouille ajoutent des minéraux et du croquant.

24 PETITS PAINS

Prép. 30 min ◆ **Repos** 2 h 30 ◆ **Cuisson** 12 min

- **1 sachet de levure sèche active**
- **4 cuill. à soupe de miel liquide**
- **1 boîte de 425 ml (15 oz) de purée de citrouille non sucrée**
- **2 cuill. à soupe d'huile d'olive**
- **4¼ à 4½ tasses de farine tout usage**
- **1 tasse de farine de blé complet**
- **2 cuill. à thé de sel**
- **1½ tasse de graines de citrouille non salées, décortiquées et légèrement grillées**

1 Faites chauffer ½ tasse d'eau à 50 °C (105-115 °F). Versez-la dans un grand bol, saupoudrez de levure et laissez mousser. Ajoutez le miel, remuez. Incorporez la purée de citrouille et l'huile, puis 4 tasses de farine tout usage, la farine de blé complet et le sel. Mélangez.

2 Pétrissez la pâte 10 min avec le reste de la farine pour qu'elle ne colle pas. Incorporez les graines. Huilez la boule de pâte, couvrez-la d'un linge et laissez-la doubler de volume dans un endroit chaud, environ 1 h 30.

3 Posez 24 petites boules de même grosseur sur 2 plaques tapissées de papier parchemin. Couvrez d'un linge et laissez doubler de volume 1 h au chaud.

4 Préchauffez le four à 400 °F (200 °C). Faites cuire les pains 12 min. Ils doivent être dorés et sonner creux quand on tape dessous. Servez chaud ou à température ambiante.

Pour 1 petit pain : 164 calories. Protéines : 5 g – Glucides : 28 g – Lipides : 3,6 g (dont saturés : 0,5 g) – Cholestérol : 0 mg – Fibres : 2 g – Potassium : 145 mg.

IDÉES 🌿 FRAÎCHES

Vous pouvez conserver les graines de votre citrouille de l'Halloween pour les utiliser plus tard. Commencez par les laisser sécher pendant une journée. Après les avoir débarrassées des fibres qui y adhèrent, étalez-les sur une plaque. Vaporisez d'huile, salez et poivrez. Parfumez avec votre herbe préférée. Faites cuire au four à 300 °F (150 °C) environ 20 minutes.

Fougasse provençale

La fougasse, plus épaisse et plus moelleuse qu'une pizza, est une spécialité du midi de la France. Le persil ajouté à la pâte lui donne un parfum agréable et lui apporte un complément intéressant de minéraux et de fibres.

POUR 8 PERSONNES

Prép. 25 min ◆ **Repos** 2 h ◆ **Cuisson** 40 min

2 cuill. à thé de sucre

1 sachet de levure sèche active

⅓ tasse de persil plat haché

3½ cuill. à soupe d'huile d'olive

1½ cuill. à thé de sel

½ cuill. à thé de sauge séchée, écrasée

5½ à 5¾ tasses de farine tout usage

2 gousses d'ail en lamelles

3 tomates moyennes en tranches fines

1 gros poivron jaune en fines lanières

2 cuill. à soupe de parmesan râpé

1 Faites chauffer ½ tasse d'eau à 50 °C (105-115 °F). Versez-la dans un grand bol et saupoudrez de levure. Attendez 5 min que le mélange mousse. Remuez pour dissoudre la levure.

2 Mettez de côté 2 cuill. à soupe de persil pour recouvrir la fougasse. Ajoutez à la levure le reste du persil, 3 cuill. à soupe d'huile, le sel et la sauge. Incorporez 2 tasses de farine en remuant vigoureusement, puis encore 3 tasses de farine pour épaissir la pâte.

3 Farinez le plan de travail avec le reste de farine. Retournez la pâte. Pétrissez-la environ 10 min en ajoutant au besoin un peu de farine pour l'empêcher de coller. Placez la pâte dans un bol légèrement huilé. Retournez-la pour l'enrober. Couvrez avec de la pellicule plastique. Laissez la pâte lever dans un endroit tiède, à l'abri des courants d'air pendant environ 1 h 15, jusqu'à ce qu'elle ait doublé de volume.

4 Dégonflez la pâte. Huilez légèrement une plaque à rebord de 38 x 28 cm (15 x 11 po). Posez-y la pâte et pétrissez-la brièvement. Travaillez-la de manière à lui donner la forme d'un rectangle un peu plus petit que le moule. Couvrez d'un linge et laissez lever pendant 45 min, jusqu'à ce que la pâte ait à nouveau doublé de volume.

5 Préchauffez le four à 400 °F (200 °C). Placez la grille du four au cran le plus bas.

6 Faites des petits creux dans la pâte avec le bout des doigts pour assurer une levée régulière. Badigeonnez la surface avec le reste d'huile. Parsemez d'ail. Disposez les tranches de tomate en les faisant chevaucher légèrement. Ajoutez le poivron jaune. Saupoudrez de parmesan.

7 Déposez la plaque sur la grille et laissez cuire de 35 à 40 min, jusqu'à ce que les angles de la croûte soient dorés. Transférez sur une grille et laissez tiédir 20 min avant de servir.

Pour 1 personne : 400 calories. Protéines : 11 g – Glucides : 71 g – Lipides : 8 g (dont saturés : 1,6 g) – Cholestérol : 3 mg – Fibres : 4 g – Potassium : 300 mg.

LÉGUMES SANTÉ, LÉGUMES SAVEUR

Petits pains à l'oignon

*Les oignons relèvent la saveur de ces petits pains
et leur apportent des glucides spécifiques qui stimulent
la croissance des bactéries intestinales bénéfiques.*

12 PETITS PAINS

Prép. 20 min ◆ **Repos** 1 h ◆ **Cuisson** 35 min

500 g (1 lb) de pâte à pizza
2 cuill. à soupe d'huile d'olive
2 oignons moyens en fines lamelles
½ cuill. à thé de gros sel
Farine

1 Formez un rectangle de 30 x 15 cm (12 x 6 po)
avec la pâte sur un plan de travail légèrement fariné.
Coupez la pâte en 12 bâtonnets de 15 cm (6 po).
Tordez-les délicatement pour obtenir des torsades.
Rangez-les sur une plaque antiadhésive. Couvrez sans
serrer avec de la pellicule plastique. Laissez lever 1 h
dans un endroit chaud, jusqu'à ce que la pâte ait
doublé de volume.

2 Faites chauffer l'huile dans une poêle
antiadhésive. Faites-y revenir les oignons 12 min
pour qu'ils soient dorés et moelleux.

3 Préchauffez le four à 400 °F (200 °C). Placez
une grille du four au plus haut et l'autre au plus bas.

4 Répartissez les oignons sur les pains, sans faire
retomber la pâte. Saupoudrez chaque petit pain
de gros sel.

5 Mettez la plaque sur la grille du bas et laissez
cuire 15 min. Glissez ensuite la plaque sur la grille
du haut de 5 à 8 min pour que les oignons soient
croustillants. Laissez refroidir sur une grille.

*Pour 1 petit pain : 135 calories. Protéines : 3,5 g – Glucides : 19 g – Lipides : 5 g
(dont saturés : 0,5 g) – Cholestérol : 0 mg – Fibres : 1 g – Potassium : 60 mg.*

Pain de brocoli, fromage et pacanes

*Ce pain facile à faire est une façon amusante d'introduire
d'excellents légumes dans un régime.*

1 PAIN (ENVIRON 16 TRANCHES)

Prép. 20 min ◆ **Cuisson** 25 min

**225 g (½ lb) de brocoli cuit, haché grossièrement
(environ 1½ tasse)**
1 tasse de mozzarella allégée râpée
½ tasse de provolone râpé
⅓ tasse de pacanes hachées
2 gousses d'ail émincées
½ cuill. à thé de basilic séché émietté
1 rouleau (300 g/10 oz) de pâte à pizza réfrigérée
**1 gros œuf battu avec 1 cuill. à soupe de lait
pour la dorure**
2 cuill. à thé de graines de sésame

1 Allumez le four à 375 °F (190 °C). Huilez
légèrement un moule à roulé de 38 x 28 cm (15 x 11 po).

2 Dans un bol, mettez le brocoli, la mozzarella,
le provolone, les pacanes, l'ail et le basilic.

3 Déroulez le rouleau de pâte de manière à
l'ajuster au moule. Étalez le mélange brocoli-fromage
jusqu'à 1 cm (½ po) des bords. Enroulez l'abaisse en
largeur en serrant bien. Placez le rouleau sur le moule
en cachant le pli. Étalez la dorure. Parsemez les
graines de sésame. Ménagez quelques entailles.

4 Faites cuire 25 minutes pour dorer la surface.
Laissez reposer sur une grille avant de découper en
tranches. Ce pain se mange tiède.

*Pour 1 tranche : 212 calories. Protéines : 11 g – Glucides : 20 g – Lipides : 10 g
(dont saturés : 3 g) – Cholestérol : 42 mg – Fibres : 2 g – Sodium : 375 mg.*

Dans les
desserts

Gâteau mystère au chocolat

Le cacao, la farine, le sucre et les œufs sont les ingrédients traditionnels d'un gâteau au chocolat. Le mystère est dans le jus de tomate, riche en lycopène, un phytocomposant anticancérigène.

POUR 6 PERSONNES

Prép. 20 min ◆ **Cuisson** 35 à 40 min

POUR LE GÂTEAU

¾ **tasse de jus de tomate**
⅔ **tasse de cacao**
2¼ **tasses de farine**
1 **cuill. à thé de levure chimique**
½ **cuill. à thé de bicarbonate de soude**
¼ **cuill. à thé de sel**
1½ **tasse de sucre**
4 **cuill. à soupe d'huile**
3 **gros œufs**
1½ **cuill. à thé de vanille**

POUR LE GLAÇAGE

30 **g (1 oz) de chocolat amer**
2 **cuill. à soupe de lait à 1 % de m.g.**
1 **cuill. à soupe de cacao non sucré**
120 **g (4 oz) de fromage à la crème allégé**
1 **tasse de sucre à glacer**
3 **cuill. à soupe de gelée de framboise**

TOUR DE MAIN

• *Vérifiez la cuisson 10 min avant la fin du temps recommandé. Si vous utilisez un moule en verre ou en métal, beurrez-le et couvrez-le d'un disque de papier parchemin, également beurré.*

• *Pour un gâteau de texture plus légère, séparez les blancs d'œufs des jaunes et ajoutez les jaunes au mélange contenant le sucre et l'huile (ou le beurre). Battez les blancs en neige bien ferme et incorporez-les délicatement à la pâte, sans tourner ni battre, en soulevant le mélange de bas en haut.*

• *Pour éviter que le gâteau chaud colle à la grille sur laquelle il refroidit, huilez légèrement celle-ci à l'aide de papier absorbant.*

1 Allumez le four à 350 °F (180 °C). Vaporisez d'huile 2 moules ronds de 22 cm (9 po) de diamètre.

2 Dans une petite casserole, portez le jus de tomate et 3 cuill. à soupe d'eau à ébullition. Incorporez le cacao en battant au fouet jusqu'à ce que le mélange soit onctueux. Retirez du feu.

3 Tamisez la farine, la levure chimique, le bicarbonate de soude et le sel au-dessus d'un bol.

4 Dans un autre bol, battez le sucre avec l'huile, les œufs et 1 cuill. à thé de vanille. Incorporez le mélange contenant le cacao. Incorporez la farine sans trop battre. Répartissez la pâte entre les 2 moules.

5 Faites cuire au four de 35 à 40 min (la lame d'un couteau insérée au centre doit ressortir propre). Laissez reposer 10 min sur une grille. Démoulez sur la grille et laissez refroidir complètement.

6 Pour le glaçage : mettez le chocolat et le lait dans un bol, laissez fondre 1 min à pleine puissance dans le four à micro-ondes. Incorporez le cacao en fouettant. Incorporez le sucre à glacer, puis le fromage à la crème et le reste de la vanille.

7 Tartinez l'un des gâteaux de gelée de framboise. Couvrez avec le second gâteau. Faites couler le glaçage dessus et étalez-le avec une spatule. Laissez durcir.

Pour 1 part : *395 calories. Protéines : 6,5 g – Glucides : 63 g – Lipides : 13 g (dont saturés : 4 g) – Cholestérol : 73 mg – Fibres : 2 g – Potassium : 225 mg.*

IDÉES FRAÎCHES

Remplacez le glaçage par une bonne couche de crème fouettée. Des framboises, des fraises coupées ou des copeaux de chocolat feront ensuite une délicieuse garniture.

Gâteau à la courge poivrée parfumé au rye

Grâce à la présence de la courge, ce gâteau offre un apport équilibré d'éléments nutritifs essentiels, notamment de bêta-carotène, de vitamines B, de magnésium et de potassium.

POUR 6-8 PERSONNES

Prép. 30 min ◆ **Cuisson** 40 + 45 min

- 1 courge poivrée de 500 g (1 lb)
- 2 tasses de farine
- 2 cuill. à thé de levure chimique
- 1 cuill. à thé de bicarbonate de soude
- 1 cuill. à thé de sel
- 2 cuill. à thé de cannelle moulue
- 1½ tasse de sucre
- 1 tasse d'huile
- 4 gros œufs
- 4 cuill. à soupe de rye
- Sucre à glacer *(facultatif)*

1 Allumez le four à 350 °F (180 °C). Faites cuire la courge 40 min. Laissez tiédir, retirez les graines et les filaments, puis prélevez la pulpe à la cuillère pour obtenir 1¾ tasse de purée.

2 Huilez un moule de 6 tasses à fond amovible. Tamisez ensemble la farine, la levure, le bicarbonate, le sel et la cannelle.

3 Dans un grand bol, battez le sucre avec l'huile, les œufs et la courge. Ajoutez la farine puis le rye. Versez la pâte dans le moule.

4 Enfournez et laissez cuire 45 min. Laissez reposer 15 min sur une grille. Démoulez sur la grille et laissez refroidir. Saupoudrez au goût de sucre à glacer.

Pour 1 part : 293 calories. Protéines : 4,5 g – Glucides : 35 g – Lipides : 15 g (dont saturés : 2,3 g) – Cholestérol : 94 mg – Fibres : 2 g – Potassium : 325 mg.

Gâteau à la carotte et à l'ananas

Voici une façon très agréable d'absorber une bonne fraction de la quantité de provitamine A recommandée journellement, et cela avec une seule part de ce gâteau très nourrissant !

POUR 8 PERSONNES

Prép. 20 min ◆ **Cuisson** 50 min

POUR LE GÂTEAU

- 2½ tasses de farine
- 1 cuill. à thé de cannelle en poudre
- 1 cuill. à thé de levure chimique
- 1½ cuill. à thé de bicarbonate de soude
- ½ cuill. à thé de sel
- 1½ tasse de sucre
- 4 cuill. à soupe d'huile
- 2 gros œufs
- 3 cuill. à soupe de compote de pommes non sucrée
- 250 g (½ lb) de carottes râpées
- 1 boîte de 236 ml (8,5 oz) d'ananas concassés dans leur jus
- 3 cuill. à soupe de raisins secs
- 3 cuill. à soupe de noix hachées

POUR LE GLAÇAGE

- 125 g (8 oz) de fromage à la crème allégé, ramolli
- 4½ tasses de sucre à glacer tamisé
- 1 cuill. à thé de vanille

1 Allumez le four à 350 °F (180 °C). Vaporisez d'huile 2 moules ronds de 22 cm (9 po) de diamètre.

2 Tamisez ensemble la farine, la cannelle, la levure, le bicarbonate et le sel.

3 Dans un grand bol, battez le sucre avec l'huile, les œufs et la compote de pommes. Ajoutez la farine. Quand le tout est homogène, incorporez les carottes, l'ananas, les raisins secs et les noix. Répartissez la pâte dans les moules.

4 Faites cuire au four de 45 à 50 min (la lame d'un couteau insérée au centre doit ressortir propre). Laissez reposer 30 min sur une grille. Démoulez et laissez refroidir complètement.

5 Pour le glaçage : au malaxeur, battez le fromage à la crème 1 min à basse vitesse. Incorporez le sucre à glacer et la vanille. Recouvrez un gâteau avec une couche de glaçage. Posez le second gâteau par-dessus. Étalez le reste du glaçage.

Pour 1 part : 603 calories. Protéines : 6 g – Glucides : 120 g – Lipides : 11 g (dont saturés : 2 g) – Cholestérol : 62 mg – Fibres : 2,4 g – Potassium : 225 mg.

Gâteau marbré au chocolat

La patate douce en boîte est l'ingrédient magique de ce gâteau particulièrement velouté et savoureux. En plus d'ajouter une bonne dose de fibre et de bêta-carotène à chaque portion, la patate douce fournit une partie du sucre et donne une riche couleur à la pâte.

POUR 12 PERSONNES

Prép. 15 min ◆ **Cuisson** 60 min

- 3 tasses de farine tout usage
- 1¼ tasse de sucre
- 2 cuill. à thé de levure chimique
- 2 cuill. à thé de bicarbonate de soude
- 2 cuill. à thé de cannelle moulue
- ¼ cuill. à thé de clou de girofle moulu
- 1 cuill. à thé de sel
- 2 boîtes d'ignames (ou de patates douces) dans le sirop, égouttés
- 1½ tasse d'huile
- 4 gros œufs
- 120 g (4 oz) de chocolat mi-amer, fondu
- 1 cuill. à thé + ½ cuill. à thé d'essence de vanille
- 1 tasse de sucre à glacer
- 1 cuill. à soupe de poudre de cacao
- 2 à 3 cuill. à soupe d'eau bouillante

1 Allumez le four à 350 °F (180 °C). Vaporisez d'huile un moule à cheminée de 25 cm (10 po) et poudrez-le de farine.

2 Dans un bol de taille moyenne, tamisez ensemble la farine, le sucre, la levure, le bicarbonate, la cannelle, le clou et le sel.

3 Dans un bol plus grand, battez les ignames avec l'huile pour bien les lier. Incorporez les œufs, un à la fois. Incorporez le mélange de farine. Versez un tiers de cette préparation dans un petit bol. Ajoutez-y le chocolat fondu et la cuillerée à thé de vanille.

4 Déposez des cuillerées de chaque préparation dans le moule en alternant et créez un effet marbré en y promenant une fourchette.

5 Faites cuire de 50 à 60 min, pour que le gâteau se décolle légèrement du moule et qu'un cure-dent inséré au centre en ressorte propre. Déposez le moule 10 min sur une grille, puis démoulez.

6 Mélangez dans un petit bol le sucre à glacer et la poudre de cacao. En agitant le mélange, faites-y pénétrer la demi-cuillerée de vanille et 2 à 3 cuill. d'eau bouillante pour obtenir une bonne consistance. Verser le glaçage sur le gâteau froid.

Pour 1 personne : 600 calories. Protéines : 7 g – Glucides : 71 g – Lipides : 34 g (dont saturés : 5 g) – Cholestérol : 71 mg – Fibres : 3 g – Sodium : 512 mg.

Tartelettes à la citrouille

Un dessert d'automne gourmand et remarquablement bien pourvu en phytocomposants protecteurs.

8 TARTELETTES

Prép. 35 min ◆ **Cuisson** 20 à 25 min

- 1 cuill. à soupe d'huile
- 1 cuill. à soupe de beurre fondu
- 3 œufs
- 225 ml (8 oz) de lait concentré allégé
- 4 cuill. à soupe de sucre de cassonade blonde
- 4 cuill. à soupe de noix de coco râpée
- 1 orange, le zeste râpé et le jus
- ½ cuill. à thé de cannelle
- ½ cuill. à thé de noix de muscade râpée
- 1 boîte de 425 ml (15 oz) de purée de citrouille
- 4 feuilles de pâte phyllo de 50 x 28 cm (20 x 11 po)
- 1 casseau de mûres
  Sucre à glacer

1 Allumez le four à 375 °F (190 °C). Graissez 8 moules à tartelettes de 7 cm (3 po) de diamètre avec une partie d'un mélange beurre fondu-huile.

2 Dans un grand bol, mélangez au fouet les œufs, le lait concentré, la cassonade, la noix de coco, le zeste, le jus d'orange et les épices. Ajoutez la purée.

3 Découpez 32 carrés de pâte phyllo (8 dans chaque feuille). Enduisez chaque carré du mélange beurre-huile. Disposez 4 carrés dans chaque moule en les décalant pour donner l'impression de pétales. Versez-y la préparation à la citrouille.

4 Faites cuire au four 20 à 25 min. Laissez refroidir sur une grille. Disposez les mûres sur les tartelettes et saupoudrez de sucre à glacer.

Pour 1 tartelette : 208 calories. Protéines : 5,8 g – Glucides : 26 g – Lipides : 9 g (dont saturés : 5,5 g) – Cholestérol : 90 mg – Fibres : 3 g – Potassium : 505 mg.

Gâteau fromage-citrouille

*Si vous aimez les gâteaux au fromage, choisissez
celui-ci pour ses bons apports en bêta-carotène, antioxydant
bénéfique, et en fibres.*

POUR 8 PERSONNES

Prép. 15 min ◆ **Cuisson** 1 h 10 ◆ **Réfrigération** 4 h

    1 tasse de chapelure de biscuits graham
    3 cuill. à soupe d'huile
  250 g (8 oz) de fromage à la crème allégé, ramolli
    ½ tasse de cassonade blonde
    1 boîte de 425 ml (15 oz) de purée de citrouille
    4 cuill. à soupe de sirop d'érable
    3 gros œufs
    2 cuill. à soupe de fécule de maïs
    1 cuill. thé de cannelle
    3 pincées de muscade
    1 cuill. à thé de vanille
    ½ cuill. à thé de sel

1 Allumez le four à 350 °F (180 °C). Huilez
un moule à fond amovible de 20 cm (8 po).

2 Mélangez la chapelure de biscuits et l'huile.
Tassez le mélange au fond du moule en remontant un
peu sur les bords. Faites cuire 10 min au four.

3 Battez le fromage à la crème avec la cassonade
pour obtenir un mélange homogène. Ajoutez la purée
de citrouille, le sirop d'érable, les œufs, la fécule, la
cannelle, la muscade, la vanille et le sel. Mélangez
bien. Versez cette pâte dans le moule.

4 Faites cuire de 55 min à 1 h. Laissez refroidir
complètement sur une grille. Réfrigérez au moins 4 h.

Pour 1 part : 243 calories. Protéines : 6,2 g – Glucides : 33 g – Lipides : 9,6 g
(dont saturés : 4 g) – Cholestérol : 77 mg – Fibres : 1,3 g – Potassium : 286 mg.

Tarte à la citrouille sur biscuits au gingembre

*Aussi savoureuse que nutritive, bourrée de bêta-carotène
et de fibres, cette tarte rapide à confectionner est un délice.*

POUR 6 PERSONNES

Prép. 5 min ◆ **Réfrigération** 5 h

    2 tasses de biscuits au gingembre pulvérisés
    4 cuill. à soupe de beurre fondu
    2 sachets de pouding instantané à la vanille
  1½ tasse de lait
    1 boîte de 425 ml (15 oz) de purée de citrouille
  1¼ cuill. à thé de cannelle
    ¾ cuill. à thé de gingembre moulu
    ¼ cuill. à thé de noix de muscade râpée
      Pacanes pour la garniture *(facultatif)*

1 Imbibez les miettes de biscuits de beurre
fondu. Tapissez-en le fond et les bords d'un moule à
tarte de 22 cm de diamètre.

2 Dans un bol, délayez les 2 paquets de pouding
avec le lait jusqu'à épaississement. Incorporez la
purée de citrouille, la cannelle, le gingembre et la
muscade. Laissez tiédir, puis étalez régulièrement sur
le fond de tarte.

3 Décorez au goût avec les pacanes. Réfrigérez
au moins 5 h avant de servir, de préférence jusqu'au
lendemain.

Pour 1 part : 288 calories. Protéines : 6,5 g – Glucides : 29,5 g – Lipides : 16 g
(dont saturés : 7,5 g) – Cholestérol : 33 mg – Fibres : 3 g – Potassium : 260 mg.

IDÉES 🌿 FRAÎCHES

● *À la place du fouet électrique ou manuel,
vous pouvez vous servir du robot de cuisine
pour mélanger les ingrédients de la tarte
ci-dessus.*

● *Pour aller plus vite, remplacez les biscuits
au gingembre par une abaisse de graham
toute faite.*

Tarte à la patate douce et à la marmelade canneberge-pacanes

La couche de marmelade allège la texture de ce classique sudiste et lui confère une dose spéciale de saveurs et d'antioxydants.

POUR 8 PERSONNES

Prép. 20 min ◆ **Cuisson** 60 min

185 g (6 oz) de canneberges fraîches ou congelées
½ tasse + ⅔ tasse de sucre
½ tasse d'eau
¾ tasse de pacanes rôties et hachées
1 abaisse de pâte
2 tasses de purée de patates douces (2 patates moyennes)
1 boîte de 375 ml (12 oz) de lait concentré écrémé
1 gros œuf légèrement battu
2 gros blancs d'œufs légèrement battus
½ cuill. à thé de vanille
½ cuill. à thé de cannelle moulue
¼ cuill. à thé de muscade moulue
¼ cuill. à thé de piment de la Jamaïque moulu
⅛ cuill. à thé de sel

1 Pour confectionner la marmelade, mettez les canneberges dans une petite casserole avec la demi-tasse de sucre et l'eau. Amenez à ébullition. Baissez le feu et laissez mijoter doucement environ 10 min, jusqu'à ce que les canneberges éclatent. Hors du feu, ajoutez les pacanes. Laissez refroidir.

2 Allumez le four à 450 °F (230 °C). Abaissez un fond de tarte de 30 cm (12 po) de diamètre et logez-le dans le moule. Décorez la bordure.

3 Dans un grand bol, mélangez la purée de patates douces, le lait concentré, le sucre qui reste, l'œuf, les blancs d'œufs, la vanille, la cannelle, la muscade, le piment de la Jamaïque et le sel.

4 Étalez la marmelade refroidie sur le fond de tarte. Étalez la purée par-dessus.

5 Enfournez et faites cuire 10 min. Baissez le four à 350 °F (180 °C). Continuez la cuisson pendant environ 40 min, jusqu'à ce que la garniture soit prise au centre. Déposez le moule sur une grille. Réfrigérez au bout de 30 min pour que la tarte soit bien froide.

Pour 1 personne : 455 calories. Protéines : 8 g – Glucides : 72 g – Lipides : 16 g (dont saturés : 4 g) – Cholestérol : 33 mg – Fibres : 4 g – Sodium : 218 mg.

IDÉES FRAÎCHES

Si vous n'avez pas de canneberges sous la main pour faire cette tarte, vous pouvez leur substituer 1½ tasse (environ 375 ml/12 oz) de sauce de canneberges. Réchauffez doucement la sauce, juste assez pour la ramollir. Incorporez les pacanes et attendez qu'elle refroidisse avant de l'étaler.

Tarte aux carottes sur croûte de noix

La purée de carottes est remarquablement riche en bêta-carotène et en fibres ;
de plus, elle donne un goût agréable à ce gâteau. Les noix ajoutent leurs acides gras oméga-3,
bénéfiques pour le cœur, et confèrent une fine saveur à la pâte.

POUR 8 PERSONNES

Prép. 20 min ◆ **Cuisson** 1 h 10

- ½ **tasse de noix légèrement grillées**
- ½ **tasse de noisettes légèrement grillées**
- 1 **tasse de chapelure de biscuits graham**
- ¼ **tasse de cassonade blonde**
- 1¼ **cuill. à thé de cannelle**
- 1¼ **cuill. à thé de gingembre en poudre**
- 3 **cuill. à soupe d'huile**
- 2 **cuill. à soupe de beurre fondu**
- 500 g (1 lb) **de carottes en morceaux**
- 1 **tasse de sucre**
- 1 **cuill. à thé de farine**
- ½ **cuill. à thé de sel**
- ¼ **cuill. à thé de noix de muscade râpée**
- 1 **pincée à thé de clou de girofle en poudre**
- 4 **gros œufs légèrement battus**
- ¾ **tasse de lait entier**

1 Pour le fond de tarte : mettez les noix et les noisettes dans le bol du robot et mélangez pour obtenir un mélange grossier. Ajoutez la chapelure de biscuits, la cassonade, ¼ cuill. à thé de cannelle et ¼ cuill. à thé de gingembre, puis l'huile et le beurre fondu. Mélangez pour bien humecter la chapelure. Étalez-la sur le fond et les parois d'un moule à tarte profond de 22 cm (9 po) de diamètre.

2 Allumez le four à 400 °F (200 °C). Pendant ce temps, plongez les carottes dans une grande casserole d'eau bouillante légèrement salée et laissez-les cuire 20 min. Égouttez-les bien et passez-les au robot pour les réduire en purée. Laissez tiédir.

3 Mélangez le sucre, la farine, le reste de la cannelle et du gingembre, le sel, la muscade et le clou. Ajoutez aux carottes dans le robot. Mélangez. Ajoutez les œufs et le lait. Mélangez pour obtenir un ensemble homogène. Versez sur le fond de tarte.

4 Faites cuire au four 45 min (la lame d'un couteau insérée au centre doit ressortir propre). Servez chaud ou à température ambiante, ou même froid après plusieurs heures de réfrigération.

Pour 1 part : 495 calories. Protéines : 9,6 g – Glucides : 50 g – Lipides : 28,5 g (dont saturés : 6 g) – Cholestérol : 136 mg – Fibres : 3,8 g – Potassium : 410 mg.

TOUR DE MAIN

Comme le gâteau au fromage, les tartes de type flan, faites avec des œufs et du lait, peuvent présenter des craquelures à la surface après la cuisson au four ou le refroidissement. Pour éviter cela, placez un petit récipient rempli d'eau chaude dans le bas du four. Sachez néanmoins que ces craquelures n'affectent ni le goût ni la texture de la tarte.

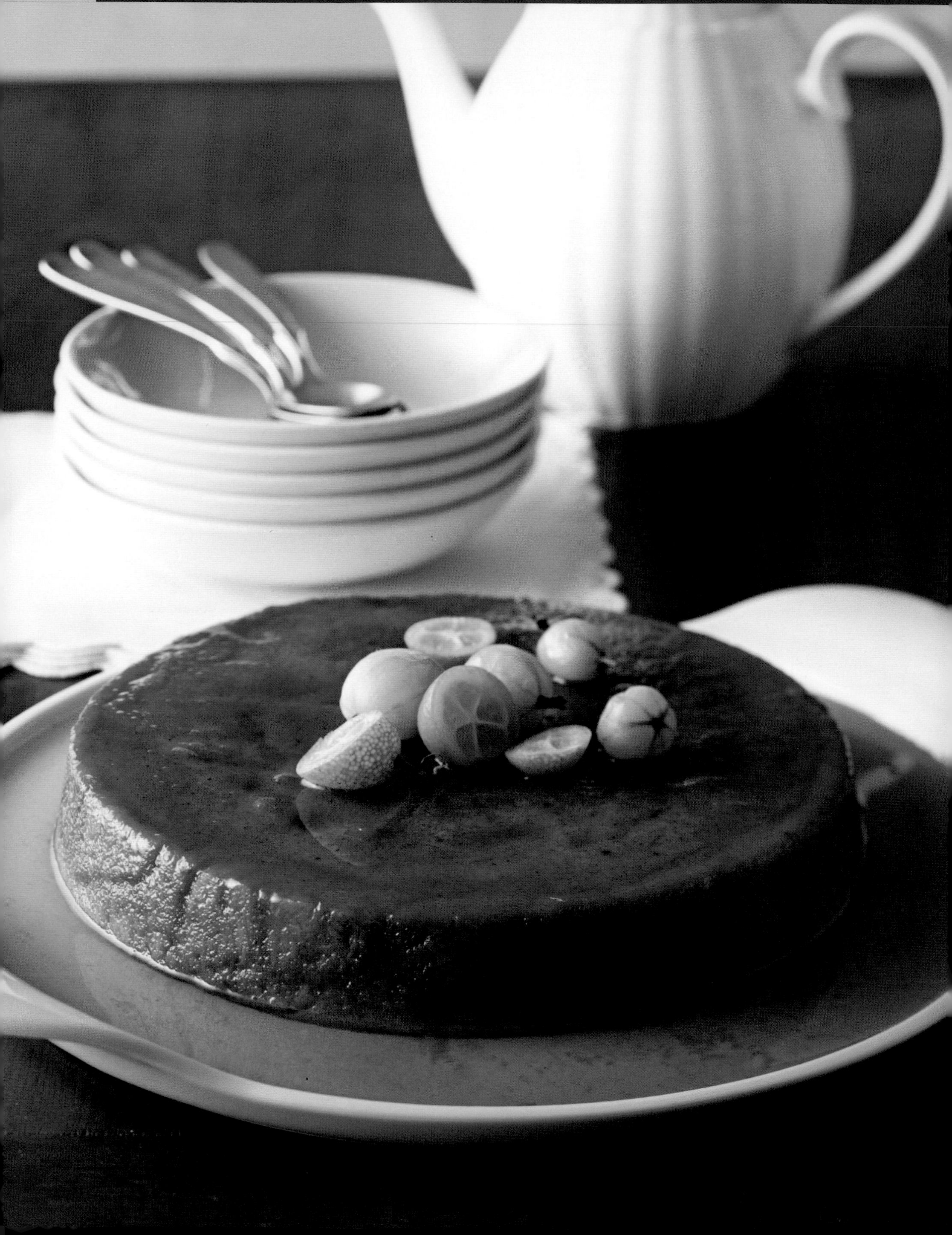

Flan caramélisé à la courge d'hiver

Le flan est un plat nourrissant riche en protéines. Celui-ci fournit en plus beaucoup de provitamine A et de fibres.

POUR 12 PERSONNES

Prép. 15 min ◆ **Cuisson** 40 min ◆ **Réfrig.** 2 h

- ⅓ **tasse de sucre**
- 2 **tasses de lait concentré à 2 % de m.g.**
- 5 **gros œufs**
- ¾ **tasse de cassonade blonde bien tassée**
- 1 **tasse de courge d'hiver surgelée, décongelée**
- 2 **cuill. à soupe de rhum brun**
- 1 **cuill. à thé de vanille**
- ¼ **cuill. à thé de piment de la Jamaïque**

1 Faites cuire le sucre avec 4 cuill. à soupe d'eau dans une petite casserole jusqu'à obtention d'un caramel moyen. Versez immédiatement le caramel dans un moule à gâteau de 20 cm (8 po) de diamètre ; remuez le moule pour que le caramel en tapisse le fond et la paroi. Laissez refroidir. Huilez légèrement les parties du moule qui ne sont pas couvertes de caramel.

2 Allumez le four à 350 °F (180 °C).

3 Portez le lait concentré à ébullition. Fouettez les œufs avec la cassonade. Versez le lait chaud en remuant constamment. Incorporez la courge, le rhum, la vanille et le piment de la Jamaïque.

4 Posez le moule dans un plat à four profond pour une cuisson au bain-marie. Versez de l'eau bouillante à mi-hauteur du moule. Enfournez. Laissez cuire de 30 à 35 min. Déposez le moule sur une grille et laissez refroidir. Laissez reposer au moins 2 h au réfrigérateur.

5 Pour démouler, passez la lame d'un couteau entre le flan et le moule. Posez le plat de service à l'envers par-dessus le flan. En le tenant fermement, inversez le flan pour le démouler, en laissant le caramel couler pour le napper.

Pour 1 part : 266 calories. Protéines : 9 g – Glucides : 44 g – Lipides : 6 g (dont saturés : 4 g) – Cholestérol : 212 mg – Fibres : 1 g – Potassium : 380 mg.

Pouding de patates douces à la noix de coco

Quand un dessert est aussi riche en bêta-carotène, il vaut la peine d'être servi rien que pour célébrer ce fait !

POUR 10 PERSONNES

Prép. 15 min ◆ **Cuisson** 1 h 45

- 2 **patates douces moyennes, pelées et râpées**
- 1 **boîte de 375 ml (12 oz) de lait concentré écrémé**
- 2 **cuill. à soupe d'huile**
- ½ **tasse de cassonade bien tassée**
- 2 **cuill. à soupe de concentré de jus d'orange décongelé**
- ½ **cuill. à thé de gingembre moulu**
- ½ **cuill. à thé de clou de girofle moulu**
- ½ **cuill. à thé de piment de la Jamaïque moulu**
- ½ **cuill. à thé de sel**
- 1 **gros œuf battu à la fourchette**
- 4 **gros blancs d'œufs légèrement battus**
- ½ **tasse de noix de coco râpée**

1 Allumez le four à 350 °F (180 °C). Vaporisez d'huile un moule de 8 tasses.

2 Dans un grand bol, mélangez tous les ingrédients, sauf la noix de coco. Versez ce mélange dans le moule. Couvrez le moule avec de l'aluminium.

3 Enfournez et faites cuire 1 h 30. Couvrez la surface de noix de coco. Poursuivez la cuisson à découvert environ 30 min pour que le centre soit bien pris et la surface dorée.

Pour 1 personne : 167 calories. Protéines : 6 g – Glucides : 24 g – Lipides : 5 g (dont saturés : 3 g) – Cholestérol : 72 mg – Fibres : 1 g – Sodium : 220 mg.

Pain de carottes et de courgettes glacé à l'orange

Ce délicieux pain doux vous apportera les vitamines et minéraux des légumes, les acides gras oméga-3 des noix et beaucoup de fibres grâce, entre autres, à la farine de blé complet.

12 TRANCHES

Prép. 15 min ◆ **Cuisson** 1 h

1½ **tasse de farine tout usage**
½ **tasse de farine de blé complet**
1¼ **cuill. à thé de bicarbonate de soude**
1 **cuill. à thé de levure chimique**
1 **cuill. à thé de cannelle**
½ **cuill. à thé de sel**
½ **cuill. à thé de noix de muscade râpée**
1¼ **tasse de sucre**
¾ **tasse d'huile**
3 **gros œufs**
1 **cuill. à thé de vanille**
1 **tasse de carottes râpées bien asséchées** **(env. 250 g/8 oz de carottes)**
1 **tasse de courgettes râpées bien asséchées** **(env. 250 g/8 oz de courgettes)**
½ **tasse de noix hachées** *(facultatif)*
½ **tasse de sucre à glacer**
1½ **cuill. à soupe de jus d'orange**
1¼ **cuill. à thé de zeste d'orange râpé**

1 Allumez le four à 350 °F (180 °C). Huilez légèrement un moule à pain de 22 x 12 cm (9 x 5 po) et saupoudrez-le de farine.

2 Mélangez les deux farines, le bicarbonate, la levure, la cannelle, le sel et la muscade.

3 Dans un grand bol, battez le sucre, l'huile, les œufs et la vanille. Incorporez les carottes et les courgettes. Ajoutez le mélange de farines, puis les noix. Versez la pâte dans le moule.

4 Enfournez et laissez cuire environ 1 h (la lame d'un couteau insérée au centre doit ressortir propre). Laissez reposer sur une grille pendant 10 min. Passez une lame de couteau entre le pain et les parois du moule. Retournez le pain sur la grille. Laissez refroidir complètement.

5 Dans un petit bol, mélangez le sucre à glacer, le jus et le zeste d'orange. Ajoutez au besoin 1 ou 2 cuill. à thé de jus d'orange pour diluer. Répartissez la moitié du glaçage sur le pain froid. Laissez durcir 5 min, puis versez le reste du glaçage.

Pour 1 tranche : 374 calories. Protéines : 4,5 g – Glucides : 53 g – Lipides : 16 g (dont saturés : 2 g) – Cholestérol : 63 mg – Fibres : 2 g – Potassium : 155 mg.

au menu

Ce genre de pain est facile à transporter si vous désirez l'offrir en cadeau ou le déguster en pique-nique. Il accompagne bien une tasse de thé ou de café et constitue un goûter de choix pour les enfants.

Beignes de pommes de terre aux flocons de carottes

Ce sont des beignes classiques à la différence près que les flocons de carottes leur confèrent les propriétés antioxydantes du bêta-carotène.

POUR 18 BEIGNES

Prép. 15 min ◆ **Réfrig.** 1 h ◆ **Cuisson** 25 min

- 2½ **tasses de farine tout usage**
- 4 **cuill. à thé de levure chimique**
- ¾ **cuill. à thé de sel**
- ½ **cuill. à thé de cannelle moulue**
- ½ **cuill. à thé de muscade moulue**
- 2 **gros œufs**
- 1 **tasse de purée de pommes de terre à la température ambiante**
- ¾ **tasse de carottes finement râpées**
- ¼ **tasse de lait à 1 % de m.g.**
- 2 **cuill. à soupe d'huile**
- ½ **tasse de sucre**
- 6 **tasses d'huile à friture**

  Sucre en poudre avec ou sans cannelle pour poudrer les beignes *(facultatif)*

1 Dans un bol de taille moyenne, mélangez la farine, la levure, le sel, la cannelle et la muscade.

2 Dans un bol plus grand, fouettez les œufs légèrement. Tout en fouettant, ajoutez la purée de pommes de terre, les carottes râpées, le lait, l'huile et le sucre. Ajoutez le mélange de farine et incorporez-le soigneusement. La pâte sera molle et collante. Couvrez le bol et réfrigérez environ 1 h pour rendre la pâte malléable.

3 Versez 6 tasses d'huile à friture dans une grande marmite. Réchauffez-la doucement jusqu'à ce que le thermomètre à friture indique 375 °F (190 °C).

4 Pendant ce temps, farinez légèrement la surface de travail. Abaissez la pâte à 1 cm (½ po) d'épaisseur. Découpez les beignes avec un cercle de 7 cm (3 po). Rassemblez les chutes et recommencez jusqu'à épuisement de la pâte.

5 Plongez les beignes dans le bain de friture, 3 ou 4 à la fois. Faites-les dorer 3 ou 4 min en les retournant avec des pinces. Laissez-les égoutter sur plusieurs épaisseurs de papier absorbant. Attendez que l'huile reprenne la bonne température avant d'y plonger d'autres beignes. Poudrez les beignes de sucre à votre goût et servez-les chauds.

Pour 1 beigne : 292 calories. Protéines : 3 g – Glucides : 24 g – Lipides : 20 g (dont saturés : 2 g) – Cholestérol : 27 mg – Fibres : 1 g – Sodium : 250 mg.

TOUR DE MAIN

Si vous tenez à ajouter des fibres aux beignes que vous confectionnez, remplacez une tasse de farine tout usage par une tasse de farine de blé entier.

LÉGUMES SANTÉ, LÉGUMES SAVEUR

Biscuits à la citrouille

Ces petites friandises sont riches en fibres, en bêta-carotène et en minéraux, notamment en potassium.

2 DOUZAINES DE BISCUITS

Prép. et **cuisson** 15 min

- ½ **tasse de farine tout usage**
- ½ **tasse de farine de blé complet**
- ½ **cuill. à thé de cannelle**
- ¼ **cuill. à thé chacun de sel, de bicarbonate et de piment de la Jamaïque**
- ¼ **tasse de cassonade blonde bien tassée**
- 3 **cuill. à soupe de miel**
- 4 **cuill. à soupe d'huile**
- 1 **gros blanc d'œuf**
- 1 **tasse de purée de citrouille compacte en boîte**
- ½ **tasse de raisins secs sans pépins**
- ⅓ **tasse de noix hachées** *(facultatif)*

1 Allumez le four à 350 °F (180 °C). Huilez légèrement une plaque à biscuits.

2 Mélangez les farines, la cannelle, le sel, le bicarbonate et le piment de la Jamaïque.

3 Dans un autre bol, battez la cassonade, le miel, l'huile et le blanc d'œuf. Incorporez la purée de citrouille. Ajoutez les farines et mélangez jusqu'à obtention d'une pâte homogène. Ajoutez raisins et noix.

4 Déposez la pâte sur la plaque par cuillerées à thé bien pleines, à intervalles de 3 cm (1¼ po).

5 Enfournez et faites cuire 15 min. Laissez reposer les biscuits sur la plaque pendant 1 min. Transférez-les sur une grille avec une spatule métallique et laissez-les refroidir.

Pour 1 biscuit : 66 calories. Protéines : 1 g – Glucides : 11 g – Lipides : 2 g (dont saturés : 0,3 g) – Cholestérol : 0 mg – Fibres : 0,8 g – Potassium : 85 mg.

Biscuits de flocons d'avoine, carotte, raisins secs

Les flocons d'avoine ont l'étonnante capacité de faire baisser un taux de cholestérol trop élevé.

4 DOUZAINES DE BISCUITS

Prép. 20 min ◆ **Cuisson** 10 à 12 min

- 1 **tasse de farine**
- 2½ **cuill. à thé de levure chimique**
- ½ **cuill. à thé de sel**
- ½ **cuill. à thé de cannelle**
- ¼ **de cuill. à thé de clou de girofle moulu**
- 1 **tasse de flocons d'avoine roulés à l'ancienne**
- 1 **gros œuf**
- ½ **tasse d'huile**
- 1 **cuill. à thé de vanille**
- 1 **tasse de cassonade blonde bien tassée**
- 1 **tasse de carotte râpée (env. 250 g/8 oz de carotte)**
- ¾ **tasse de raisins secs sans pépins**

1 Allumez le four à 400 °F (200 °C). Huilez légèrement 2 grandes plaques à biscuits.

2 Tamisez la farine, la levure, le sel, la cannelle et le clou. Ajoutez les flocons d'avoine. Mélangez.

3 Dans un grand bol, battez l'œuf, l'huile et la vanille. Incorporez la cassonade en continuant à battre. Ajoutez la farine par petites quantités, jusqu'à ce que l'ensemble soit homogène. Ajoutez la carotte et les raisins secs. La pâte doit être consistante.

4 Déposez la pâte sur les plaques par cuillerées à thé bien pleines, à intervalles de 5 cm (2 po).

5 Faites cuire les biscuits de 10 à 12 min, jusqu'à ce que leur pourtour soit doré. Attendez 2 min qu'ils tiédissent, puis déposez-les sur une grille avec une spatule métallique pour qu'ils refroidissent. Ils se conserveront 1 semaine dans une boîte hermétique.

Pour 1 biscuit : 64 calories. Protéines : 0,9 g – Glucides : 9,5 g – Lipides : 2,5 g (dont saturés : 0,4 g) – Cholestérol : 5 mg – Fibres : 0,6 g – Potassium : 45 mg.

TOUR DE MAIN

Pour surgeler la pâte à biscuit crue, préparez les biscuits jusqu'à l'étape 4. Mettez les biscuits sur la plaque au congélateur. Lorsqu'ils sont bien fermes, videz-les dans un sac à congélation. Il vous restera à les décongeler à température ambiante avant de les faire cuire.

LE SAVIEZ-VOUS ?

Vous pouvez offrir des biscuits en les envoyant par la poste. Mettez-les dans un emballage doublé d'aluminium ou dans une boîte en plastique rigide, deux par deux, partie plate contre partie plate. Séparez les couches de biscuits avec du papier ciré. Dans l'emballage spécial pour envois postaux, ajoutez du papier froissé, pour caler et protéger vos biscuits.

Crème glacée maison à la citrouille épicée

À la différence des crèmes glacées du commerce, celle-ci contient des fibres et des vitamines antioxydantes pour protéger votre santé, sans compter la fraîcheur et l'onctuosité propres aux crèmes maison.

POUR 6 PERSONNES (3 TASSES)

Prép. 20 min

- 1¼ tasse de lait concentré à 2 % de m.g.
- 1 gros œuf
- ½ tasse de cassonade blonde bien tassée
- ⅔ tasse de purée de citrouille en conserve
- 1 cuill. à thé de vanille
- ½ cuill. à thé de gingembre moulu
- ½ cuill. à thé de cannelle moulue
- 1 pincée généreuse de muscade moulue
- 1 pincée de sel

1 Dans une casserole moyenne, portez le lait concentré à ébullition.

2 Dans un grand bol, fouettez l'œuf avec la cassonade. Tout en fouettant, incorporez le lait bouillant. Incorporez la purée de citrouille, la vanille, le gingembre, la cannelle, la muscade et le sel. Réfrigérez la préparation pour qu'elle soit très froide.

3 Versez la préparation dans une sorbetière et suivez les directives du fabricant. Laissez la crème glacée ramollir un peu avant de la servir.

Pour ½ tasse : 141 calories. Protéines : 5 g – Glucides : 26 g – Lipides : 2 g (dont saturés : 1 g) – Cholestérol : 40 mg – Fibres : 1 g – Sodium : 102 mg.

TOUR DE MAIN

Pour faciliter la tâche de répartir les portions de crème glacée, sortez le contenant du congélateur de 20 à 30 min à l'avance et mettez-le au réfrigérateur. Certains préfèrent le passer 15 secondes au micro-ondes.

IDÉES FRAÎCHES

Les décors fantaisistes et les « garnitures » personnalisées sont la grande mode dans les bars laitiers. Rien n'empêche de faire la même chose chez soi. Voici quelques suggestions pour la crème glacée maison à la citrouille épicée : raisins secs, canneberges ou abricots secs, hachés ; noix ou pacanes hachées ; tourbillons de sirop d'érable ; biscuits au gingembre émiettés.

Ail   Artichaut   Asperge
Aubergine   Avocat
Betterave   Brocoli   Carotte
Céleri   Céleri-rave   Champignons
Chou de Bruxelles   Chou-fleur   Choux
Concombre   Courges d'été
Courges d'hiver   Épinard
Fenouil   Gombo
Haricots
Légumes-feuilles
Légumineuses   Maïs
Navet et autres
légumes-racines
Oignon   Panais
Patate douce   Petits pois
Piments   Poireau
Poivron   Pomme de terre
Radis   Rapini
Salades   Tomate

GUIDE DES
légumes

Ail

Non content d'apporter une saveur incomparable aux aliments, l'ail est traditionnellement réputé pour ses vertus curatives. Ce cousin de l'oignon a en effet une action bactéricide et fongicide et de puissantes propriétés antioxydantes qui aident l'organisme à mieux résister aux agressions.

DANS **1** GOUSSE D'AIL CRU

MOINS DE **5** CALORIES • **allicine**, SUBSTANCE SOUFRÉE CONTRIBUANT À RÉDUIRE LE TAUX DE CHOLESTÉROL ET LA PRESSION ARTÉRIELLE, ET QUI DIMINUERAIT LES RISQUES DE CANCER • NOMBREUX **minéraux** ET **oligoéléments** EN PETITE QUANTITÉ (SÉLÉNIUM, FLUOR, MANGANÈSE…).

Au marché

SAISON On trouve de l'ail nouveau à la peau fraîche dès la fin du printemps. Il est mis à sécher en têtes ou en tresses à la fin de l'été, ce qui le rend disponible les trois quarts de l'année.

CE QU'IL FAUT REGARDER Que l'ail soit blanc crème (ail blanc), teinté de rose (ail rose) ou de violet (ail violet), choisissez des têtes aux gousses bien pleines, à la peau sèche enserrant étroitement la gousse. En main, il doit être ferme, les gousses doivent être rebondies et bien formées.

À la cuisine

CONSERVATION Jusqu'à 6 mois dans un lieu sec, entre 12 et 15 °C (55-60 °F). Les pots ajourés en matériau poreux comme la terre cuite sont idéals pour le stockage. Suspendez les tresses dans votre cuisine.

PRÉPARATION Pour peler une gousse, coupez au couteau quelques millimètres de la base : la peau est ensuite très facile à attraper. Lorsque l'ail n'est plus nouveau, à partir d'octobre-novembre, fendez la gousse en deux et retirez le germe qui se trouve au milieu. Utilisez un presse-ail pour obtenir un hachis fin et régulier.

CUISSON L'ail est un condiment essentiel dans de très nombreux plats. Plus l'ail cuit longtemps, plus sa saveur s'adoucit. Mais si vous le faites sauter, frire ou revenir, évitez qu'il ne brûle car il devient amer. L'ail peut aussi être rôti en chemise (dans sa peau). Il perd ainsi de son piquant et fait une délicieuse garniture à basses calories pour la viande grillée, ou tartiné sur des tranches de pain. Pour rôtir une tête d'ail entière, coupez-en la pointe afin d'exposer toutes les gousses. Badigeonnez le haut de ces dernières d'huile d'olive, salez, enveloppez dans de l'aluminium et faites cuire au four, préchauffé à 375 °F (190 °C), de 30 min à 1 heure afin que l'ail soit bien ramolli. Laissez refroidir, puis sortez la pulpe avec la pointe d'un couteau. Pour rôtir des gousses individuellement, détachez-les de la tête sans les éplucher, déposez-les dans un plat avec 1 cuill. à soupe d'huile d'olive et remuez pour les enrober. Enfournez de 15 à 20 min, jusqu'à ce qu'elles soient tendres. Pressez sur les gousses pour récupérer la pulpe.

soyez créatif

● Coupez l'ail le plus finement possible : la saveur aillée sera d'autant plus intense et se communiquera mieux aux aliments.

● Rien de tel qu'un assaisonnement à base d'huile d'olive parfumée à l'ail : faites cuire l'ail à feu doux dans de l'huile d'olive, puis jetez-le.

● Toutes les viandes peuvent se marier à la saveur de l'ail.

● Préférez l'huile d'olive au beurre pour vos croûtons et tranches de pain frottés à l'ail – cela change leur goût et c'est meilleur pour la santé (moins de graisses saturées).

PURÉE D'AIL RÔTI

Coupez la pointe de la tête d'ail sur environ 1 cm (1/2 po).

1

Rôtissez l'ail (voir ci-contre), puis sortez la pulpe cuite de chaque gousse.

2

Réduisez la pulpe en purée à la fourchette.

3

soyez créatif

● Détachez les feuilles de quelques artichauts encore chauds et disposez-les sur un plat autour d'un bol de sauce faite pour moitié d'huile d'olive et pour moitié de beurre fondu, additionnée de quelques gouttes de citron.

● Une purée d'ail rôti, de poivre, de tofu et de jus de citron fera une sauce originale.

● Coupez de jeunes artichauts violets en deux, taillez leurs feuilles à mi-longueur, et incorporez-les à un sauté de légumes variés. Vous pouvez aussi les cuire au barbecue ou les déguster crus, à la croque-au-sel.

PARER UN ARTICHAUT

Cassez la tige au ras du globe pour entraîner les fils.

1

Tranchez le sommet avec un couteau, puis coupez le haut des feuilles avec des ciseaux de cuisine.

2

Frottez les parties coupées avec un demi-citron pour éviter qu'elles noircissent au contact de l'air.

3

Artichaut

Lorsque vous dégustez un artichaut, vous mangez le bouton de fleur géant d'une plante de la famille des chardons ! Les gourmets soucieux de diététique aiment par-dessus tout ce légume pour sa richesse nutritionnelle et sa saveur particulière.

DANS UN FOND D'ARTICHAUT CUIT

ENVIRON **60** CALORIES • **folates** (VITAMINE B$_9$) INDISPENSABLES À LA CROISSANCE CELLULAIRE ET AU, RENOUVELLEMENT DES CELLULES SANGUINES • MINÉRAUX ESSENTIELS : **fer**, **magnésium**, **cuivre** • **fibres** TRÈS ABONDANTES.

Au marché

SAISON En règle générale, du printemps à novembre.

CE QU'IL FAUT REGARDER L'artichaut de printemps doit être très vert. Par temps froid, il est plus sombre et les pointes de ses feuilles virent parfois au bronze. Choisissez des artichauts aux feuilles bien fermées. La taille n'est pas un indice de qualité.

À la cuisine

CONSERVATION Il se conserve jusqu'à 2 semaines s'il est au réfrigérateur, non lavé, dans un sac plastique scellé. Cuit, il doit être consommé rapidement, car il s'oxyde vite et peut fermenter, donnant naissance à des composés toxiques.

PRÉPARATION Lavez-le soigneusement à l'eau courante et arrachez la queue. Vous pouvez aussi apprêter les feuilles comme indiqué ci-contre.

Après avoir détaché les feuilles charnues, on arrache quelques pétales tendres et le « foin » qui ne sont pas comestibles. C'est ainsi qu'on accède au « fond » d'artichaut, la partie plus appréciée pour sa texture moelleuse et sa saveur caractéristique. Ce qu'on nomme « cœur » d'artichaut (en conserve au naturel) est formé par le cœur et les feuilles de petits artichauts dont le haut est coupé.

CUISSON Mettez l'artichaut dans le panier (obligatoirement inoxydable) perforé d'un cuit-vapeur et laissez-le cuire environ 30 min, selon sa taille : il est cuit quand ses feuilles se détachent facilement. Égouttez-le à l'envers dans une passoire. Vous pouvez aussi le cuire dans une grande casserole d'eau bouillante légèrement salée, de 30 à 40 min. Comptez 10 min dans un autocuiseur.

UTILISATION L'artichaut est souvent présenté en entrée avec une sauce : beurre fondu ou sauce hollandaise lorsqu'il est chaud, vinaigrette lorsqu'il est froid. Le fond est farci à la tomate ou au riz, garni d'un œuf poché ou d'une béchamel à gratiner. On le sert en entrée ou pour accompagner une viande.

Il est tout à fait convenable de manger l'artichaut avec ses doigts. On arrache une feuille, on plonge sa base charnue dans la sauce, et on détache cette partie succulente en tirant sur la feuille entre les dents.

Asperge

Apparentée à la famille des liliacées (comme l'ail et l'oignon), l'asperge était un mets très prisé des Grecs et des Romains, qui l'utilisaient aussi pour soulager maux de dents et rhumatismes. Nous l'apprécions toujours autant pour son goût très fin que pour ses qualités nutritives.

DANS **UNE TASSE** D'ASPERGES CUITES

MOINS DE **50** CALORIES • **folates** (VITAMINE B_9) INDISPENSABLES À LA CROISSANCE CELLULAIRE ET AU RENOUVELLEMENT DES CELLULES SANGUINES • **vitamine C** ANTIOXYDANTE • **fibres** • **asparagine** (UN DÉRIVÉ D'ACIDE AMINÉ) ET **fructosanes** AUX PROPRIÉTÉS DIURÉTIQUES MARQUÉES.

Au marché

SAISON L'asperge est, par excellence, le légume du printemps. Les premières à arriver sur les étals dès le mois de mars nous viennent de Californie. Les nôtres font leur apparition vers le mois d'avril.

CE QU'IL FAUT REGARDER Une asperge bien fraîche a une tige ferme et bien ronde et un turion (pointe) de feuilles bien serrées et non desséchées. La base doit se casser nettement et l'humidité doit perler. Les asperges de gros diamètre sont généralement plus tendres que les petites. Choisissez des asperges de même calibre pour une cuisson homogène.

À la cuisine

CONSERVATION Mangez les asperges le plus vite possible après leur cueillette. Conservées à la température ambiante, elles peuvent perdre jusqu'à la moitié de leur vitamine C en 2 jours. Si vous devez les conserver jusqu'au lendemain, enveloppez-les dans un linge humide et gardez-les dans le bac à légumes du réfrigérateur. Les asperges cuites ne se conservent pas : elles doivent être dégustées sans attendre.

PRÉPARATION Lavez délicatement les asperges pour ôter le sable. Cassez la partie la plus dure de leur base (voir page suivante) et pelez les asperges blanches et violettes, de la pointe vers la base, avec un couteau économe, en les maintenant à plat pour ne pas les briser. La peau des asperges vertes est si fine qu'il n'est pas utile de les peler.

CUISSON
● À la vapeur ou à l'eau bouillante salée. Comptez 5 à 7 min après la reprise de l'ébullition pour de grosses asperges et 3 à 5 min pour les petites. Interrompez la cuisson lorsque ces dernières sont encore un peu croquantes car elles continueront de cuire en refroidissant. Si toutes vos asperges n'ont pas la même grosseur, mettez d'abord à cuire les plus grosses.
● Au micro-ondes. Disposez-les sur une assiette, pointes orientées vers le centre. Pour 500 g (1 lb) d'asperges, ajoutez ¼ tasse d'eau. Couvrez hermétiquement. Cuisez de 4 à 7 min à haute puissance.

soyez créatif

● Les asperges se suffisent à elles-mêmes. Elles se marient cependant bien avec une sauce à l'huile d'olive, au citron et à l'estragon, ou avec une sauce mayonnaise légèrement moutardée.

● Pour les gens soucieux de leurs apports en glucides, de petits fagots de pointes d'asperge froides enroulés dans une tranche de jambon dégraissé (avec ou sans mayonnaise) constituent une délicieuse entrée de fête.

● Avec un reste d'asperges vertes déjà cuites (ou les talons des asperges), préparez en un clin d'œil une crème d'asperge. Réduisez les asperges en purée au mélangeur et chauffez avec un peu de lait, une pincée de persil haché et une pincée d'estragon.

LE SAVIEZ-VOUS**?**

La raison du coût élevé des asperges — comparé à d'autres légumes — est qu'elles doivent être récoltées à la main. Une asperge peut pousser de 25 cm (10 po) en 24 heures.

VARIÉTÉS

L'asperge verte et l'asperge violette sont assez semblables. L'asperge blanche, la plus courante en Europe, est d'un type tout à fait différent. Elle a un goût moins prononcé que l'asperge verte, et moins de valeur nutritive. L'asperge sauvage, qui a peu d'adeptes pour l'instant, gagne en popularité et fait même l'objet d'une « culture » en France.

L'asperge blanche est considérée comme un mets raffiné en Europe où elle a été développée au XVIIIe siècle. Pour qu'elle reste totalement blanche, on prolonge sa vie souterraine le plus longtemps possible en la couvrant de buttes de terre. Lorsque la pointe atteint la couche superficielle du sol et qu'elle reçoit la lumière, les pigments se développent, donnant une teinte rose pâle, puis rose vif. Dès l'émergence du sol, l'asperge devient violette, et verdit ensuite rapidement. En Amérique, où elle se popularise depuis quelques années, si l'asperge blanche est si cher, c'est qu'elle exige des soins manuels.

L'asperge sauvage est une asperge verte retournée à l'état sauvage, après que les oiseaux ou d'autres animaux ont dispersé ses graines dans la nature. À première vue, elle offre peu d'avantages sur la variété cultivée, mais elle a ses aficionados, prêts à fouiller avidement la terre de leurs coins favoris à chaque retour du printemps.

L'asperge violette est d'arrivée récente. Son enveloppe spectaculaire couleur d'améthyste recouvre une chair à teinte jaunâtre. Alors qu'on cueille l'asperge verte quand elle atteint 15 cm (6 po) environ, l'asperge violette est récoltée lorsqu'elle émerge d'à peine quelques centimètres du sol. Sa pointe est plus charnue et sa tige plus tendre que celles de l'asperge verte, et comme sa teneur en sucre est plus élevée, on peut la manger crue. Tranchée de biais, elle ajoute une jolie note de couleur à une salade ou à un plat de légumes sautés à la chinoise. Cuite, elle acquiert un léger goût de noisette. Mais si l'on pousse trop la cuisson, elle vire au vert.

● Rôties au four. Disposez les asperges dans un plat sur une seule couche, arrosez-les d'huile, salez et poivrez. Laissez environ 25 min au four préchauffé à 400 °F (200 °C), afin qu'elles soient tendres mais encore croquantes.

● Grillées au barbecue. Badigeonnez-les d'huile d'olive avant de les disposer en travers de la grille sur feu moyen et laissez cuire 12 à 15 min selon leur grosseur, en les retournant souvent. Poivrez-les et arrosez-les de jus de citron avant de servir. Pour accélérer et faciliter la cuisson au gril des plus gros spécimens, précuisez-les 3 min à l'eau bouillante légèrement salée.

UTILISATION Les asperges constituent une entrée élégante. On les sert traditionnellement tièdes, accompagnées d'une sauce hollandaise citronnée, ou froides avec une vinaigrette ou de la mayonnaise. Les pointes d'asperge peuvent être facilement sautées au beurre ou à l'huile. Qu'elles soient sautées ou blanchies, elles sont délicieuses dans les omelettes, les salades et les soupes, mélangées à d'autres légumes ou en accompagnement de poissons blancs ou de viandes blanches, dans des sauces crémeuses.

PARER L'ASPERGE VERTE

Repérez près de la base de l'asperge l'endroit où elle casse facilement – à la limite de la partie tendre et de la partie fibreuse.

1

Cassez cette partie fibreuse juste en pliant l'asperge.

2

Aubergine

Comme la tomate et l'avocat, l'aubergine est un fruit traité comme un légume. Originaire d'Inde, elle s'est répandue en Europe au xve siècle via l'Espagne. Surtout liée à la cuisine du bassin méditerranéen, l'aubergine est également courante dans les recettes orientales.

DANS **UNE TASSE** D'AUBERGINE CUITE

MOINS DE **25** CALORIES • **potassium** EN ABONDANCE • **fibres** (PLUS DE 2 G) POUVANT AIDER À ABAISSER LE TAUX DE CHOLESTÉROL • **polyphénols** AMERS AUX PUISSANTS EFFETS ANTIOXYDANTS.

Au marché

SAISON L'aubergine, fruit-légume de fin d'été, est désormais disponible tout au long de l'année grâce aux importations.

CE QU'IL FAUT REGARDER En fonction de la variété, l'aubergine peut être de couleur violette, blanche ou bleue, aussi petite qu'un œuf ou au contraire très volumineuse, de forme ronde, trapue ou effilée. Quelle que soit sa variété, choisissez-la ferme, brillante et sans défaut, avec un pédoncule bien frais, pas trop foncé. Le risque d'amertume est limité si l'aubergine est jeune et plutôt petite ; il l'est moins chez les sujets mûrs, dont la peau est tachée, la chair brunâtre et qui ont beaucoup de graines.

À la cuisine

CONSERVATION Autant que possible, consommez l'aubergine le jour même de son achat. Autrement, elle se conserve de préférence au frais plutôt qu'au réfrigérateur, où elle a tendance à ramollir et à devenir amère.

PRÉPARATION Peler une aubergine n'est pas nécessaire, sauf si la peau est très épaisse. Si vous souhaitez quand même le faire, utilisez un couteau économe. Coupez le pédoncule en prenant garde de ne pas vous piquer.

CUISSON L'aubergine aime l'huile. C'est pourquoi il est utile de la faire dégorger d'abord au sel (ci-contre, à droite) : le sel déshydrate la pulpe, ce qui lui fait absorber moins de graisses si vous devez la faire sauter ou frire, mais entraîne aussi une perte importante de minéraux.

UTILISATION Pour préparer une garniture simple, coupez des aubergines en tranches de 1 cm (½ po) d'épaisseur, badigeonnez-les d'huile des deux côtés avec un pinceau, rangez-les en une seule couche sur une plaque antiadhésive et faites-les cuire au four à 425 °F (225 °C), 8 min de chaque côté. Salez-les, tartinez-les d'ail en purée ou saupoudrez-les de parmesan râpé et servez.

Pour en faire une trempette comme le baba ghanoush, faites cuire l'aubergine entière au four jusqu'à ce que la chair soit très tendre. Il ne restera qu'à retirer la pulpe, à l'écraser à la fourchette (en retirant les graines au besoin) et à lui incorporer de l'huile et de l'ail.

---

soyez créatif

● Coupez des rondelles d'aubergines de petite taille et cuisez-les à four chaud jusqu'à ce qu'elles soient tendres pour obtenir de croustillantes entrées apéritives que vous pourrez parsemer de feuilles de basilic ou d'origan.

● Cuire les aubergines au gril leur donne une riche saveur : rincez-les, mettez-les dans la lèchefrite, le plus près possible du gril, laissez-les 10 min de chaque côté, jusqu'à ce que leur peau soit noircie et cloquée, en les tournant régulièrement. Laissez-les refroidir un peu, coupez-les en deux, retirez la pulpe avec une cuillère à soupe, hachez-la au couteau sur une planche, assaisonnez-la d'un filet d'huile d'olive, de citron, de sel, de poivre et d'ail haché, éventuellement d'un peu de cumin. Servez comme garniture.

FAIRE DÉGORGER UNE AUBERGINE

Coupez l'aubergine en tranches égales avec un couteau bien aiguisé.

1

Déposez-les sur du papier absorbant et saupoudrez-les de sel fin. Laissez-les dégorger au moins 30 min, puis rincez-les et épongez-les.

2

soyez créatif

● Garnissez un pain pita à la farine complète de légumes râpés salés et poivrés et de dés de poulet, le tout lié avec une purée d'avocats.

● Pour vos salades, préparez une sauce crémeuse et relevée en écrasant un avocat avec du yogourt, du jus de lime, du sel et du tabasco.

● Au malaxeur, faites une purée d'avocat fraîche avec du lait et une touche de miel et servez ce cocktail avec quelques glaçons à l'apéritif.

● Pour un dessert mousseux, écrasez un avocat avec du sucre ou du miel et du jus de citron. Parsemez d'amandes grillées.

LE TEST DU CURE-DENT

Si vous ne vous fiez pas à la pression de votre main pour savoir si un avocat est mûr, utilisez un cure-dent. Enfoncez-le près de l'attache de la queue : s'il entre et ressort facilement, l'avocat est prêt à être mangé.

Avocat

L'avocat est un fruit tropical le plus souvent utilisé comme crudité dans les entrées et les salades. Sa richesse en matières grasses insaturées, bonnes pour la santé cardiovasculaire, lui confère une texture crémeuse et une riche saveur de noisette.

DANS **UNE MOITIÉ** D'AVOCAT

160 CALORIES (POUR UN AVOCAT DE TAILLE MOYENNE) • **vitamine E** ANTIOXYDANTE • **acides gras mono-insaturés** BONS POUR LE CŒUR • **bêta-sitostérol** FAVORISANT LA BAISSE DU « MAUVAIS » CHOLESTÉROL LDL • **vitamines B** DONT LA B₉ **(folates)** PROTÉGEANT DES MALADIES CARDIOVASCULAIRES • BEAUCOUP DE **potassium**, UTILE CONTRE L'HYPERTENSION • QUANTITÉS ÉLEVÉES DE **magnésium**, QUI PARTICIPE AU BON FONCTIONNEMENT NERVEUX ET MUSCULAIRE • **fibres** ABONDANTES.

Au marché

SAISON Originaire du Mexique, l'avocat a d'abord été cultivé en Amérique centrale, puis en Californie et en Floride. Il ne commence à mûrir qu'une fois cueilli et c'est la raison pour laquelle vous trouvez souvent des avocats immatures sur les étals. On en trouve presque toute l'année grâce à l'importation.

CE QU'IL FAUT REGARDER La taille, le coloris et la texture de la peau de l'avocat varient selon sa variété, sa provenance et son degré de maturité. Choisissez un fruit lourd, sans meurtrissures ni taches. Un avocat mûr est brun foncé (variétés à peau rugueuse) ou reste vert mais la peau s'enfonce sous une pression légère des doigts du côté du pédoncule (variétés à peau fine). N'achetez pas un avocat mou ou présentant des taches sur la peau.

À la cuisine

CONSERVATION Un avocat très ferme mûrira à température ambiante en quelques jours. Pour accélérer son mûrissement, enveloppez-le dans un sac en papier et conservez-le à la température ambiante tiède 1 jour ou 2, ou jusqu'à ce qu'il cède sous une pression légère de la main. Un avocat mûr se conserve 2 à 3 jours dans le bac à légumes du réfrigérateur. Trop d'avocats mûrs ? Réduisez-les en purée additionnée de jus de citron ou de lime (2 cuill. à thé de jus par avocat). Au congélateur, cette purée se conservera 4 mois.

VARIÉTÉS

C'est au milieu du XIXᵉ siècle que la culture de l'avocat s'est répandue en Californie et en Floride, qui demeurent les hauts lieux de sa culture en Amérique du Nord. Il existe une vingtaine de variétés d'avocats, nécessairement en fonction de leur lieu d'origine, car elles ne se transplantent pas d'un endroit à l'autre.

Avocat de Californie Environ 90 % de nos avocats proviennent de Californie. La variété la plus répandue est la hass, de taille moyenne, qui pèse environ 225 g (8 oz). Sa peau granuleuse vire du vert au brun-violet en mûrissant. La chair contient de 18 à 20 % de lipides. Les principales variétés à peau lisse sont la bacon, la fuerte et la zutano.

Avocat de Floride Cet avocat est plus gros et généralement moins cher. Ce qui le rend plus attrayant que sa contrepartie californienne, c'est sa teneur en lipides – de moitié moins élevée –, de sorte qu'il ne renferme qu'un tiers des calories. Il est cependant moins moelleux et se conserve moins bien. Les variétés les plus courantes sont la booth, la lula et la waldin.

PRÉPARATION Pour peler un avocat à peau lisse, coupez-le en deux et ôtez le noyau en y enfonçant la pointe d'un couteau s'il ne se détache pas tout seul ; pour l'évider, utilisez un couteau ou une cuillère à soupe. Pour parer un avocat à peau épaisse et granuleuse, suivez les directives ci-contre. Afin d'éviter le noircissement dû à l'oxydation, badigeonnez la chair de jus de citron. Ce noircissement n'affecte pas la saveur ni les qualités nutritives du fruit mais le rend moins appétissant.

UTILISATION L'avocat est habituellement consommé cru. Une chaleur élevée le rend amer et c'est pourquoi on ne l'introduit dans les plats chauds qu'après la cuisson. Des tranches ou des dés d'avocat ajoutent une note riche aux salades et aux sandwichs. L'avocat est à la base de nombreuses entrées élégantes et savoureuses : avocats farcis au crabe, cocktail de crevettes, salade d'avocat et de pamplemousse à la sauce moutarde, etc.

LA RECETTE LA PLUS CONNUE La purée d'avocats sert traditionnellement à faire le guacamole mexicain. À la fourchette, réduisez en purée grossière 2 avocats hass bien mûrs. Ajoutez 1 tomate moyenne, pelée, épépinée et grossièrement hachée, 1 oignon rouge finement haché, 3 cuill. à soupe de coriandre fraîche hachée, 3 cuill. à soupe de jus de lime, 1 petite cuill. à thé de cumin en poudre, 1 petite cuill. à thé de sel et 1 petite cuill. à thé de tabasco. Mélangez. Couvrez avec de la pellicule plastique et laissez au réfrigérateur jusqu'au moment de servir. Le guacamole est traditionnellement servi avec des croustilles de maïs, mais il est plus diététique et tout aussi délicieux de l'associer à des légumes crus.

PARER UN AVOCAT

Avec un couteau bien aiguisé, commencez par découper un quartier d'avocat.

1

Détachez la peau avec les doigts, comme on le montre ici. Quand l'avocat est mûr, cela se fait d'un seul coup.

2

Coupez l'avocat en lamelles parallèles, et arrosez de jus de citron pour empêcher de noircir.

3

LE SAVIEZ-VOUS?

L'avocat, au contraire des autres fruits, perd son contenu en sucre à mesure qu'il mûrit.

LÉGUMES SANTÉ, LÉGUMES SAVEUR

Betterave

La betterave a une saveur très douce, car elle contient plus de sucres que n'importe quel autre légume. Elle reste cependant peu calorique, pauvre en lipides et très riche en vitamines et en minéraux.

DANS **UNE DEMI-TASSE** DE BETTERAVE CUITE

ENVIRON **40** CALORIES • **glucides** DONT UNE MAJORITÉ DE SACCHAROSE • **folates** OU VITAMINE B$_9$, INDISPENSABLES POUR LA CROISSANCE CELLULAIRE ET LA SYNTHÈSE DES GLOBULES ROUGES • NOMBREUX MINÉRAUX, NOTAMMENT **potassium**, **magnésium** ET **phosphore** • **fibres** ABONDANTES.

Au marché

SAISON Les betteraves sont particulièrement fraîches et savoureuses pendant les mois d'été. Les betteraves rouges sont les plus courantes, mais il existe aussi une variété blanche, une jaune et une autre rose striée de blanc.

CE QU'IL FAUT REGARDER Choisissez des betteraves crues aux feuilles bien fraîches et à la racine ferme et lisse. Elles doivent conserver tout au moins une portion de leur tige. Sinon, méfiez-vous !... elles auront été récoltées il y a fort longtemps. Le mieux est d'acheter des betteraves qui soient toutes de même diamètre, de préférence inférieur à 8 cm (3 po). Les betteraves de couleurs différentes se cuisent de la même façon que les rouges, mais racines et feuilles sont toutes deux plus tendres.

À la cuisine

CONSERVATION Coupez les feuilles à 3-5 cm (1-2 po) de la racine. Placées dans des sacs séparés, les feuilles se conservent quelques jours et les racines plusieurs semaines, dans le bac à légumes du réfrigérateur. Les betteraves cuites vendues en vrac s'y conservent de 4 à 5 jours.

PRÉPARATION Grattez délicatement la racine d'une betterave crue sous l'eau froide (mais ne la pelez pas et ne la coupez pas) et laissez la queue pour préserver sa couleur et ses nutriments. Une fois la betterave cuite, coupez le sommet où étaient attachées les feuilles, puis tirez sur la peau en vous aidant d'un couteau pour éviter de trop vous tacher les doigts.

CUISSON Cuisez vos betteraves à la vapeur, au micro-ondes ou au four. Dans ce dernier cas, enveloppez-les dans de l'aluminium et faites cuire de 1 h 30 à 2 h à 350 °F (180 °C).

UTILISATION Les betteraves crues peuvent être râpées en salade. Les betteraves cuites sont servies froides en entrée ou mélangées à de la salade verte, des endives ou du maïs. Elles sont un ingrédient clé du bortsch, soupe paysanne d'Europe centrale bienvenue en hiver, mais tout aussi excellente froide, en été. De la betterave cuite passée au mélangeur et assaisonnée d'un filet de vinaigre et d'une pointe de cari fait un excellent coulis pour accompagner du poisson.

soyez créatif

● Les toutes petites betteraves ont une peau tendre et comestible n'exigeant pas d'être pelée et des feuilles de saveur plus douce. Cuisez les racines 15 min à l'autocuiseur, égouttez-les, puis coupez-les en deux, salez et poivrez ; pendant ce temps, faites sauter les feuilles avec un peu d'huile d'olive ou de beurre. Présentez les racines tièdes sur un lit de feuilles sautées.

● Arrosez des betteraves chaudes de jus de citron et de beurre, puis salez et poivrez.

● Servez les betteraves, chaudes ou froides, avec une sauce au yogourt et au raifort.

● Pour une jolie salade estivale, coupez des betteraves froides en tranches fines et des oignons rouges en rondelles. Déposez-les sur un lit de cresson, ajoutez des quartiers d'orange et arrosez de vinaigrette.

LE SAVIEZ-VOUS ?

La betterave est l'un des rares légumes pour lequel tout le monde s'entend à dire qu'elle a pour ainsi dire le même goût, fraîche ou en conserve.

Brocoli

Sa consommation régulière pourrait aider à diminuer le risque de cancer du côlon et du poumon : c'est en effet l'un des légumes les mieux pourvus en composants protecteurs (vitamines, fibres, minéraux, composés soufrés spécifiques).

DANS **UNE TASSE** DE BROCOLI CUIT

25 CALORIES • **vitamine C** ANTIOXYDANTE • **folates** (VITAMINE B$_9$) QUI PRÉVIENNENT CERTAINES MALFORMATIONS CONGÉNITALES • **provitamine A** ANTIOXYDANTE • NOMBREUX MINÉRAUX (POTASSIUM, CALCIUM, MAGNÉSIUM, FER…) • **fibres** POUR ABSORBER LES GLUCIDES • **indoles** ET **sulforaphane**, COMPOSÉS SOUFRÉS QUI AIDENT À COMBATTRE LE CANCER • **lutéine**, CAROTÉNOÏDE QUI CONTRIBUE À PRÉVENIR LA DÉGÉNÉRESCENCE MACULAIRE DE LA RÉTINE.

Au marché

SAISON La pleine saison du brocoli commence en août et se termine en automne.

CE QU'IL FAUT REGARDER Choisissez ceux dont les têtes (minuscules boutons de fleur très serrés regroupés en bouquets ou fleurettes) et les feuilles sont vert foncé et les tiges bien vertes. Les pédoncules soutenant les fleurettes doivent être fins et fermes et les fleurettes, bien serrées et uniformément vertes. Des boutons qui jaunissent ou qui s'ouvrent sont le signe d'un stade avancé : cuits, ils seront durs et peu savoureux.

À la cuisine

CONSERVATION De 3 à 4 jours dans le bac à légumes du réfrigérateur.

PRÉPARATION Lavez le brocoli avec soin, sans le laisser tremper. Épluchez les tiges avec un couteau économe pour ôter la peau épaisse. Si vous cuisez entières de longues pousses couronnées de fleurettes, fendez les tiges dans la longueur jusqu'aux fleurettes. Lavez et cuisez aussi les feuilles, elles sont pleines de vitamines et délicieuses en soupe ou dans les sautés.

CUISSON Utilisez les fleurettes crues ou rapidement blanchies dans un grand volume d'eau bouillante légèrement salée en guise d'entrées apéritives à tremper dans des sauces. Pour une garniture de légumes, blanchissez, cuisez à la vapeur, faites revenir ou sauter pendant 3 à 5 min les fleurettes, les tiges et les feuilles (auparavant émincées) en ajoutant un petit peu d'eau. Un temps de cuisson court limite les pertes en vitamines et en minéraux dans l'eau de cuisson et réduit la quantité de substances sulfurées libérées dans l'air, responsables d'une désagréable odeur d'œuf pourri.

soyez créatif

● Coupez l'extrémité des tiges, pelez-les et débitez-les en petits tronçons ou en rondelles. Vous pourrez ensuite les blanchir, les cuire à la vapeur ou les faire sauter, et même les râper crues en salade.

● Réduisez en purée des tiges de brocoli cuites, ajoutez de la crème et des œufs, relevez d'estragon ou de romarin, mettez dans des ramequins et faites cuire au four et au bain-marie ces petits flans qui accompagneront viande ou poisson.

● Utilisez des fleurettes de brocoli cuites avec un peu d'oignon sauté, du bacon et une pincée de thym pour farcir des champignons en guise d'entrée chaude. Enfournez les champignons farcis 5 min avant de servir.

● Faites sauter des fleurettes de brocoli blanchies et émincées avec des raisins secs sultana et des pignons de pin.

LE SAVIEZ-VOUS ?

Le mot brocoli est originaire de l'italien *broccolo,* diminutif de *brocco* (pousse), qui devient *broccoli* au pluriel. Mais le français ne lui accorde qu'un seul *c*.

VARIÉTÉS

Tous les brocolis – brocoli vert ou violet, brocoli chinois, brocolini ou broco-fleur – sont interchangeables dans la plupart des recettes.

Le broco-fleur est issu d'un croisement entre le brocoli et le chou-fleur. Cela donne un chou-fleur de couleur vert tendre avec un goût... de chou-fleur. Choisissez-le avec des fleurettes bien arrondies ou en forme pyramidale.

Le brocoli chinois Avec ses grandes feuilles vert foncé, ses minces tiges florales et ses minuscules boutons de fleur, le brocoli chinois ressemble quelque peu à un grand épinard monté en graine, mais conserve le goût atténué du brocoli. Avant de le cuire, commencez par détacher les feuilles des tiges. Pelez les tiges et plongez-les quelques minutes dans l'eau bouillante pour les attendrir. Faites-les ensuite sauter en même temps que les feuilles.

Le brocoli violet Bien qu'il soit une variété richement colorée du brocoli, il ressemble davantage au chou-fleur à cause de ses fleurettes très serrées. Le brocoli violet n'en a pas moins le goût du brocoli vert et ajoute une touche colorée aux assortiments de légumes crus. Toutefois, sa belle couleur disparaît à la cuisson. Il peut également être utilisé en décoration : plusieurs de ses bouquets violets feront un spectaculaire centre de table pour votre buffet !

Le brocolini résulte du croisement du brocoli ordinaire et du brocoli chinois. C'est une sorte de mini-brocoli (d'où son nom) portant de toutes petites têtes sur de fines tiges, d'une saveur plus douce que son grand frère. Choisissez des bouquets très verts aux fleurs bien fermées.

PARER UN BROCOLI

Détachez la tige et pelez-la. Vous verrez comme elle est délicieuse une fois cuite.

1

Détachez les bouquets pour les manger crus ou les faire sauter à la chinoise.

2

UTILISATION Les bouquets de brocoli sont idéals pour les assortiments de légumes crus et les salades. Ils sont aussi délicieux sautés à l'ail et à l'huile d'olive ; ajoutés à un sauté de légumes en début de cuisson ; cuits à la vapeur puis nappés d'une sauce blanche ou au fromage ; ou encore arrosés d'un jus de citron, de sel et de poivre. Des bouquets de brocoli préalablement revenus à la poêle constitueront une garniture diététique délicieuse pour une pizza, une quiche au fromage ou une omelette. Et pour préparer une savoureuse crème de brocoli, cuisez les tiges et les feuilles de brocoli dans un bouillon de volaille, réduisez le tout en purée, puis ajoutez de la crème fraîche ou du lait, assaisonnez de sel et de poivre à votre goût et parsemez d'un peu d'origan déshydraté.

UN PEU D'HISTOIRE Les brocolis sont mentionnés pour la première fois dans des écrits datant de l'Empire romain, mais leur origine exacte est inconnue. Ils furent introduits en France par Catherine de Médicis lorsqu'elle vint d'Italie pour épouser Henri II, en 1533. Les textes anglais ne les mentionnent pas avant le début du XVIIIᵉ siècle. Quant aux Américains, ils furent les derniers à introduire dans leur assiette ce légume fantastique, dans les années 1920.

Carotte

Si un légume doit obtenir une mention spéciale pour la diversité de ses utilisations et pour l'ensemble de ses qualités nutritionnelles, c'est bien la carotte. Notre santé a tout à gagner à sa consommation, crue ou cuite.

DANS **UNE DEMI-TASSE** DE CAROTTES CRUES

35 CALORIES • **bêta-carotène** (PROVITAMINE A ; PRÈS DU DOUBLE DE L'ANREF) AUX PUISSANTS EFFETS ANTIOXYDANTS (LA CUISSON N'EN FAIT DISPARAÎTRE QUE TRÈS PEU ; PLUS LA CAROTTE EST DE COULEUR VIVE, PLUS SA TENEUR EN CAROTÈNES EST ÉLEVÉE) • BEAUCOUP DE MINÉRAUX, NOTAMMENT **potassium** • **fibres** ABONDANTES, DONT UNE BONNE QUANTITÉ DE PECTINE, QUI RÉGULARISE LE TRANSIT INTESTINAL ET ABAISSE LE TAUX DE CHOLESTÉROL.

Au marché

SAISON Les carottes de saison sont présentes de juillet à octobre et précèdent les carottes de conservation, commercialisées en automne et en hiver. La récolte des variétés hâtives – petites carottes à peau fine souvent vendues avec leurs fanes – débute dès le mois de mai.

CE QU'IL FAUT REGARDER Choisissez des carottes fermes, de couleur et de forme homogènes. Les fanes doivent être vert vif et bien fraîches. Évitez les carottes molles, tripées, énormes ou verdies au niveau du collet. Les carottes petites et fines sont généralement plus sucrées.

À la cuisine

CONSERVATION Coupez les fanes, qui volent des nutriments aux racines, avant de ranger vos carottes dans le bac à légumes du réfrigérateur. Les petites carottes nouvelles se gardent seulement 1 ou 2 jours mais les grandes se conservent facilement 2 semaines.

PRÉPARATION Grattez les jeunes carottes plutôt que de les éplucher, de nombreux nutriments étant concentrés juste sous la surface de la peau. Utilisez un économe pour n'ôter qu'une fine pellicule aux plus grosses. Pour couper des carottes en julienne, coupez d'abord les deux extrémités puis procédez comme on l'indique à la page suivante.

CUISSON Vous pouvez les faire bouillir, les faire cuire à la vapeur, les faire griller ou cuire au four.

Pour braiser des carottes : mettez-les à chauffer dans une casserole moyenne avec du beurre ou de l'huile, du jus d'orange, une pincée de zeste d'orange, du sucre, du sel et du poivre ; portez à ébullition, couvrez, baissez le feu et laissez cuire 5 min ; ôtez ensuite le couvercle, augmentez la chaleur et remuez jusqu'à évaporation du liquide.

Pour glacer des carottes : mélangez dans une petite casserole de la cassonade, du sel, du gingembre et un peu de fécule ; ajoutez du jus d'orange et faites cuire tout en remuant jusqu'à ce que le mélange

soyez créatif

● Lorsque vous préparez votre pain ou une pâte à pizza, remplacez l'eau par du jus de carotte.

● Accompagnez votre poulet grillé d'une purée faite de rondelles de carotte sautées à l'huile d'olive avec de l'ail, assaisonnée d'un jus de citron.

● Incorporez des carottes râpées dans votre gâteau de riz refroidi pour le « vitaminer ».

● Substituez du jus de carotte au bouillon dans vos soupes, ragoûts et sauces.

● Dans vos petits gâteaux, remplacez la noix de coco par des carottes râpées pour diminuer l'apport calorique et augmenter la valeur nutritive.

LE SAVIEZ-VOUS?

Assaisonner les carottes d'un peu de matière grasse permet une meilleure absorption de leurs caroténoïdes, bénéfiques pour la santé (bêta-carotène, lutéine et xanthine). La cuisson semble également augmenter leur assimilation par l'organisme.

CAROTTES : OSEZ LA COULEUR !

Orange, jaune, rouge, violette ou blanche, la carotte adopte aujourd'hui bien des couleurs, qu'il vous sera peut-être difficile de dénicher à moins de fréquenter les marchés locaux. Bien que leurs saveurs soient assez proches, ces carottes offrent davantage qu'un joli aspect : selon leur couleur, elles renferment des pigments et des antioxydants différents qui nous aident à lutter contre les maladies.

Les carottes en bottes, plus fines, vendues avec leurs fanes, sont des variétés domestiques qui apparaissent au cours de l'été. Parmi elles et au début des récoltes, les carottes crayons, très petites, longues, fines, tendres et immatures, sont bien parfumées, car leur maturation n'a pas été forcée. Parmi les nombreuses variétés actuelles, sélectionnées pour leur absence de cœur dur, leur tendreté et leur saveur, reste la nantaise, bien colorée, douce et sucrée.

Viennent enfin les carottes grelots, toutes rondes comme leur nom l'indique, qui font une très jolie garniture.

Les blanches, douces et sucrées, renferment des xanthophylles et de la lutéine jaune très pâle, qui protègent également notre organisme.

Les jaunes sont de bonnes sources de xanthine, pigment dont l'action bénéfique est proche de celle du bêta-carotène présent dans les carottes orange.

Les carottes orange (page précédente), les plus courantes, apportent outre du bêta-carotène un peu de lycopène, présent aussi dans la tomate et le melon d'eau et qui aide à lutter contre le cancer de la prostate.

Les rouges contiennent de la lycopène, ce même élément phytochimique présent dans les tomates et le melon d'eau tant recherché pour ses vertus anticancérigènes.

Les violettes contiennent un pigment appelé anthocyane qui combat les radicaux libres, dont l'excès endommage nos cellules.

épaississe ; ajoutez alors du beurre et versez cette glaçure sur les carottes cuites et bien chaudes.

UTILISATION Des bâtonnets de carottes (ou de jeunes carottes entières) font des amuse-gueule diététiques à tremper dans un assortiment de sauces. Les carottes râpées ajoutent de la couleur et des nutriments précieux aux salades et aux desserts. Les carottes cuites sont un élément indispensable des soupes, sautés de légumes, pot-au-feu et ragoûts. Elles adoucissent les purées de navets ou de pommes de terre. Elles sont aussi délicieuses avec juste un peu de beurre ou d'huile d'olive, de l'aneth ou du persil, du sel et du poivre. La confiture de carottes aux abricots secs, la tarte aux carottes et bien d'autres préparations sucrées ont de nombreux amateurs.

BONUS SANTÉ

Plusieurs études ont montré que la consommation de deux à quatre portions de carottes par semaine diminue de façon significative le risque de cancer du poumon ou du sein, probablement en raison de leur richesse en caroténoïdes, qui lutteraient contre les radicaux libres en excès susceptibles d'endommager l'ADN cellulaire.

Coupez vos carottes épluchées en tronçons de 5 cm (2 po) de long, puis débitez ceux-ci en tranches fines.

1

Empilez plusieurs tranches afin de les débiter en même temps en bâtonnets de la grosseur d'une allumette.

2

Céleri

Léger, croquant et aromatique, c'est un légume parfait pour garder la ligne grâce à sa grande discrétion calorique. On peut le grignoter sans remords à l'apéritif et il permet aussi de parfumer avec subtilité soupes et potées.

DANS UNE TASSE DE CÉLERI CRU

SEULEMENT **11** CALORIES • **fibres** ABONDANTES, UTILES POUR UN BON FONCTIONNEMENT INTESTINAL • BEAUCOUP DE MINÉRAUX, **potassium** SURTOUT, QUI AIDE À LUTTER CONTRE L'HYPERTENSION, **calcium** ET **magnésium** • **phtalides** ET **polyacétylènes**, PHYTOCOMPOSANTS SPÉCIFIQUES QUI CONTRIBUENT À RÉDUIRE L'INFLAMMATION ET POURRAIENT AIDER À PRÉVENIR CERTAINS CANCERS.

Au marché

SAISON Bien que meilleur en été, bien sûr, le céleri est disponible tout au long de l'année.

CE QU'IL FAUT REGARDER Choisissez un pied de céleri aux côtes fermes, de couleur ivoire à vert clair, aux feuilles bien fraîches, fermes et cassantes. Plus les côtes sont foncées, plus leur goût est prononcé.

À la cuisine

CONSERVATION Enveloppez le pied de céleri dans un linge légèrement humide et il se gardera 4 jours dans le bac à légumes du réfrigérateur. Ailleurs, il risquerait de geler et deviendrait mou et inutilisable.

PRÉPARATION Détachez une à une les branches du pied. Cassez la partie supérieure feuillue et rincez-la. Coupez le bas de chaque branche et, à chaque extrémité, entaillez la tige (sans la couper), pliez à l'entaille et tirez pour enlever les fibres. Rincez ensuite soigneusement les branches.

CUISSON Pour une garniture de légumes, coupez les côtes en lamelles et faites-les sauter dans un peu d'huile ou coupez-les en tronçons de 5 cm (2 po) environ et faites-les cuire dans un peu de bouillon. Saupoudrez éventuellement le céleri cuit d'un peu de parmesan et passez-le sous le gril jusqu'à ce qu'il soit doré.

UTILISATION Toutes les parties du céleri sont utilisables. Ajoutez les feuilles au goût très prononcé à vos soupes, pot-au-feu et ragoûts pour les parfumer. Coupez les côtes externes (les moins tendres) en tronçons pour les faire sauter, étuver ou braiser avec d'autres légumes. Pour un accompagnement de viande, faites-les blondir avec un peu de beurre, ajoutez du fond de veau, de l'eau et un peu de sucre, laissez cuire 30 min à feu doux. Les branches intérieures, très tendres, se servent en guise de hors-d'œuvre avec d'autres légumes crus. Le céleri et l'oignon sont des condiments essentiels à de nombreux plats traditionnels – soupes, ragoûts, sauces et farces notamment.

soyez créatif

Si vous avez besoin d'une idée pour un amuse-gueule vite prêt, remplissez l'intérieur d'une branche de céleri coupée en tronçons de 5 cm (2 cm) :

● de fromage à la crème aromatisé avec de l'oignon ou du poivron hachés ;

● d'un mélange de fromage cottage et de fromage bleu ;

● de beurre d'arachide ;

● d'œuf dur haché assaisonné de cari ;

● de poulet haché avec une mayonnaise à l'aneth.

JULIENNE DE CÉLERI

Ôtez la base et les feuilles de chaque branche de céleri.

1

Coupez chaque côte en tronçons de 5 cm (2 po).

2

Coupez ensuite chaque tronçon dans la longueur en bâtonnets de la taille d'une allumette.

3

LÉGUMES SANTÉ, LÉGUMES SAVEUR

soyez créatif

● Mélangez du céleri-rave râpé avec des carottes râpées et complétez l'assiette avec de la betterave, des noix et du persil. Assaisonnez de vinaigrette.

● Pour limiter la quantité de sauce rémoulade (près de 30 g/1 oz de lipides et plus de 275 calories pour une portion de 100 g/3 oz de céleri-rave), plongez le céleri râpé 5 min dans de l'eau bouillante : cela l'attendrira et il absorbera moins de sauce. Ou encore, utilisez une sauce allégée.

● Préparez une purée en faisant cuire 1 ou 2 oignons avec le céleri-rave. Écrasez le tout et assaisonnez avec une bonne cuillerée de moutarde de Dijon.

● Mélangez votre purée de pommes de terre à parts égales avec de la purée de céleri-rave et relevez le tout d'une pointe de muscade.

● Pour de délicieuses croustilles de céleri-rave, à servir en amuse-bouche ou pour accompagner des coquilles saint-jacques, coupez le céleri-rave en tranches fines et faites-les frire rapidement.

LE SAVIEZ-VOUS?

Le céleri-rave a été décrit comme une plante aphrodisiaque en raison de ses propriétés aromatiques, stomachiques, apéritives et échauffantes.

Céleri-rave

D'origine méditerranéenne, le céleri-rave est une variété de céleri relativement peu connue en Amérique, mais très prisée en Europe. Déjà, du temps des Grecs, il était indiqué pour purifier le sang. Il se conserve facilement, ce qui en fait un excellent légume d'hiver.

DANS **100 G (3½ OZ)** DE CÉLERI-RAVE CRU NATURE

MOINS DE **20** CALORIES • **fibres** EN ABONDANCE • NOMBREUX MINÉRAUX, SURTOUT **potassium**, **calcium** ET **magnésium** • **polyphénols** ABONDANTS, QUI FONT BRUNIR LE CÉLERI SOUS L'ACTION DE L'OXYGÈNE DE L'AIR ET AURAIENT UN EFFET PROTECTEUR SUR LE SYSTÈME CARDIOVASCULAIRE.

Au marché

SAISON C'est essentiellement un légume d'automne et d'hiver.

CE QU'IL FAUT REGARDER Choisissez une boule ferme et lourde, pas trop grosse : le céleri-rave peut peser jusqu'à 1 kg (2 lb), mais les petites boules risquent moins d'être creuses. Il ne doit pas être flétri ni présenter des taches brunes ou des meurtrissures.

À la cuisine

CONSERVATION Une boule de céleri-rave se conserve sans problème pendant plusieurs semaines dans le bac à légumes du réfrigérateur. Si vous n'en utilisez qu'une partie, enveloppez le reste dans de la pellicule plastique et n'attendez pas plus de 2 jours pour le consommer.

PRÉPARATION Brossez la racine avec soin, puis épluchez-la avec un grand couteau de cuisine. Frottez-la ensuite avec un demi-citron si vous ne l'utilisez pas immédiatement, pour éviter qu'elle ne s'oxyde. Si la boule est particulièrement grosse, supprimez les excroissances, coupez-la en tranches épaisses et pelez ensuite chaque tranche.

CUISSON Coupez le céleri-rave en gros morceaux que vous ferez cuire à la vapeur ou dans de l'eau bouillante salée de 25 à 30 min. Pour une purée ou une soupe, faites-le cuire un peu plus de façon qu'il soit très tendre et s'écrase facilement.

UTILISATION On le râpe cru (de préférence au robot) pour l'assaisonner d'une sauce rémoulade et le servir en entrée. Pour le manger cuit, on le fait braiser en morceaux et on le sert en accompagnement, on le prépare en purée ou en soupe additionnée de lait ou de crème. On l'ajoute en petites quantités dans des soupes et des plats mijotés pour les parfumer. Les feuilles (à utiliser avec parcimonie) permettent aussi d'aromatiser ces mets.

Champignons

Il est toujours plus prudent de vous procurer des champignons sylvestres sur les étals des marchands de légumes que d'aller les cueillir dans les bois. Quant aux champignons cultivés, pleurotes et champignons de Paris, vous les trouverez au marché sans difficulté.

DANS **UNE TASSE** DE CHAMPIGNONS CRUS

MOINS DE **20** CALORIES • BONNES QUANTITÉS DE **vitamines B**, NÉCESSAIRES AU MÉTABOLISME DE L'ÉNERGIE (UNE DES MEILLEURES SOURCES VÉGÉTALES DE **vitamines B$_3$** ET **B$_5$**) • BEAUCOUP DE **fibres**, DE **potassium** ET DE **sélénium**, BÉNÉFIQUES POUR LA SANTÉ CARDIOVASCULAIRE.

Au marché

SAISON Tous les champignons sont disponibles toute l'année. C'est en automne qu'on trouve davantage de variétés aux étalages, mais le reste du temps, on peut toujours se rabattre sur les champignons déshydratés.

CE QU'IL FAUT REGARDER Choisissez des champignons d'aspect sec, lisse, sans petits trous, qui indiquent la présence de vers, au pied sans tache, au chapeau bien fermé. Préférez les cèpes avec des spores le plus pâles possible. Les petits champignons sont plus fermes et les gros plus parfumés ! N'achetez que la quantité que vous pourrez consommer le jour même ou le lendemain. Les champignons réduisent beaucoup à la cuisson car ils sont gorgés d'eau.

À la cuisine

CONSERVATION Conservez vos champignons 1 à 2 jours au réfrigérateur, dans un sac en papier ou entre des feuilles de papier absorbant. Ne les laissez jamais dans un sac en plastique. Vous pouvez facilement les déshydrater vous-même : enfilez les petites morilles sur un fil et suspendez-les, tête en bas, dans un local chaud et sec ; les cèpes seront coupés en tranches fines et laissés plusieurs heures à four doux, porte ouverte.

PRÉPARATION Coupez la partie terreuse du pied des champignons de Paris, puis lavez-les rapidement sans les laisser tremper. Ôtez au besoin la partie dure du pied des pleurotes et rincez-les. Retirez le pied des shiitakes et essuyez-les avec un linge humide. Les girolles et les cèpes ne se lavent pas : grattez le pied des cèpes, nettoyez les girolles avec un pinceau ou une petite brosse, puis essuyez ces champignons avec un linge humide. Coupez les morilles en deux et lavez-les en les remuant pour éliminer toute terre située à l'intérieur. Arrosez les champignons de Paris crus d'un filet de jus de citron pour éviter qu'ils ne noircissent.

soyez créatif

● Badigeonnez des shiitakes d'huile, salez-les et faites-les cuire ou griller comme des steaks hachés.

● Farcissez des têtes de champignons de Paris d'un mélange de mie de pain, de chair à saucisse ou d'un reste de poulet et d'herbes hachées, parsemez de parmesan, puis faites-les cuire au four.

● Si vous ne trouvez pas de champignons sauvages, rabattez-vous sur des champignons déshydratés et ajoutez-leur des champignons de Paris. Ces derniers apporteront la texture attendue et les champignons déshydratés, le goût.

● Pour parfumer soupes, sauces et plats mijotés, utilisez l'eau de trempage des champignons déshydratés après l'avoir filtrée dans une passoire tapissée d'un coton fromage.

LE SAVIEZ-VOUS ?

Presque tous les champignons, même comestibles, doivent être consommés cuits, faute de quoi ils sont très indigestes, voire dangereux. Exceptions notables : le champignon de Paris et le rosé-des-prés, qu'on peut déguster crus.

VARIÉTÉS

Le champignon de couche (agaric), couramment appelé champignon de Paris, est le plus cultivé et le plus consommé de tous. La variété de couleur café a plus de saveur que le blanc. C'est celui qu'on choisit de préférence pour donner de la saveur au risotto, à une sauce ou à un ragoût.

Les espèces de cèpes (*Boletus*) sont nombreuses. La plus connue est le cèpe de Bordeaux. C'est cependant une espèce voisine, le cèpe d'Italie ou porcini, qu'on retrouve le plus souvent à nos étalages. Le porcini est généralement vendu déshydraté. Son chapeau charnu, rond et convexe est rempli, non pas de lamelles, mais de tubes verticaux qui lui donnent une apparence de mousse spongieuse. Le pied est aussi savoureux que le chapeau.

La pleurote (*Pleurotus ostreatus*), dont la forme rappelle celle d'une oreille, a un pied parfois coriace. Il faut déchirer le chapeau plutôt que le couper avec un couteau. Sa chair est ferme et croquante, mais sa saveur délicate. Il fait l'objet d'une culture semi-industrielle.

Le portobello est une variété de champignon de couche. Son très grand chapeau le destine tout particulièrement à être farci ou grillé sur le barbecue.

Le shiitake (*Lentinus edoles*), très prisé dans la cuisine asiatique, a une saveur forte et une texture carnée. Sous forme déshydratée, il a une saveur plus prononcée que lorsqu'il est frais. On l'utilise dans les soupes, les sautés et les mets à l'orientale. Le pied, très dur, est généralement supprimé.

La truffe est la reine des champignons; noire ou blanche, elle fait le régal des gourmets. À consommer fraîche, râpée à la dernière minute. Ne la laissez jamais à l'air libre.

CUISSON La meilleure façon de cuire les champignons est de les faire sauter, coupés en lamelles ou en quartiers, dans de l'huile d'olive. Ajoutez de l'oignon, de l'échalote et/ou de l'ail hachés, des lardons, du persil, du thym et/ou du vinaigre balsamique ou du madère. Attention, le parfum de la girolle est très délicat : l'ail a tendance à le masquer. Évitez de poivrer les champignons des bois, cela peut leur donner une légère amertume.

UTILISATION Utilisez les champignons pour garnir les omelettes, ajoutez-les à des viandes (blanquettes, par exemple) et à des volailles mijotées, servez-les avec du poisson blanc en sauce. Préparez-les en gratin; farcissez les têtes des plus gros; mélangez-les à un risotto; confectionnez des veloutés de champignons adoucis d'un peu de crème; farcissez-en des bouchées feuilletées en les mélangeant à une sauce béchamel. Les champignons à consommer crus – essentiellement les champignons de Paris et les très jeunes cèpes – doivent être parfaitement sains et frais. Coupez-les en lamelles, assaisonnez-les de jus de citron, d'huile d'olive et de fines herbes. Les boutons de champignons de couche cuisinés à la grecque (crus) marinent dans de l'huile d'olive additionnée de coulis de tomate, de citron, de vin blanc, d'oignon et de graines de coriandre.

soyez créatif

● Voici quelques ingrédients qui s'harmonisent délicieusement avec les choux de Bruxelles : beurre et jus de citron, moutarde, carvi, curry, baies de genièvre, jambon fumé, pomme, gruyère, parmesan, aneth, thym, vinaigre balsamique, noix grillées, oignon.

● Quelques feuilles de chou de Bruxelles constituent une jolie garniture pour vos soupes, ragoûts, salades et autres plats nécessitant un peu de couleur. Après avoir épluché les choux, détachez quelques feuilles extérieures et blanchissez-les 3 min à l'eau bouillante – juste le temps de les attendrir tout en leur conservant un peu de croquant.

● Pour une bonne soupe d'hiver, faites une purée de pommes de terre et de petits choux, éclaircie avec du bouillon de volaille et un soupçon de crème. Parsemez de tranches fines de lard grillé émiettées.

PARER LES CHOUX

Jetez les feuilles extérieures décolorées ou fripées.

1

Pour amener la chaleur rapidement jusqu'au centre durant la cuisson, incisez leur base en X.

2

Chou de Bruxelles

Peut-être à cause d'une cuisson souvent trop longue, le chou de Bruxelles est sans doute l'un des légumes dont l'odeur et la saveur sont le plus critiquées ! Heureusement, il suffit de bien le cuisiner pour obtenir un mets savoureux aux qualités nutritives parfaitement préservées.

DANS **UNE DEMI-TASSE** DE CHOU DE BRUXELLES CUIT

30 CALORIES • **vitamine C** EN ABONDANCE • **folates** OU VITAMINE B_9, INDISPENSABLES POUR LA CROISSANCE CELLULAIRE • **fibres** ABONDANTES • COMPOSÉS SOUFRÉS (**indoles** ET **isothiocyanates**) ET **flavonoïdes**, QUI RÉDUISENT LE RISQUE DE CERTAINS CANCERS.

Au marché

SAISON Ce légume d'automne et d'hiver se trouve sur les marchés dès septembre-octobre et jusqu'en mars.

CE QU'IL FAUT REGARDER La fraîcheur est un élément clé dans le choix de ce légume, qui développe un goût et un arrière-goût très forts lorsqu'il est stocké longtemps. Recherchez donc des choux vert tendre, allant du jaune-blanc au vert plus prononcé. Les feuilles extérieures sont plus foncées. Des feuilles jaunies révèlent un manque de fraîcheur. La base doit être blanche et non desséchée, les feuilles bien serrées. Si vous envisagez de les servir entiers, il est sage de les choisir à peu près de la même taille pour une cuisson homogène. Sachez que les petits choux ont généralement une saveur plus douce et plus sucrée que les gros.

À la cuisine

CONSERVATION Jusqu'à 2 jours non lavés et placés dans un sac en papier au réfrigérateur.

PRÉPARATION Avant de les cuire, parez-les comme indiqué ci-contre. Si vous coupez vos choux de Bruxelles en deux ou en tranches fines, il n'est pas nécessaire de les inciser. Il est préférable de couper en deux ou quatre les choux de plus de 2 cm de diamètre : ils cuiront et se réchaufferont mieux.

CUISSON Pour une meilleure digestibilité, faites précuire 8 à 10 min les choux à l'eau bouillante légèrement salée. Ils doivent être juste tendres sous la pointe de la fourchette. Faites-les ensuite braiser avec une viande ou une volaille pendant environ 30 min, ou bien revenir à la poêle avec un peu d'huile d'olive ou encore cuire 8 min dans un autocuiseur. Évitez surtout une trop longue cuisson, qui les rend gélatineux, les décolore et leur donne un goût très prononcé.

UTILISATION Vous pouvez les faire revenir entiers, avec des lardons et des marrons, les servir en purée ou en gratin. Froids, ils font une salade originale avec des copeaux de parmesan, des fines herbes et une vinaigrette à l'huile d'olive et au vinaigre balsamique. Finement émincés, ils s'intègrent bien aux poêlées de légumes car ils absorbent mieux les sauces et les condiments.

Chou-fleur

Blanc crémeux, violet ou vert chartreuse pour le romanesco — telles sont les couleurs tendance des choux-fleurs ! Ce légume, avec sa tête arrondie aux boutons de fleur très serrés, est aussi joli à regarder que savoureux à déguster et bénéfique pour notre santé, car très vitaminé !

DANS **UNE TASSE** DE CHOU-FLEUR CUIT

SEULEMENT **29** CALORIES • **vitamine C** ANTIOXYDANTE (100 % DE L'ANREF) • **folates** OU VITAMINE B_9, BÉNÉFIQUES POUR LA SANTÉ CARDIOVASCULAIRE • **indoles** ET **isothiocyanates**, QUI AIDENT À PRÉVENIR CERTAINS CANCERS • **fibres** EFFICACES CONTRE LA PARESSE INTESTINALE.

Au marché

SAISON Bien que disponible toute l'année, le chou-fleur est à son apogée en fin d'été et en automne.

CE QU'IL FAUT REGARDER Sélectionnez un légume bien frais aux fleurettes serrées, fermes et bien blanches pour le chou-fleur blanc. La grosseur de la tête n'a aucune incidence sur la qualité. Éliminez le chou-fleur dont les fleurettes jaunissent ou semblent avoir été coupées. Préférez celui dont une partie ou toutes les feuilles sont entières : les feuilles améliorent sa tenue car elles protègent la pomme et constituent une réserve nutritionnelle pour la plante.

À la cuisine

CONSERVATION Le chou-fleur ne se conserve pas plus de 2 ou 3 jours, surtout si l'on a coupé ses feuilles. Placez la tête non lavée dans un sac plastique perforé ou ouvert dans le bac à légumes du réfrigérateur. Passez les restes de chou-fleur cuit au mélangeur avec un peu de bouillon pour en faire une soupe plutôt que de les réchauffer ou de les servir en salade.

PRÉPARATION Lavez le chou-fleur juste avant de le cuire ou de le manger cru. Détachez au couteau des fleurettes de la taille d'une bouchée en laissant une petite queue. Si vous servez les fleurettes crues, placez-les dans un bol d'eau glacée additionnée d'un peu de jus de citron frais et gardez-les au réfrigérateur pour qu'elles restent croquantes et blanches ; égouttez-les et séchez-les juste avant de servir.

CUISSON Faites cuire le chou-fleur dans de l'eau bouillante salée additionnée de jus de citron pour lui conserver une couleur très blanche et limiter les odeurs de cuisson. Plus il cuit longtemps, plus il perd de son goût : la cuisson al dente est la meilleure !

UTILISATION Le chou-fleur est un incontournable des assortiments de légumes crus. Cuit, il se prépare en sauce, en gratin, en petits flans et s'intègre avec bonheur aux soupes et aux currys de légumes.

soyez créatif

La saveur douce du chou-fleur se marie à de nombreuses sauces et assaisonnements. Voici quelques idées pour accommoder (ou tremper) vos bouquets de chou-fleur, cuits ou crus :

- du fromage bleu mélangé à de la crème ;
- de la sauce vinaigrette ;
- une mayonnaise à la moutarde ;
- une sauce au cari ;
- du yogourt nature additionné de fines herbes ;
- une sauce à l'avocat pimentée et citronnée.

LE SAVIEZ-VOUS **?**

Le chou-fleur violet résulte du croisement entre le brocoli et le chou-fleur. Il est d'ailleurs difficile à distinguer du brocoli violet. Après la cuisson, les fleurettes violettes deviennent blanches et ont la saveur du chou-fleur. Le romanesco conserve sa superbe teinte vert vif une fois cuit. Sa douce saveur est délicieuse.

Choux

À présent que nous connaissons mieux les bienfaits pour la santé de ces humbles légumes, les choux sont devenus des vedettes de la diététique. En effet, quelle que soit leur variété, ils offrent tous un large éventail de composants bénéfiques protecteurs.

DANS **UNE TASSE** DE CHOU CRU

MOINS DE **25** CALORIES • **vitamine C** ANTIOXYDANTE (30 À 50 % DE L'ANREF) • **fibres** (2 À 3 G) • **composés soufrés** (INDOLES, SULFORAPHANE, ISOTHIOCYANATES…) PROTÉGEANT DE CERTAINS CANCERS ET AIDANT À LUTTER CONTRE DIVERSES MALADIES • CHOU ROUGE : **anthocyanes**, QUI COMBATTENT L'INFLAMMATION ET PROTÈGENT LES VAISSEAUX SANGUINS.

Au marché

SAISON On trouve des choux tout au long de l'année, mais leur saison bat son plein au milieu de l'hiver. Le chou de Savoie apparaît surtout en hiver.

CE QU'IL FAUT REGARDER Pour les choux pommés (chou blanc et chou rouge), vérifiez que la pomme est ferme, bien serrée et lourde pour sa taille. Les choux chinois à feuilles lâches doivent aussi être lourds pour leur taille. Quant au chou de Savoie, toujours lourd et dense, choisissez-le avec des feuilles bien craquantes, d'un beau vert brillant et au cœur bien serré.

À la cuisine

CONSERVATION Tous les choux se gardent, non lavés, jusqu'à 1 semaine dans un sac plastique dans le bac à légumes du réfrigérateur. Les choux chinois se conservent cependant un peu moins longtemps que les choux pommés.

PRÉPARATION Ôtez les feuilles extérieures flétries ou abîmées et les morceaux de feuille piqués, de même que les feuilles extérieures très coriaces des gros choux. Lavez le chou juste avant de le cuire en le rinçant bien sous l'eau froide. Coupez la pomme en quartiers avec un grand couteau de cuisine, ôtez le trognon à la limite des feuilles et supprimez les côtes dures. Vous pouvez ensuite râper ou émincer finement le chou en posant les quartiers à plat sur une planche à découper et en les tranchant verticalement. Vous pouvez aussi utiliser le robot équipé du disque à trancher.

CUISSON Comptez de 20 à 25 min dans de l'eau bouillante salée ou 10 min en autocuiseur, jusqu'à ce que le chou soit tout juste tendre. Rafraîchissez ensuite les choux verts dans de l'eau glacée pour leur conserver leur couleur, égouttez les autres.

UTILISATION Le chou râpé cru s'utilise dans les salades. Les feuilles, une fois émincées, peuvent se substituer à la salade dans toutes les recettes. Pensez aussi à utiliser des feuilles de chou (notamment de chou de Savoie) crues entières à la place des tortillas des sandwichs mexicains – une alternative croquante, goûteuse et… peu calorique. Le chou cuit est souvent

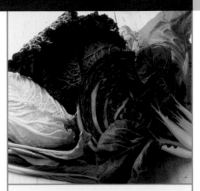

soyez créatif

● Utilisez des feuilles de chou en guise de papillotes pour vos cuissons à la vapeur. Par exemple, parsemez de fines herbes (cerfeuil, estragon ou aneth) d'épais filets de poisson, enveloppez-les dans des feuilles de chou et faites-les cuire à la vapeur.

● Cuisez des feuilles de chou à la vapeur puis enveloppez dans chacune d'elles un bâtonnet de carotte et une lanière de poivron. Trempez ces petits paquets dans une sauce épicée.

● Faites revenir du chou et de l'oignon émincés, réduisez-les en purée et mélangez-les à une purée de pommes de terre.

● Mélangez du chou émincé cuit avec des pommes sautées.

LE SAVIEZ-VOUS ?

La choucroute – en allemand *sauerkraut,* « chou aigre » – est un chou blanc fermenté. Grossièrement râpé et salé, le chou est tassé dans un tonneau, où il subit une fermentation acide naturelle. Cette fermentation permet une prédigestion des fibres, qui sont ainsi mieux tolérées, et préserve les teneurs en vitamines et en composés soufrés protecteurs.

LÉGUMES SANTÉ, LÉGUMES SAVEUR

VARIÉTÉS

Le chou blanc à feuilles lisses est le chou le plus commun. Il a une pomme très serrée et des feuilles d'un vert très pâle. Ce légume à tout faire entre dans la composition de nombreux plats – soupes, entrées et salades, garnitures, farces, potées – et ses feuilles peuvent servir de papillotes.

Le chou de Pékin, ou pé-tsaï, a une forme allongée, des côtes tendres et blanches, des feuilles vert pâle. Les deux variétés les plus courantes sont la michihili, aux feuilles et aux tiges aplaties, et la napa, large et compacte. On l'utilise cru dans les salades orientales ou cuit dans les soupes et les sautés.

Le chou rouge, à feuilles lisses, est souvent associé, en Europe centrale, à des fruits et d'autres ingrédients sucrés tels que la betterave (dans le bortsch) ou les pommes. On le consomme aussi en hors-d'œuvre, cru et râpé. On

l'arrose de vinaigre bouillant pour éviter qu'il ne devienne trop violacé.

Le chou de Savoie, ou chou frisé, a des feuilles vert franc ou vert bleuté, souples et cloquées. Sa saveur est plus douce que celle du chou blanc, qu'il remplace fréquemment dans les recettes. On le prépare aussi souvent farci.

UN CHOU PEU COMMUN

Le pak-choï est un chou que l'on commence à trouver plus souvent sur les étals des supermarchés. Ce chou non pommé ressemble davantage à un céleri ou à une bette à carde. Il en existe de nombreuses variétés de tailles diverses. Le pak-choï présente des feuilles réunies en rosette avec de larges nervures blanches et nacrées, aplaties et charnues. On peut le faire braiser entier après l'avoir simplement nettoyé. Une autre méthode consiste à séparer les feuilles de la base (voir ci-dessous), à les faire sauter 2 min dans un peu de beurre ou d'huile, puis à les laisser mijoter dans ¼ à ½ tasse d'eau ou de bouillon, jusqu'à ce qu'elles soient tendres.

servi en légume pour accompagner la viande, la volaille et les saucisses. On l'utilise aussi pour garnir des chaussons, notamment les fameux pirojkis russes, mais aussi dans une grande variété de plats traditionnels comme la garbure, la potée ou le chou farci, sans oublier nos célèbres cigares au chou.

LA MEILLEURE RECETTE de salade de chou (pour 4 personnes). Fouettez dans un saladier 3 cuill. à soupe de yogourt nature allégé, 2 cuill. à soupe de crème sure, 1 cuill. à thé de moutarde de Dijon, ½ cuill. à thé de sucre, 1 cuill. à thé de vinaigre de cidre, 2 pincées de graines de céleri, du sel et du poivre. Mélangez soigneusement avec le quart d'un chou et 1 carotte râpés gros, laissez reposer de 2 à 3 h au réfrigérateur en remuant plusieurs fois.

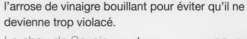

PARER LE PAK-CHOÏ

Détacher les feuilles de la base à l'aide d'un couteau bien affûté.

1

Hachez les feuilles en morceaux de 5 cm (2 po).

2

Découpez la base en lamelles en suivant les côtes, en sens perpendiculaire à la base.

3

Concombre

Croquant, pauvre en calories et gorgé d'eau (mais aussi de sels minéraux), le concombre est le légume fraîcheur par excellence. Il occupe une place d'honneur comme crudité dans nos salades estivales ainsi que comme légume dans de nombreux plats.

DANS **UNE DEMI-TASSE** DE CONCOMBRE CRU

14 CALORIES • PLUS DE 96 % D'**eau** DE CONSTITUTION • NOMBREUX MINÉRAUX ET OLIGOÉLÉMENTS, NOTAMMENT DU **potassium**, QUI FAVORISE LE DRAINAGE DE L'ORGANISME ET LA BONNE ÉLIMINATION RÉNALE • PETITES QUANTITÉS DE **vitamine C** QUI FAVORISE L'ABSORPTION DU FER PRÉSENT DANS D'AUTRES ALIMENTS.

Au marché

SAISON Le concombre de serre, ou concombre anglais, long, lisse et vert, est le plus consommé ; on le trouve tout au long de l'année, mais la pleine saison naturelle des concombres est l'été. On trouve alors le concombre dit américain, de forme plus trapue, les petits concombres à mariner, cueillis à peine développés et qui se mangent crus, tout comme le délicat concombre libanais.

CE QU'IL FAUT REGARDER Selon sa variété, le concombre mesure de 5 à 60 cm (2 à 24 po) de long. Sa peau est lisse ou rugueuse, de couleur blanche, jaune ou, le plus souvent, verte. Un concombre de serre doit être ferme, vert sombre, lourd pour sa taille, sans tache ni zone fripée.

À la cuisine

CONSERVATION Les concombres de serre scellés dans du plastique se conservent 1 semaine dans le bac à légumes du réfrigérateur. Contrôlez quotidiennement l'état des concombres non conditionnés.

PRÉPARATION Certains préfèrent ôter les pépins. Coupez le concombre en deux dans sa longueur et retirez les graines centrales. Vous pouvez ensuite le hacher, le râper, le couper en rondelles, en tranches ou en bâtonnets ou encore le farcir. Les concombres de serre, presque dépourvus de pépins et à la peau très fine, peuvent être mangés tels quels.

CUISSON Les tranches de concombre sont délicieuses cuites à la vapeur, sautées ou frites dans un peu d'huile, puis assaisonnées d'une pincée de sel et d'aneth frais et servies chaudes comme garniture de légumes. La cuisson doit être brève : la chair doit rester légèrement croquante.

UTILISATION Le concombre est plus souvent mangé cru, seul ou dans des salades composées, ou encore dans un gaspacho. Pour préparer rapidement un concombre à l'aigre-doux, laissez mariner des rondelles de concombre et d'oignon dans un saladier avec du vinaigre, du sucre, du sel et du poivre plusieurs heures au réfrigérateur ; servez avec de la viande ou du poisson froids.

soyez créatif

● Ajoutez des rondelles de concombre dans vos sandwichs.

● Râpez un concombre, ajoutez un peu de yogourt nature, de la coriandre ou de la menthe fraîches hachées, du cumin moulu et du poivre pour préparer le raïta, un condiment indien qui rafraîchit le palais après le feu des currys.

● Coupez un concombre en deux dans la longueur et ôtez les pépins qui se trouvent au centre. Pochez-le 5 min à l'eau bouillante, puis farcissez-le de riz assaisonné très chaud.

● Faites sauter des tranches de concombre à l'huile ou au beurre, parsemez d'aneth et servez comme légume.

● Pour une soupe froide en été, passez au mélangeur des dés de concombre pelé et épépiné avec du yogourt nature, une gousse d'ail pelée, de l'aneth, du jus de citron, du sel et du poivre.

LE SAVIEZ-VOUS ?

Les rondelles de concombre sont beaucoup plus décoratives si vous prélevez des bandes de peau à l'aide d'une fourchette ou d'un couteau économe sur toute la longueur du concombre, à intervalles réguliers, avant de le débiter.

soyez créatif

● Passez brièvement au four des bâtons de courgette de la taille d'une grosse frite, puis proposez-les à tremper dans des sauces savoureuses.

● Décorez vos salades de rubans de courgette crue : découpez les rubans dans le sens de la longueur de la courgette avec un couteau économe.

● Cuisez les rubans de courgette quelques minutes dans un cuit-vapeur, assaisonnez-les de crème et de citron et servez-les comme des tagliatelles.

● Décalottez un pâtisson cuit, retirez les graines, farcissez-le avec de la feta émiettée mélangée à de la mie de pain fraîche, de la purée d'ail et de la ciboulette ou du persil ; passez au four pour réchauffer.

LE SAVIEZ-VOUS?

Les fleurs de courgette farcies sont délicieuses. Farcissez-les de fromage de chèvre aux herbes, pincez les fleurs pour les refermer et faites-les sauter brièvement à l'huile chaude. Égouttez sur du papier absorbant et servez en entrée chaude.

Courges d'été

Il existe quatre types de courges d'été. La courgette (ou zucchini), à peau mince et lisse, est jaune ou verte et parfois rayée de jaune ou marbrée ; la courge à moelle, verte et rayée de blanc, de taille un peu plus grosse ; la courge torticolis et la courge à cou droit, jaunes tant à l'intérieur qu'à l'extérieur, qui ont parfois une pelure verte ; et le pâtisson, de forme ronde avec une couronne festonnée.

DANS **UNE TASSE** DE COURGE CUITE

MOINS DE **25** CALORIES • **bêta-carotène** (PROVITAMINE A) ET **folates** (VITAMINE B$_9$) CONCENTRÉS DANS LA PEAU • **vitamine C** ANTIOXYDANTE • BEAUCOUP DE MINÉRAUX, NOTAMMENT **potassium** ET **magnésium**, NÉCESSAIRES AU BON FONCTIONNEMENT NERVEUX ET MUSCULAIRE • **fibres** BIEN TOLÉRÉES.

Au marché

SAISON En dépit de leur nom, les courges d'été sont disponibles une grande partie de l'année. Elles se distinguent des courges d'hiver par leur durée de conservation, brève dans leur cas. Elles sont cueillies très jeunes, de 2 à 7 jours après la floraison.

CE QU'IL FAUT REGARDER Les courgettes doivent être fermes, brillantes, sans écorchures, et le pédoncule doit être difficile à briser. Elles sont meilleures jeunes et petites – de 15 à 20 cm (6-8 po) pour les variétés longues. En hiver, les courgettes d'importation ne sont pas toujours de plein champ et offrent une chair moins savoureuse.

À la cuisine

CONSERVATION Conservez-les de 3 à 4 jours dans un sac plastique perforé, au réfrigérateur.

PRÉPARATION Lavez-les bien et coupez les extrémités. Les courgettes petites ou moyennes ont une peau comestible ; en revanche, pelez et égrenez les plus grosses. Retirez la pulpe. Vous pouvez les couper plusieurs heures à l'avance ; il suffit de recouvrir les morceaux d'un torchon humide et de les garder au réfrigérateur. Si vous incorporez de la courgette à une pâte à pain ou à un gâteau, râpez la chair et pressez-la dans un linge pour enlever l'excès d'humidité.

CUISSON Toutes les courgettes sont bonnes cuites à la vapeur, au four, farcies, sautées, frites ou grillées. Coupez en julienne ou en fines rondelles des variétés de couleurs différentes (vertes, jaunes ou blanches) et faites-les sauter dans un peu d'huile d'olive jusqu'à ce qu'elles deviennent dorées et juste tendres ; ajoutez de l'ail haché, des herbes fraîches, du sel et du poivre, prolongez la cuisson de 1 à 2 min, puis arrosez de jus de citron et servez. Pour griller des petites courgettes, coupez-les en deux dans la longueur, huilez légèrement la partie coupée et mettez-les sur le gril jusqu'à ce qu'elles soient dorées et tendres. Les jeunes courgettes, au goût de noisette, sont délicieuses crues, coupées en rondelles et ajoutées aux salades.

Courges d'hiver

Il existe d'innombrables variétés de courges d'hiver, de couleurs, de formes, de tailles et de saveurs différentes. Toutes sont riches en nutriments bons pour la santé, qui aident à éviter les maladies cardiovasculaires ou le cancer.

DANS **UNE TASSE** DE COURGE BUTTERNUT

82 CALORIES • PLUS DE 100 % DE L'ANREF EN VITAMINE A SOUS FORME DE **bêta-carotène**, PUISSANT ANTIOXYDANT POUVANT FAIRE ÉCHEC AU CANCER • **fibres** (6 G), EFFICACES CONTRE LA PARESSE INTESTINALE • **vitamines B**, POUR LA PRODUCTION D'ÉNERGIE • **lutéine**, POUR PROTÉGER LES YEUX • **potassium** ET **magnésium**, QUI AIDENT À LUTTER CONTRE L'HYPERTENSION ARTÉRIELLE.

Au marché

SAISON Vers la fin de l'automne et en hiver. Certaines variétés sont vendues tout au long de l'hiver, entières ou en quartiers. La purée de citrouille vendue en conserve, parce qu'elle est bien compacte, est excellente dans les desserts et la pâtisserie.

CE QU'IL FAUT REGARDER Quelle que soit la variété, achetez une courge à la peau sèche, épaisse et dure, sans zones molles ni décolorées. Lorsque vous choisissez une citrouille pour la manger, optez pour un petit spécimen, de 2,5 à 4,5 kg (5-8 lb) qui sera plus tendre et plus savoureux. Une citrouille de 2,5 kg (5 lb) donne environ 4½ tasses de citrouille en purée. Une boîte de citrouille en conserve donne environ 2 tasses de purée.

À la cuisine

CONSERVATION À la maison, conservez la courge d'hiver 1 semaine dans un sac de papier au réfrigérateur. Certaines courges, comme la hubbard et la butternut, se conservent plusieurs semaines au frais. La citrouille se garde jusqu'à 3 mois au réfrigérateur ou au frais, mais il faut la consommer dès qu'elle est ouverte.

PRÉPARATION Ouvrez la courge en deux avec un grand couteau et retirez les graines et la peau, à moins que la peau soit mince, auquel cas il suffit d'utiliser un petit couteau ou un économe. Certaines courges, comme la courge poivrée, ont une peau très dure. Lavez-les avant de les faire cuire à l'eau ou au four dans leur peau : vous ne les ouvrirez qu'après cuisson pour ôter les graines et prélever la pulpe avec une cuillère.

CUISSON Pelée, la courge peut être cuite à la vapeur, à l'eau ou braisée. À la vapeur : couvrez et laissez cuire 45 à 50 min des morceaux de même taille dans une marguerite ou le compartiment perforé du cuit-vapeur. À l'eau : laissez bouillir 25 à 30 min les morceaux dans de l'eau légèrement salée. Braisée : faites cuire doucement de petits morceaux dans un fond de bouillon. La cuisson au micro-ondes est valable pour de petites quantités (500 g/1 lb avec 1 cuill. à soupe d'eau pendant 8 min). Préférez le four pour les espèces à peau dure : enfournez-les à 400 °F (200 °C) pendant 40 min

soyez créatif

● Assaisonnez vos purées avec :
– de la noix de muscade, du beurre ou de l'huile d'olive ;
– de l'oignon cuit réduit en purée et du fromage râpé ;
– de la poudre de cari et de la ciboulette ;
– du piment jalapeño et de la coriandre.

● Relevez votre soupe à la citrouille avec du fromage fouetté à l'ail et aux fines herbes ou garnissez-la de moules à la crème.

● Servez votre soupe à la citrouille dans une petite citrouille évidée.

● Faites une sauce pour vos pâtes avec de la courge réduite en purée additionnée de parmesan râpé.

● Ajoutez des morceaux de courge butternut aux légumes du couscous.

● Cuisez des morceaux de courge avec du sucre, des raisins secs, du piment et des épices. Servez en guise de condiment avec des viandes ou de la volaille.

LE SAVIEZ-VOUS **?**

La citrouille est gourmande en nutriments dans un jardin. Il vaut mieux faire pousser l'année suivante un autre légume – laitue, chou – pour laisser au sol le temps de se reconstituer.

VARIÉTÉS

La buttercup est une courge petite à moyenne, en forme de tambour. Sa peau lisse, orange ou vert foncé marquée de gris, est parfois si épaisse qu'il faut un marteau pour y enfoncer le couteau. Sa chair orange, dense, peu aqueuse et sucrée, rappelle un peu celle de la butternut.

La butternut, aussi appelée courge musquée, est une courge de taille moyenne en forme de poire, avec une peau beige ou jaune clair. Sa chair d'un orange vif est légèrement sucrée.

La citrouille et le potiron sont souvent confondus ; pour les distinguer, il faut examiner leur pédoncule. Celui de la citrouille est dur et fibreux, avec cinq côtés anguleux et sans renflement à son point d'attache. Celui du potiron est tendre, spongieux, cylindrique et évasé au point d'attache. Ces deux courges ont une chair un peu plus épaisse et une saveur un peu plus prononcée que celle des autres courges d'hiver.

La courge banane, longue et volumineuse, a une peau jaune et une chair orangée. On trouve dans certains potagers des courges bananes à peau bleue ou rose.

La courge hubbard a une peau très dure et nervurée vert foncé, gris-bleu ou rouge orangé. Elle pèse environ 5 kg (10 lb). Sa chair, épaisse et farineuse, est moins sucrée et parfois moins orangée que celle des autres courges.

La courge mammouth ressemble à la citrouille, sauf qu'elle est généralement blanche, parfois vert foncé, vert grisâtre, bleu-vert ou orangée. Cette courge, comme son nom le laisse présager, peut peser plus de 65 kg (140 lb).

La courge poivrée ou acorn, aussi appelée courgeron, est sphérique, plus ou moins côtelée, légèrement aplatie sur le dessus. Sa peau est vert foncé, orange, panachée (vert et orange) ou crème. Sa chair, jaune, est douce.

La courge spaghetti est une courge lisse et oblongue de taille moyenne, à peau jaune. Après avoir bouilli ou cuit au four la courge entière, coupez-la en deux, puis sortez sa chair à la fourchette : celle-ci a formé des sortes de spaghettis, à saveur douce et assez croquants ! Accommodez-les comme des spaghettis : sauce tomate, sauce à la viande ou sauce à la crème avec de la ciboulette.

Le giraumon turban est une courge originaire d'Amérique du Sud. Très décoratif, il a une peau rouge orangé vif et une chair ferme, un peu farineuse et sucrée, qui rappelle celle de la buttercup.

à 1 heure, selon la grosseur, jusqu'à ce qu'une fourchette puisse y pénétrer sans effort. Pour la cuisson à l'eau, plongez l'espèce non pelée dans de l'eau bouillante, maintenez-la immergée avec une soucoupe, couvrez et comptez de 30 à 45 min de cuisson.

UTILISATION Toutes les courges cuites peuvent être réduites en purée (au mélangeur ou au moulin à légumes). Mélangez cette purée avec de la béchamel et des œufs, saupoudrez de fromage râpé et faites gratiner. Braisez de la citrouille dans du bouillon de poulet, passez au mélangeur et relevez de fromage de chèvre et de ciboulette pour une soupe onctueuse. Mélangez de la purée de courge (quelle qu'elle soit) avec des œufs battus et de la crème, répartissez le tout dans des ramequins et enfournez 20 min au bain-marie. Les espèces les moins aqueuses se prêtent bien à la confection de flans sucrés et de gâteaux.

PRÉPARATION DE LA COURGE

Retranchez la tige au couteau et séparez la courge en deux. Retirez les graines à l'aide d'une cuillère.

1

Tranchez les demi-courges en quartiers et débitez ceux-ci en morceaux.

2

Épinard

Même s'il est moins riche en fer qu'on ne l'a longtemps cru, l'épinard reste un légume d'une grande qualité nutritive. Il est délicieux cru tout autant que cuit et entre dans la composition de nombreuses soupes, purées et farces de pâtes ou de viandes.

DANS **DEUX TASSES** D'ÉPINARD CUIT

SEULEMENT **13** CALORIES • **bêta-carotène** OU PROVITAMINE A, UTILE CONTRE LES RADICAUX LIBRES • **folates** OU VITAMINE B₉ POUR LA CROISSANCE CELLULAIRE ET LA FORMATION DES GLOBULES ROUGES • **lutéine** ET **zéaxanthine**, PIGMENTS QUI PROTÈGENT DE LA DÉGÉNÉRESCENCE MACULAIRE LIÉE À L'ÂGE • **vitamine C** ANTIOXYDANTE • **fibres**, TRÈS EFFICACES CONTRE LA PARESSE INTESTINALE.

Au marché

SAISON Disponible toute l'année. La tétragone (ou épinard de Nouvelle-Zélande) apparaît en hiver : il s'agit d'une espèce différente. Les pousses d'épinard, jeunes feuilles, petites et tendres, sont délicieuses en salade.

CE QU'IL FAUT REGARDER Achetez-les de préférence en vrac et choisissez des feuilles fermes, d'un vert intense, avec des pédoncules charnus. Supprimez celles qui sont mangées par les insectes, flétries ou présentent des taches jaunes.

À la cuisine

CONSERVATION Triez-les avant de les mettre au réfrigérateur dans un sac, sans les tasser, mais ne les lavez pas car ils dépériraient rapidement. Ne les gardez pas plus de 4 ou 5 jours au réfrigérateur. Après cuisson, consommez-les sans attendre.

PRÉPARATION Équeutez-les et placez-les dans de l'eau fraîche. Remuez les feuilles, puis retirez-les en les soulevant : la terre doit être tombée au fond. Répétez l'opération. Pour une salade, asséchez les feuilles.

CUISSON Ne les plongez pas dans l'eau bouillante : ils y perdraient saveur, texture et vitamines. Mettez-les dans une casserole à fond épais avec une cuillerée d'eau, à feu vif, jusqu'à ce qu'ils aient perdu leur volume. Égouttez-les. Assaisonnez-les et servez-les à peine croquants, ou continuez la cuisson à l'étuvée quelques minutes avec un peu de beurre ou d'huile d'olive. Pour une petite quantité, faites-les fondre dans une poêle avec un filet d'huile d'olive, en remuant avec une fourchette piquée d'une gousse d'ail.

UTILISATION Farcissez des raviolis ou des cannellonis avec des épinards mélangés à de la ricotta. Incorporez-les à une béchamel au gruyère, garnissez-en des lasagnes, poudrez de parmesan et faites gratiner. Présentez les épinards à l'étuvée avec du poisson blanc poché ou du saumon. Servez les pousses d'épinard en salade avec une vinaigrette au vinaigre balsamique, des copeaux de parmesan et des pignons de pin, des gésiers confits ou des foies de volaille sautés.

soyez créatif

● Réduisez en purée des épinards tombés (réduits de volume à feu vif) avec de l'ail frais et du yogourt nature. Parsemez d'oignon vert et servez froid en soupe estivale.

● Pour une sauce rapide pour pâtes, réduisez en purée des épinards tombés avec du persil et du jus de citron.

● Mélangez-les avec des pâtes, des lardons et du parmesan.

● Pour une préparation minceur, assaisonnez vos épinards tombés avec 1 pincée de sucre, 2 pincées de cannelle et de noix de muscade et 1 gousse d'ail passée au presse-ail.

LE SAVIEZ-VOUS ?

Du fait de leur richesse en acide oxalique (440 mg pour 100 g/3½ oz), les épinards doivent être écartés de l'alimentation des personnes souffrant de lithiase rénale (calculs) oxalique.
On doit aussi limiter leur consommation en cas de traitement par anticoagulant (warfarine), car ils renferment des quantités élevées de vitamine K, susceptibles d'entraver l'action de ce médicament.

soyez créatif

● Farcissez votre poisson de tiges de fenouil fraîches ou séchées ou de feuillage pour parfumer sa chair.

● Complétez le bouquet garni de vos bouillons avec des tiges de fenouil.

● Ajoutez des tiges émincées ou hachées aux condiments (oignon, ail, carotte) d'une sauce tomate.

● Assaisonnez vos pommes de terre sautées et vos purées de feuilles de fenouil ciselées.

● Assaisonnez une salade de fenouil en lamelles et de quartiers d'orange avec une sauce citron-huile d'olive et parsemez de fines lamelles de zeste de citron.

PARER LE FENOUIL

Coupez les frondaisons du fenouil.

1

Épluchez l'extérieur du bulbe.

2

Émincez le bulbe verticalement en laissant les tranches tomber.

3

Fenouil

Comestible dans sa totalité, le fenouil s'emploie de plusieurs façons et donne aux plats une légère touche anisée. Ce parfum s'accommode parfaitement à la tomate et aux divers poissons.

DANS **UNE TASSE** DE FENOUIL CRU

SEULEMENT **25** CALORIES • **folates** (VITAMINE B$_9$), QUI PRÉVIENNENT CONTRE LE SPINA-BIFIDA, GRAVE MALFORMATION CONGÉNITALE • APPORT ÉLEVÉ DE **potassium** • **fibres** POUR FACILITER LE TRANSIT INTESTINAL • **anéthole**, SUBSTANCE RESPONSABLE DE LA SAVEUR ANISÉE QUI A DES EFFETS BÉNÉFIQUES SUR LE SYSTÈME DIGESTIF • TROIS FOIS L'ANREF DE **vitamine C** POUR GARDER LA PEAU EN BONNE SANTÉ.

Au marché

SAISON Surtout présent sur le marché en automne et en hiver.

CE QU'IL FAUT REGARDER Recherchez les bulbes blancs et lisses, exempts de meurtrissures, aux tiges intactes et aux frondaisons d'aspect bien frais, vert et odorant.

À la cuisine

CONSERVATION Séparez les tiges du bulbe, enveloppez-les séparément dans des sacs de plastique et gardez-les dans le bac à légumes du réfrigérateur. Les tiges se conservent au maximum 4 jours. Les bulbes perdent graduellement de leur saveur et finissent par virer au brun.

PRÉPARATION Retirez les premières côtes si elles sont très dures, ou contentez-vous de peler la couche extérieure (*ci-contre*). Pour une salade, taillez les bulbes en lanières dans le sens inverse des fibres. Le fenouil coupé a tendance à noircir : s'il doit attendre, plongez-le dans un bol d'eau froide citronnée.

CUISSON Le fenouil se prépare à la vapeur, bouilli, braisé ou cru. Pour 4 portions de fenouil braisé, mettez 1½ tasse de vin blanc ou de bouillon (volaille ou légumes) dans une grande sauteuse avec 2 bulbes en lamelles. Portez le liquide à ébullition, puis laissez frémir à couvert de 20 à 30 min, jusqu'à ce que le fenouil soit tendre sous la fourchette. Salez et poivrez.

UTILISATION Le fenouil se marie particulièrement bien au poisson : faites mijoter celui-ci sur un lit de bulbes de fenouil en lamelles précuits 5 min à l'eau bouillante. Des bulbes cuits, agrémentés de tomates, d'olives noires et de fromage et gratinés au four, constituent un plat savoureux. Cuits en morceaux à la vapeur, passés au robot et assaisonnés d'huile d'olive ou de lait de coco, les bulbes deviennent une délicieuse purée. L'habitude méditerranéenne de griller des poissons entiers (bar, dorade) sur des tiges de fenouil séchées s'est largement répandue. Pour les plus gourmands, reste à flamber au pastis juste au moment de servir. Conservez les petites feuilles vertes pour saupoudrer un plat de poisson, une soupe ou une salade.

Gombo

Longtemps l'apanage des cuisines créole et africaine, ce fruit pointu, cannelé et duveteux (aussi appelé okra), long de 7 à 12 cm (3-5 po), s'est trouvé une place dans bien des recettes. Ses fibres mucilagineuses sont bonnes pour la santé.

DANS **UNE TASSE** DE GOMBO CUIT

ENVIRON **65** CALORIES • **fibres** ABONDANTES (MAJORITAIREMENT PECTINE ET MUCILAGES, QUI AIDENT À RÉDUIRE LE TAUX DE CHOLESTÉROL ET À RÉGULER LE TRANSIT INTESTINAL) • **vitamine C** ANTIOXYDANTE • **folates** (LA MOITIÉ DE L'ANREF), POUR LA CROISSANCE CELLULAIRE • **lutéine** ET **caroténoïdes** POUR PRÉVENIR LA CÉCITÉ DUE À LA DÉGÉNÉRESCENCE MACULAIRE ET À LA CATARACTE ET DIMINUER LE RISQUE DE CANCER.

Au marché

SAISON L'été sous les tropiques, mais il fait aussi partie des récoltes d'automne. La Floride, la Géorgie et le Texas en sont les producteurs nord-américains.

CE QU'IL FAUT REGARDER Choisissez-le vert vif et de moins de 10 cm (4 po) de long, les très grands étant fibreux et durs. La capsule doit être ferme, sans taches brunes ni coloration de la pointe. S'il est court et trapu et fait 3 à 4 cm (1½ po) de long, il s'agit d'un bamya.

À la cuisine

CONSERVATION Les gombos s'abîment vite. Répartissez-les, sans les laver, sur une seule couche dans un sac en plastique perforé et gardez-les au réfrigérateur 1 à 2 jours. Plus longtemps, ils perdront texture et couleur.

PRÉPARATION Lavez le gombo frais à l'eau courante juste avant de l'utiliser, puis égouttez-le. Certains préfèrent gratter son duvet avec une brosse douce, mais ces minuscules poils sont imperceptibles après la cuisson. Ne coupez pas sa chair (sauf si vous l'émincez pour un sauté ou un ragoût), car il perdrait son jus.

CUISSON À la vapeur ou au four à micro-ondes, étuvé ou frit. Cuit, il rappelle l'asperge. La friture est l'une des cuissons les plus populaires dans le sud des États-Unis : trempez les gombos entiers, équeutés et lavés, dans de la farine, de l'œuf battu et enfin de la semoule de maïs. Faites-les frire environ 3 min par petites fournées, jusqu'à ce qu'ils soient bien dorés. Égouttez sur du papier absorbant, salez et servez.

UTILISATION Le gombo est un ingrédient essentiel des préparations créoles auxquelles il a donné son nom : gombo de poulet, d'agneau… Il est inséparable de la ratatouille créole, du foutou (plat traditionnel africain), des tajines. En Égypte, on le prépare avec du poulet, tout comme en Grèce où on l'associe aussi au veau. Il se marie bien avec la tomate, l'oignon, le poivron, ainsi qu'avec le cari, la coriandre, l'origan, le citron et le vinaigre.

soyez créatif

● Faites griller des gombos au barbecue : l'astuce est d'en enfiler 4 ou 5 sur deux brochettes parallèles. Badigeonnez-les d'huile d'olive et salez-les avant de les griller sur les deux faces jusqu'à ce qu'ils soient légèrement carbonisés. Arrosez d'un filet de vinaigre ou de jus de citron et servez chaud.

● Proposez des gombos crus dans votre plateau de crudités à tremper dans une sauce.

● Faites cuire des gombos avec des tomates : le mucilage des gombos évite aux tomates d'être trop aqueuses, tandis que l'acidité de celles-ci empêche les gombos de devenir trop gélatineux.

● Pour ajouter du croquant à votre salade composée, ajoutez-y des rondelles de gombo cru.

LE SAVIEZ-VOUS ?

En cuisant, le gombo libère des mucilages qui épaississent tout liquide. C'est pourquoi il est si important dans les recettes de la cuisine créole, qui n'utilise pas de roux (mélange de farine et de corps gras) pour épaissir ses plats.

soyez créatif

Haricots verts

La saveur des haricots verts peut être relevée par l'adjonction, au dernier moment, d'ingrédients variés. Avant de mélanger des haricots tout juste cuits à ces derniers, faites-les sauter un instant dans une poêle chaude pour faire évaporer toute trace d'humidité – ainsi, ils s'imprégneront mieux des autres saveurs.

● À l'ail et à l'huile : 2 cuill. à soupe d'huile d'olive et 2 gousses d'ail finement hachées pour 500 g (1 lb) de haricots.

● Au citron et au beurre : 500 g (1 lb) de haricots cuits mélangés à 2½ cuill. à soupe de beurre fondu, arrosés d'un peu de jus de citron et parsemés de persil plat haché.

● Aux amandes grillées : mélangez des amandes effilées, préalablement dorées à sec dans une poêle, aux haricots cuits et assaisonnés.

● Au jambon ou au prosciutto : mélangez quelques secondes des haricots cuits et 100 g (3½ oz) de jambon finement tranché dans une grande poêle avec 1 cuill. à soupe d'huile d'olive préalablement chauffée. Ou remplacez le jambon par des lardons que vous ferez dorer avant d'ajouter les haricots.

● Au parmesan : mélangez les haricots, du beurre fondu, du parmesan fraîchement râpé et du poivre noir.

Haricots verts
et haricots à écosser

Ce sont leurs gousses qui distinguent les haricots verts (ou jaunes) des haricots à écosser, tous deux des haricots frais. Les gousses des premiers, cueillis encore immatures, sont comestibles. Celles des seconds, cueillis à maturité, sont parcheminées ; on ne consomme que les graines.

DANS **UNE TASSE** DE HARICOTS VERTS CUITS

ENVIRON **35** CALORIES • **vitamine C** ANTIOXYDANTE • **bêta-carotène** (PROVITAMINE A) ET **folates** (VITAMINE B_9), POUR LA PRÉVENTION CARDIOVASCULAIRE • **fibres** BIEN SUPPORTÉES • DIVERS MINÉRAUX : **potassium**, **fer**, **magnésium**.

Au marché

SAISON Les haricots à écosser sont des produits de l'été ; à maturité, ils se transformeront en légumineuses. Les haricots verts (ou jaunes), quant à eux, sont disponibles tout au long de l'année, mais il n'y a rien pour égaler le tendre haricot d'été.

CE QU'IL FAUT REGARDER Lorsqu'il est plié en deux, le haricot bien frais casse plutôt que de se tordre. Sa gousse doit être bien droite avec une peau un peu veloutée, dépourvue de taches ou de rides, de couleur uniforme. Choisissez des haricots à écosser présentant des gousses renflées et bien fermes, sans trace de moisissure. Comptez 1,5 kg (3 lb) pour 4 personnes (soit environ 500 g/1 lb de haricots après écossage).

À la cuisine

CONSERVATION 3 jours pour les haricots verts et jaunes, 4 à 5 jours pour les haricots à écosser, au bac à légumes dans un sac en plastique non noué.

PRÉPARATION Équeutez les haricots verts à l'extrémité de la tige. Il n'est pas nécessaire de supprimer la pointe, qui est à la fois tendre et décorative. Laissez les haricots entiers ou coupez-les en deux – en diagonale pour un plus bel effet. Rincez-les rapidement sous l'eau froide. Écossez les haricots juste avant de les faire cuire pour éviter qu'ils ne durcissent à la cuisson. Inutile de laver les graines.

CUISSON Cuisez les haricots verts ou jaunes à la vapeur pour mieux préserver les vitamines et les minéraux, ou à l'eau bouillante pendant 7 à 10 min selon leur grosseur, à découvert pour préserver leur couleur. De nombreux cuisiniers les plongent 4 ou 5 min dans un grand volume d'eau salée bouillante et terminent la cuisson en les faisant sauter au beurre ou à l'huile d'olive juste avant de les servir. Si vous les aimez très croquants, vous pouvez utiliser le four à micro-ondes, ce qui laisse leur couleur intacte.

VARIÉTÉS

Outre le haricot vert, d'autres haricots sont recherchés pour leurs gousses.

Haricot chinois Il ressemble à un haricot vert particulièrement long, sa taille pouvant atteindre 75 cm (30 po). Bien qu'il soit relié à la famille des doliques à œil noir, le haricot chinois a tout à fait le goût d'un haricot vert une fois cuit. Les Chinois l'utilisent couramment dans leurs légumes sautés. Pour qu'il soit bien tendre, il faut éviter que sa taille ne dépasse 45 cm (18 po).

Haricot italien Aussi appelé haricot romano, il a une gousse large et plate et une couleur vert sombre.

Haricot jaune Bien qu'il soit proche parent du haricot vert, il contient huit fois moins de bêta-carotène, comme le laisse pressentir sa couleur.

Haricot violet Il ne faut pas se laisser tromper par son apparence exotique. La cuisson transforme ce cousin petit format du haricot jaune, qui prend la couleur et le goût du banal haricot vert.

Pois mange-tout, ou pois gourmand. Seules les gousses aplaties sont bonnes à manger ; si elles sont bombées, elles sont devenues fibreuses. La variété sugar snap demeure savoureuse, même lorsque les petits pois sont formés.

Haricots à écosser : plongez-les dans de l'eau bouillante salée et laissez-les cuire 30 min. Vous pouvez aussi les blanchir 5 min à l'eau bouillante et terminer la cuisson à feu doux dans un bouillon avec du lard et des oignons.

UTILISATION Les haricots verts et jaunes s'accordent bien avec n'importe quel plat principal. Les haricots à écosser accompagnent parfaitement l'agneau et le porc. Ils complètent une soupe de légumes. Réduits en purée et assaisonnés de crème fraîche, ils font de délicieuses purées ou des potages onctueux.

HARICOTS À ÉCOSSER

Les haricots qu'on écosse pour les manger frais ne sont guère éloignés des légumineuses. Ce qui les différencie surtout, c'est le moment de la récolte. Haricots verts et haricots jaunes sont les gousses immatures de ce qui deviendra le haricot sec réniforme. D'un point de vue nutritionnel, haricots de Lima, gourganes et haricots de soja se placent à mi-chemin entre le haricot à écosser et la légumineuse qui finira, en mûrissant, par développer une haute teneur en glucides et en acides aminés tout en perdant ses vitamines. On fait cuire les haricots frais un peu comme les légumineuses, à la différence près qu'ils ne requièrent aucun prétrempage. Le haricot de Lima, dont l'origine est effectivement péruvienne, renferme de grandes quantités de fer et de potassium. Une fois écossé, il ne se conserve pas longtemps. Il est souvent servi en guise de légume. Les grains de gourgane peuvent être consommés crus lorsqu'ils sont jeunes et verts. Les gros grains mûrs, parfois nommés fèves des marais, entrent dans la préparation de soupes et de ragoûts. Le haricot de soja est caractéristique de la cuisine asiatique. Quand il est frais, c'est le seul haricot à renfermer une protéine complète et des gras insaturés. Il n'a cependant pas beaucoup de goût. Gardez les haricots de soja au réfrigérateur et ne les écossez qu'au moment de les faire cuire.

soyez créatif

Haricots à écosser

Les haricots à écosser, à la peau plus tendre que celle des haricots secs, font des garnitures appréciées.

● Assaisonnez-les simplement avec de la crème et du persil.

● Mélangez-les avec des tomates en dés et relevez le plat d'huile d'olive et d'aromates – thym frais, basilic, estragon, etc.

● Préparez-les en salade avec une vinaigrette balsamique à l'huile d'olive et au basilic.

● Présentez-les nature ou en purée avec du poisson poché.

● Panachez-les avec des haricots verts, un peu d'ail et de l'huile d'olive.

soyez créatif

● Utilisez des feuilles de bette comme papillotes pour envelopper une farce composée de boulgour, de tomates concassées, d'oignon haché, de raisins secs et de dés de poivron.

● Faites cuire séparément côtes et feuilles, réduisez-les ensemble en purée, que vous passerez au tamis pour éliminer les fibres. Épicez abondamment.

● Après les avoir cuites à l'eau avec un filet de vinaigre, passez les côtes à la poêle avec de l'échalote et de la noix de muscade. Ajoutez un peu de beurre frais.

PARER LES LÉGUMES-FEUILLES

Pour hacher des feuilles, enroulez-en plusieurs ensemble.

1

Hachez ce rouleau. Braisez les lanières ou ajoutez-les à une soupe.

2

Légumes-feuilles

Les feuilles vertes que l'on fait cuire — plutôt que de les manger crues en salade — constituent un groupe à part. N'hésitez pas à faire des essais. Leur diversité et leurs saveurs distinctives vous étonneront.

DANS **UNE TASSE** DE LÉGUMES VERTS CUITS

ENVIRON **33** CALORIES • **bêta-carotène** QUI SE TRANSFORME EN VITAMINE A DANS L'ORGANISME • **vitamine C** (LA MOITIÉ DE L'ANREF) • **vitamine E** AUX PROPRIÉTÉS ANTIOXYDANTES ET PROTECTRICES • PHYTONUTRIMENTS APPELÉS **composés organosulfurés**, QUI COMBATTENT CERTAINS CARCINOGÈNES POTENTIELS • **caroténoïdes** POUVANT RÉDUIRE LE RISQUE DE DÉGÉNÉRESCENCE MACULAIRE ET CERTAINS TYPES DE CANCER.

Au marché

SAISON Les légumes-feuilles sont probablement ceux qu'on retrouve le plus facilement frais à l'étalage. Dans n'importe quelle épicerie, vous avez souvent le choix entre plusieurs légumes à feuilles vertes : épinards, bettes, escarole, feuilles de moutarde, chou cavalier, feuilles de betterave et bien d'autres. Parce qu'ils poussent à des températures assez fraîches, les légumes-feuilles sont récoltés tout au long de l'année, soit dans un hémisphère, soit dans l'autre, ce qui fait que leur prix demeure relativement stable.

CE QU'IL FAUT REGARDER Quelle qu'en soit la variété, on discerne aisément la fraîcheur d'un légume-feuilles par la qualité et la couleur de ses feuilles. La taille n'a aucune incidence sur sa saveur. La plupart des légumes-feuilles jaunissent et ramollissent en vieillissant, sauf pour les feuilles de betterave qui rougissent et s'effilochent. En revanche, un chou cavalier, un chou frisé ou des feuilles de moutarde dont la tige est ligneuse et les nervures très épaisses risquent à tout coup d'être durs et amers.

À la cuisine

CONSERVATION Ne lavez pas les légumes-feuilles avant de les ranger au réfrigérateur : l'humidité ferait pourrir les feuilles. Servez-vous de sacs plastiques perforés qui permettent la circulation d'air et conservent juste assez d'humidité pour que les feuilles restent croquantes.

PRÉPARATION Au moment de les faire cuire, rincez-les soigneusement à l'eau froide pour déloger tous les résidus de terre qui ont tendance à adhérer aux feuilles. Éliminez les feuilles extérieures de moins belle apparence et les tiges dures. En général, les tiges ne se mangent pas, sauf pour les bettes. Pour les bettes, séparez les feuilles des tiges rouges ou blanches, appelées côtes. Retirez les grosses nervures des feuilles, lavez-les et égouttez-les avant de les couper en lanières (*voir ci-contre*). Il faut retirer la pellicule transparente qui recouvre les côtes sur les deux faces avec un petit couteau ou en cassant la côte en deux. Enfin, coupez-les en tronçons de 3 cm (1½ po).

VARIÉTÉS

Bette On compare souvent la bette à l'épinard, mais ses feuilles sont bien plus larges et son goût moins prononcé. Les feuilles peuvent avoir différentes teintes de vert et les longues tiges charnues appelées « cardes » ou côtes, tendres et croquantes, font l'objet d'une cuisson à part.

Chou cavalier Ses feuilles lisses, arrondies et nervurées sont aplaties ou frisées au bord, selon les variétés. Les côtes centrales blanchâtres sont coriaces et il faut les éliminer. C'est le légume-feuilles qui requiert la plus longue cuisson, environ 25 min si on le fait cuire à la vapeur. Dans le sud des États-Unis, on fait mijoter le chou cavalier pendant des heures avec du lard fumé.

Chou frisé Ses grandes feuilles frisées, acérées ou plumeuses selon la variété, peuvent être bleu-vert, violacées, grisâtres ou vert clair, mais elles ne sont jamais pommées. Passablement fibreuses, elles requièrent un braisage de 12 à 15 min. Vous pouvez aussi les hacher pour les ajouter à une soupe en fin de cuisson.

Épinard (*Voir page 311*) C'est sans doute le plus connu de tous les légumes-feuilles. Pour faire cuire les épinards, on se contente de l'eau qui adhère aux feuilles après rinçage. Couvrez la poêle pour les attendrir à la vapeur 1 ou 2 min.

Fanes de navet Le goût des fanes de navet est très accentué. En Amérique du Sud, on les fait cuire de longues heures pour leur conférer une texture soyeuse qui fond sous la dent. Si vous préférez préserver leur couleur, leur croquant et leur goût distinctif, une cuisson de 20 min suffit.

Feuilles de betterave Tout comme les épinards, les feuilles de betteraves sont tendres et se cuisent rapidement. La meilleure méthode consiste à les passer à la poêle avec un peu de beurre ou d'huile d'olive, sans utiliser plus d'eau que celle qui adhère aux feuilles après avoir été lavées. Comme assaisonnement, utilisez l'échalote, l'ail, le cumin en poudre ou le tabasco.

Feuilles de moutarde Ces petites feuilles vert pâle d'apparence délicate recèlent un goût extrêmement relevé, surtout si on se contente de les mijoter une quinzaine de minutes. Une plus longue cuisson en atténue le piquant. Une autre façon de procéder est de les blanchir, les égoutter, puis de les sauter à la chinoise. Gingembre frais, sauce de soja et graines de sésame grillées constituent un agréable assaisonnement.

Scarole Elle fait partie de la famille des chicorées, comme la frisée, l'endive et le radicchio. Ses longues feuilles ourlées sont légèrement pommées. Au centre, la scarole est presque blanche : ce sont les feuilles qu'on utilise en salade. Le reste peut être braisé, environ 15 min, pour intensifier à la fois son goût acidulé et ses nuances plus douces. La saveur robuste de la scarole s'accompagne bien d'une sauce crémeuse ou très relevée. On en fait une salade tiède à servir en entrée. Faites tomber les feuilles 5 min comme pour les feuilles de betterave et entourez-les de poires poêlées, de gorgonzola et de cerneaux de noix.

CUISSON Les légumes-feuilles sont traditionnellement victimes d'une trop longue cuisson, qui leur enlève tout intérêt tant gustatif qu'esthétique. Une cuisson rapide au contraire fait ressortir leur subtilité sans anéantir la délicate texture des feuilles. Le mode de cuisson varie en fonction de l'espèce, mais une règle s'applique à tous les légumes-feuilles : en cuisant, ils perdront environ un tiers de leur volume original.

Légumineuses

Pois, haricots, fèves et lentilles, longtemps prépondérants dans l'alimentation, ont vu leur cote baisser à l'époque moderne. Leur haute teneur en protéines et leur facilité de conservation plaident pour une remise à l'honneur.

DANS **UNE DEMI-TASSE** DE HARICOTS BLANCS CUITS

ENVIRON **125** CALORIES • **protéines** VÉGÉTALES • **glucides complexes** À FAIBLE INDEX GLYCÉMIQUE, RECOMMANDÉS AUX DIABÉTIQUES • **vitamines B** EN ABONDANCE • **isoflavones**, PROTÉGEANT DU CANCER ET DES MALADIES CARDIO-VASCULAIRES • BEAUCOUP DE **fibres** QUI STIMULENT LES INTESTINS.

DANS **UNE DEMI-TASSE** DE LENTILLES CUITES

ENVIRON **110** CALORIES • **protéines** VÉGÉTALES (26 G) • **glucides complexes** • **vitamines B** ET **magnésium**, NÉCESSAIRES AU SYSTÈME NERVEUX • **fer** POUR PRÉVENIR L'ANÉMIE • **fibres** ABONDANTES • **oligosaccharides**, QUI FAVORISENT LE DÉVELOPPEMENT DE LA FLORE INTESTINALE.

Au marché

SAISON Aucune, mais ceux de l'année sont toujours meilleurs que des légumes séchés et conservés depuis trop longtemps.

CE QU'IL FAUT REGARDER Choisissez des grains propres, lisses et de même calibre. Achetez-les de préférence en vrac dans les épiceries qui ont un gros débit, ou en paquets en vérifiant la date d'ensachage.

À la cuisine

CONSERVATION Les légumes secs ne se conservent pas indéfiniment, même dans des boîtes hermétiques. Ils finissent par perdre de leur sapidité et nécessitent des temps de trempage et de cuisson de plus en plus longs.

PRÉPARATION Rincez-les sous l'eau froide. Faites-les tremper dans l'eau froide au moins 8 h avant de les cuire (sauf les lentilles), mais jamais plus de 12 h, car ils fermenteront. Si vous avez oublié de les faire tremper, versez-les dans une casserole, recouvrez-les d'eau et faites-les bouillir 2 min puis reposer 1 h hors du feu. Dans tous les cas, jetez l'eau de trempage.

CUISSON Après trempage, tous les légumes secs peuvent être cuits (comptez 1 volume de légumes pour 3 volumes d'eau). Portez à ébullition à feu moyen. Ajoutez des aromates (oignon piqué de clous de girofle, dés de carotte, thym, sarriette, laurier, ail). Faites bouillir 10 min. Réduisez le feu, couvrez et laissez frémir jusqu'à ce qu'ils soient tendres (45 min pour les lentilles, de 1 h 30 à 2 h pour les haricots, les fèves et les pois cassés, environ 3 h pour les pois chiches). Salez uniquement dans la dernière demi-heure de cuisson pour que la peau ne durcisse pas. L'utilisation de l'autocuiseur réduit le temps de cuisson des deux tiers (veillez à ne pas dépasser le niveau d'eau indiqué dans le récipient).

soyez créatif

● Mélangez des haricots blancs en purée avec du thon, de l'oignon émincé et de l'aneth ; servez en entrée avec des légumes crus.

● Réduisez des pois chiches ou des fèves en purée avec ail, persil, jus de citron, sel et poivre. Servez avec des petits triangles de pita.

● Assaisonnez des lentilles tièdes et mélangez-les avec oignon haché, tomates cerises, roquette et romaine coupée.

● Servez des lentilles tièdes en salade avec du saucisson.

● Relevez un potage aux pois cassés avec de l'oseille fondue au beurre et servez-le avec des croûtons dorés.

● Servez du confit d'oie ou de canard bien rissolé avec une purée de légumineuses au choix.

LE SAVIEZ-VOUS **?**

On a prêté bien des vertus aux légumes secs. Pour les Grecs, les âmes pouvaient se réincarner dans les fèves ! En Afrique, les haricots éloignent les esprits malveillants et les pois chiches sont utilisés dans les rituels de divination.

LA RONDE DES LÉGUMINEUSES

 Cannellini Ce gros haricot italien, légèrement réniforme et carré aux extrémités, est utilisé dans les salades et les soupes. C'est le haricot du minestrone.

 Dolique à œil noir D'un blanc crémeux taché d'un point noir, il joue un rôle clé dans les cuisines des Caraïbes et du sud des États-Unis. Appelé cornille en France.

 Fève Grosse graine, beige une fois sèche, à la base des recettes méditerranéennes et moyen-orientales. Elle est souvent utilisée en soupe.

 Flageolet Très populaire en France (le « fayot »), le flageolet accompagne tradition-nellement l'agneau, mais convient aussi à d'autres viandes, aux soupes et aux salades.

 Haricot adzuki Petit, brun-rouge avec une bande blanche, très populaire dans la cuisine japonaise. Sa saveur est sucrée.

 Haricot blanc Petit et rond, il fait partie des plats traditionnels de Nouvelle-Angleterre. C'est le haricot de nos fèves au lard.

 Haricot canneberge Ovale et de taille moyenne, ce haricot beige et rosé est très populaire en Europe où on le nomme haricot coco. C'est le haricot du cassoulet.

 Haricot great northern De saveur douce, c'est le plus grand des haricots blancs.

 Haricot de Lima Bourratif et riche en amidon, sa taille est variable, de même que sa couleur : blanche, rouge, pourpre, brunâtre ou noirâtre, unie ou tachetée.

Haricot mungo Petit haricot asiatique brun-vert, noir ou jaune et doux au goût, qui cuit très vite. Dans les épiceries chinoises et les magasins d'aliments naturels.

Haricot noir Originaire du Mexique, il est aussi très utilisé dans le sud-ouest des États-Unis et au Brésil (notamment dans la célèbre feijoada).

Haricot pinto Crème taché de rouge, de taille moyenne, il est utilisé en Amérique latine, au Mexique et dans le sud-ouest des États-Unis.

Haricot rouge Particulièrement utilisé au Mexique et dans le sud des États-Unis, c'est le haricot du chili con carne.

Haricot de soja De taille moyenne et de forme ronde, ce haricot asiatique noir ou jaune est apprécié pour sa très grande valeur nutritive.

Lentille La meilleure est la petite verte du Puy. La lentille blonde est plus grosse ; la lentille d'Égypte, orange, cuit rapidement car elle n'a plus de peau et est coupée en deux.

Pois cassé Issu de graines de petits pois récoltés à maturité complète, il est la base des spécialités dites Saint-Germain.

Pois chiche Grain beige et plissé, de taille moyenne, typique de la cuisine méditerranéenne et moyen-orientale.

Pois pigeon Petit grain blanc crème pointillé d'orange employé dans la cuisine des Caraïbes, d'Afrique et d'Inde, et dans certains plats du sud des États-Unis.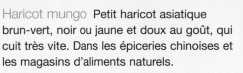

UTILISATION Tous peuvent être servis nature ou agrémentés de crème, de tomate ou d'huile d'olive. Ils composent aussi de savoureuses purées. Ils se marient bien avec le riz, la semoule de couscous, le maïs ou des légumes frais. Le cassoulet, le couscous, le minestrone, la soupe au pistou sont autant de célébrités culinaires dans lesquelles il entre des haricots, sans oublier nos fèves au lard et notre soupe aux pois traditionnelles. Une fois cuits, on peut mélanger les haricots au goût.

soyez créatif

● Pour une salade composée bien équilibrée, mélangez du maïs, des tomates cerises, de l'avocat, des cubes de fromage et de la coriandre ou du basilic hachés.

● Préparez rapidement une soupe nourrissante en ajoutant du maïs, des restes de poulet et de légumes (notamment carottes et poivrons) à un bouillon de poulet.

LE SAVIEZ-VOUS?

Maïs vient de *mahís,* mot de la langue des Tainos de Cuba, qui cultivaient cette céréale tropicale comme tous les autres peuples d'Amérique centrale.

Maïs

Le maïs était l'un des aliments de base des Premières nations. Alors que nos ancêtres avaient entrepris de le dénommer « blé d'Inde », on continua longtemps en Europe de l'appeler « blé turc », probablement parce qu'on appelait « turc » tout ce qui venait de l'étranger.

DANS **UN ÉPI** DE MAÏS

75 CALORIES • **fibres** CONTRE LA PARESSE INTESTINALE • **vitamines B**, SURTOUT B_9, ET FOLATES POUR LA CROISSANCE CELLULAIRE • **magnésium** UTILE POUR L'ÉQUILIBRE NERVEUX • **antioxydants** (ZÉAXANTHINE – PIGMENTS JAUNES –, ACIDE FÉRULIQUE), LUTTANT CONTRE LES RADICAUX LIBRES. POUR PRÉVENIR LA MALADIE CARDIAQUE ET LE CANCER.

Au marché

SAISON Traditionnellement, la fin de l'été. Cependant, les variétés très sucrées qui nous viennent de Floride et de Californie ont considérablement allongé la saison.

VARIÉTÉS Les grains de maïs se développent sur des épis de 15 à 30 cm (6-12 po) de long. La pollinisation s'effectue à l'aide de longs fils, les « soies », qui dépassent des feuilles et sont reliés chacun à une fleur qui se transformera en grain. Parmi les quelque 200 variétés de maïs qui existent, les maïs doux ont été sélectionnés pour leur haute teneur en sucres simples (jusqu'à 6 % de leur poids). Les épis sont cueillis avant maturité pour être consommés sur leur rafle ou en grains. D'autres seront récoltés plus tard dans la saison et leur haute teneur en amidon les réserve à l'alimentation ou, sous la forme pulvérisée, à des utilisations aussi variées que le whisky et le plastique.

CE QU'IL FAUT REGARDER Achetez de préférence une production locale cueillie le jour même. Les feuilles protégeant l'épi doivent être d'un vert tendre bien vif. L'épi doit être régulier, avec des rangées droites de grains gonflés, lisses et brillants. Vérifiez qu'il n'y ait ni trous de vers ni moisissure près de l'extrémité, sous les soies. Évitez les épis aux grains anormalement petits ou gros, ou dont les feuilles sont tachées ou jaunies.

À la cuisine

CONSERVATION Les sucres naturellement formés dans le maïs doux se transforment en amidon dès que l'épi est détaché de la tige : plus vite vous le consommerez, plus sa saveur sera sucrée. Les épis se conservent dans un sac plastique 1 à 2 jours dans le bac à légumes du réfrigérateur.

PRÉPARATION Retirez feuilles et soies juste avant de cuire les épis – sauf si vous les grillez au barbecue ou les cuisez au four, ce qui évitera aux grains de noircir ou de se dessécher.

MAÏS SOUFFLÉ

Lorsque l'on chauffe les grains de maïs, l'enveloppe est soumise à une forte pression. Comme le grain renferme essentiellement de l'amidon, quand l'amidon explose, c'est le grain de maïs entier qui éclate.

Christophe Colomb, à son premier voyage en 1492, observa que les Amérindiens décoraient leur corsage et leur coiffure de grains de maïs soufflé. Certains de ses marins s'en procurèrent même comme souvenir à rapporter chez eux. Cortés eut une expérience similaire lors de son contact initial avec les Aztèques. Il se pourrait en fait que la toute première façon d'apprêter le maïs chez les Amérindiens ait été de le souffler. On a retrouvé les vestiges de grains de maïs vieux de 5 600 ans dans une grotte mexicaine.

Le maïs soufflé était non moins répandu au nord du continent. On sait que les Indiens Wampanoags en apportèrent au premier repas de l'Action de grâces que firent les *Pilgrim Fathers* débarqués à Plymouth. Les pionniers prirent d'ailleurs l'habitude d'en manger en guise de céréales.

À la fin du XIXᵉ siècle, on voyait déjà dans les parcs et les expositions des petits « chariots à pop-corn » actionnés à la vapeur ou au gaz. C'est néanmoins à l'époque de la Seconde Guerre mondiale, à cause du rationnement sur le sucre et les friandises, que s'installa véritablement la mode du maïs soufflé. Dès 1945, Percy Spencer, l'inventeur du four à micro-ondes, se mit en frais de trouver la façon de faire éclater du maïs dans son four. Ce commerce représente aujourd'hui plusieurs centaines de milliards de dollars.

Une variété particulière a été mise au point : le maïs à éclater. Si on n'y ajoute pas de beurre, le maïs soufflé est considéré comme une friandise, non seulement historique, mais satisfaisante, peu calorique et riche en fibres.

CUISSON L'épi entier peut être cuit à la vapeur, bouilli, grillé ou cuit au four ou au micro-ondes. Ne cuisez pas trop longtemps du maïs frais : de 2 à 3 min à la casserole ou à la vapeur, 20 min au four ou au barbecue, 90 s par épi au micro-ondes. Au barbecue, grillez les épis sur la grille, en les retournant souvent, ou cuisez-les sous la cendre ; dans les deux cas, écartez les feuilles, badigeonnez les grains d'huile ou de beurre fondu, puis remettez les feuilles en place et plongez les épis dans l'eau glacée jusqu'au dernier moment. Cuisez de 10 à 20 min à chaleur modérément intense, en les retournant de temps en temps. Assaisonnez de sel au moment de les déguster.

ASSAISONNEMENT DU MAÏS

Les beurres parfumés assaisonnent avec bonheur
le maïs, qu'il soit en épi ou en grains. Faites fondre
un mélange mi-beurre, mi-huile d'olive, ajoutez une
pincée de sel et, selon vos goûts,
du persil, du basilic, de la coriandre, du cari,
du jus de lime ou de l'assaisonnement au chile.
Laissez chauffer encore 1 min.

AU BARBECUE

Dégagez l'épi presque en entier en écartant les feuilles sans les arracher.

1

Éliminez les soies à la main ou avec une brosse à légumes sèche.

2

Remettez les feuilles en place. Réservez les épis dans l'eau froide.

3

soyez créatif

● Cuisez ensemble à la vapeur des rondelles de navet, de carotte et de pomme de terre, puis réduisez-les en purée.

● Faites sauter des cubes de jeunes navets dans de l'huile d'olive, avec de l'ail haché et les fanes en tronçons, et servez-les comme garniture de légumes.

● Ajoutez du navet râpé aux pommes de terre râpées pour vos galettes de pommes de terre.

● Préparez une salade aigre-douce en râpant de jeunes navets et des pommes ; assaisonnez de vinaigre de cidre et de crème sure.

LE SAVIEZ-VOUS?

Certains navets peuvent peser jusqu'à 15 kg (30 lb). Mais la production de gros navets est avant tout une affaire de compétition entre jardiniers amateurs, car ils sont immangeables.

Le navet est l'un des rares végétaux à pouvoir être planté près des pieds de pommes de terre. Ces dernières ont en effet besoin de beaucoup de place pour se développer et sont de piètres compagnes de potager.

Navet et autres légumes-racines

Aliments de base en Europe jusqu'au Moyen Âge, le navet et son proche cousin le rutabaga furent supplantés par la pomme de terre découverte en Amérique. Comme pour les autres membres de la famille des choux, leurs qualités nutritionnelles incontestables en font aujourd'hui des légumes recherchés.

DANS **TROIS QUARTS DE TASSE** DE NAVET CUIT

MOINS DE **25** CALORIES • **vitamine C**, ANTIOXYDANTE (35 % DE L'ANREF) • COMPOSÉS SOUFRÉS **(indoles, isothiocyanates)** QUI AIDENT À LA PRÉVENTION DE CERTAINS CANCERS • **fibres** SOLUBLES ET INSOLUBLES CONTRE LA CONSTIPATION.

Au marché

SAISON Le navet nous vient des États-Unis tandis que nous y exportons le rutabaga. La bonne conservation de ces légumes les rend disponibles toute l'année.

CE QU'IL FAUT REGARDER Qu'il soit rond ou long, jaune ou blanc, à collet rose ou violet, le navet doit être ferme et lisse, plutôt lourd, avec le moins de racines fibreuses possible. Ses fanes doivent être fraîches et bien vertes. Le rutabaga quant à lui se vend sans fanes, souvent recouvert d'une mince couche de cire. Il devrait être ferme et exempt de meurtrissures et de moisissures. Plus il est petit (moins de 10 cm/4 po), plus il est sucré.

À la cuisine

CONSERVATION Pour le navet, environ 1 semaine dans un sac plastique au réfrigérateur. Coupez et conservez les fanes à part et utilisez-les rapidement. Le rutabaga se conserve plus longtemps.

PRÉPARATION Coupez une fine rondelle au niveau de la racine et des fanes, puis épluchez le navet au couteau économe le plus finement possible pour préserver les nutriments. Dans le cas du rutabaga, l'opération s'avérera plus facile si on le coupe d'abord en quatre.

CUISSON Pour éviter que sa chair ne s'oxyde, réservez les morceaux de navet dans de l'eau citronnée ou vinaigrée et cuisez-les dans une casserole inoxydable ou antiadhésive. Pour préserver sa saveur douce et poivrée, cuisez le navet juste assez pour qu'il soit tendre mais encore croquant, car une cuisson prolongée intensifie son goût soufré. Tout comme le rutabaga, il est délicieux cuit au four de 30 à 45 min (1 h pour le rutabaga) à 350 °F (180 °C), seul ou avec une viande ou une volaille, notamment le canard et l'oie. L'un et l'autre peuvent être bouillis, braisés, cuits à la vapeur ou au four à micro-ondes, entiers ou en morceaux. Coupés en rondelles ou en bâtonnets, ils seront vite sautés ou frits. Quelques morceaux dans une soupe, un plat mijoté ou un pot-au-feu conféreront à ces plats une agréable note sucrée et poivrée.

LÉGUMES SANTÉ, LÉGUMES SAVEUR

AUTRES LÉGUMES-RACINES

Chou-rave Parfois appelé kohlrabi, le chou-rave est la base renflée de la tige d'un crucifère. Ce n'est pas réellement un légume-racine mais sa forme le désigne comme tel.

Son goût rappelle à la fois le navet, le radis et ses cousins les choux. Comme eux, il est bien pourvu en vitamine C et en antioxydants ; il apporte aussi des substances soufrées protectrices contre le cancer. On le trouve du milieu du printemps à l'automne. Recherchez un spécimen aux feuilles vert foncé bien fraîches, au bulbe ferme, lourd pour sa taille, faisant moins de 8 cm (3½ po) de diamètre. Ses feuilles sont riches en fer. Le bulbe se pèle facilement avec un couteau économe. La chair s'oxyde rapidement : plongez les morceaux dans de l'eau additionnée de jus de citron jusqu'au moment de les cuire. Coupez-le en morceaux ou en tranches et faites-le cuire à la vapeur, salez, poivrez et servez avec du beurre. Il est aussi délicieux braisé dans un peu de bouillon de bœuf ou de volaille, assaisonné d'oignons et de fines herbes. On le sert souvent en purée avec du beurre et des aromates.

Jicama Ce tubercule mexicain à chair blanche et à mince pelure brune a une saveur plutôt neutre et une texture juteuse qui rappelle la pomme. Cela le rend apte à faire partie d'une salade composée ou d'un plat de crudités. L'important est de l'arroser tout d'abord de jus de citron pour l'empêcher de se décolorer. Des tranches de jicama sont une note agréable dans un plat de légumes sautés. On peut aussi le faire bouillir ou cuire au four à la manière d'une pomme de terre. Avec 50 calories par portion, ce légume-racine renferme beaucoup de vitamine C, et une certaine quantité de potassium, de fer et de calcium. Le jicama peut peser de 500 g à 2,5 kg (1-5 lb). La peau s'enlève à

l'aide d'un petit couteau. Le jicama se conserve dans l'eau au réfrigérateur.

Racine de lotus Ce tubercule qui rappelle le salsifis se vend au naturel en conserve, ou séché et en sachet. Il s'agit du rhizome d'un lis d'étang. Quand on le tranche, une multitude de petits tubes aériens lui donne l'apparence d'une dentelle. La racine de lotus s'utilise en salade, dans les soupes et les plats de légumes sautés auxquels elle confère une saveur un peu douce.

Salsifis Avec sa peau brun-noir et sa chair blanche, ce légume de plein hiver renferme des glucides (inuline, stachyose…) qui, bons pour la flore intestinale, stimulent le transit. Une fois épluché et cuit, il révèle une chair blanc crème, fine et à peine sucrée. Faites-le cuire à l'eau bouillante salée environ 30 min, et assaisonnez-le simplement d'un peu de beurre, de crème ou de jus de viande et de persil.

Topinambour Ce petit tubercule de la famille du tournesol est originaire d'Amérique, mais

les Anglo-Saxons lui trouvant une similitude de goût avec l'artichaut l'ont dénommé « artichaut de Jérusalem ». Il est riche en fibres et en minéraux, et assez peu énergétique (44 calories pour 100 g/3½ oz). Choisissez-le le plus lisse possible pour faciliter l'épluchage, puis trempez-le dans de l'eau froide citronnée pour l'empêcher de noircir. Cuisez-le comme une pomme de terre (de 30 à 60 min au four ou de 15 à 20 min à l'eau bouillante), puis réduisez-le en purée avec du persil, un peu de beurre ou d'huile. Ou bien, braisez-le dans du bouillon de poulet ou de bœuf avec des pommes de terre, des carottes et du céleri-rave pour accompagner un rôti ou des côtelettes.

soyez créatif

● Cuisez à feu doux dans de l'huile d'olive des rondelles d'oignon doux rouge ou blanc jusqu'à ce qu'elles soient tendres et dorées. Servez avec les viandes, le poisson ou la volaille.

● Remplacez le cœur de gros oignons doux par du riz assaisonné, puis cuisez-les au four.

● Aromatisez votre pâte à pain avec des oignons sautés et de l'aneth frais ciselé.

● Préparez une purée avec des oignons fondus au beurre, liés avec une béchamel légère relevée d'une pointe de muscade.

LE SAVIEZ-VOUS?

L'Égypte ancienne a fait de l'oignon le pivot de son alimentation; ce légume accompagnait d'ailleurs les défunts jusque dans leur dernière demeure. La Chine ancienne le considérait comme le symbole de l'intelligence.

Oignon

Qu'ils soient blancs, jaunes ou rouges, les oignons sont utilisés presque quotidiennement en cuisine, soit crus, soit cuits. Ils parfument bien des plats et nous fournissent des composants utiles pour la santé et la prévention des maladies.

DANS **UNE DEMI-TASSE** D'OIGNON CRU HACHÉ

ENVIRON **30** CALORIES • **fructosanes**, GLUCIDES QUI STIMULENT LA CROISSANCE DES BACTÉRIES INTESTINALES BÉNÉFIQUES • **diallylsulfide**, COMPOSÉS SOUFRÉS QUI DIMINUENT LE RISQUE DE CERTAINS CANCERS • **fibres** ABONDANTES • DANS LES OIGNONS ROUGES ET JAUNES : **pigments antioxydants** (ANTHOCYANES, QUERCÉTINE, FLAVONOLS) QUI AIDENT À COMBATTRE LE CANCER ET LES MALADIES CARDIOVASCULAIRES • DANS LA TIGE VERTE : NOMBREUX **antioxydants** (VITAMINE C, PROVITAMINE A, CAROTÉNOÏDES...).

Au marché

SAISON Selon qu'il est destiné à être conservé ou à être mangé frais, l'oignon est récolté à la fin de l'été, ou bien du printemps au début de l'été.

CE QU'IL FAUT REGARDER L'oignon de conservation doit avoir un bulbe sec, ferme et régulier, protégé par des peaux lisses, fines et bien sèches. Dédaignez celui qui présente des zones humides ou molles et une peau de couleur plus sombre ou plus claire. L'oignon frais doit être bien blanc, avec des tiges très vertes et des racines bien fraîches.

À la cuisine

CONSERVATION Conservez les oignons secs dans un panier, ou en nattes tressées, dans un endroit frais et aéré à l'abri de la lumière. Ne les stockez pas près des pommes de terre, qui libèrent des gaz et de l'humidité accélérant leur détérioration. Les oignons jaunes se conservent au moins 1 mois. Les oignons doux (oignon rouge, gros oignon blanc) et les échalotes se gardent un peu moins bien ; placez-les dans le bas du réfrigérateur dans une boîte ouverte. Les oignons frais (oignons verts, bottes d'oignons blancs de printemps) ne tiennent que quelques jours au réfrigérateur, enveloppés dans du papier ou du plastique.

PRÉPARATION L'oignon contient une substance lacrymogène libérée dans l'air quand on l'épluche et le coupe. Pour ne pas pleurer, quelques conseils : cuisez les oignons grelots avant de les éplucher, épluchez l'oignon sous le robinet d'eau froide, ou encore placez-le au réfrigérateur avant de l'éplucher, car le froid réduit la volatilité du principe irritant. Pour le hacher, travaillez très rapidement, sans vous frotter les yeux.

CUISSON L'oignon peut être cuit à la vapeur, enrobé de pâte à beignets puis frit, rôti au four, grillé et servi tel quel pour accompagner viande rouge, volaille ou poisson. Mais on le fait surtout revenir pour assaisonner les

VARIÉTÉS

Les échalotes poussent en groupes similaires aux grosses têtes d'ail. Contrairement à l'oignon, au bulbe rond et unique, l'échalote est formée de plusieurs caïeux de tailles et formes asymétriques. Sa peau est brun clair et sa chair blanche ou violacée. On trouve rarement l'échalote grise, à la peau épaisse mais au goût délicat, passé le mois de décembre. La saveur délicate et bien particulière de l'échalote caractérise de nombreuses sauces et plats braisés de la cuisine française. On peut lui substituer de l'oignon.

L'oignon blanc de printemps ou oignon nouveau, vendu en botte, peut être taillé en lamelles et ajouté cru aux salades ou comme condiment à certains plats épicés. Il est aussi délicieux cuit et souvent ajouté aux sautés et autres plats asiatiques. À maturité, le gros oignon blanc est aussi vendu frais, avec son feuillage.

L'oignon espagnol est gros, à pelure jaune ou rouge. Il se mange de préférence cru, car il est très doux et ne communiquerait pas énormément de goût à une sauce, par exemple.

L'oignon grelot est un petit oignon sec que l'on fait cuire à blanc avec de l'eau, du beurre et du sucre ou caraméliser avant de l'ajouter à un plat en sauce (blanquette, bourguignon...). On en fait aussi des marinades.

L'oignon jaune vendu comme oignon sec est le plus utilisé. On ne le met pas en vente aussitôt récolté. Il apparaît sur les étals à la fin de l'automne. Son goût peut être très fort ou presque doux. Il supporte aisément les longues cuissons.

L'oignon rouge est suffisamment doux pour être ajouté cru aux salades, en leur donnant une jolie note de couleur.

---

soupes, les ragoûts et les viandes en sauce. L'oignon jaune avec sa peau donne à un bouillon une belle couleur noisette. L'oignon caramélisé accompagne très bien toutes les viandes : pour 4 personnes, faites fondre 3 oignons jaunes (coupés en fines lamelles) 10 min avec 1 cuill. à soupe d'huile d'olive à feu moyen dans une poêle en fonte couverte, en remuant souvent ; ôtez le couvercle et cuisez 10 min de plus ; une pincée de sucre accélérera la caramélisation.

UTILISATION La pissaladière, savoureuse tarte provençale à l'oignon, la tarte flambée alsacienne et les préparations « à la Soubise » sont des spécialités à base d'oignon. Quant à la classique soupe à l'oignon, elle aide à supporter la froideur hivernale. Pour 4 personnes, préchauffez votre four à 400 °F (200 °C). Dans une grande marmite, faites fondre 3 oignons en fines rondelles avec 2 cuill. à soupe de beurre et 1 cuill. à soupe d'huile d'olive, à feu doux, sans les laisser blondir, pendant environ 20 min. Versez 4 tasses de bouillon de bœuf, portez à ébullition et laissez frémir 20 min encore. Versez la soupe dans 4 petites soupières, déposez une rondelle de pain grillé, parsemez de 1 cuill. à soupe de gruyère râpé et mettez au four environ 5 min pour que le fromage fonde.

HACHER L'OIGNON

Coupez le en deux dans la longueur, puis en tranches horizontales en vous arrêtant à 5 mm (¼ po) de la racine.

1

Coupez-le verticalement de haut en bas en vous arrêtant avant la racine.

2

Tenez-le par le côté non coupé et émincez-le transversalement en petits morceaux de taille égale.

3

soyez créatif

● Râpez de jeunes panais dans vos salades composées pour leur ajouter du goût et de la vitamine C.

● La purée de panais permet de faire de délicieuses galettes salées : ajoutez une carotte râpée, deux oignons verts émincés, un œuf, 1-2 cuill. à soupe de farine et du sel. Cuisez les galettes par petites quantités dans une poêle antiadhésive, avec un peu d'huile. Servez-les tièdes, nature ou avec de la crème sure.

● Coupez les panais en tranches fines, trempez-les dans de la pâte à beignets et faites-les frire.

PARER LES PANAIS

Ôtez les deux extrémités des panais, puis pelez-les au couteau économe pour retirer une fine couche de peau.

1

Coupez le panais en deux dans sa longueur et retirez toute partie fibreuse du cœur. Débitez ensuite en dés.

2

Panais

Originaire de la région méditerranéenne, le panais est une longue racine ivoire de la famille des carottes que l'on redécouvre aujourd'hui. On apprécie sa saveur très fine et délicate, rappelant un peu celle de la noisette, tout en profitant de sa haute teneur en nutriments et en fibres.

DANS **UNE TASSE** DE PANAIS CUIT

126 CALORIES, APPORTÉES EN MAJORITÉ PAR SES GLUCIDES (SUCRES NATURELS) • BEAUCOUP DE **potassium**, QUI AIDE À LUTTER CONTRE L'HYPERTENSION, ET DE NOMBREUX AUTRES MINÉRAUX • **vitamine C** POUR LA SANTÉ DU CŒUR • **folates** (VITAMINE B$_9$) POUR LA CROISSANCE CELLULAIRE ET LA FORMATION DES GLOBULES ROUGES • **fibres** ABONDANTES ET BIEN TOLÉRÉES.

Au marché

SAISON Bien qu'il soit en principe disponible toute l'année, on le trouve essentiellement en hiver. Il est plus aromatique et sucré lorsqu'il a été récolté après les gelées.

CE QU'IL FAUT REGARDER Choisissez des racines fermes de taille moyenne, de forme régulière, dépourvues de taches et de meurtrissures. Les panais de plus de 20 cm (8 po) de long peuvent receler un cœur fibreux.

À la cuisine

CONSERVATION Jusqu'à 4 semaines au réfrigérateur, sans leur verdure, dans un sac plastique perforé.

PRÉPARATION Coupez les extrémités des panais et pelez-les avec un couteau économe (*voir ci-contre*).

CUISSON Les panais sont meilleurs quand ils ne sont pas trop cuits, mais juste tendres ; c'est pourquoi la cuisson à la vapeur ou au four à micro-ondes est tout indiquée. Ils se préparent comme la carotte, mais cuisent en un peu moins de temps. Vous pouvez les braiser dans du bouillon ou les cuire au four avec du jus de fruits, des épices (cannelle, gingembre) et de la cassonade à la manière des patates douces. Ils sont délicieux en gratin. Proposez-les en purée fine, nature, avec du beurre, du sel et du poivre ou mélangés avec de la citrouille ou de la patate douce. Des morceaux de panais enrichiront la saveur et les qualités nutritives des soupes, des plats mijotés et des pot-au-feu ; évitez juste de les incorporer trop tôt pour qu'ils ne se désagrègent pas.

UN PEU D'HISTOIRE... Les Grecs cultivaient le panais en abondance. Nourriture de base au Moyen Âge, le panais est resté très populaire jusqu'à la fin du XIXe siècle. Après avoir connu une longue éclipse, le panais fait un retour sur les marchés.

LÉGUMES SANTÉ, LÉGUMES SAVEUR

Patate douce

Les jardiniers diront, en voyant ses fleurs pourpres en forme de cœur, que la patate douce appartient à la famille de l'ipomée. Quant aux professionnels de la santé, ils savent que ce tubercule à chair orangée ou blanc crème est un légume de choix aux grandes qualités gustatives et nutritionnelles.

DANS **UNE DEMI-TASSE** DE PATATE DOUCE CUITE

---

170 CALORIES, PROVENANT EN MAJORITÉ DE SES GLUCIDES (AMIDON ET SUCRES SIMPLES) • **provitamine A** POUR LES VARIÉTÉS À CHAIR ORANGÉE (PLUS DE 5 FOIS L'ANREF) • PRÈS DE LA MOITIÉ DE L'ANREF EN **vitamine C** • BEAUCOUP DE **minéraux** • **fibres** ABONDANTES POUR UN BON FONCTIONNEMENT INTESTINAL • **phytostérols** CAPABLES DE FAIRE BAISSER LE TAUX DE CHOLESTÉROL.

Au marché

SAISON Plutôt en hiver, mais peut se trouver toute l'année.

CE QU'IL FAUT REGARDER Choisissez des patates fermes, à la peau lisse et sèche, non craquelées ni décolorées, dépourvues de taches et de germes. Vérifiez la pointe des patates, car c'est là qu'il commence à pourrir.

À la cuisine

CONSERVATION Jusqu'à 1 mois dans un lieu frais (16 °C/55 °F environ), sombre et sec, mais seulement 1 semaine à la température ambiante. Ne les mettez pas au réfrigérateur : elles durciraient et prendraient un arrière-goût désagréable. Vous pouvez les surgeler une fois cuites.

PRÉPARATION Épluchez-les simplement avec un couteau économe.

CUISSON Cuisinez-les comme des pommes de terre : à l'eau, à la vapeur, sautées... Pour préparer des patates douces entières au four, enveloppez-les dans du papier d'aluminium avec une noisette de beurre et faites-les cuire à 425 °F (220 °C) environ 1 h jusqu'à ce qu'elles soient tendres.

UTILISATION Les patates douces au four sont servies coupées en deux, un peu écrasées, avec du beurre, en guise de légume d'accompagnement. Relevez leur suavité par un filet de miel ou un peu de cassonade, ou en les cuisant avec des poires, des pommes ou du jus d'orange. Pour un goût moins sucré, assaisonnez-les de jus de lime et de coriandre, ou encore de crème et d'herbes aromatiques. Vous pouvez aussi les réduire en purée avec de l'ail rôti, du sel et du poivre. Elles peuvent accompagner les viandes et les volailles grillées, des coquilles saint-jacques ou du haddock (aiglefin fumé). Bouillies ou cuites au four, puis réduites en purée, les patates douces s'utilisent aussi en dessert (entre autres tartes et poudings).

VARIÉTÉS On trouve deux espèces de patate douce sur les marchés : l'une dont la chair est moelleuse et très orangée, l'autre dont la chair est jaune et farineuse. Bien que la première soit plus grosse et plus sucrée, on peut les utiliser indifféremment dans n'importe quelle recette.

soyez créatif

● En dessert : écrasez des patates douces en purée avec du sirop d'érable ou du miel liquide et servez en guise de compote.

● En salade : mélangez des morceaux de patate douce cuite, un oignon blanc frais haché, du jus de lime, de l'huile d'olive, de la poudre de cari et du sel.

● En gratin : réduisez en purée des patates douces cuites, relevez de piment et ajoutez du parmesan ou du gruyère râpé.

● En croustilles : coupez des patates douces crues en rondelles très fines, arrosez d'huile d'olive et faites cuire au four à 400 °F (200 °C) jusqu'à ce qu'elles soient croustillantes.

LE SAVIEZ-VOUS ?

On confond souvent la patate douce avec l'igname. Celle-ci est l'un des aliments les plus consommés au monde et forme la base de plusieurs cuisines d'Amérique du Sud et des Antilles. Sa chair est blanche, jaune, ivoire ou rosée et sa peau, dont la couleur va du blanc au rose et au brun-noir, présente un aspect velu ou rugueux selon les variétés.

soyez créatif

● Ajoutez quelques petits pois blanchis à vos salades composées.

● Pour une collation gourmande et nutritive, écossez une poignée de petits pois et dégustez-les tels quels.

● Ajoutez quelques petits pois crus à vos ragoûts, soupes et sautés de légumes dans les dernières minutes de leur cuisson.

● Ajoutez des petits pois cuits ou des pois mange-tout au riz, au couscous et aux pâtes.

● Faites sauter vos pois mange-tout avec un peu de bacon émietté : son goût fumé se marie bien avec leur saveur sucrée.

● Ajoutez des pois mange-tout à vos jardinières de légumes printaniers.

LE SAVIEZ-VOUS?

Il y a, dans trois quarts de tasse de petits pois frais, autant de protéines que dans un œuf entier, mais ce sont des protéines végétales, déficitaires en certains acides aminés essentiels.

Petits pois

Pois ronds, pois ridés, à fleurs blanches, à fleurs roses… Les nombreuses variétés sont regroupées en deux catégories : petits pois à écosser et petits pois mange-tout, dits aussi gourmands. Ils se différencient des autres légumes par leur plus grande richesse en glucides, en protéines et en vitamines B.

DANS **UNE DEMI-TASSE** DE PETITS POIS CUITS

62 CALORIES (**31** CALORIES POUR LES POIS MANGE-TOUT) • **vitamines B**, NOTAMMENT VITAMINE B_9 (FOLATES), INDISPENSABLE POUR LA CROISSANCE DES CELLULES • **vitamine C** ET **fer**, POUR UNE MEILLEURE RÉSISTANCE AUX INFECTIONS • **fibres** TRÈS ABONDANTES (6 G), QUI AIDENT À ABAISSER LE TAUX DE CHOLESTÉROL ET À LUTTER CONTRE LA PARESSE INTESTINALE.

Au marché

SAISON Les petits pois frais à écosser apparaissent à la fin du printemps et jusqu'à la fin de l'été. Les pois mange-tout aussi, mais on en trouve presque toute l'année en provenance de Californie, de Floride et d'Amérique latine.

CE QU'IL FAUT REGARDER Les gousses les plus fraîches sont fermes, brillantes et d'un vert éclatant ; elles crissent quand on les frotte doucement. Évitez les gousses ternes ou jaunies, signe que les sucres ont commencé à se transformer en amidon. Les meilleurs petits pois sont les extrafins. Les pois doivent tenir à l'aise dans leur gousse – celle-ci ne doit pas sembler trop gonflée. Les gousses grosses et lourdes indiquent souvent des petits pois durs et riches en amidon, mais des gousses légères et aplaties sont un signe d'immaturité. Des pois mange-tout dont les gousses sont plates et de petite taille ou dont la pointe et le pédoncule sont secs risquent d'avoir des fils et d'être fermes sous la dent. En général, les meilleurs petits pois frais se trouvent chez les petits producteurs locaux, ou dans votre potager.

À la cuisine

CONSERVATION Le stockage des petits pois frais est déconseillé. Si nécessaire, gardez-les de 3 à 4 jours dans un sac plastique, au réfrigérateur.

PRÉPARATION Pour écosser des petits pois, cassez le haut de la gousse et tirez sur le fil vers le bas pour la faire s'ouvrir : ils se détacheront tout seuls. Toute la cosse de la plupart des pois mange-tout est comestible, mais il vaut mieux les équeuter, ce qui permet en même temps d'enlever le fil présent dans certaines variétés. Pliez le haut de la gousse (côté queue) vers la partie plate pour la casser, puis tirez doucement vers le bas pour enlever le fil avec la queue. Rincez les pois mange-tout, mais pas les pois écossés.

CUISSON Faites bouillir de l'eau, salez, puis versez les petits pois. Les pois mange-tout seront tendres mais croquants en 6 à 8 min, les petits pois en 8 à 10 min selon leur calibre et leur fraîcheur. Vous pouvez faire cuire les petits pois écossés en cocotte, à l'étouffée, avec deux feuilles de laitue et quelques petits oignons blancs frais, pendant une quinzaine de minutes.

Piments

Les piments relèvent la cuisine de nombreux pays, où ils contribueraient à limiter les contaminations microbiennes de la nourriture. Plus ils sont petits, plus ils sont brûlants et plus leurs composants bénéfiques sont concentrés !

DANS **UN QUART DE TASSE** DE PIMENTS (2 PIMENTS MOYENS)

MOINS DE **20** CALORIES • **vitamine C** ET **provitamine A**, DEUX SUBSTANCES ANTIOXYDANTES (PLUS DE 150 % DES ANREF) • **pigments flavonoïdes** (ENCORE PLUS ABONDANTS DANS LES PIMENTS ROUGES) QUI PEUVENT AIDER À PRÉVENIR LE CANCER • **capsaïcine** BÉNÉFIQUE POUR LA SANTÉ CARDIOVASCULAIRE EN RAISON DE SON ACTION ANTICOAGULANTE.

Au marché

SAISON La plupart des supermarchés, les épiceries asiatiques et arabes proposent presque toute l'année des piments frais, bien que la pleine saison soit en été. Toutes les épiceries vendent des piments séchés, en pâte, en poudre ou liquides.

CE QU'IL FAUT REGARDER Un piment frais doit avoir belle forme, être ferme et brillant, et surtout pas fripé (signe de déshydratation), avec une queue bien verte et fraîche.

À la cuisine

CONSERVATION Enveloppez les piments frais non lavés dans du papier absorbant et mettez-les au réfrigérateur, où ils se conserveront pendant 1 à 2 semaines. Stockez les piments secs et en poudre dans des récipients hermétiques à température ambiante, à l'abri de la lumière. Les piments secs se gardent 1 an, mais la poudre perd vite de sa saveur.

PRÉPARATION Portez des gants et travaillez sous un filet d'eau froide pour retirer les graines, qui concentrent la capsaïcine, responsable du piquant irritant pour la peau et les yeux. Retirez également les côtes internes. N'oubliez pas de laver vos gants et la planche à découper une fois l'opération terminée. Si vous broyez des piments secs dans un moulin, évitez d'inhaler la poussière et de la laisser atteindre vos yeux. Pour ramollir des piments secs, faites-les chauffer sur une plaque non huilée ; sinon, faites-les tremper 1 h 30 dans de l'eau chaude, puis réduisez-les en purée avec le liquide de trempage.

CUISSON Une pincée de piment haché ou de piment en poudre donnera du punch à n'importe quel plat – des biftecks hachés aux salades. Les gros doux, comme l'anaheim, peuvent être rôtis, puis pelés comme des poivrons (*voir p. 332*). Farcissez-les avec du fromage ou de la viande et faites-les cuire à grande friture. Avant tout, il faut néanmoins s'assurer d'en avoir retiré toutes les graines et les côtes.

soyez créatif

● Relevez votre pâte à pizza en y incorporant de tout petits dés de piment.

● Réveillez votre purée de pommes de terre avec du piment finement haché.

● Une pincée de piment haché ou de piment en poudre ajoutera un brin d'exotisme à une sauce tomate, un bœuf en daube ou une sauce au fromage blanc.

● Agrémentez votre gelée au madère de quelques gouttes de piment.

LE SAVIEZ-VOUS ?

Comme le poivron, le piment est le fruit de *Capsicum annuum*. Les piments rouges contiennent 10 fois plus de bêta-carotène que les verts.

En Amérique latine, les piments forts sont appelés chile. Les plus doux, pimientos. Or, aux États-Unis, les pimientos sont une variété de poivrons, d'où l'erreur d'appellation fréquente au Québec.

LÉGUMES SANTÉ, LÉGUMES SAVEUR

VARIÉTÉS

La plupart des piments ont un degré de mordant prévisible selon la variété. Ce mordant peut toutefois varier en fonction des conditions de culture. C'est en particulier le cas du jalapeño qui se laisse parfois manger comme une pomme, mais en d'autres occasions, vous emporte la bouche.

Jalapeño Tout aussi populaire que le piment anaheim, il se vend frais ou en conserve, tranché ou mariné. De forme allongée, il mesure environ 5 cm (2 po) et affiche de petites fentes du côté de la tige. Il se vend généralement encore vert. Très piquant sous la forme fraîche, il est un peu plus doux en conserve.

Piment anaheim C'est l'un des plus courants aux étalages des épiceries. Selon qu'il s'agit de sa forme immature et verte, ou rouge et mature, il peut aller du doux au piquant. Les piments farcis à la mexicaine se préparent avec ce savoureux piment.

Piment cascabel On le trouve davantage sous sa forme déshydratée. Sous l'enveloppe brunâtre, on peut entendre sauter ses petits grains secs à l'intérieur quand on l'agite, d'où son nom espagnol qui signifie « clochette ». Il est modérément piquant.

Piment de Cayenne Long et mince, il se termine en pointe et peut atteindre 25 cm (10 po). Son mûrissement le fait passer du vert au rouge vif et sa saveur est très piquante. Séché et réduit en flocons, c'est un assaisonnement courant.

Piment cerise Rond et rouge, il se vend frais ; son intensité varie de doux à modérément piquant.

Piment habanero C'est le plus fort de tous les piments qui s'utilisent en cuisine. Sa couleur varie entre le jaune et l'orangé ; son apparence est celle d'une petite lanterne.

Piment hongrois D'abord jaune, il passe à l'orange puis au rouge au fil de sa maturité. Il est jaune à l'étalage, frais ou mariné en conserve. Il est de force modérée.

Piment serrano De forme cylindrique et extrêmement piquant, il fait partie de la cuisine tex-mex. Il est généralement vendu vert pour entrer dans la composition de la salsa.

Piments poblano et ancho Le premier réfère au piment frais, le second au piment sec. On en fait des sauces plus ou moins piquantes.

AU FEU !

Bien qu'il s'agisse toujours de capsaïcine, diverses substances donnent au piment son effet « brûlant » et toutes n'ont pas le même effet en bouche. Certains piments vous brûleront le fond de la gorge, d'autres donneront l'impression d'exploser sur la langue et s'attarderont sur le palais. S'il vous arrive un accident de cette nature, la meilleure façon d'éteindre le feu est de manger un aliment gras : lait non écrémé, crème glacée, avocat, beurre d'arachide ou pain beurré. Pour ce genre de feu, l'eau n'est d'aucun recours !

PARER UN PIMENT

Protégez-vous avec des gants de plastique. Retirez les graines et les côtes avec un tire-boule.

Poireau

De la même famille que l'ail et l'oignon — mais de saveur plus douce —, le poireau est aussi précieux pour sa saveur que pour ses qualités nutritives. Riche en sels minéraux, en vitamines et en fibres, il est laxatif et dépuratif.

DANS **UNE TASSE** DE POIREAU CUIT

ENVIRON **61** CALORIES • DANS LE VERT : **vitamine C**, **provitamine A**, **folates** (OU VITAMINE B₉), IMPORTANTS POUR LA CROISSANCE • DANS LE BLANC : **fibres** SOLUBLES, AIDANT À LIMITER LE TAUX DE CHOLESTÉROL • **composés protecteurs** (DIALLYLSULFIDE, SUBSTANCE SOUFRÉE PROTÉGEANT DU CANCER DE L'ESTOMAC ; KAEMPFÉROL, FLAVONOÏDE QUI POURRAIT INHIBER LES CANCÉRIGÈNES ; QUERCÉTINE, AUTRE FLAVONOÏDE AUX PROPRIÉTÉS ANTIOXYDANTES BÉNÉFIQUES).

Au marché

SAISON Ils sont meilleur marché en automne, mais on en trouve presque toute l'année. Le poireau d'été est néanmoins plus fin que celui d'hiver.

CE QU'IL FAUT REGARDER Un poireau doit être ferme et intact. Les feuilles vert foncé doivent être bien fraîches et la tête bien blanche sur plusieurs centimètres, avec une peau juteuse. La base doit présenter encore son panache de petites racines. Elle ne doit pas faire plus de 5 cm (1½ po) de diamètre.

À la cuisine

CONSERVATION 1 semaine au réfrigérateur dans un emballage lâche, quand il est entier et non lavé.

PRÉPARATION Ôtez d'abord les feuilles externes les plus coriaces et la base avec les racines, puis fendez-le dans la longueur, du milieu du blanc jusqu'en haut des feuilles ; passez-le ensuite sous l'eau courante, en écartant les feuilles une à une. Coupez-le en tronçons ou en lamelles, ou laissez-le entier, selon l'usage auquel vous le destinez.

CUISSON Entier, il est souvent braisé dans du bouillon ou du vin blanc (environ 30 min). Coupé, il cuit plus vite : de 15 à 20 min, selon que vous l'aimez encore croquant ou bien cuit.

UTILISATION Le vert du poireau complète parfaitement un bouquet garni dans un ragoût, un pot-au-feu, une soupe. Liez toutes les feuilles pour les retirer d'un coup avant de servir. La soupe aux poireaux et aux pommes de terre est un grand classique, de même que sa version froide, la vichyssoise. Une fondue de poireaux assaisonnée éventuellement de crème accompagne du poisson blanc poché ou des coquilles saint-jacques ; le saumon en papillotes sur un lit de poireaux (cuits au préalable) est tout aussi délicieux. Un gratin de poireaux, la flamiche picarde (tarte aux poireaux) : autant de plats traditionnels appréciés, de même que les jeunes poireaux à la vinaigrette.

soyez créatif

● Braisez des poireaux et des carottes dans du bouillon. Parsemez d'aneth ces légumes bien tendres et servez avec un poisson.

● Faites un fagot de jeunes poireaux et cuisez-les comme des asperges. Servez-les assaisonnés de jus de citron, de sel et de poivre ou d'une sauce mousseline.

● Badigeonnez légèrement d'huile d'olive de jeunes blancs de poireau avant de les faire griller au barbecue pour accompagner des steaks.

● Utilisez du vinaigre balsamique et de l'huile de noisette pour vos poireaux vinaigrette.

● Relevez votre purée de pommes de terre en y ajoutant des poireaux sautés.

LE SAVIEZ-VOUS ?

Les Gallois portent toujours un poireau fiché dans leur chapeau le jour de la Saint-David en mémoire de la victoire du roi Cadwallader sur les Saxons en 640. Lors de cette bataille, en s'identifiant ainsi entre eux, les Gallois évitèrent d'être touchés par des tirs amis.

Poivron

Vert ou rouge, mais aussi jaune, orange ou violet, le poivron illumine les plats. Il appartient à la même espèce que le piment ; s'il n'a pas sa saveur brûlante — son goût est doux et parfois presque sucré —, il est comme lui riche en vitamines.

DANS **UNE DEMI-TASSE** DE POIVRON HACHÉ

MOINS DE **14** CALORIES • **vitamine C** ET **bêta-carotène** ANTIOXYDANTS (LARGEMENT PLUS QUE L'ANREF) • **pigments flavonoïdes** CONTRE LE DÉVELOPPEMENT DES CANCÉRIGÈNES • **folates** (VITAMINE B_9) POUR LA CROISSANCE CELLULAIRE • **fibres** ET **potassium** BÉNÉFIQUES POUR LA SANTÉ CARDIOVASCULAIRE.

Au marché

SAISON L'été, mais on trouvera toute l'année des spécimens cultivés en serre ou importés.

CE QU'IL FAUT REGARDER Qu'il s'agisse d'un poivron carré à la chair épaisse, d'un poivron long et rectangulaire ou d'un poivron triangulaire, choisissez un fruit ferme à la peau brillante, sans taches, ni cloques, ni éraflures. Évitez celui dont la queue est moisie, qui peut être pourri à l'intérieur. Il doit être lourd pour sa taille et gonflé – surtout pas mou et fripé.

À la cuisine

CONSERVATION Conservez-le hors de son emballage dans le bac à légumes du réfrigérateur. Le poivron vert se garde 1 semaine ; les autres, 5 jours maximum.

PRÉPARATION Pour nettoyer un poivron, découpez sa calotte afin d'enlever la queue, les graines et les côtes blanches. Puis coupez-le en sections qui pourront être découpées en lamelles ou hachées. Pour peler un poivron destiné à faire partie d'un plat, procédez comme indiqué ci-contre. S'il est bien régulier, vous pouvez aussi peler un poivron cru au couteau économe.

CUISSON Grillez le poivron 20 min au barbecue ou faites-le rôtir 30 min au four à 375 °F (190 °C). Réservez le poivron violet aux salades, car sa couleur se modifie désagréablement à la chaleur. Un poivron entier, juste évidé des membranes blanches et des graines, est facile à farcir avec de la viande, du riz ou de la semoule de maïs : passez-le 2 min au micro-ondes, puis farcissez-le avant de cuire le tout au four ou en cocotte couverte.

UTILISATION Le poivron cru, coupé en morceaux ou en lanières, se marie avec tous les types de sauces et de salades (pâtes, pommes de terre, riz, légumes). Jaune, orange, rouge ou violet, il a un goût plus sucré que le vert. Émincé et sauté à l'huile, il enrichit les pilafs, les sauces tomate, les soupes, les viandes mijotées et les fricassées. Il est inséparable de la ratatouille niçoise et peut faire la base d'une soupe délicieuse. Grillé et mariné à l'huile d'olive et au vinaigre, il est idéal en entrée. Il fait merveille en coulis avec une terrine de légumes ou de poisson et vous pouvez en relever une mayonnaise.

COMMENT PELER UN POIVRON

Laissez rôtir les poivrons sur une grille doublée d'aluminium jusqu'à ce que leur peau cloque et noircisse.

1

Placez-les dans un sac en papier ou en plastique que vous fermerez avec soin. Attendez 20 min.

2

Grattez la peau et supprimez le pédoncule et les graines.

3

Coupez-les en morceaux, de la taille et de la forme désirées.

4

LE SAVIEZ-VOUS ?

Un poivron rouge contient près de 10 fois plus de bêta-carotène qu'un vert, et près de 2 fois plus de vitamine C.

Immature, un poivron est toujours vert, mais sa couleur se modifie ensuite à maturité, en fonction de la variété.

Pomme de terre

Comment croire que la pomme de terre était soupçonnée d'être vénéneuse ? Aujourd'hui, de nombreuses variétés – rouge, blanche, violette ou jaune – se concurrencent sur les étals et nous font profiter de leurs apports nutritionnels.

DANS **100 G (3½ OZ)** DE POMME DE TERRE BOUILLIE

MOINS DE **85** CALORIES • **vitamine C** EN PARTICULIER DANS LA POMME DE TERRE NOUVELLE ET LA POMME DE TERRE EN ROBE DES CHAMPS • **vitamines B** ET **magnésium** POUR LE FONCTIONNEMENT NEUROMUSCULAIRE • **potassium** QUI AIDE À LUTTER CONTRE L'HYPERTENSION • **fibres** BÉNÉFIQUES POUR LE TRANSIT INTESTINAL.

Au marché

SAISON La pomme de terre mature est disponible toute l'année. La pomme de terre nouvelle jusqu'au 31 septembre.

CE QU'IL FAUT REGARDER Choisissez-la ferme, sèche et bien formée, sans meurtrissures, fissures ni germes. Évitez tout spécimen verdi, ce qui indique la présence d'une toxine.

À la cuisine

CONSERVATION Plusieurs mois dans un sac en papier ou en plastique perforé ou un panier, en un lieu frais, sombre et aéré. Consommez sans attendre les pommes de terre nouvelles.

PRÉPARATION Frottez bien les pommes de terre nouvelles ou à peau fine avec une éponge grattante avant cuisson. Si vous ne les cuisez pas en robe des champs, épluchez le plus finement possible les variétés à peau épaisse avec un économe. Ôtez les yeux avec la pointe d'un couteau.

CUISSON Cuisez la pomme de terre de consommation courante (dite de conservation) selon la qualité de sa chair. La pomme de terre blanche – ronde, à pelure claire et chair blanche – est tout indiquée pour les pommes de terre bouillies, vapeur ou au four. La rouge – petite (environ 3 cm/1½ po) de diamètre) à pelure rouge – pour les pommes sautées ou vapeur. C'est une pomme de terre strictement estivale. L'idaho (ou russet), à forme allongée et pelure foncée, est le sujet idéal pour la cuisson au four, nature ou farcie, mais elle est délicieuse aussi en purée. La pomme de terre nouvelle, connue sous le nom de grelot lorsqu'elle est cueillie toute petite, est habituellement bouillie, cuite à la vapeur ou coupée en morceaux et rôtie au four. Il n'est pas nécessaire de la peler. À la différence des autres pommes de terre, il faut la conserver au réfrigérateur, et pas plus d'une semaine. La yukon est une pomme de terre jaune à pelure fauve, très savoureuse. Elle se cuit au four, à la vapeur et fait de très bonnes frites. En tranches, elle fait une bonne salade froide et peut s'intégrer à un plat mijoté. En règle générale, une pomme de terre ronde devrait être bouillie, tandis qu'une pomme de terre de forme allongée peut aller au four ou faire des frites.

soyez créatif

● Faites des millefeuilles en plaçant du saumon fumé entre des tranches de pommes de terre tièdes, le tout surmonté d'œufs de saumon et servi avec de la crème fouettée parfumée d'un peu de citron.

● Remplacez une partie de l'huile de votre vinaigrette par de la purée de pommes de terre. Ajoutez de l'ail finement haché et du jus de citron, et fouettez pour une sauce crémeuse.

● Faites une salade de pomme de terre multicolore en utilisant des sujets de couleurs contrastées, dont vous conservez la peau.

● Pour servir d'agent de liaison dans le pain de viande ou la tourtière, remplacez la chapelure par des dés de pomme de terre ou de la purée.

LE SAVIEZ-VOUS ?

Les taches vertes des pommes de terre immatures renferment de la solanine, substance très amère et toxique à forte dose.

Vitamines et minéraux sont mieux préservés par une cuisson à la vapeur ou au four, avec la peau.

soyez créatif

● Essayez une salade oranges-radis ou concombres-radis, avec une simple vinaigrette.

● Si vous aimez le goût épicé mais ne supportez pas le piquant du piment, incorporez des radis émincés ou râpés dans vos sauces pour crudités, salades composées, soupes et sautés de légumes.

● Étuvez des rondelles de daïkon dans du bouillon, puis glacez-les au jus d'orange comme des carottes.

ÉMINCER DES RADIS

Coupez les radis en fines rondelles.

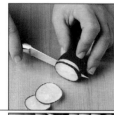

1

Empilez 3 ou 4 rondelles et émincez-les en fins bâtonnets.

2

LE SAVIEZ-VOUS ?

Le piquant du radis et du raifort provient des glucosinolates, substances soufrées qui se concentrent dans la partie externe. Il suffit de les éplucher pour les rendre beaucoup plus doux.

Radis

Des radis rouges ou des tranches de radis noir ou blanc animent des crudités en hiver, quand les légumes frais sont moins variés. Ils en corsent aussi le goût tout en les enrichissant en vitamines et autres phytocomposants bénéfiques.

DANS **UNE DEMI-TASSE** DE RADIS

ENVIRON **6** CALORIES • **vitamine C** ANTIOXYDANTE • **composés soufrés** ET **sélénium**, QUI AIDENT À COMBATTRE LE CANCER (DAVANTAGE ENCORE DANS LE RADIS NOIR) • **pigments flavonoïdes** ANTIOXYDANTS (LE ROSE DES RADIS) • **potassium**, **calcium** ET NOMBREUX AUTRES MINÉRAUX.

Au marché

SAISON Rien ne bat le radis du printemps à fine saveur, suivi de près par le radis d'été. L'hiver est la saison des radis blanc et noir.

VARIÉTÉS Le plus courant est le petit radis rose, rond et rouge, et plus ou moins allongé. On trouve aujourd'hui le gros et long radis blanc, au goût plus doux que le rose, et une variété asiatique, le daïkon, qui ressemble à une grosse carotte blanche, à la saveur toutefois plus forte. Le radis noir est une grosse et longue racine à peau noire et rugueuse, à la chair blanche très croquante de saveur forte et poivrée. Le raifort est un cousin de forme longue et effilée à peau brune, au goût encore plus piquant et prononcé.

CE QU'IL FAUT REGARDER Le radis rose doit être ferme, gonflé et bien coloré, avec des fanes bien fraîches. Le radis blanc, le daïkon et le raifort doivent être fermes, lisses et sans taches. Le radis noir doit être lourd pour sa taille et sans craquelures.

À la cuisine

CONSERVATION Coupez les fanes et faites-en le jour même une soupe délicieuse et riche en sels minéraux (3 min de cuisson avec une pomme de terre farineuse, le tout réduit en purée avec 1 cuill. à soupe de crème). Radis rose ou blanc, daïkon et raifort se gardent jusqu'à 1 semaine emballés dans du plastique au réfrigérateur. Le radis noir se conserve 1 mois au réfrigérateur dans un sac plastique perforé.

PRÉPARATION Grattez le radis rose, coupez sa racine et lavez-le. Épluchez les autres variétés. Au besoin, ravivez-le 1 h ou 2 dans de l'eau glacée.

CUISSON Le radis rose est souvent consommé cru mais peut aussi être cuit à la vapeur ou sauté et servi en légume. Cuisez-le entier, comme le radis blanc, 10 min à la vapeur et 2 à 4 min en rondelles et sauté ; assaisonnez-le de sel et d'un peu de beurre. Râpez le daïkon et des carottes, faites-les cuire 5 min à la vapeur, puis assaisonnez-les d'une vinaigrette. Le radis noir est souvent coupé en bâtonnets ou en rondelles et mangé cru comme le rose ; vous pouvez aussi le cuire à l'eau ou à la vapeur et le servir en légume chaud, ou blanchir des rondelles et les servir froides avec une sauce. Le raifort râpé se mélange avec du yogourt ou de la crème et se sert avec de la viande.

Rapini

Aussi surprenant que cela puisse paraître, le rapini n'a pas la moindre parenté avec le brocoli. Il s'agit en fait d'un membre la famille des navets. Mais en plus de son apparence, son goût légèrement amer rappelle celui du brocoli.

DANS **UNE TASSE** DE RAPINI

MOINS DE **20** CALORIES • PLUS QUE 100 % DE L'ANREF EN **vitamine C** • **bêta-carotène** ANTIOXYDANT • **sulforaphane**, ÉLÉMENT PHYTOCHIMIQUE QUI AIDE À COMBATTRE LE CANCER • **indoles** POUR COMBATTRE LE CANCER.

Au marché

SAISON Le rapini est une plante qui affectionne le froid, ce qui fait que l'automne et le début de l'hiver sont ses saisons fortes. Populaire dans le sud de l'Italie, où il pousse à l'état sauvage et fait à la fois l'objet d'une culture, il a été introduit en Amérique du Nord vers la fin du XIXe siècle par les immigrants italiens. Plus récemment, la vague d'immigration chinoise l'a remis au goût du jour, ce qui fait que le rapini est maintenant cultivé au Canada.

CE QU'IL FAUT REGARDER Le rapini ressemble au brocoli, mais ses tiges sont plus minces, ses bouquets plus petits, ses feuilles plus grandes et plus abondantes. Les tiges doivent être croquantes et les fleurons bien fermés. Le tout devrait être uniformément vert.

À la cuisine

CONSERVATION Mettez les rapinis frais dans un sac de plastique, sans les laver, et rangez-les dans le bac à légumes de votre réfrigérateur, au maximum 3 à 4 jours.

PRÉPARATION Lavez-les soigneusement. Pelez ou supprimez l'extrémité coriace des tiges. En dehors de cela, tout le reste se mange.

CUISSON Pour les débarrasser de leur amertume, faites blanchir les rapinis 2 ou 3 min dans de l'eau bouillante salée. Plongez-les aussitôt dans de l'eau très froide pour stopper la cuisson. Après les avoir bien égouttés, hachez les rapinis en morceaux de la taille d'une bouchée. Vous pouvez faire revenir ces morceaux dans de l'huile d'olive et un soupçon d'ail 2 ou 3 min pour les attendrir. Assaisonnez de sel, de poivre et d'un filet de citron, et servez comme plat d'accompagnement avec la viande ou la volaille. Ou encore, faites braiser les rapinis dans du vin avec de l'échalote et du basilic.

UTILISATION Certains prétendent que le rapini rappelle le goût de l'asperge avec ses tiges, celui du brocoli avec ses bouquets, et celui des feuilles de moutarde avec les siennes. Il confère donc une note intéressante à toute une diversité de plats comme une sauce à spaghetti, une omelette, une fritata ou une polenta. On peut aussi en ajouter dans une soupe ou un ragoût.

soyez créatif

● Farcissez des chapeaux de champignons avec du rapini haché cuit, mélangé à une fondue d'oignon et des miettes de bacon. Passez ces champignons au four 5 min avant de les servir.

● Le rapini confère une note légèrement acidulée à un plat de haricots blancs mijotés avec de la tomate. Ajoutez du rapini haché 15 min avant la fin de la cuisson.

● Faites revenir du rapini haché avec des raisins sultana et des pignons : ce plat d'accompagnement délicieux est originaire du sud de l'Italie.

● Faites cuire vos pâtes dans l'eau de cuisson des rapinis. Pendant ce temps, faites revenir le légume cuit dans l'huile d'olive avec de l'ail et des assaisonnements. Au moment de servir, ajoutez-le aux pâtes, qui en auront déjà acquis le goût en cours de cuisson.

LE SAVIEZ-VOUS ?

Le rapini est un des légumes qui se vendent le mieux à Hong Kong.

soyez créatif

● Choisissez des salades au goût relevé telles que le cresson ou la roquette pour faire un lit de verdure à des côtelettes d'agneau ou à une tranche de bavette grillée.

● Pour diminuer l'apport glucidique ou calorique de vos sandwichs, remplacez le beurre par un peu de moutarde et des feuilles de salade.

● Enrichissez votre vinaigrette d'une pointe de cari et ajoutez des raisins secs ou des copeaux de parmesan à votre salade.

LE SAVIEZ-VOUS ?

La mâche – d'arrivée récente sur nos marchés – est une salade très ancienne dont Ronsard chantait déjà les vertus.

Les feuilles les plus vertes des salades sont aussi celles qui renferment le plus de composants bénéfiques : jusqu'à 5 fois plus de vitamine C, de provitamine A et d'acide folique dans les feuilles vertes externes des laitues que dans les feuilles pâles du cœur.

Salades

Le contenu de votre saladier sera toujours plus savoureux et plus intéressant nutritionnellement si vous y mélangez au moins trois sortes de salade de formes, textures, couleurs et goûts différents.

DANS UNE DEMI-TASSE DE ROMAINE

9 CALORIES • **vitamine C** ET **bêta-carotène** ANTIOXYDANTS • **folates** (VITAMINE B$_9$) POUR LA CROISSANCE CELLULAIRE ET LA SANTÉ CARDIOVASCULAIRE • **pigments flavonoïdes** AIDANT À LUTTER CONTRE LES RADICAUX LIBRES • **fibres** POUR LE BON FONCTIONNEMENT DES INTESTINS.

Au marché

SAISON Cultivées sous serre, la plupart des salades sont désormais disponibles toute l'année. Celles qui poussent en plein champ de la fin du printemps au début de l'automne sont toutefois bien meilleures.

CE QU'IL FAUT REGARDER Choisissez une salade propre et d'aspect frais, aux feuilles dépourvues de taches, de trous ou de pourriture. Évitez les très grosses salades, aux feuilles extérieures et aux côtes plus dures.

À la cuisine

CONSERVATION Lavez la salade, jetez toute feuille extérieure abîmée ou décolorée et essorez-la bien. Enveloppez-la dans du papier absorbant, sans serrer, et mettez-la dans la partie la moins froide du réfrigérateur. Les salades à feuilles tendres se gardent de 1 à 2 jours ; celles à feuilles plus fermes, comme la romaine ou la frisée, jusqu'à 4 jours.

PRÉPARATION Vous pouvez couper les feuilles – à la main pour les feuilles tendres de la laitue, au couteau pour les variétés à feuilles grandes ou fermes. Pour tailler la salade en chiffonnade, empilez plusieurs feuilles, puis roulez-les et coupez des rondelles fines dans ce rouleau. Des lanières de salade font un joli lit de verdure pour un poisson ou des viandes marinées grillés.

SERVICE Remuez la salade et sa sauce au dernier moment, sous peine de vous retrouver avec une salade molle. Pour gagner du temps, préparez votre sauce 1 h à l'avance dans le fond du saladier, croisez les couverts à salade par-dessus, puis ajoutez les feuilles. Mélangez juste avant de servir.

LES SAUCES La classique vinaigrette se compose de 1 part de vinaigre pour 3 parts d'huile, émulsionnées à la fourchette ou au fouet. Vous l'assaisonnerez de sel et de poivre et, au choix, d'ail, d'échalote, de fines herbes, de moutarde, de graines de pavot. Choisissez un vinaigre de vin blanc ou de vin rouge, nature ou parfumé à l'estragon, à l'échalote, à la framboise. Vous pouvez aussi utiliser du vinaigre balsamique, plus doux. Le vinaigre peut être remplacé en totalité ou en partie par du jus de citron, de lime ou d'orange ; l'huile peut être d'olive, d'arachide, de tournesol, de pépins de raisin ou encore un mélange contenant de l'huile de noix, de germes de blé, de sésame.

MINI-GLOSSAIRE DES SALADES

L'endive est une pomme de salade aussi appelée chicon, à feuilles lisses et très serrées. Elle se développe totalement à l'abri de la lumière. L'endive rouge est issue d'un croisement avec le radicchio.

La feuille de chêne est une variété de laitue aux feuilles très découpées, comme celles d'un chêne, vert foncé bordé de rouge ou même carrément rouge.

La frisée est une chicorée dont les feuilles étroites et très découpées sont vert pâle et très denses au centre, plus lâches et plus foncées sur le pourtour. Sa saveur est un peu plus amère que celle de l'endive.

L'iceberg est une laitue très pommée d'aspect proche du chou. Les feuilles, vert pâle et très croquantes, ont une saveur douce.

La laitue à couper est une laitue peu pommée aux feuilles tendres et ondulées, vertes, rouge foncé ou vertes à bords rouges. Sa saveur est douce mais peut devenir plus amère avec l'âge.

La laitue beurre est une salade qui pomme beaucoup : ses feuilles, très serrées et très tendres, forment une boule compacte. Son goût, très doux, évoque la noisette.

La mâche forme des rosettes de petites feuilles arrondies très tendres, à saveur douce, très riches en bêta-carotène. Souvent vendue avec sa racine, elle est très fragile et doit être rapidement consommée.

Le radicchio ou chicorée rouge de Trévise est une variété de petite chicorée italienne très pommée, aux feuilles très croquantes rouges ou violines, à côtes blanches, à la saveur amère.

La romaine est une laitue non pommée aux longues feuilles droites vert foncé, plus claires au centre, aux côtes croquantes. Son goût est doux mais prononcé.

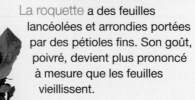

La roquette a des feuilles lancéolées et arrondies portées par des pétioles fins. Son goût, poivré, devient plus prononcé à mesure que les feuilles vieillissent.

soyez créatif

● Faites un mélange de jus de tomate et de jus de carotte et mettez au frais. Ajoutez de la tomate fraîche hachée et un soupçon de yogourt nature, et vous aurez une soupe estivale rafraîchissante.

● Pour donner plus de goût à vos soupes, remplacez la moitié de l'eau par du jus de tomate.

● Garnissez des tomates crues évidées de ratatouille et d'un œuf poché.

● Évidez des tomates cocktail et garnissez-les d'une bouchée de feta marinée aux herbes.

● Coupez des tomates crues en tranches verticales, sans les séparer, et intercalez de minces tranches de gruyère, de parmesan ou d'œuf dur.

LE SAVIEZ-VOUS ?

Les aliments riches en lycopène protègent du cancer de la prostate. Une étude menée pendant 6 ans sur 48 000 hommes a montré que ceux qui avaient mangé au moins 10 portions par semaine de produits à base de tomate avaient 45 % de risques en moins de contracter cette maladie que ceux qui en avaient consommé moins de 2 fois par semaine.

Tomate

Bien qu'elle soit devenue le symbole de la cuisine méditerranéenne, la tomate est en fait originaire d'Amérique centrale et fut importée en Europe par les Espagnols, à la fin du XVIIIe siècle.

DANS **UNE** TOMATE CRUE

MOINS DE **20** CALORIES • **vitamine C** (PLUS D'UN TIERS DE L'ANREF) • **bêta-carotène** QUI SE TRANSFORME EN VITAMINE A DANS L'ORGANISME • **folates** (VITAMINE B$_9$) POUR LA CROISSANCE CELLULAIRE ET LA SANTÉ CARDIOVASCULAIRE • **pigments flavonoïdes**, AIDANT À LUTTER CONTRE LES RADICAUX LIBRES • **fibres** POUR LE BON FONCTIONNEMENT DES INTESTINS.

Au marché

SAISON C'est en été qu'elle est le plus savoureuse, mais on trouve désormais des tomates – de serre ou d'importation – toute l'année.

CE QU'IL FAUT REGARDER Choisissez une tomate mûre mais encore ferme, bien colorée et de forme régulière, avec une peau sans taches ni égratignures. Mûre, elle a un parfum bien caractéristique. Le choix du calibre, de la forme et de la variété dépend de l'usage qu'on lui réserve. Une tomate continue à mûrir une fois recueillie. La tomate en grappes n'est pas une espèce particulière.

À la cuisine

CONSERVATION À température ambiante. Faites-les mûrir dans des sacs en papier pour améliorer leur saveur, que le froid détruit en partie.

PRÉPARATION Ôtez le pédoncule en creusant délicatement avec la pointe d'un couteau. Coupez-la en deux avec un couteau scie bien aiguisé et pressez doucement pour retirer les graines et l'eau de végétation. Pour la peler, suivez les instructions de la page ci-contre.

CUISSON La tomate se cuit à la poêle, au gril, au barbecue ou au four, coupée en deux ou en tranches, jusqu'à ce qu'elle commence à plisser (10 à 15 min pour les demi-tomates). Ne la cuisez pas trop, car elle se défait rapidement.

UTILISATION Les utilisations de la tomate sont multiples : crue, on la déguste nature (surtout la petite tomate cerise) ou en salade avec une vinaigrette, ou encore à l'italienne avec de la mozzarella et du basilic. Cuite, elle complète la ratatouille niçoise, aromatise ragoûts et sautés, se fait garniture lorsqu'elle est grillée avec une persillade (huile d'olive, ail et persil), se change facilement en une soupe onctueuse, est l'inséparable compagne des pâtes, devient sauce provençale ou bolognaise, se marie avec les œufs brouillés et, bien sûr, pas de véritable pizza sans une épaisse couche de coulis ! On peut aussi la farcir à la viande ou au riz. Basilic, ail, oignon, olives sont les parfaits compagnons de ce fruit-légume si savoureux.

VARIÉTÉS

Tomate beefsteak Cette très grosse tomate est parfaite pour accueillir une farce et garnir sandwichs et salades.

Tomate cerise Cette toute petite tomate ronde, rouge ou jaune est plus sucrée et moins acide que les tomates ordinaires. Elle est idéale à l'apéritif ou en brochettes.

Tomate italienne Oblongue et très rouge, sa pulpe généreuse et peu juteuse la destine aux sauces, coulis et plats cuisinés. On s'en sert aussi pour préparer des tomates séchées, ce qui ne l'empêche pas d'être délicieuse quand on la mange crue.

Tomate jaune Cette tomate bien ronde de taille moyenne à grosse est d'un beau jaune ardent. Elle se mange généralement crue, en salade ou en sandwich. Sa pulpe est plus dense que celle de la tomate rouge, ce qui la rend moins juteuse.

Tomate miniature De la même taille qu'une tomate cerise, elle s'en distingue par sa forme, qui est celle d'une petite poire.

Tomate verte Il s'agit tout simplement d'une tomate qui n'a pas encore mûri. Si on l'enveloppe dans du papier et qu'on la garde à la température de la pièce, elle finira par devenir rouge, mais n'aura pas le même goût sucré qu'une tomate mûrie sur plant. En général, elle est frite ou transformée en relish.

Tomatille Cette tomate petite, ronde et verte à l'aspect curieux est plus ferme et plus lustrée que les autres tomates. Sa fine membrane (calice) de couleur brunâtre est veinée de pourpre. Elle est le plus souvent cuite, mais on peut la manger crue.

TOMATES DE JARDIN – Il est relativement facile de faire pousser des tomates chez soi, et d'éviter ainsi la monotonie des tomates industrielles. Prélevez les graines d'une tomate de potager à l'aide d'une cuillère ou, si le fruit est bien mûr, tout simplement en le pressant. Déposez dans l'eau les graines et leur substance gélatineuse et laissez reposer 3 ou 4 jours pour qu'il se forme une moisissure en surface. Rincez, passez au tamis et ne conservez que les graines que vous ferez sécher sur une feuille de papier. Tâchez, pour cette opération, de mettre la main sur des hybrides domestiques, particulièrement bien adaptés à notre climat. La value precocibec, créée dans les années 70, est très précoce et convient aux régions où la saison de croissance est courte. Également précoce, la candy stripe à chair jaune peut atteindre 500 g (1 lb). La montreal tasty a la peau et la chair jaune. Cette tomate très ferme est une variété propre à la région de Montréal. La zébrée verte, la zébrée rouge, la rose thaï, la sungold borghese font aussi partie des variétés ancestrales.

PELER UNE TOMATE

Incisez en croix le sommet de chaque tomate.

1

Plongez les tomates 1 min dans l'eau bouillante, puis égouttez-les.

2

Tirez sur la peau avec les doigts ou à l'aide d'un couteau.

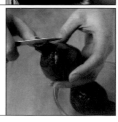

3

Glossaire de la nutrition

Allicine : lorsqu'on écrase ou qu'on coupe une gousse d'ail, des enzymes se libèrent et transforment l'alliine de l'ail en allicine. Cette substance soufrée très odorante aide à réduire le taux de mauvais cholestérol (LDL) et possède une action antitumorale et antibactérienne marquée.

Anthocyanes : pigments rouges, violets et bleus présents dans certains légumes (oignon rouge, chou rouge, aubergine...) et fruits (prune, cassis, bleuet, cerise...). Ces substances sont des flavonoïdes capables d'inhiber la croissance des cellules tumorales, d'aider à abaisser le mauvais cholestérol (LDL) et de prévenir la formation de caillots sanguins.

Antioxydant : qualifie les caractéristiques de vitamines et autres phytocomposants qui préviennent certaines maladies, notamment en combattant les radicaux libres, des substances toxiques présentes dans l'organisme et pouvant provoquer des dommages aux cellules.

Bêta-carotène : cet élément chimique, qui fait partie des caroténoïdes, est le pigment qui donne sa coloration orange caractéristique à la carotte, à la patate douce, à la citrouille et à d'autres fruits et légumes. Certains légumes vert foncé en contiennent aussi, bien que la couleur orange soit masquée par le vert de la chlorophylle. Le bêta-carotène se transforme en vitamine A dans l'organisme. Il s'agit aussi d'un antioxydant, qui aide à lutter contre le cancer et d'autres maladies chroniques.

Capsaïcine : élément chimique contenu dans les piments et les poivrons, mais surtout dans le piment de Cayenne, auquel il donne sa saveur piquante. La capsaïcine fluidifie le sang et pourrait participer à la prévention du cancer.

Carcinogène (ou cancérigène ou cancérogène) **:** qualifie toute substance susceptible de provoquer ou favoriser l'apparition d'un cancer.

Caroténoïdes : famille de plus de 600 éléments chimiques d'origine végétale donnant une coloration jaune, orange ou rouge aux fruits et légumes. Le bêta-carotène est le plus connu des caroténoïdes.

D'autres, comme la lutéine ou le lycopène, jouent un rôle préventif concernant le cancer et diverses maladies dégénératives chroniques.

Cellulose : ce principal constituant des parois cellulaires des plantes est l'une des sources essentielles de fibres insolubles. Elle est abondante dans les légumineuses et les céréales complètes.

Cholestérol : substance présente dans les graisses et les tissus. Le cholestérol joue un rôle essentiel dans le bon fonctionnement de l'organisme, en permettant la synthèse de la vitamine D, la constitution des membranes cellulaires et de certaines hormones. Il est véhiculé dans le sang sous deux formes principales : le cholestérol LDL (ou mauvais cholestérol), qui adhère facilement aux parois des artères en les durcissant, et le cholestérol HDL (ou bon cholestérol), facilement métabolisé dans le foie pour être éliminé. Un taux excessif de cholestérol dans le sang et, plus encore, un taux élevé de mauvais cholestérol (LDL) associé à une faible valeur du bon cholestérol (HDL), constituent un facteur de risque majeur d'athérome et de maladies cardiaques.

Flavonoïdes : composés chimiques présents dans le brocoli, les carottes, l'oignon, le soja et d'autres aliments d'origine végétale, mais aussi dans le vin et le thé. Ils seraient à l'origine du pouvoir antioxydant de ces aliments et de ces boissons et on estime qu'ils réduisent le risque de maladies cardiovasculaires.

Flore intestinale : ensemble des bactéries présentes dans l'intestin. Certaines, nommées probiotiques ou encore bonnes bactéries, contribuent au bon fonctionnement intestinal et à la lutte contre les maladies.

Folates (ou vitamine B_9) **:** ils sont nécessaires à la formation du capital génétique (ADN et ARN) au sein de la cellule, à la multiplication cellulaire et en particulier à la formation des globules rouges (en association avec la vitamine B_{12}). Un déficit en folates chez la femme enceinte peut entraîner de graves anomalies neurologiques pour le fœtus, en particulier une malformation du tube neuronal (spina-bifida).

Fructo-oligo-saccharides (FOS) : fibres solubles abondantes dans l'artichaut, le salsifis, l'asperge, l'oignon et l'ail. Elles favorisent la croissance des bonnes bactéries. Elles pourraient diminuer les toxines dans l'intestin et améliorer le processus immunitaire.

Glucides : les glucides se subdivisent en glucides simples (ou sucres, présents surtout dans les fruits et les aliments sucrés) et glucides complexes (amidon et dérivés, qu'on trouve surtout dans les céréales, les pommes de terre et les légumineuses). Les glucides sont le carburant de l'organisme.

Homocystéine : acide aminé soufré présent dans l'organisme. Les personnes carencées en vitamines B_6, B_9 (folates) et B_{12} ont souvent un faible taux sanguin d'homocystéine et sont plus exposées aux maladies cardiovasculaires.

Indoles : substances soufrées caractéristiques des crucifères (choux, navets, radis, etc.), qui joueraient un rôle dans la prévention de certains cancers d'origine hormonale, tel le cancer du sein.

Isoflavones : phytocomposants présents dans les graines de soja et d'autres légumineuses, parfois appelés phyto-œstrogènes parce que leur action dans l'organisme est semblable à celle des œstrogènes. Ils pourraient jouer un rôle dans la prévention des maladies cardiaques, de l'ostéoporose et des troubles liés à la ménopause.

Isothiocyanates : phytocomposants soufrés présents dans les crucifères, comme le brocoli et le chou-fleur. Ils favorisent l'action des enzymes chargées de lutter contre le cancer.

Lutéine : ce caroténoïde est notamment apporté par les avocats, les poivrons, les épinards, les bettes, le persil et différents autres fruits et légumes. La lutéine jouerait un rôle préventif de la cécité liée à la dégénérescence maculaire.

Lycopène : caroténoïde présent dans la tomate et les produits qui en sont issus, comme la sauce tomate, ainsi que dans le melon, le pamplemousse rose et les oranges sanguines. Le lycopène jouerait un rôle dans la prévention du cancer de la prostate et d'autres affections chroniques.

Oméga-3 (ou acide gras linoléique) **:** acide gras essentiel qui ne peut être fabriqué par l'organisme. Il est nécessaire à la formation et au bon état des membranes de toutes les cellules. Il possède un effet anti-inflammatoire et protège le système cardiovasculaire. Il est présent en grande quantité dans l'huile de colza et de noix, dans les noix et les poissons gras des mers froides. On en trouve aussi un peu dans les légumes-feuilles vert foncé.

Pectine : cette fibre hydrosoluble contenue dans de nombreux fruits, légumes et légumineuses contribue à abaisser le niveau de cholestérol sanguin et à réguler le transit intestinal.

Phytocomposants : appellation de certains composants du règne végétal, bénéfiques pour la santé, qui stimulent par exemple le système immunitaire ou aident à prévenir des maladies comme le cancer et les affections cardiovasculaires.

Phyto-œstrogènes : éléments chimiques d'origine végétale présents dans le soja et d'autres légumineuses, dont l'action est proche de celle des œstrogènes produits par l'organisme. Cette spécificité leur conférerait un rôle préventif dans l'apparition des maladies cardiovasculaires et de certains cancers, comme le cancer du sein.

Quercétine : flavonoïde doté d'une puissante activité antioxydante liée à une diminution du risque de cancer, de maladie cardiovasculaire et de cataracte. Il est notamment présent dans les baies et les petits fruits rouges, la pomme et l'oignon rouge.

Radicaux libres : atomes ou molécules dotés d'un ou de plusieurs électrons libres, qui sont produits en permanence dans l'organisme lors du renouvellement des cellules. Leur production est augmentée par des facteurs comme la pollution, le rayonnement ultraviolet, le tabagisme et la consommation d'alcool. Les radicaux libres, en s'associant à d'autres molécules, créent des réactions en chaîne entraînant la destruction de certaines cellules et augmentent le risque d'apparition du cancer. Les antioxydants des légumes et les fruits aident l'organisme à réparer les dommages provoqués par les radicaux libres.

Resvératrol : phytocomposant d'origine végétale qui contribue à abaisser le taux de cholestérol et à prévenir les maladies cardiovasculaires.

Sulforaphane : composant soufré qui favorise la synthèse et l'action des enzymes chargées de prévenir le cancer. Le brocoli, le chou et les choux de Bruxelles contiennent du sulforaphane.

Zéaxanthine : ce caroténoïde, présent dans le maïs, le brocoli et les légumes-feuilles prévient la cécité liée à la dégénérescence maculaire.

Congélation des légumes

Avant de congeler un légume, on commence obligatoirement par le laver, le parer et, en règle générale, lui donner une précuisson à l'eau bouillante, ce qu'on appelle le blanchir. Il y a des légumes qui se congèlent mal, comme l'asperge, par exemple, qui se décompose en décongelant. D'autres légumes y perdent beaucoup de leurs qualités : aubergine, carotte, chou-fleur, concombre, courges d'été, fenouil, poireaux, pomme de terre, radis et salades de tous genres se rangent dans cette catégorie. Voici quelques directives pour vous aider à congeler d'autres légumes avec succès.

BROCOLI	Blanchir 3 min des bouquets détaillés en bouchée, puis les plonger dans l'eau glacée. Bien égoutter et congeler dans des contenants appropriés.	Utiliser avant 12 mois
CAROTTES	Il faut les cuire complètement et les réduire en purée : elles ne se congèlent pas autrement. Laisser refroidir la purée complètement avant de la congeler.	Utiliser avant 6 mois
CHOUX DE BRUXELLES	Blanchir les choux de 3 à 5 min, selon la taille, puis les plonger dans l'eau glacée. Bien égoutter et congeler dans des contenants appropriés.	Utiliser avant 12 mois
CITROUILLE	Il faut la cuire complètement et la réduire en purée : elle ne se congèle pas autrement. Laisser refroidir la purée complètement avant de la congeler.	Utiliser avant 6 mois
COURGES D'HIVER	Il faut les cuire complètement et les réduire en purée. Laisser refroidir la purée complètement avant de la congeler.	Utiliser avant 6 mois
ÉPINARDS	Blanchir 2 min les feuilles entières, puis les plonger dans l'eau glacée. Les égoutter soigneusement et les tasser pour les congeler.	Utiliser avant 6 mois
GOMBOS	Blanchir les gombos entiers 4 min, puis les plonger dans l'eau glacée. Bien les égoutter et les congeler dans des contenants appropriés.	Utiliser avant 6 mois
HARICOTS VERTS	Les blanchir 3 min pour 500 g (1 lb), puis les plonger dans l'eau glacée. Bien les égoutter et les congeler dans des contenants appropriés.	Utiliser avant 12 mois
LÉGUMES-FEUILLES	Blanchir 2 min les feuilles entières, puis les plonger dans l'eau glacée. Les égoutter soigneusement et les tasser pour les congeler.	Utiliser avant 6 mois
MAÏS	Blanchir les épis de 4 à 8 min, selon la taille ; les plonger dans l'eau glacée. Les congeler tels quels ou détacher d'abord les grains.	Utiliser avant 6 mois
MANGE-TOUT	Les blanchir 2 min, puis les plonger dans l'eau glacée. Bien les égoutter. Les étaler côte à côte sur une plaque pour les congeler. Une fois congelés, les transférer dans des contenants appropriés.	Utiliser avant 9 mois
NAVETS et **RUTABAGAS**	Il faut les cuire complètement et les réduire en purée : ils ne se congèlent pas autrement. Laisser refroidir la purée complètement avant de la congeler.	Utiliser avant 6 mois
OIGNONS	Oignons, oignons verts et ciboulette se congèlent crus après avoir été finement hachés. Congeler sans tasser dans des contenants appropriés.	Utiliser avant 6 mois
PANAIS	Il faut les cuire complètement et les réduire en purée : ils ne se congèlent pas autrement. Laisser refroidir la purée complètement avant de la congeler.	Utiliser avant 6 mois
PATATES DOUCES	Il faut les cuire complètement et les réduire en purée : elles ne se congèlent pas autrement. Laisser refroidir la purée complètement avant de la congeler.	Utiliser avant 6 mois
PETITS POIS	Blanchir 2 min les petits pois écossés, puis les plonger dans l'eau glacée. Bien égoutter et congeler sans les tasser dans des contenants appropriés.	Utiliser avant 12 mois
POIVRONS	Les poivrons se congèlent crus dans des contenants appropriés après avoir été finement hachés.	Utiliser avant 12 mois
TOMATES	Blanchir les tomates 2 min, puis les plonger dans l'eau glacée. Bien les égoutter avant de les congeler ; elles serviront dans des plats cuisinés. La sauce tomate se congèle très bien.	Utiliser avant 12 mois

Index

*Les lignes en rouge indiquent
les recettes données dans leur intégralité.*

Index

Index

Index

LÉGUMES SANTÉ, LÉGUMES SAVEUR

Index

LÉGUMES SANTÉ, LÉGUMES SAVEUR

Index